中国地图册/大字版

ZHONGGUO DITUCE

中国地图出版社

图书在版编目(CIP)数据

中国地图册 / 中国地图出版社编著. -- 2版. -- 北京 : 中国地图出版社, 2023.1 (2024.5重印)
ISBN 978-7-5204-3442-3

Ⅰ. ①中… Ⅱ. ①中… Ⅲ. ①地图集－中国 Ⅳ. ①K992

中国国家版本馆CIP数据核字(2023)第013098号

中国地图册

出版发行	中国地图出版社		
社　　址	北京市西城区白纸坊西街3号	**邮政编码**	100054
网　　址	www.sinomaps.com		
印　　刷	北京天恒嘉业印刷有限公司	**经　　销**	新华书店
成品规格	170mm × 240mm	**印　　张**	12
印　　次	**2024年5月修订** 北京第6次印刷	**版　　次**	2014年4月第1版 2023年1月第2版
印　　数	30001—38000	**定　　价**	35.00元
书　　号	ISBN 978-7-5204-3442-3		
审 图 号	GS京(2023)0013号		

本图册中国国界线系按照中国地图出版社1989年出版的1：400万《中华人民共和国地形图》绘制。
咨询电话：010-83493082（编辑）、010-83493029（印装）、010-83543956、010-83493011（销售）

图　　例

省区图和扩大图

北京　首都　外国首都

太原　省级行政中心

延吉　自治州行政中心
地区、盟行政公署

青岛　地级市行政中心（外国重要城市同）

涿州　县级市行政中心

古县　县级行政中心

南口　乡镇、村庄（外国一般城镇同）

未成　铁路

未成　高速铁路

G45　未成　高等级公路及编号

111　未成　国道及编号

省道　县乡道

关隘或山口

运河

200海里
(370千米)　航海线及里程

轮船通航起讫点

航空站　港口
通航河段停靠站

国界

省、自治区、直辖市界

地级界

县级界

未定国界

特别行政区界

地区界　军事分界线

海岸线

沙洲

珊瑚礁

咸　淡　湖泊

时令河、时令湖

常年河

伏流河

瀑布

渠道

水库及闸坝

蓄洪区

井　坎儿井

泉　温泉

火山

百花山 1990　山峰及高程

干涸河、干涸湖

沙漠

沼泽　盐沼泽

长城

世界遗产

风景游览点

城市图和景点图

街区及街道

繁华特色街道

铁路及车站

未成　高速铁路

城市轨道

城墙

游览点

饭店、宾馆

餐厅

剧场、商店
展览馆等

体育场馆

学校

医院

邮政电信

电影院

航空售票处

码头

长途汽车站

工厂

首都

省级政府

市政府

区政府

高等级公路

111　国道及编号

省道

一般公路

主要游览线

目 录

序图

省区图、城市图、景点图

中国政区

序图

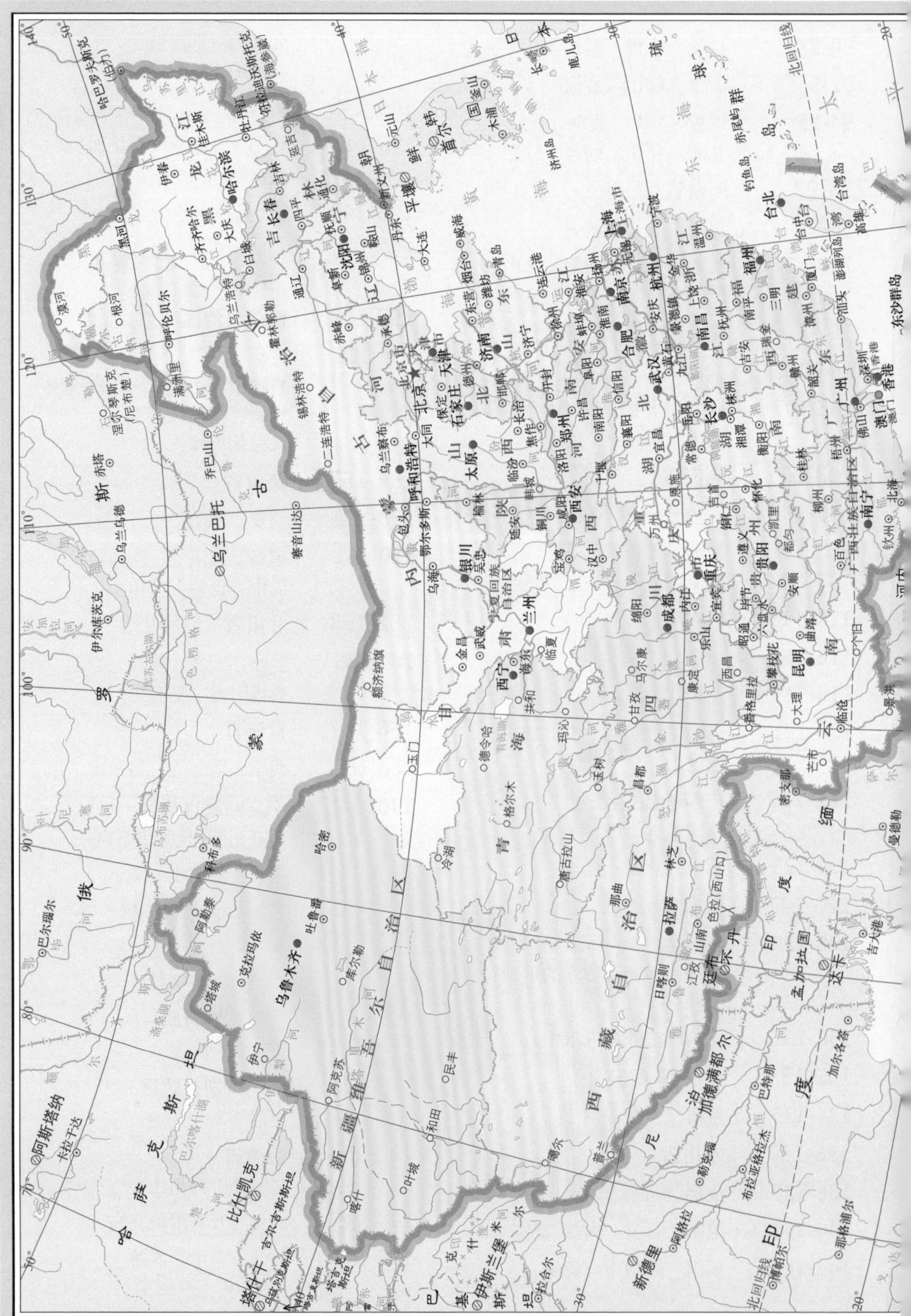

北京
天津市
上海
重庆
石家庄
太原
呼和浩特
沈阳
长春
哈尔滨
南京
杭州
合肥
福州
南昌
济南
郑州
武汉
长沙
广州
南宁
海口
成都
贵阳
昆明
拉萨
西安
兰州
西宁
银川
乌鲁木齐
台北
香港
澳门
黑龙江
吉林
辽宁
内蒙古自治区
新疆维吾尔自治区
西藏自治区
青海
甘肃
宁夏回族自治区
陕西
山西
河北
山东
河南
江苏
安徽
浙江
江西
湖北
湖南
福建
广东
广西壮族自治区
四川
云南
台湾岛
俄罗斯
蒙古
乌兰巴托
哈萨克斯坦
阿斯塔纳
吉尔吉斯斯坦
比什凯克
塔吉克斯坦
巴基斯坦
伊斯兰堡
印度
新德里
尼泊尔
加德满都
不丹
廷布
孟加拉国
达卡
缅甸
朝鲜
平壤
韩国
首尔
日本
琉球群岛
东沙群岛
钓鱼岛
赤尾屿
北回归线

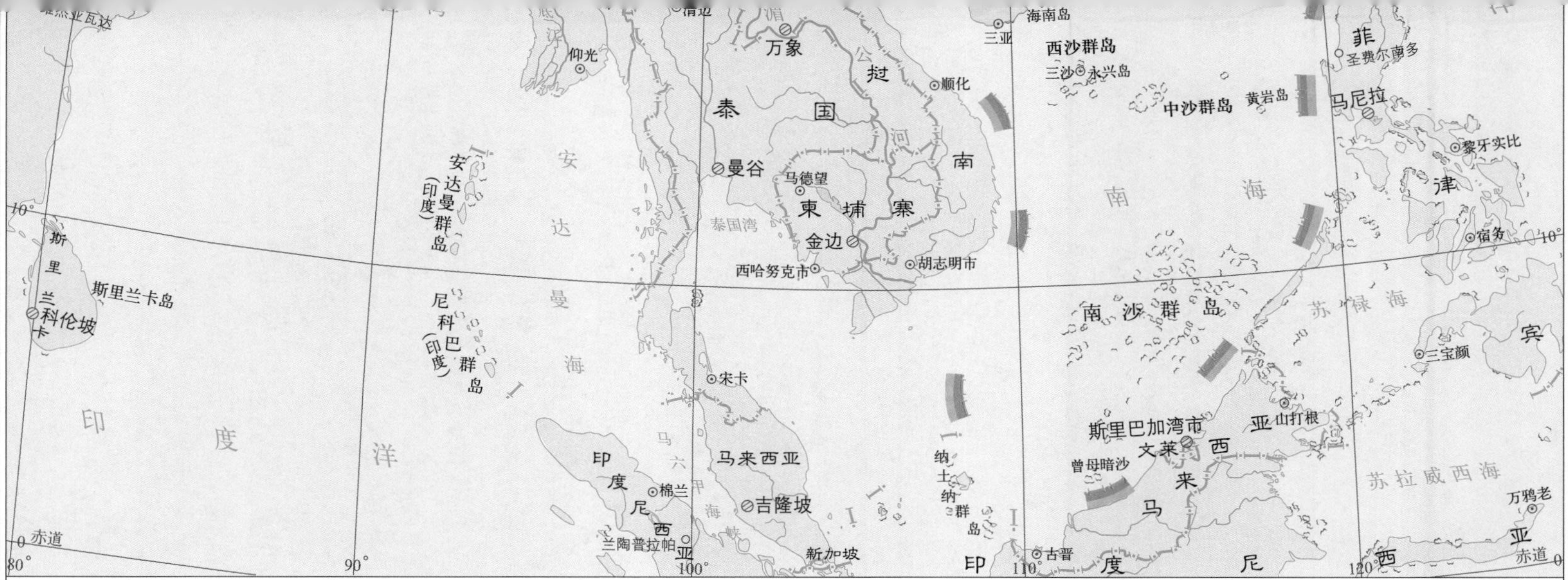

全国行政区划统计表 （截至2024年4月）

直辖市 4 省 23 自治区 5 特别行政区 2		北京市	天津市	河北省	山西省	内蒙古自治区	辽宁省	吉林省	黑龙江省	上海市	江苏省	浙江省	安徽省	福建省	江西省	山东省	河南省	湖北省	湖南省	广东省	广西壮族自治区	海南省	重庆市	四川省	贵州省	云南省	西藏自治区	陕西省	甘肃省	青海省	宁夏回族自治区	新疆维吾尔自治区	香港特别行政区	澳门特别行政区	台湾省	合计	
地级	自治州							1										1	1					3	3	8			2	6		5			资料暂缺	30	333
	地区								1																		1					5				7	
	盟					3																														3	
	市			11	11	9	14	8	12		13	11	16	9	11	16	17	12	13	21	14	4		18	6	8	6	10	12	2	5	4				293	
县级	市			21	11	11	16	20	21		21	20	9	11	12	26	21	26	19	20	10	5		19	10	18	2	7	5	5	2	29				397	2844
	县			91	80	17	17	16	45		19	32	50	42	61	52	82	35	60	34	48	4	8	105	50	65	64	69	57	25	11	60				1299	
	自治县			6			8	3	1			1						2	7	3	12	6	4	4	11	29			7	7		6				117	
	旗					49																														49	
	自治旗					3																														3	
	特区																								1											1	
	林区																	1																		1	
	市辖区	16	16	49	26	23	59	21	54	16	55	37	45	31	27	58	54	39	36	65	41	10	26	55	16	17	8	31	17	7	9	13				977	
直辖市、省、自治区、特别行政区简称		京	津	冀	晋	内蒙古	辽	吉	黑	沪	苏	浙	皖	闽	赣	鲁	豫	鄂	湘	粤	桂	琼	渝	川	黔	滇	藏	陕	甘	青	宁	新	港	澳	台		

图例

- ★ 我国首都
- ⊘ 外国首都、首府
- ● 省级行政中心
- ⊙ 地级行政中心（外国主要城市同）
- ○ 城镇（外国一般城镇同）

比例尺：1：25 440 000

0　254.4　508.8　763.2千米

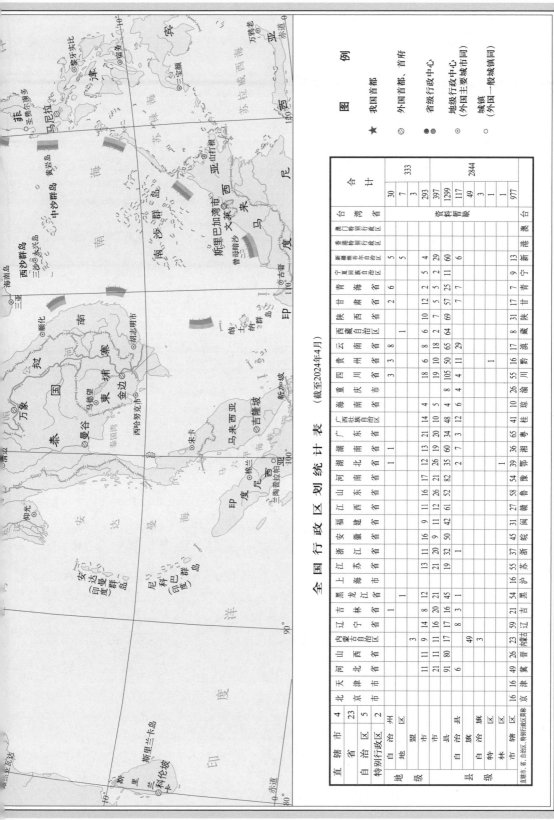

中国地形

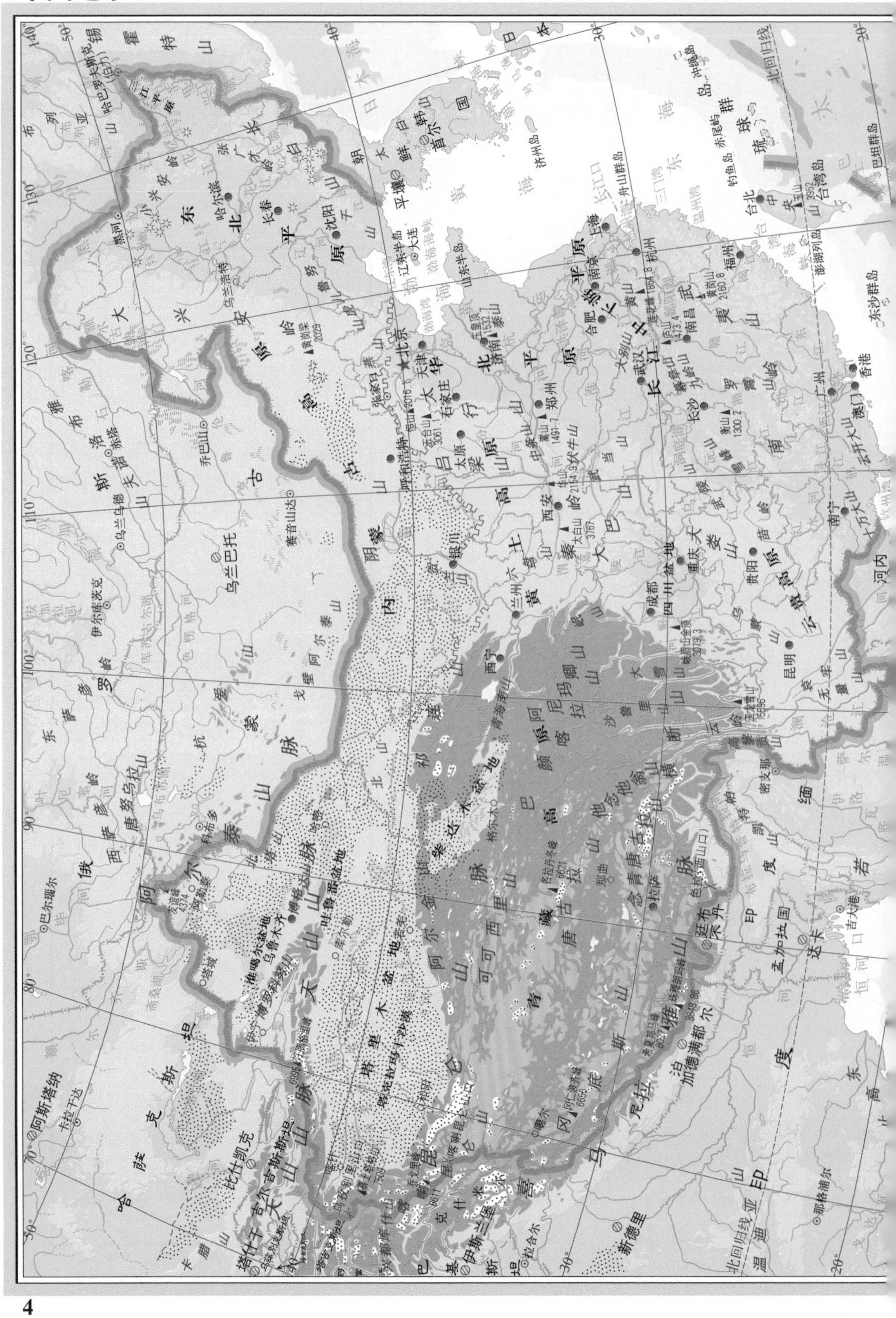
北京
天津
上海
南京
杭州
合肥
武汉
长沙
南昌
福州
台北
广州
香港
澳门
南宁
贵阳
昆明
重庆
成都
西安
郑州
济南
太原
石家庄
呼和浩特
银川
兰州
西宁
拉萨
乌鲁木齐
哈尔滨
长春
沈阳
东北平原
华北平原
长江中下游平原
四川盆地
云贵高原
黄土高原
内蒙古高原
青藏高原
塔里木盆地
准噶尔盆地
柴达木盆地
天山山脉
昆仑山脉
喜马拉雅山脉
秦岭
大兴安岭
小兴安岭
长白山
太行山
北回归线

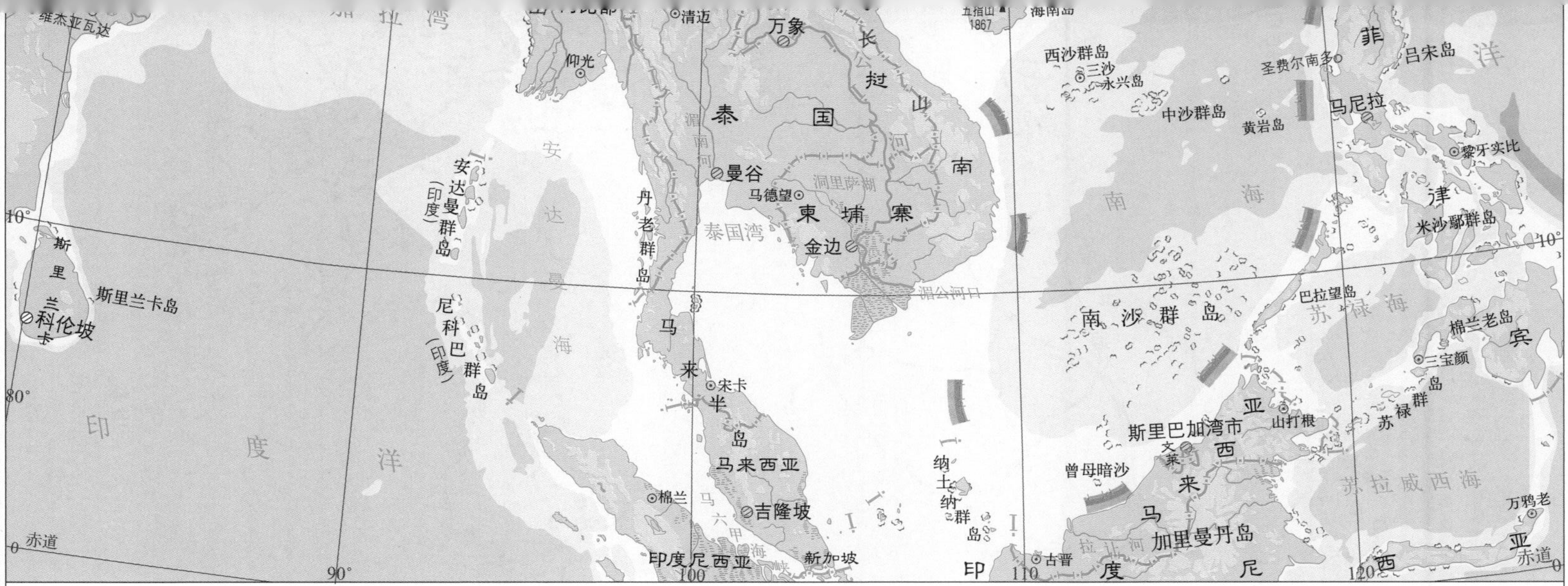

中国主要山脉

名称	主峰	海拔（米）
喜马拉雅山脉	珠穆朗玛峰	8 848.86
喀喇昆仑山	乔戈里峰	8 611
昆仑山脉	公格尔山	7 649
大雪山	贡嘎山	7 508.9
横断山	玉龙雪山	5 596
天山山脉	托木尔峰	7 443
念青唐古拉山	念青唐古拉峰	7 162
冈底斯山	冷布岗日	7 095
唐古拉山	各拉丹冬峰	6 621
可可西里山	岗扎日	6 305
阿尔金山	苏拉木塔格	6 295
阿尼玛卿山	玛卿岗日	6 282
祁连山	祁连山	5 547

名称	主峰	海拔（米）
博格达山	博格达峰	5 445
巴颜喀拉山	年保玉则峰	5 369
阿尔泰山脉	友谊峰	4 374
中央山	玉山	3 952
秦岭	太白山	3 767
大巴山	神农顶	3 106.2
太行山	小五台山	2 882
吕梁山	关帝山	2 830
阴山	呼和巴什格	2 364
武夷山	黄岗山	2 160.8
南岭	猫儿山	2 141
大兴安岭	黄岗梁	2 029

中国主要高原

名称	面积（平方千米）	海拔高度（米）
青藏高原	约250万	3 000～6 000
内蒙古高原	约70万	1 000～1 500
云贵高原	约50万	1 000～4 000
黄土高原	约50万	800～2 500

中国主要平原

名称	面积（平方千米）
东北平原	约35万
华北平原	约30万
长江中下游平原	约20万
珠江三角洲平原	约1.1万

中国主要盆地

名称	面积（平方千米）	海拔高度（米）
塔里木盆地	约56万	778～1 300
准噶尔盆地	约38万	500～1 000
柴达木盆地	约25.5万	2 600～3 000
四川盆地	约20万	300～700

高 度 表（米）

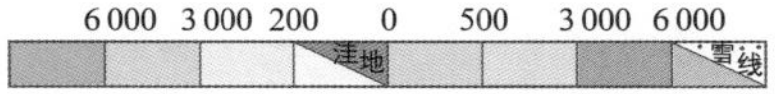

比例尺：1∶25 440 000

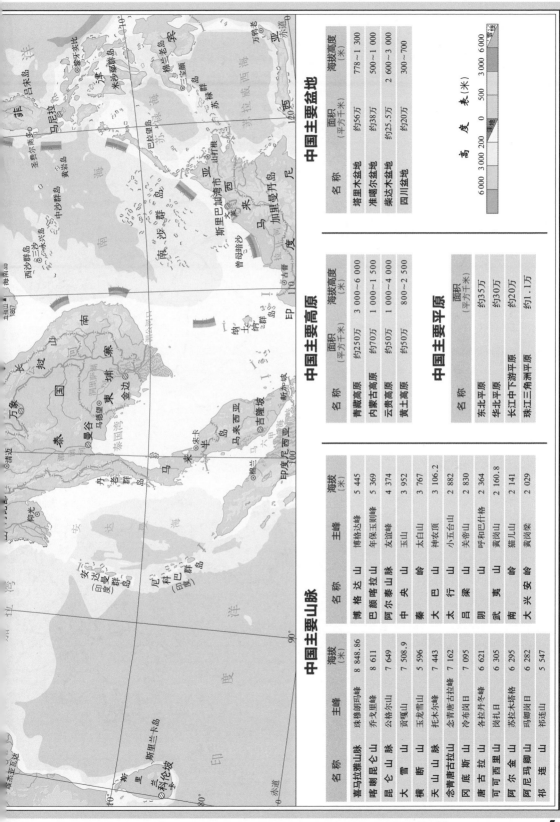

中国铁路、航空及内河航道

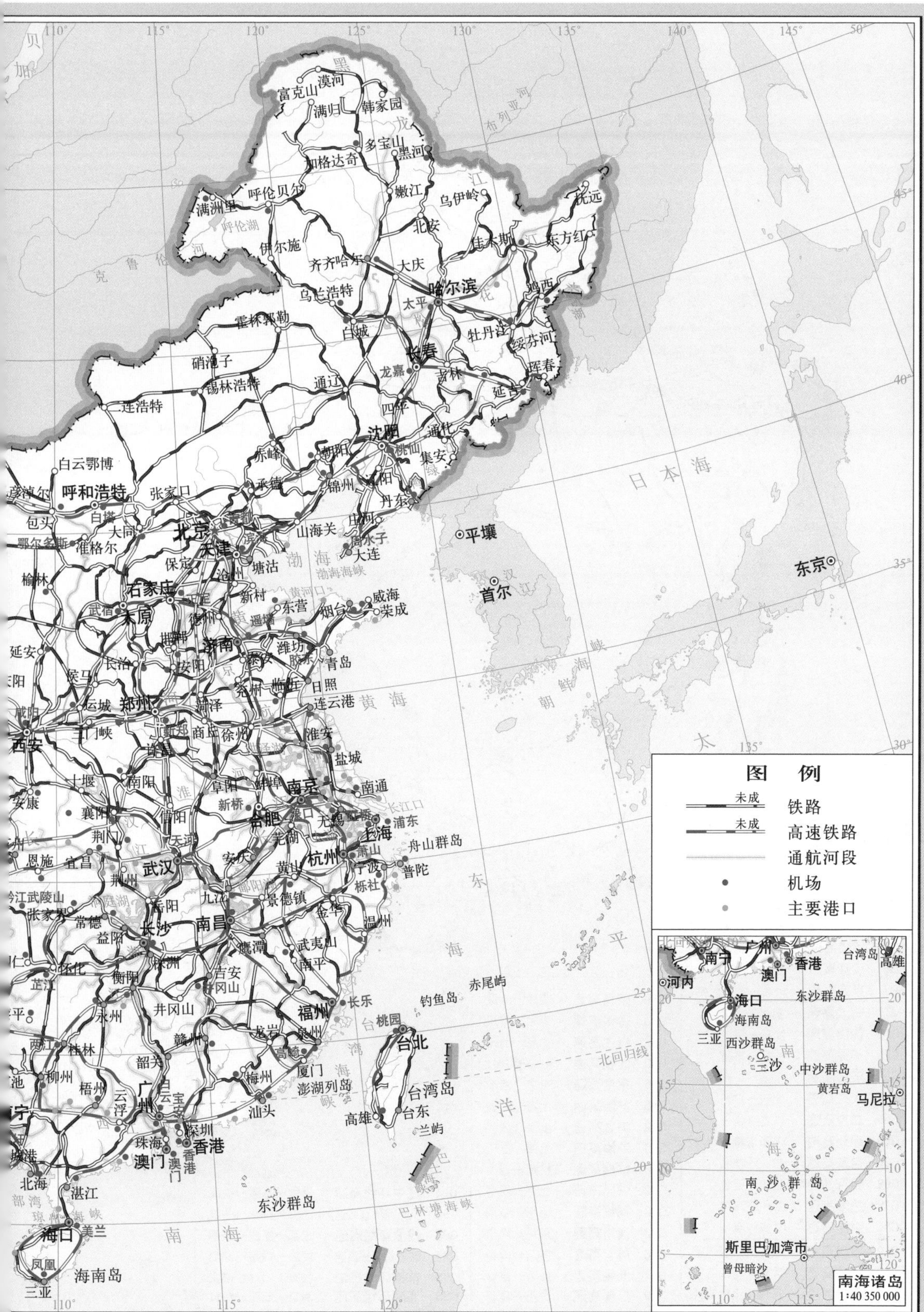

比例尺：1：20 180 000

0　201.8　403.6　605.4千米

国家高速公路(部分)

编号	名称	起讫
G1	京哈高速	北京—哈尔滨
G2	京沪高速	北京—上海
G3	京台高速	北京—台北
G4	京港澳高速	北京—港澳
G5	京昆高速	北京—昆明
G6	京藏高速	北京—拉萨
G7	京新高速	北京—乌鲁木齐
G11	鹤大高速	鹤岗—大连
G15	沈海高速	沈阳—海口
G25	长深高速	长春—深圳
G35	济广高速	济南—广州
G45	大广高速	大庆—广州
G55	二广高速	二连浩特—广州
G59	呼北高速	呼和浩特—北海
G65	包茂高速	包头—茂名
G69	银百高速	银川—百色
G75	兰海高速	兰州—海口
G85	渝昆高速	重庆—昆明
G10	绥满高速	绥芬河—满洲里
G12	珲乌高速	珲春—乌兰浩特
G16	丹锡高速	丹东—锡林浩特
G18	荣乌高速	荣成—乌海
G20	青银高速	青岛—银川
G22	青兰高速	青岛—兰州
G30	连霍高速	连云港—霍尔果斯
G36	宁洛高速	南京—洛阳
G40	沪陕高速	上海—西安
G42	沪蓉高速	上海—成都
G50	沪渝高速	上海—重庆
G56	杭瑞高速	杭州—瑞丽
G60	沪昆高速	上海—昆明
G70	福银高速	福州—银川
G72	泉南高速	泉州—南宁
G76	厦蓉高速	厦门—成都
G78	汕昆高速	汕头—昆明
G80	广昆高速	广州—昆明
G91	辽中环线高速	铁岭—本溪—铁岭
G92	杭州湾环线高速	上海—杭州—宁波
G93	成渝环线高速	成都—重庆—成都
G94	珠三角环线高速	深圳—珠海—深圳
G95	首都环线高速	张家口—承德—崇礼
G98	海南环线高速	海口—三亚—海口

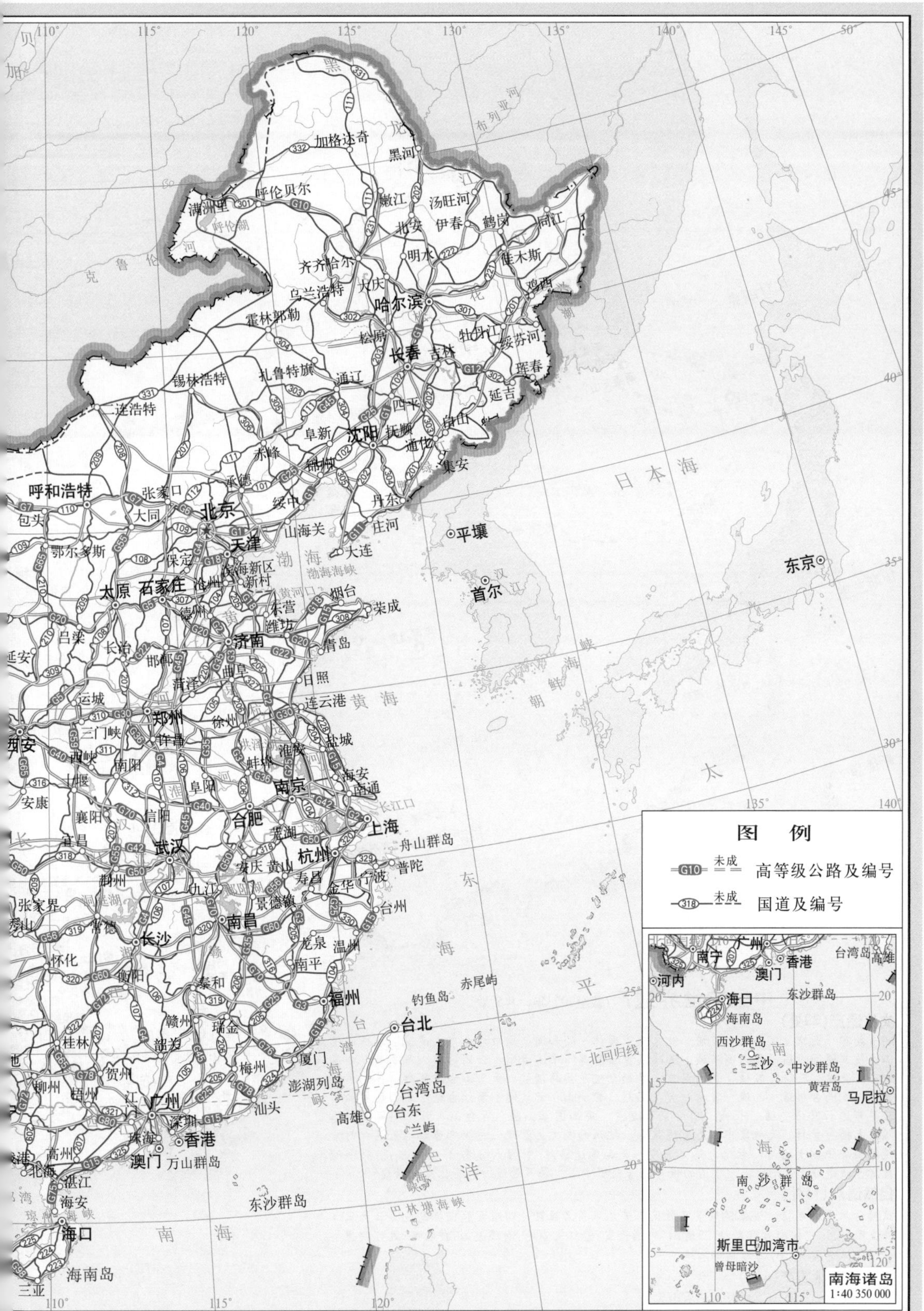

比例尺：1∶20 180 000　0　201.8　403.6　605.4千米

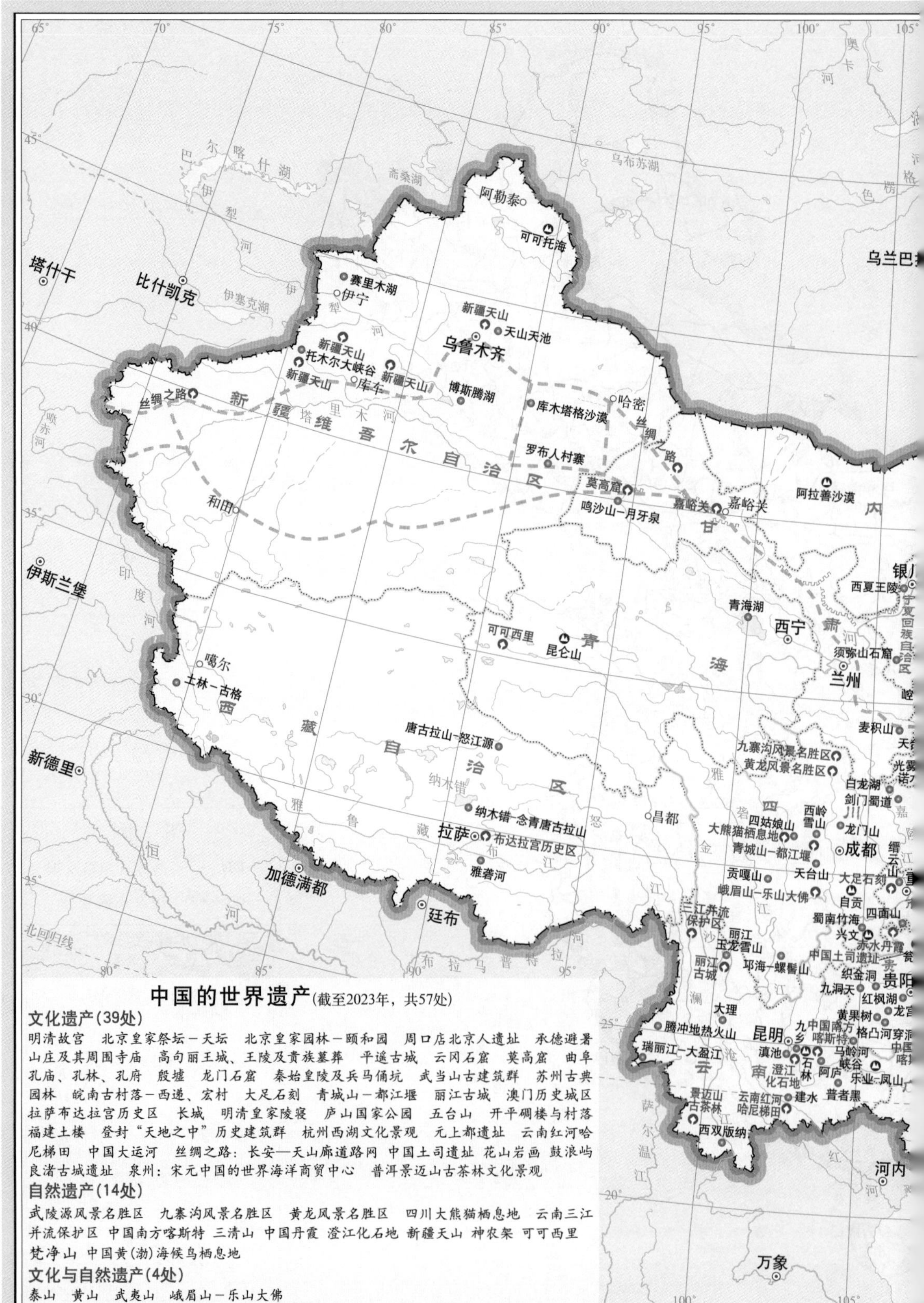

中国的世界遗产(截至2023年，共57处)

文化遗产(39处)

明清故宫　北京皇家祭坛—天坛　北京皇家园林—颐和园　周口店北京人遗址　承德避暑山庄及其周围寺庙　高句丽王城、王陵及贵族墓葬　平遥古城　云冈石窟　莫高窟　曲阜孔庙、孔林、孔府　殷墟　龙门石窟　秦始皇陵及兵马俑坑　武当山古建筑群　苏州古典园林　皖南古村落—西递、宏村　大足石刻　青城山—都江堰　丽江古城　澳门历史城区　拉萨布达拉宫历史区　长城　明清皇家陵寝　庐山国家公园　五台山　开平碉楼与村落　福建土楼　登封“天地之中”历史建筑群　杭州西湖文化景观　元上都遗址　云南红河哈尼梯田　中国大运河　丝绸之路：长安—天山廊道路网　中国土司遗址　花山岩画　鼓浪屿　良渚古城遗址　泉州：宋元中国的世界海洋商贸中心　普洱景迈山古茶林文化景观

自然遗产(14处)

武陵源风景名胜区　九寨沟风景名胜区　黄龙风景名胜区　四川大熊猫栖息地　云南三江并流保护区　中国南方喀斯特　三清山　中国丹霞　澄江化石地　新疆天山　神农架　可可西里　梵净山　中国黄(渤)海候鸟栖息地

文化与自然遗产(4处)

泰山　黄山　武夷山　峨眉山—乐山大佛

比例尺：1∶20 180 000　0　201.8　403.6　605.4千米

长江三角洲地区

序图

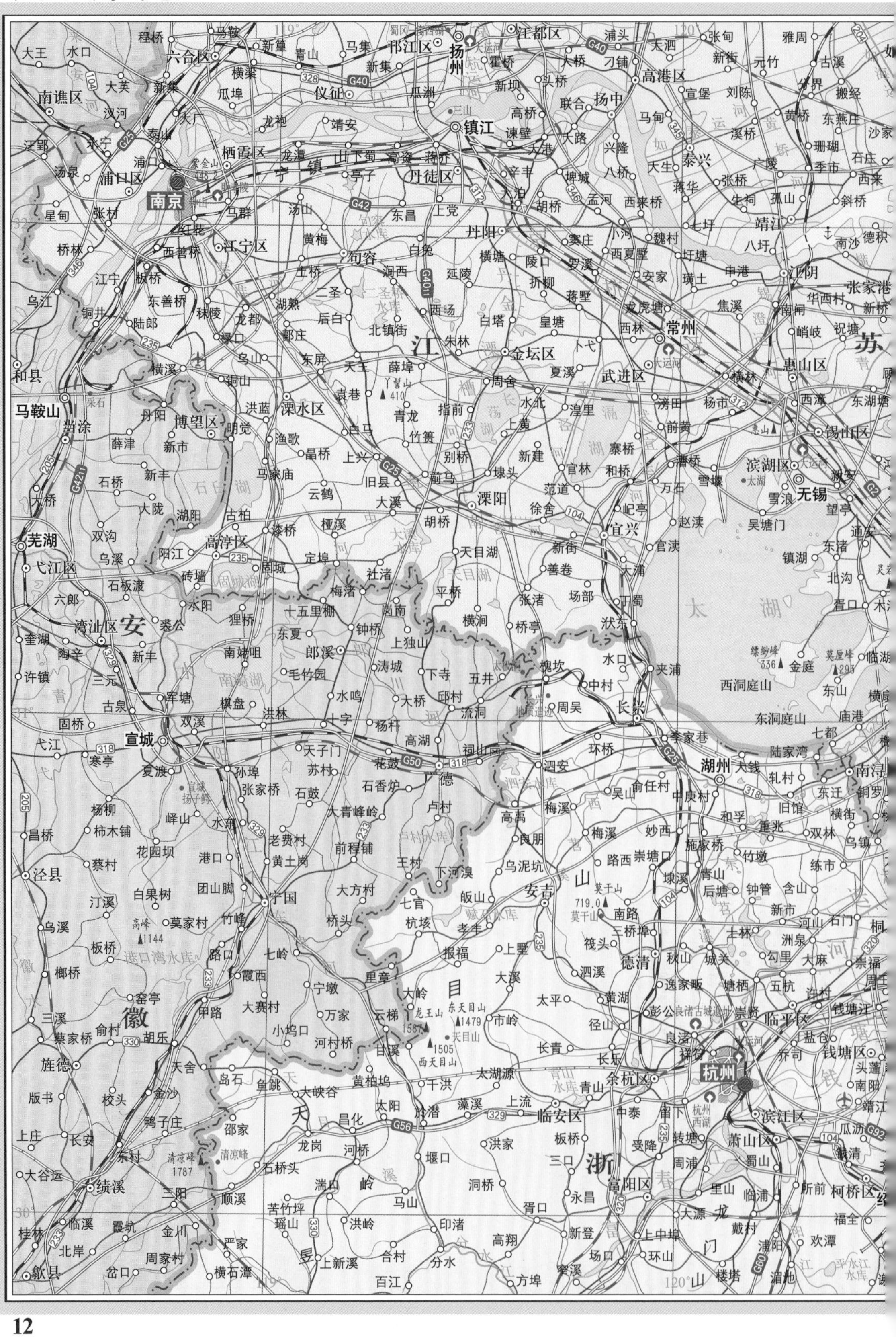

程桥
马鞍
新篁
青山
马集
邗江区
扬州
汪都区
浦头
大泗
白甸
雅周
古溪
大王
水口
六合区
横梁
仪征
新集
霍桥
大桥
刁铺
高港区
新街
元竹
分界
搬经
南谯区
大英
新集
瓜埠
瓜洲
新坝
头桥
联合
扬中
宣堡
刘陈
黄桥
东燕庄
沙家
汊河
大厂
龙袍
靖安
镇江
高桥
马甸
泰兴
溪桥
珊瑚
汪郢
永宁
泰山
栖霞区
龙潭
下蜀
高资
谏壁
大路
兴隆
广陵
季市
石庄
汤泉
浦口区
紫金山
448
宁
镇
亭子
丹徒区
辛丰
埤城
八桥
天生
张桥
西来
南京
马群
汤山
东昌
上党
大泊
孟河
西来桥
蒋华
生祠
孤山
斜桥
星甸
张村
红花
黄梅
句容
白兔
丹阳
胡桥
小河
魏村
七圩
靖江
八圩
德积
桥林
西善桥
江宁区
上桥
涧西
横塘
陵口
窦庄
西夏墅
圩塘
中港
江阴
南沙
江宁
板桥
延陵
折柳
罗溪
安家
璜土
张家港
乌江
铜井
东善桥
秣陵
二圣
湖熟
西旸
蒋墅
龙虎塘
焦溪
南闸
华西村
新桥
陆郎
龙都
后白
北镇街
白塔
皇塘
西林
常州
峭岐
祝塘
禄口
郭庄
朱林
金坛区
卜弋
苏
和县
横溪
乌山
东屏
天王
薛埠
江
夏溪
武进区
横林
惠山区
马鞍山
铜山
洪蓝
溧水区
袁巷
茅山
410
指前
周舍
水北
湟里
湖塘
洛阳
杨市
西漳
东湖塘
当涂
丹阳
博望区
明觉
青龙
上黄
前黄
惠山
锡山区
薛津
新市
渔歌
白马
竹箦
别桥
新建
寨桥
滨湖区
鹅湖
新丰
晶桥
上兴
埭头
官林
和桥
漕桥
雪堰
安镇
石桥
马家庙
旧县
前马
范道
万石
太湖
无锡
大桥
石臼湖
云鹤
大溪
溧阳
徐舍
宜兴
雪浪
大陇
湖阳
古柏
胡桥
大溪水库
屺亭
赵渎
望亭
吴塘门
双沟
高淳区
漆桥
桠溪
天目湖
新街
官渎
通安
芜湖
阳江
定埠
东渚
乌溪
弋江区
砖墙
固城
社渚
平桥
善卷
镇湖
石板渡
固城湖
梅渚
张渚
场部
大浦
北沟
六郎
水阳
十五里棚
岗南
横涧
丁蜀
太湖
胥口
湾沚区
安
裘公
狸桥
东夏
钟桥
上独山
桥亭
洑东
奎湖
陶辛
郎溪
下寺
五井
太极洞
槐坎
水口
缥缈峰
336
金庭
莫厘峰
293
临湖
新丰
南漪湖
南姥咀
毛竹园
涛城
邱村
中村
夹浦
西洞庭山
东山
许镇
三元
水鸣
流洞
长兴
周吴
横泾
古泉
牢塘
棋盘
洪林
大桥
长兴地质遗迹
东洞庭山
庙港
固桥
双溪
十字
杨杆
李家巷
七都
宣城
天子门
高湖
环桥
陆家湾
南浔
弋江
寒亭
孙埠
苏村
花鼓
广德
泗安
湖州
大钱
轧村
铜罗
夏渡
张家桥
石鼓
石香炉
泗安水库
吴山
俞任村
中庚村
东迁
宣城扬子鳄
大青峰岭
卢村
高禹
梅溪
和孚
旧馆
横街
杨柳
峰山
水东
卢村水库
梅溪
妙西
重兆
双林
昌桥
柿木铺
老费村
前程铺
西苕溪
施家桥
乌镇
花园坝
港口
黄土岗
王村
下河溴
良朋
崇塘口
竹墩
练市
泾县
蔡村
团山脚
大方村
乌泥坑
路西
埭溪
青山
含山
白果树
宁国
七官
安吉
莫干山
719.0
钟管
汀溪
竹峰
桥头
杭垓
山
后塘
新市
高峰
1144
莫家村
孝丰
赋石水库
南路
河山
石门
乌溪
板桥
路口
七岭
报福
上墅
筏头
三桥埠
土林
洲泉
港口湾水库
霞西
宁墩
里章
大溪
德清
秋山
城关
勾里
大麻
崇福
椒桥
大赛村
大岭
目
泗溪
逸家畈
塘栖
五杭
许村
窑亭
甲路
东天目山
太平
黄湖
三溪
俞村
小坞口
万家
云梯
龙王山
1479
市岭
径山
彭公
良渚古城遗址
崇贤
临平区
钱塘江
徽
蔡家桥
胡乐
河村桥
1587
天目山
良渚
盐仓
旗德
天舍
1505
长青
长乐
祥符
乔司
钱塘区
头蓬
西天目山
太湖源
杭州
余杭区
青山水库
南阳
版书
岛石
鱼跳
大峡谷
黄柏坞
千洪
青山
校头
金沙
太阳
於潜
藻溪
上流
中泰
留下
杭州西湖
滨江区
靖江
鸭子庄
天
昌化
临安区
瓜沥
上庄
长安
邵家
龙岗
河桥
洪家
板桥
受降
转塘
萧山区
东村
清凉峰
1787
石桥头
堰口
浙
蜀山
党湾
大谷运
绩溪
顺溪
湍口
岭
洞桥
三口
周浦
衙前
柯桥区
三阳
苦竹坪
马山
永昌
富阳区
里山
临浦
桂林
临溪
霞坑
瑶山
洪岭
印渚
胥口
新登
大源
戴村
福全
北岸
金川
严家
合村
高翔
上中埠
龙
浦阳
欢潭
歙县
岔口
周家村
昱
上新溪
分水
场口
环山
门
平水江水库
横石潭
百江
方埠
窄溪
楼塔
进化
山
汤池

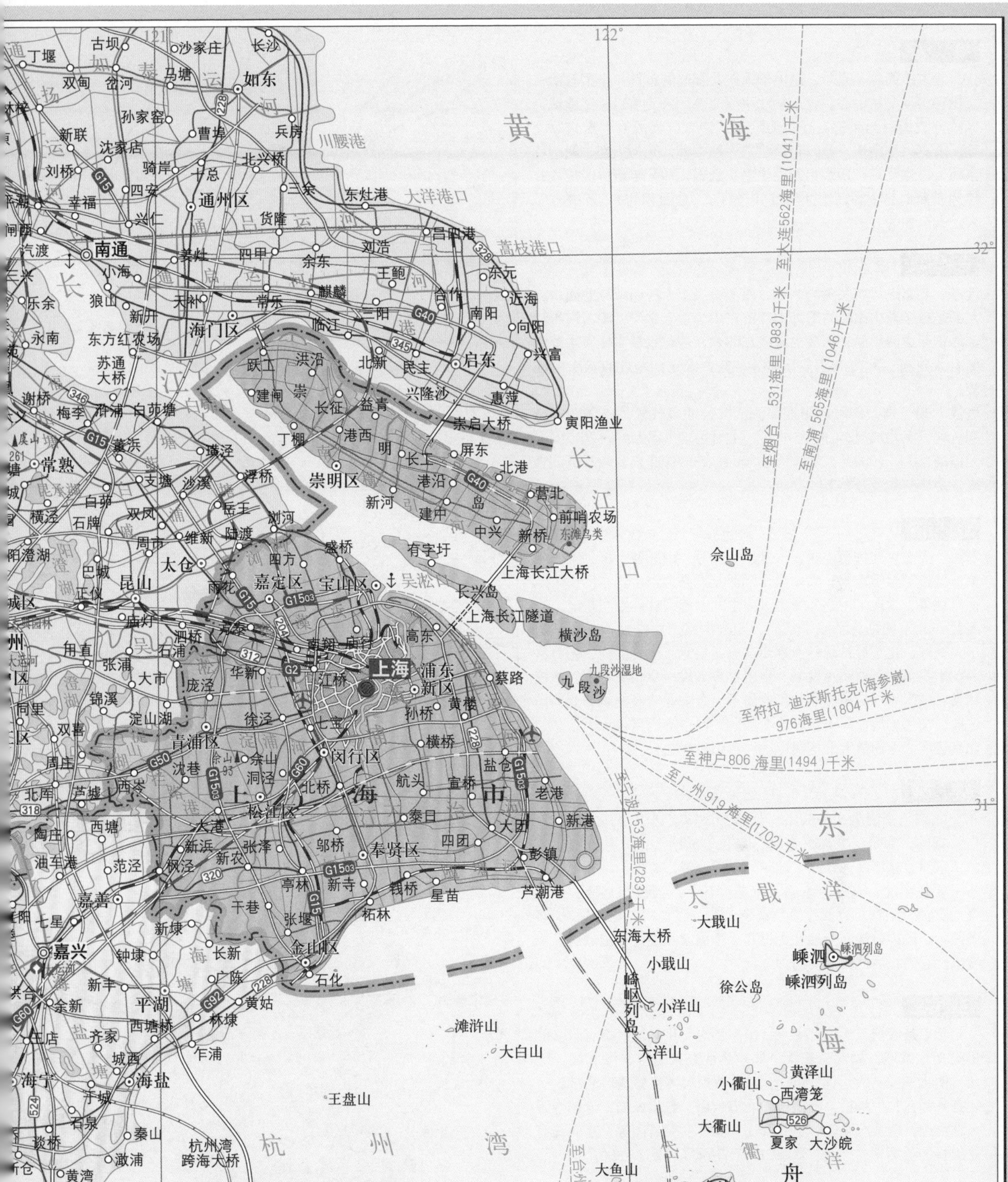

比例尺：1：1 360 000　　0　13.6　27.2　40.8千米

北京市

概　况

北京市简称“京”，是中华人民共和国的首都，全国政治、文化和国际交往中心。位于华北平原北部。公元前11世纪建城，春秋、战国时为燕都，辽时为陪都“南京”，故有“燕京”之称。隋唐时称幽州，金时正式建都，称中都，元为大都，明清称京师，通称北京，1928年始设北平特别市，1949年新中国成立，建为首都，改称北京。现辖16市辖区。总面积约1.7万平方千米，人口1409万。

自然环境

地形　北京以居庸关关沟为界，西部是属于太行山余脉的西山，北部是属于燕山山脉的军都山。市东南为古永定河、潮白河等河流冲积而成的平原。东灵山海拔2303米，是北京最高峰。主要河流有永定河、潮白河、拒马河等，其中永定河是北京最大的河流。

气候　属于典型的暖温带亚湿润大陆性季风气候。一年四季分明。一月平均气温-10℃～-5℃，七月平均气温22℃～26℃。年无霜期180天～200天。年降水量500毫米～700毫米。秋季天高气爽，是旅游的黄金季节。

经　济

农业　主要农作物有小麦、玉米、水稻等，山区盛产柿、梨、板栗、核桃等温带水果。农业耕作以两年三熟为主，基本形成了以生产蔬菜、食肉、牛奶、蛋禽等为主的京郊副食品生产基地。

工业　北京根据首都城市功能，积极调整产业结构，工业从电子、机械、化工等传统行业逐步向电子信息、生物医药、新材料等技术密集型行业发展，现已初步形成一个门类齐全、规模相当、技术水平较高的现代工业体系。金融业、商业服务业、运输业、文化旅游业等第三产业在国民生产中的比重也大大增加。北京已成为全国最大的消费市场和进出口岸之一。

交　通

北京是全国最大的铁路、公路和民航交通中心。主要有京广、京沪、京哈、京九、京承、京包等铁路干线，并开通了京沪、京津、京广高速铁路，国际列车通朝鲜、蒙古、俄罗斯；公路主要有京沈、京哈、京福、京珠等10多条国道和京哈、京港澳、京沪、京新、京藏等多条高速公路。首都机场已开通200多条国际、国内航线，可通往世界几十个国家和地区及国内大、中城市。大兴机场已投入使用。

名胜古迹

北京是我国八大古都之一，国家历史文化名城，拥有众多的历史文化遗迹。故宫、长城、周口店北京人遗址、颐和园、天坛、明十三陵、大运河(通惠河段)已被列入《世界遗产名录》。还有雍和宫、卢沟桥、圆明园、北海公园、香山公园、潭柘寺等名胜古迹，以及大观园、世界公园、奥林匹克公园等。京郊还有龙庆峡、雁栖湖、十渡、云蒙山、石花洞等风景名胜区。

名优特产

景泰蓝、玉器、雕漆驰名海内外。北京烤鸭历史悠久，蜚声中外。特产食品还包括各种蜜饯果脯、茯苓夹饼、王致和臭豆腐、六必居酱菜、二锅头酒、怀柔板栗等。同仁堂的安宫牛黄丸和乌鸡白凤丸是正宗地道的中药滋补品。

民俗文化

京剧，又称京戏，被誉为中国的“国粹”，被列入《人类非物质文化遗产代表作名录》，经典剧目有《霸王别姬》《贵妃醉酒》等。北京的胡同和四合院是老北京人生活的象征，也是最具民俗风情的中国传统文化的体现。

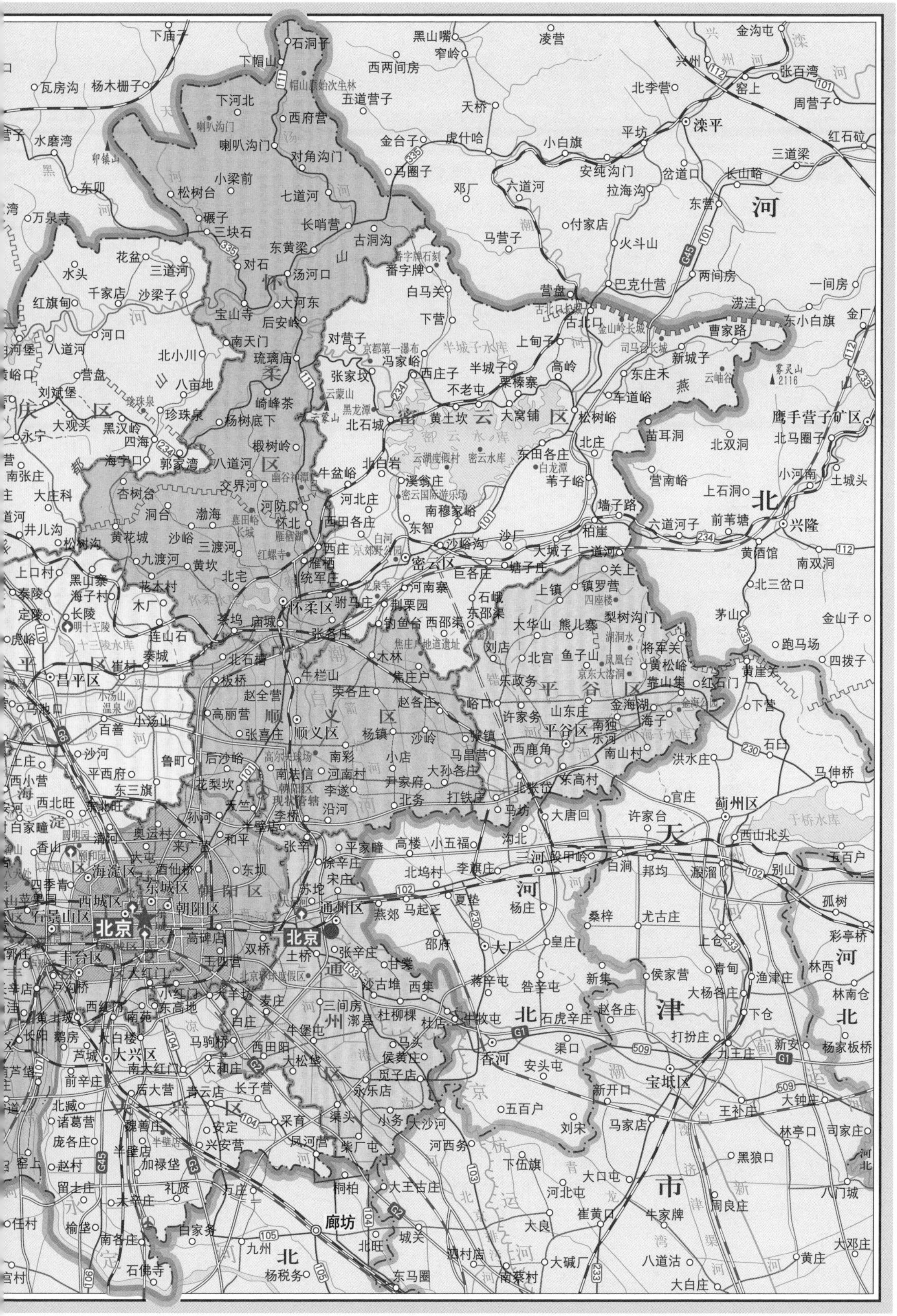

比例尺：1∶860 000　0　8.6　17.2　25.8千米

北京

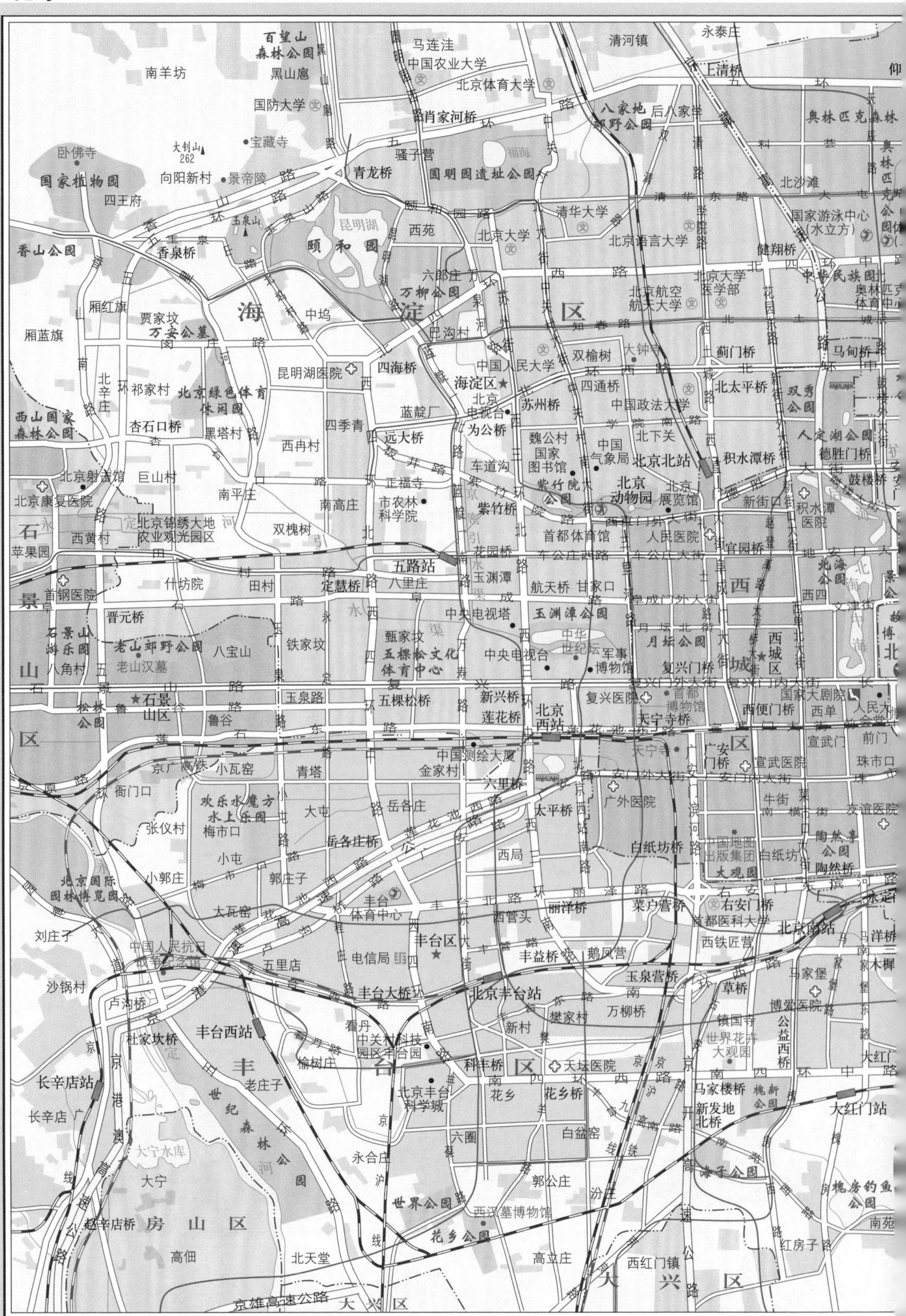
百望山森林公园
马连洼
清河镇
永泰庄
南羊坊
黑山扈
中国农业大学
北京体育大学
上清桥
国防大学
八家地郊野公园
后八家
奥林匹克森林公园
肖家河桥
宝藏寺
大钊山 262
卧佛寺
骚子营
圆明园遗址公园
福海
国家植物园
向阳新村
景帝陵
青龙桥
北沙滩
四王府
颐和园
昆明湖
清华大学
国家游泳中心（水立方）
玉泉山
西苑
北京大学
北京语言大学
香山公园
香泉桥
健翔桥
六郎庄
万柳公园
北京大学医学部
中华民族园
海淀区
北京航空航天大学
厢红旗
贾家坟
万安公墓
中坞
巴沟村
知春路
厢蓝旗
大钟寺
蓟门桥
马甸桥
双榆树
中国人民大学
海淀区
昆明湖医院
四海桥
北辛庄
祁家村
北京绿色体育休闲园
四通桥
北太平桥
双秀公园
中国政法大学
西山国家森林公园
北京电视台
苏州桥
蓝靛厂
杏石口桥
黑塔村
四季青
为公桥
北下关
远大桥
魏公村
国家图书馆
中国气象局
北京北站
积水潭桥
人定湖公园
德胜门桥
西冉村
北京射击馆
巨山村
车道沟
鼓楼桥
正福寺
紫竹院公园
北京动物园
北京展览馆
新街口
积水潭医院
北京康复医院
南平庄
南高庄
市农林科学院
紫竹桥
北京锦绣大地农业观光园区
西黄村
双槐树
首都体育馆
人民医院
苹果园
花园桥
车公庄西路
车公庄大街
官园桥
北海公园
五路站
首钢医院
什坊院
田村
定慧桥
八里庄
玉渊潭
航天桥
甘家口
阜成门外大街
西四
晋元桥
中央电视塔
玉渊潭公园
文津街
石景山游乐园
铁家坟
甄家坟
中华世纪坛
月坛公园
西城区
老山郊野公园
八宝山
五棵松文化体育中心
中央电视台
军事博物馆
复兴门桥
八角村
老山汉墓
复兴门外大街
复兴门内大街
国家大剧院
人民大
石景山区
玉泉路
五棵松桥
新兴桥
北京西站
复兴医院
首都博物馆
西便门桥
西单
松林公园
鲁谷
莲花桥
天宁寺桥
宣武门
前门
中国测绘大厦
天宁寺
广安门桥
宣武医院
珠市口
京广高铁
小瓦窑
青塔
金家村
六里桥
广安门外大街
广安门内大街
衙门口
岳各庄
太平桥
广外医院
牛街
友谊医院
欢乐水魔方水上乐园
大屯
张仪村
梅市口
岳各庄桥
陶然亭公园
西局
白纸坊桥
中国地图出版集团
白纸坊
陶然桥
小屯
小郭庄
郭庄子
大观园
北京国际园林博览园
丰台体育中心
丽泽桥
菜户营桥
右安门桥
太瓦窑
西管头
首都医科大学
北京南站
刘庄子
丰台区
中国人民抗日战争纪念馆
五里店
电信局
丰益桥
鹅凤营
西铁匠营
洋桥
木樨
沙锅村
丰台大桥
玉泉营桥
马家堡
北京丰台站
草桥
卢沟桥
樊家村
万柳桥
博爱医院
丰台西站
看丹
镇国寺
新村
杜家坎桥
中关村科技园区丰台园
世界花卉大观园
公益西桥
大红门
科丰桥
天坛医院
长辛店站
老庄子
丰台区
马家楼桥
槐新公园
北京丰台科学城
花乡
花乡桥
长辛店
世纪森林公园
新发地北桥
大红门站
六圈
白盆窑
永合庄
大宁水库
海子公园
大宁
郭公庄
槐房钓鱼公园
世界公园
西汉墓博物馆
赵辛店桥
房山区
花乡公园
南苑
红房子路
高佃
北天堂
高立庄
西红门镇
大兴区
京雄高速公路
大兴区

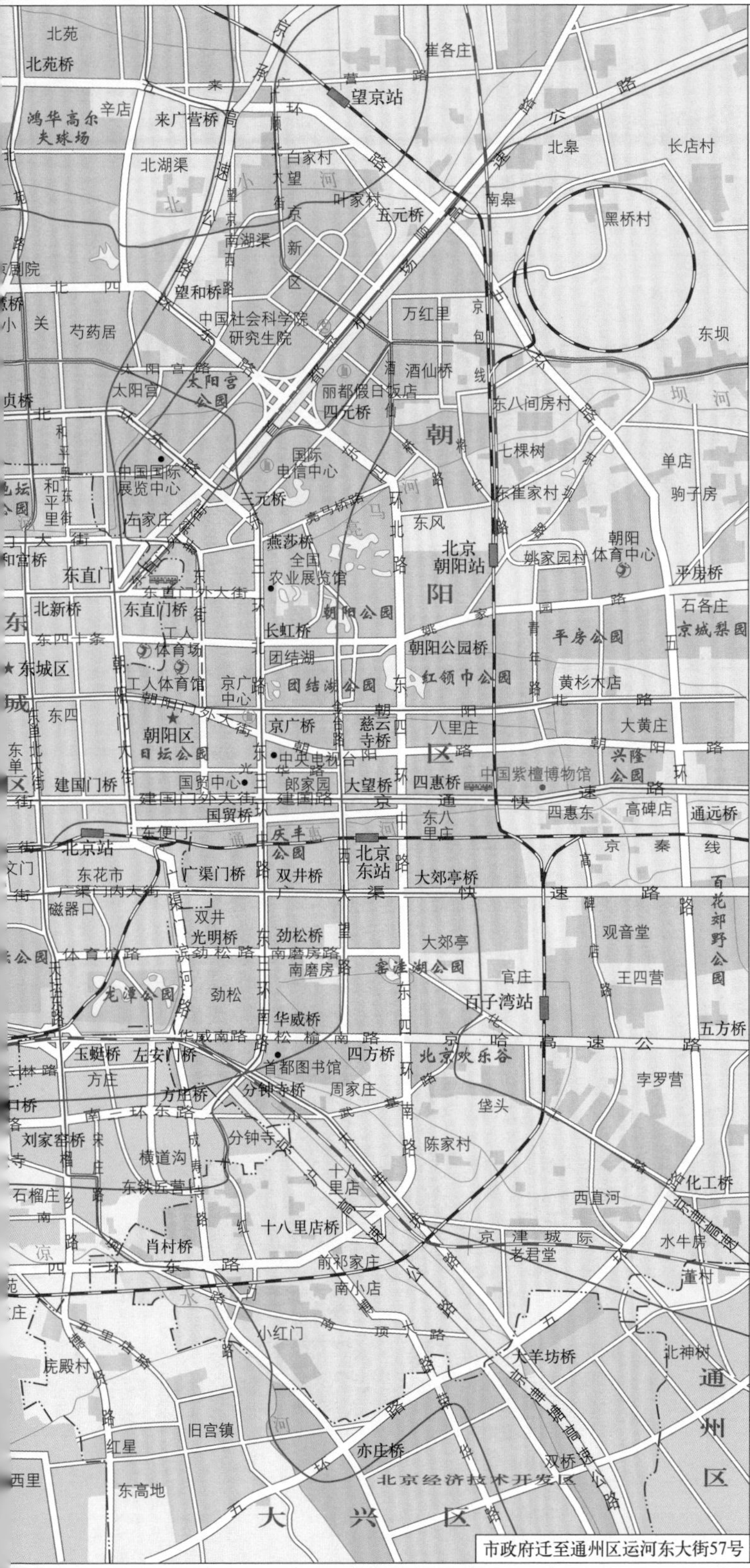

市政府迁至通州区运河东大街57号

北京 ☎ 010 ✉ 100710

北京城区位于北京市中南部，以东城、西城为主体，四周延伸到朝阳、海淀、丰台、石景山城区。公元前11世纪在今城区西南建蓟城，金代在广安门附近建中都，元代在今北海周围及其北建大都，明清以紫禁城（故宫）为中心建凸字型北京城。

北京旧城为棋盘式格局，以永定门、天安门、景山、地安门为南北向中轴线，东西有东直门与西直门、建国门与复兴门、崇文门与宣武门、朝阳门与阜成门、东便门与西便门、广渠门与广安门、左安门与右安门，以及天坛与地坛、日坛与月坛等相互对称。新中国成立后，北京的城市建设日新月异，市区突破古老的城圈，向着北起清河、南至南苑、西起石景山、东至定福庄之间的规划市区空间迅速发展。建成了一大批供给水、电、气、热及交通、通讯、环保等现代化基础设施。复兴路-复兴门大街-长安街-建国门大街-建国路为横贯东西的主干道。地铁交通的迅速发展，二环路、三环路、四环路、五环路、六环路及众多立交桥的建成通车使得市内交通更加便捷。

北京现已逐渐发展成为一座现代化、国际化的大都市。如今，北京仍保持着商业的繁华，王府井、前门一大栅栏、西单等商业中心流光溢彩。同仁堂、全聚德、六必居等百年老店驰名中外。国贸中心、国际展览中心、国际会议中心、奥林匹克体育中心、国家体育场、国家大剧院等一座座具有时代特征的著名建筑拔地而起。

西城区是党中央、全国人大、国务院、全国政协等党和国家首脑机关的办公所在地，是国家最高层次对外交往活动的主要发生地。朝阳区是首都金融机构最多、门类最全、国际化程度最高的区域。海淀区是北京智力密集、科技发达的高教科研基地，清华大学、北京大学、人民大学、北京航空航天大学、中国科学院等众多著名高等院校和科研机构大多集中分布于此，中关村科技园、上地信息产业基地均已具规模。通州区是北京城市副中心所在地，通过副中心和6个重点地区的建设，调整优化北京空间格局，疏解非首都功能，同时带动通州全境发展。

北京土特产品主要有烤鸭、果脯、茯苓饼等。京味小吃的代表有豆汁儿、冰糖葫芦、豌豆黄、驴打滚、灌肠、爆肚、炒肝等。

游览景点有天安门、故宫、天坛、北海、颐和园、圆明园及众多博物馆、名人故居等。

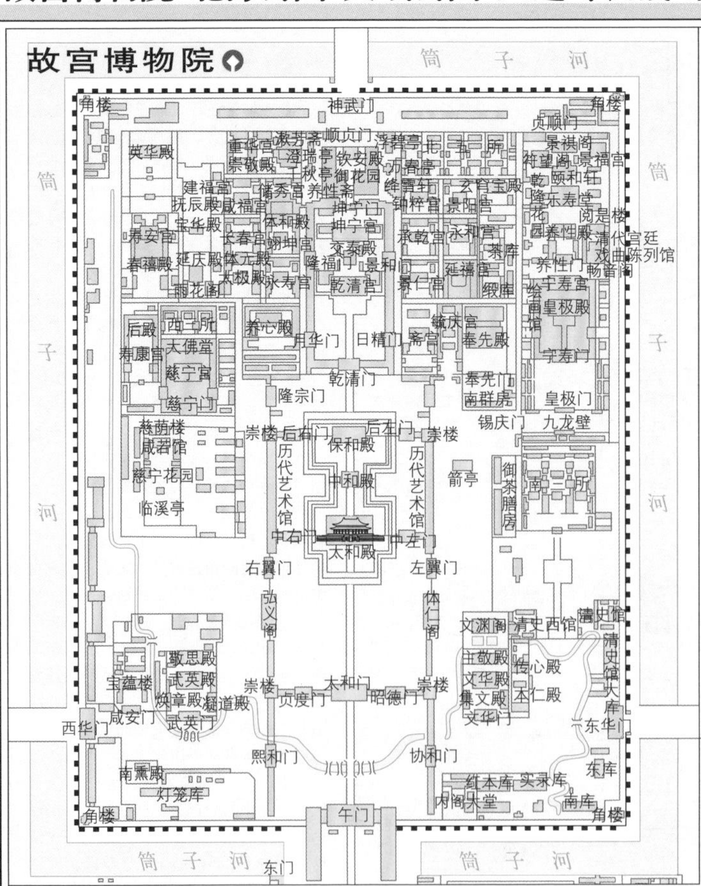

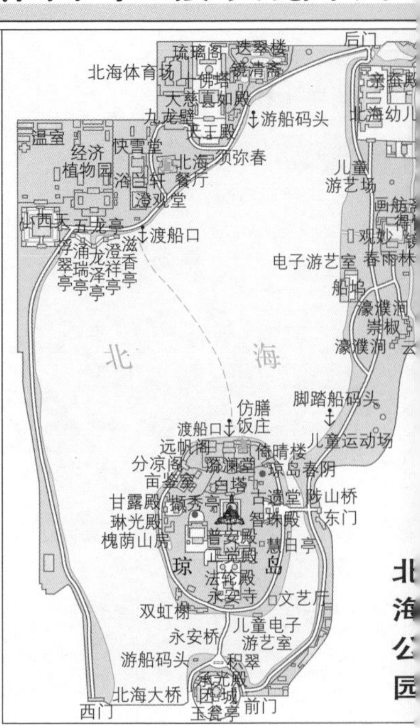

北海公园 位于故宫西北，为世界上现存最早的古
皇家园林，全国重点文物保护单位。北海是封建帝
想象中"仙山琼阁"的缩影，始建于辽代，经金
元、明、清的历代扩建，至乾隆年间初具规模。占
68公顷，水面约占一半。北海公园以琼岛为中心，
面环水，岛上绿荫掩映着亭廊殿塔，幽洞石室，木
的"琼岛春阴"为"燕京八景"之一。

故宫博物院 位于市中心，又称紫禁城，1925年改名故宫博物院。为全国重点文物保护单位，已被列入《世界遗产名录》。故宫于明代永乐十八年（1420年）建成，是明清两代的皇宫，为世界上现存最大、最完整的宫殿建筑群。占地72万平方米，共有宫殿9900多间，均为木结构，黄琉璃瓦顶、青白石底座，饰以金碧辉煌的彩画，沿南北向中轴线排列，并向两旁展开，南北取直，左右对称。故宫全部建筑由"外朝"与"内廷"两部分组成，四周有城墙围绕。"外朝"与"内廷"以乾清门为界，以南为"外朝"，以北为"内廷"。"外朝"壮丽雄伟，形象庄严，以象征皇帝的至高无上，最著名的是太和殿、中和殿和保和殿。其中"太和殿"俗称"金銮殿"，是皇帝举行朝会的地方，也称为"前朝"。内廷以乾清宫、交泰殿、坤宁宫为中心，两翼为养心殿、东六宫、西六宫、斋宫、毓庆宫，后有御花园，富有生活气息。御花园里松柏高耸，名花荟萃，建有山石亭阁。故宫从建成到清帝逊位的约五百年间，历经了明、清两个朝代24位皇帝，是明、清两朝最高权力中心的代表。

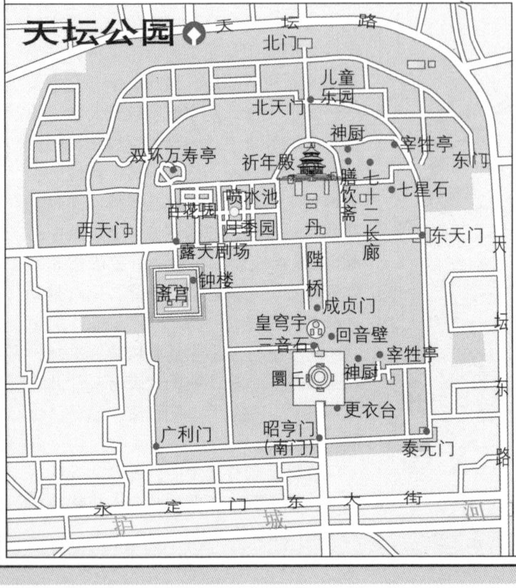

天坛公园 位于正阳门外，永定门内大街东侧。为世界上最大的古代祭天建筑群，被列入《世界遗产名录》。始建于明永乐十八年（1420年），占地273公顷，供明清帝王祭天祈谷。全园布局严谨，建筑奇特，分内坛、外坛两部分。坛内主要建筑有祈年殿、皇穹宇、圜丘、无梁殿等，回音壁、三音石等亦闻名遐迩。

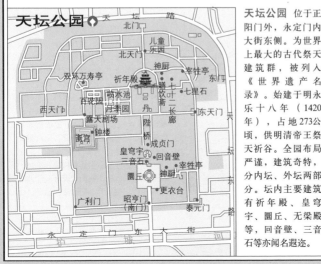

店北京人遗址

颐和园 位于京西北郊。为我国现存规模最大、保存最完整的大型皇家园林，全国重点文物保护单位，世界文化遗产。原为清代的行宫和花园，前身为清漪园，1888年清光绪时由慈禧重建，改名颐和园，作为夏季坐朝、游乐之所，故又称“夏宫”。全园由万寿山、昆明湖等组成，分为勤政、居住、游览三大区域，共有3000多间各种形式的宫殿园林建筑。其中佛香阁、长廊、石舫、苏州街、十七孔桥、谐趣园、大戏台等都已成为家喻户晓的代表性建筑。

十三陵 位于昌平区天寿山南麓，是中国乃至世界现存规模最大、帝后陵寝最多的一处皇陵建筑群。现为全国重点文物保护单位，被列入《世界遗产名录》。陵区占地面积达80平方千米，包括明朝自成祖到思宗13个皇帝的陵墓，以长陵（成祖）和定陵（神宗）最为著名。十三陵神路上的石牌坊为我国现存最早、最大的石坊建筑。

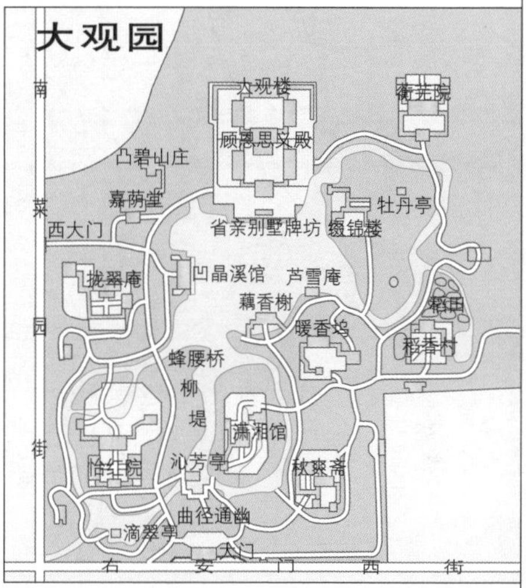

达岭长城 位于延……。为国家级风景名……和全国重点文物保……位，被列入《世界……名录》。史称天下……之一，是万里长城……关口居庸关的隘口……都北京的重要屏……建于明弘治十八年……05年），嘉靖、万……间曾修葺。地势险……气势恢弘，岭口上……伟的关城一座，上……北门锁钥”和“居……镇”。附近的水关……是八达岭长城中保……精固的一段，亦以……陡峭著称。

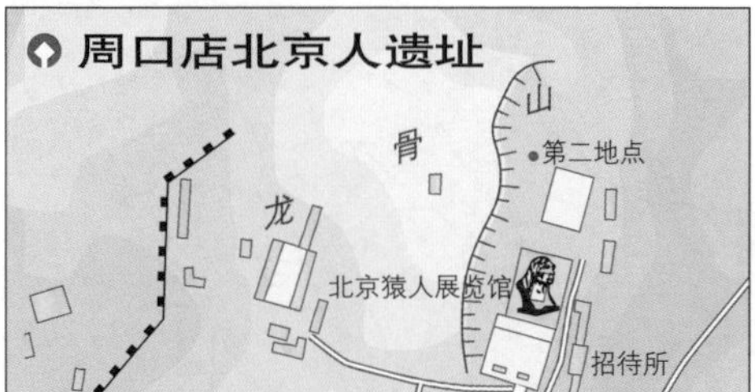

周口店北京人遗址 位于房山区周口店镇龙骨山北部。为全国重点文物保护单位，被列入《世界遗产名录》。是世界上发现人类化石材料最丰富、最生动、最系统而又最有价值的古人类文化遗址。山上的石灰岩洞穴是北京猿人和山顶洞人的故居。考古学家先后在洞穴遗址外发现三枚人类牙齿化石，随后又发现了北京猿人的第一个完整头盖骨，以及人工制作的工具和用火遗迹。“北京人”的发现，为中国古人类及其文化的研究奠定了基础，是当之无愧的人类远古文化宝库。

大观园 位于西城区护城河畔。始建于1984年，是仿中国古典文学名著《红楼梦》中描绘的大观园而兴建的仿古园林。占地12.5公顷，有大观楼、潇湘馆、怡红院、秋爽斋、稻香村、凸碧山庄、暖香坞等40多处园景，均按照中国古典建筑的技法和传统的造园艺术手法建造，颇具清代风貌。园内有人物蜡像。每逢节假日，这里还举办各种丰富多采的游园活动，著名的“元妃省亲”大型古装表演尤为引人入胜。

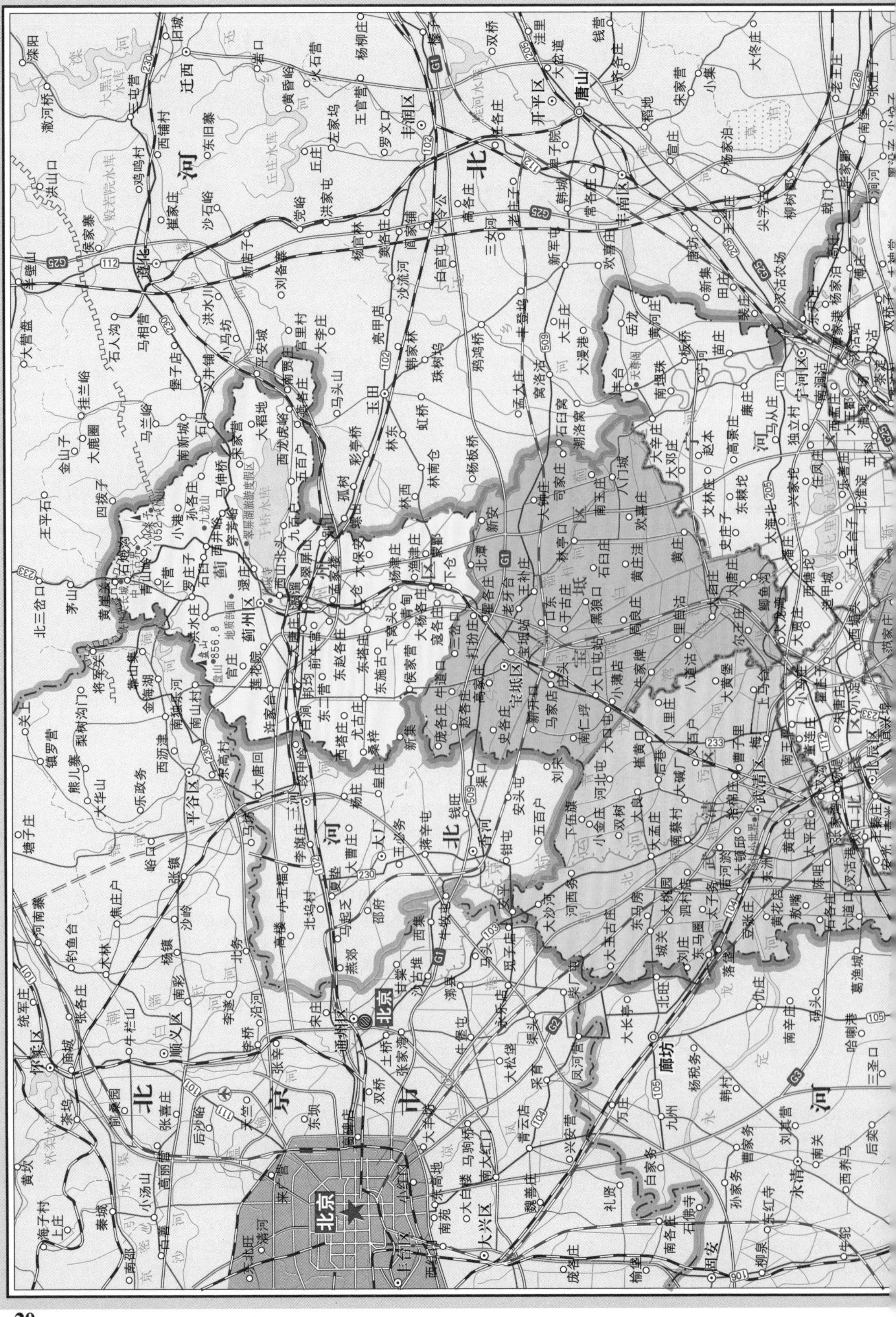
北京
廊坊
唐山
蓟州区
宝坻区
武清区
平谷区
顺义区
通州区
丰南区
丰润区
开平区
遵化
迁西
三河
香河
大厂
玉田
怀柔区
大兴区
永清
固安

概　况

天津市简称“津”，为中央直辖市。位于华北平原东北部。金、元时代称直沽，明时取天子津渡之意，始称天津，并设天津卫，清为直隶州、天津府。现辖16市辖区。全市面积约1.2万平方千米，人口1152万。

自然环境

地形 天津北屏燕山，东临渤海。除蓟州区北部为低山丘陵外，绝大部分是海拔2米～5米的冲积平原。八仙桌子海拔1052米，为天津最高峰。境内有海河、永定新河、潮白新河等河流，其中海河是天津最大的河流。

气候 属于暖温带亚湿润大陆性季风气候。一月平均气温－6℃～－4℃，七月平均气温约26℃。年无霜期210天左右。年降水量550毫米～680毫米。

经　济

农业 主要粮食作物有小麦、玉米、水稻等，低平地带为北方稻谷的主要产区。经济作物以花生、棉花等为主。农特产有武清红小豆、宝坻大蒜和蓟州板栗等。

工业 天津是我国北方重要工商业城市和综合性工业基地之一，海洋化工和石油化工在全国闻名。工业门类齐全，包括冶金、化工、造船、电子轻工、食品等。滨海新区的建设对环渤海经济的发展起到了积极的促进作用。

交　通

天津现已形成以港口为中心、海陆空相结合的综合立体式交通网络。境内有京哈、津沪两大铁路干线和京九铁路霸州支线、京津城际高速铁路、京沪高速铁路；京津、京沪、荣乌等高速公路过境。天津滨海机场是华北地区最大的航空货运中心。天津港是华北第一大港口。

名胜古迹

天津是国家历史文化名城和优秀旅游城市，名胜古迹众多。主要有“京东第一山”盘山、千年古刹独乐寺、黄崖关古长城、大沽口炮台、天后宫、三叉河口古文化街、周恩来邓颖超纪念馆等。2014年大运河(北运河段)被列入《世界遗产名录》。

名优特产

风味名食狗不理包子、十八街麻花、耳朵眼炸糕被称为天津“三绝”。“小站稻”是天津出产的优质稻米。著名工艺品有杨柳青年画、泥人张彩塑、风筝魏风筝等。

民俗文化

杨柳青木版年画、天津时调、京东大鼓、宝坻评剧、泥人张彩塑、天津时调等都被文化部列入国家非物质文化遗产名录。

比例尺：1∶860 000　0　8.6　17.2　25.8千米

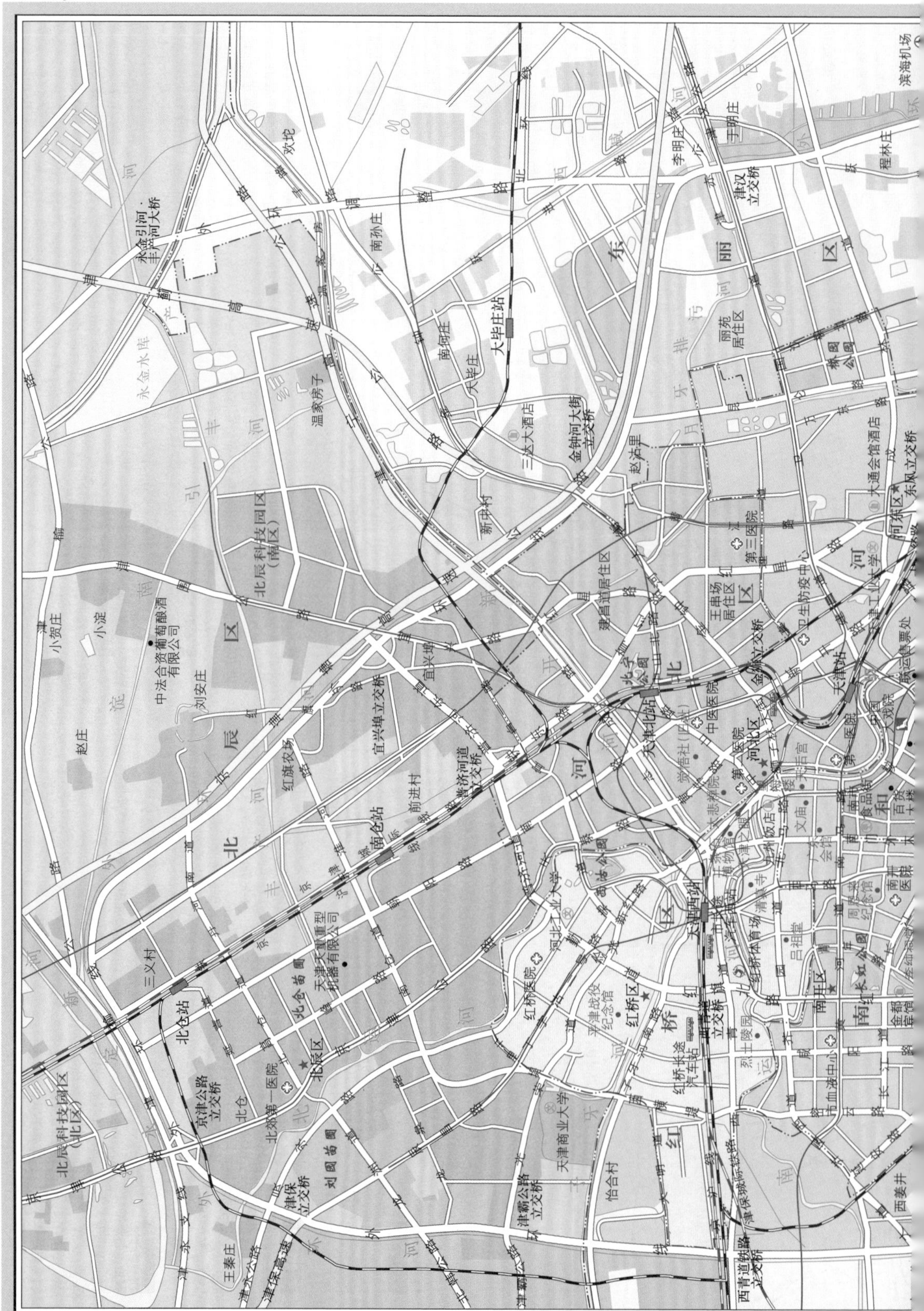

滨海机场
李明庄
于明庄
程林庄
津汉立交桥
东
丽
区
丽苑居住区
桥园公园
欢坨
永金引河·丰产河大桥
南孙庄
永金水库
南何庄
天毕庄
天毕庄站
温家房子
三达大酒店
金钟河大街立交桥
赵沽里
新中村
北辰科技园区（南区）
大通会馆酒店
东风立交桥
河东区
第三医院
中法合资葡萄酒有限公司
小贺庄
小淀
王串场居住区
建昌道居住区
卫生防疫中心
刘安庄
赵庄
宜兴埠
宜兴埠立交桥
天津站
红旗农场
普济河道立交桥
北宁公园
天津北站
中医医院
河北区
前进村
南仓站
天津重型机器有限公司
天津工业大学
北
辰
区
河北工业大学
天津西站
红桥体育场
三义村
北仓公园
红桥医院
平津战役纪念馆
红桥区
北仓站
北辰区
北郊第一医院
京津公路立交桥
天津长途汽车站
北辰科技园区（北区）
刘园公园
天津商业大学
怡合村
津保立交桥
津霸公路立交桥
王秦庄
津保城际铁路
西青道铁路立交桥
西姜井
南开区
和平区
金都商场

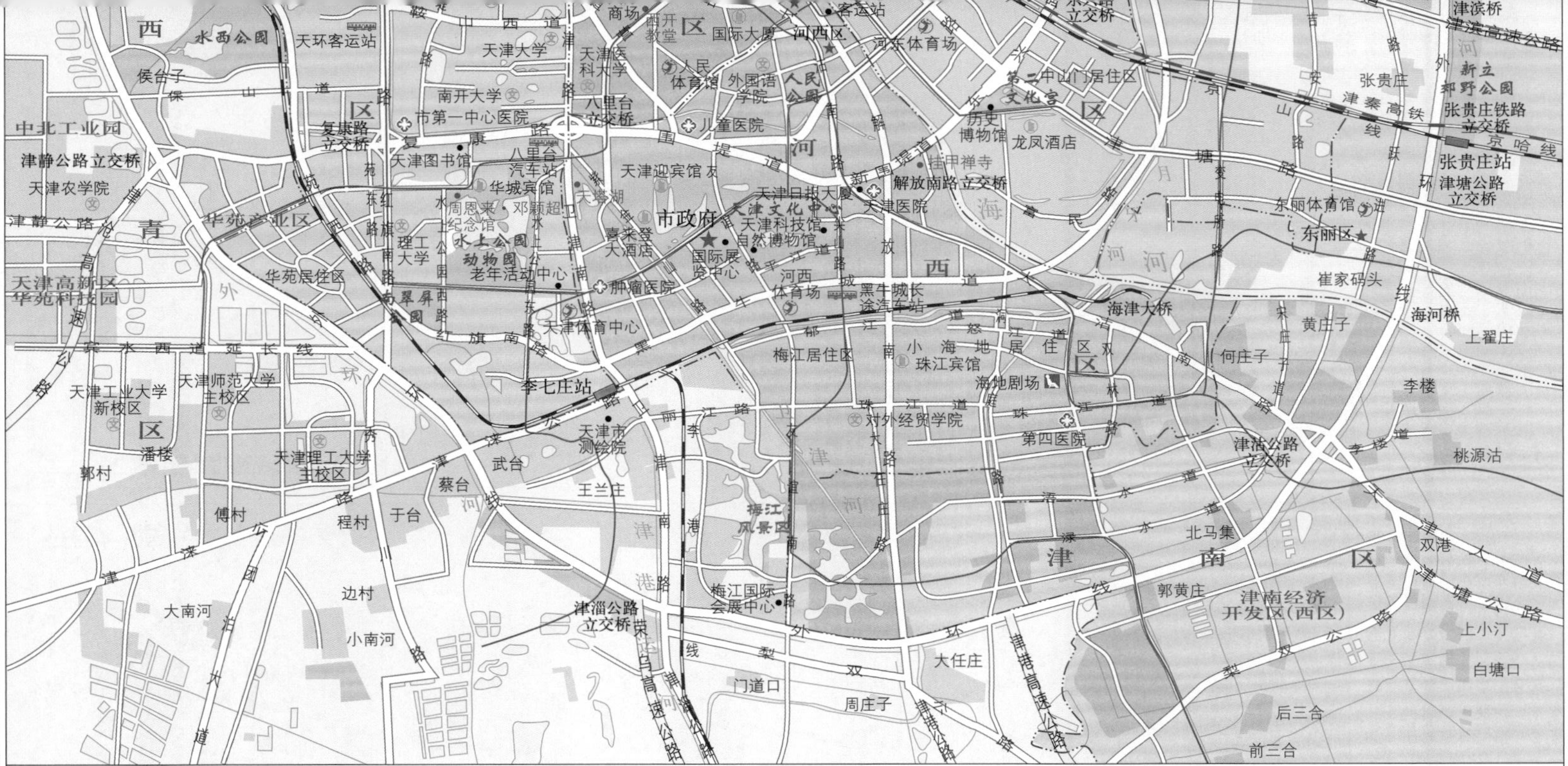

天津 ☎ 022 ✉ 300202

天津城区位于天津市中部偏西南，包括老城区和平区、南开区、红桥区及其周围的河北区、河东区、河西区、北辰区等。天津城始筑于明永乐初年（1403–1406年），古城池在今红桥区东南、南开区环城马路内。鸦片战争后，天津被辟为商埠，老城区南海河两岸成为外国租界，清政府又在老城区东北面开辟了新城区，天津城区规模基本形成。近年天津大力改造老城区成为城市的中心区，以达到天津城市建设总体规划提出的发展多功能经济中心的要求。天津市区在经过大规模改造建设后，城市地域结构发生了显著变化。

如今，市西北是天津重要的商业区，估衣街是天津古老的绸缎、棉布、呢绒、服装市场，有驰名中外的瑞蚨祥、谦祥益、同升和、宝林祥、瑞生祥、元隆、老胡开文、老茂生、天一坊等老店坐落在这里，还有大胡同小百货批发商厦、天奕商城、天津都行等小商品批发集散地；市西南成为天津主要的文化教育区，南开大学、天津大学、天津医科大学属国家“211工程”重点建设院校，天津图书馆、档案馆、国际交流中心、天津体育中心等为重要基础文化设施。著名的天津古文化街也坐落在这里，街道两边近百家店铺，主要经营古旧书籍、文物古玩、文房四宝、传统手工艺品等，整条文化街富有浓厚的历史味、文化味和天津味；市中心和平区是天津的政治、商贸、金融、教育、医疗卫生中心，也是行政文化中心，滨江道地区聚集了天津现有商业、饮食业、服务业的精华，天津主要商业街和平路、劝业场、华联商厦、滨江商厦、国际商场、百货大楼等商业大楼都集中在这一带，有名的南市食品街在西北部，可以品尝到八大碗、四大扒、冬令四珍等风味菜肴及十八街麻花、狗不理包子、耳朵眼炸糕等风味小吃。海河以东是主要工业区，有冶金、化工、石油、机械、医药、纺织等产业门类，天津站、天津北站和京沪、京台高速公路进出口也在此，交通便捷。

游览胜地有玉皇阁、天后宫、大悲禅院、清真寺、文庙、古文化街、广播电视塔、“五大道”、西开教堂、问津书院、觉悟社、广东会馆、周恩来、邓颖超纪念馆、吕祖堂义和团纪念馆、平津战役纪念馆、引滦入津工程纪念碑等。

五大道 天津海滨旅游度假区 食品街 滨海新区 盘山

五大道 位于天津中心市区的南部，东西向并列着成都道、重庆道、常德道、大理道、睦南道、马场道这六条街道，天津人把它称作"五大道"，2003年被列入"津门新十景"之一，成为展示天津城市魅力的重要人文旅游风景区。这里汇聚着英、法、意、德、西班牙等国各式风貌建筑230多幢，其建筑形式丰富多彩，有文艺复兴式、希腊式、哥特式、浪漫主义及摩登式等，形成了独具特色的万国建筑博览会。这里还有众多的名人故居，包括：民国总统徐世昌、曹锟旧居，中国近代外交家颜惠庆故居及清朝庆亲王公馆等。

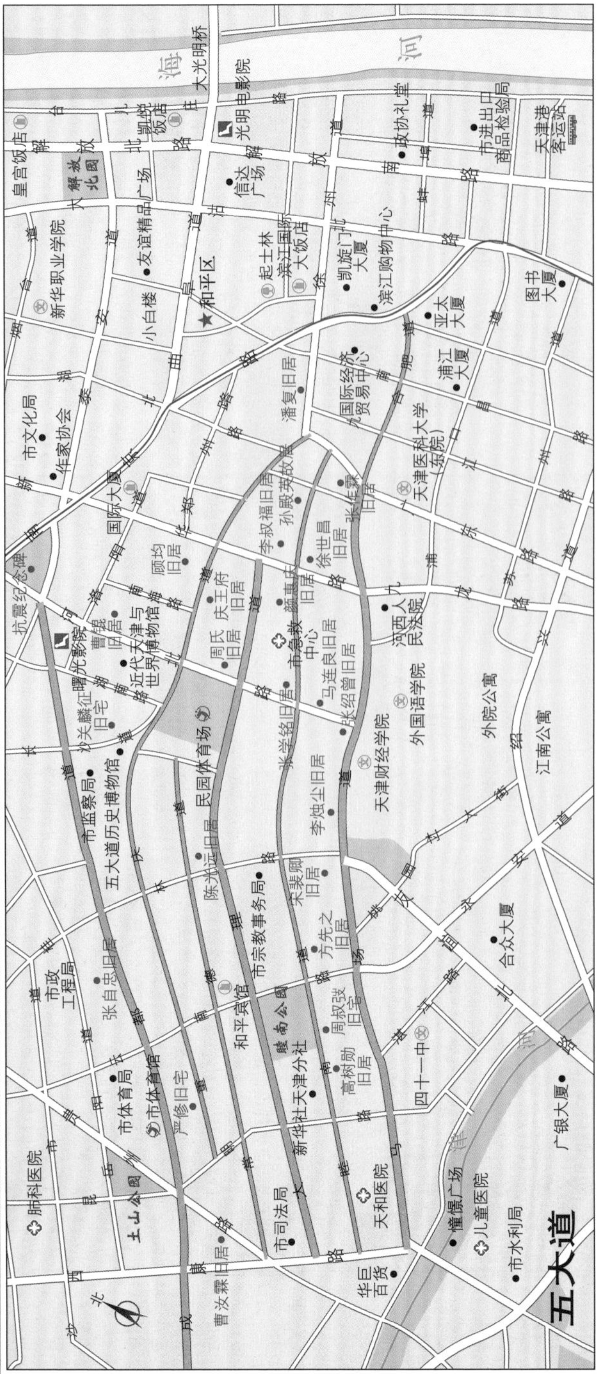

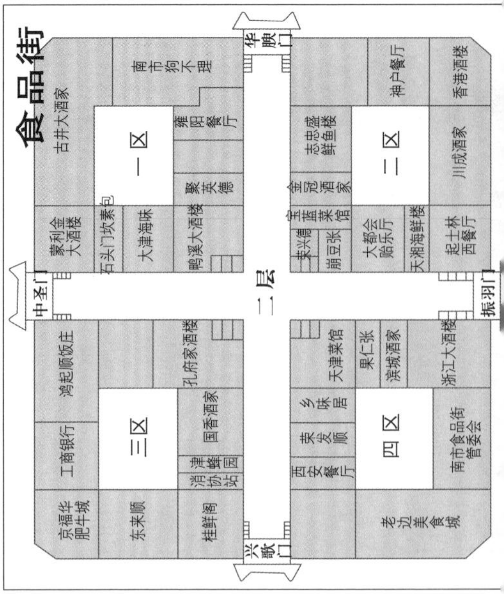

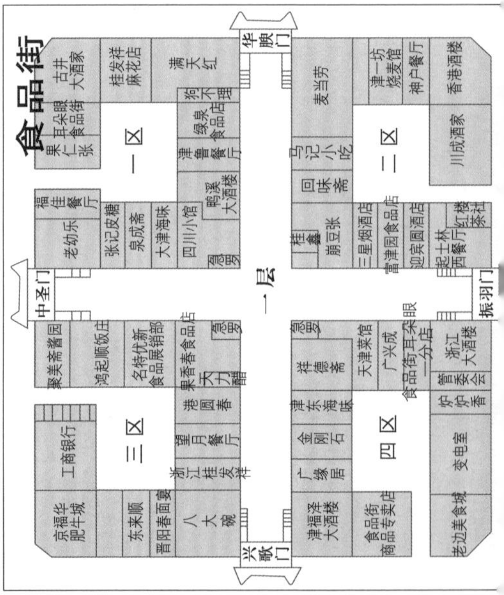

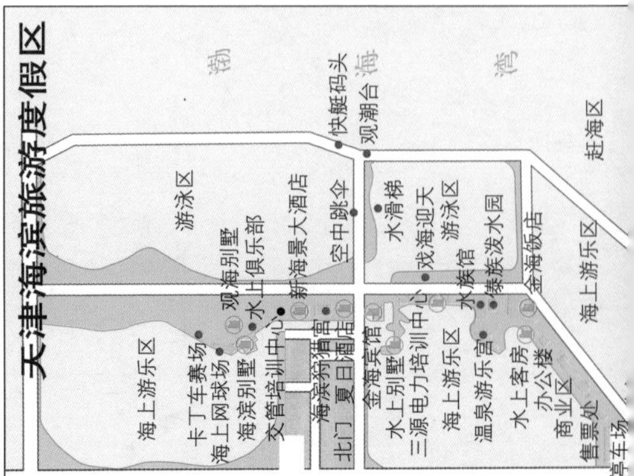

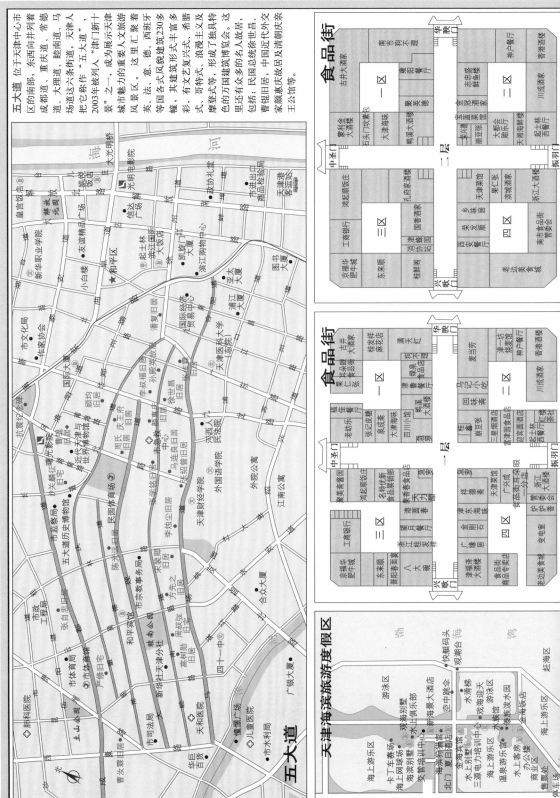

区高沙岭东面，素有“海滨温泉”美称，是中国最大的人工海滨浴场之一，国家4A级景区。景区拥有可容纳5万人游泳的海水浴场和80万平方米的水上游乐中心，还建有高达15米，具有三个直滑道和两个旋转滑道的冲水滑梯。度假区内主要有人工海滨浴场、水上运动场、温泉游乐宫、宾馆饭店、水上客房、沙滩帐篷、海滨别墅等服务设施，还有渔家风情赶海拾贝活动、民族歌舞表演、温泉按摩园、海上网球场、海上快艇俱乐部、沙滩排球、水上飞机、空中跳伞、健身理疗、多功能海上滑梯等娱乐设施。

整条街被高大灰色围墙包围，像一座雄伟壮观、气势宏伟的城池，具有浓厚的民族特色。食品街集餐饮、购物、旅游、娱乐为一体，是目前国内规模最大的餐饮集中地，被天津市政府命名为津门十景之一。

食品街内不仅荟萃了国内川、鲁、粤、湘、苏、浙、闽、徽八大菜系佳肴，还包容了自成流派的津、京、晋风味菜，回民小吃、时令海鲜及意、俄式西餐和日、韩料理，同时经营国内200多种有名的特色小吃。这里还有品种繁多的天津风味小吃，包括被称为“天津三绝”的狗不理包子、耳朵眼炸糕、桂发祥麻花，以及曹记驴肉、陆记烫面炸糕、白记水饺、芝兰斋糕干、大福来锅巴菜、石头门坎素包、杜称奇蒸食等。

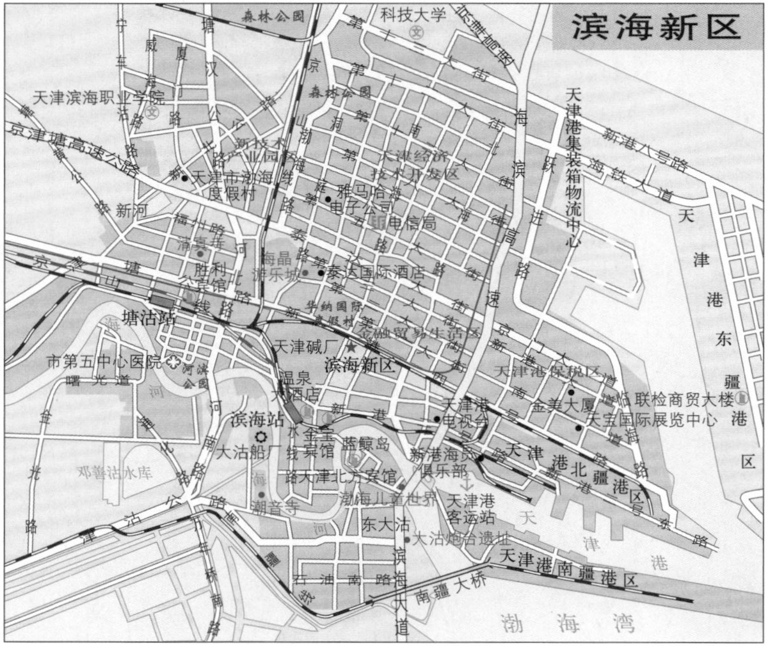

滨海新区 ☎ 022 ✉ 300450

位于天津东部沿海，环渤海经济圈的中心地带，以原塘沽区、汉沽区、大港区的行政区域为滨海新区的行政区域。是亚欧大陆桥最近的东部起点，也是中国邻近内陆国家的重要出海口。天津滨海新区包括先进制造业产业区、临空产业区、滨海高新技术产业开发区、临港工业区、南港工业区、海港物流区、滨海旅游区、中新天津生态城、中心商务区九大产业功能区和世界吞吐量第五位的综合性贸易港口——天津港。滨海新区自然资源丰富，这里有大量开发成本低廉的荒地和滩涂，具有丰富的石油、天然气、原盐、地势、海洋资源等，同时拥有雄厚的工业基础，是国内外公认的发展现代化工业的理想区域。

盘山 位于天津蓟州区城区西北，是国家级风景名胜区和国家5A级景区，因雄踞北京之东，故有“京东第一山”之誉。盘山风景秀丽，以“五峰”“八石”“三盘”“七十二寺”“十三塔”最为有名。盘山五峰，包括挂月峰、紫盖峰、自来峰、九华峰和舞剑峰，其中主峰挂月峰海拔856.8米。八石包括悬空石、摇动石、天井石、将军石、晾甲石、夹木石、蛤蟆石、蟒石。三盘指山上的三层风景：上盘以松胜、中盘以石胜、下盘以水胜。盘山风景区可分为入胜、天成寺、万松寺、云罩寺四大景区，景区内不仅有神奇秀丽的自然景观，还有内涵丰富的人文景观，包括天成寺、古佛舍利塔、定光佛舍利塔、进士墓、石塔林、千佛像、契真洞石窟、摩崖石刻等等。盘山还是著名的革命纪念地，现南麓建有盘山革命烈士陵园。

河北省

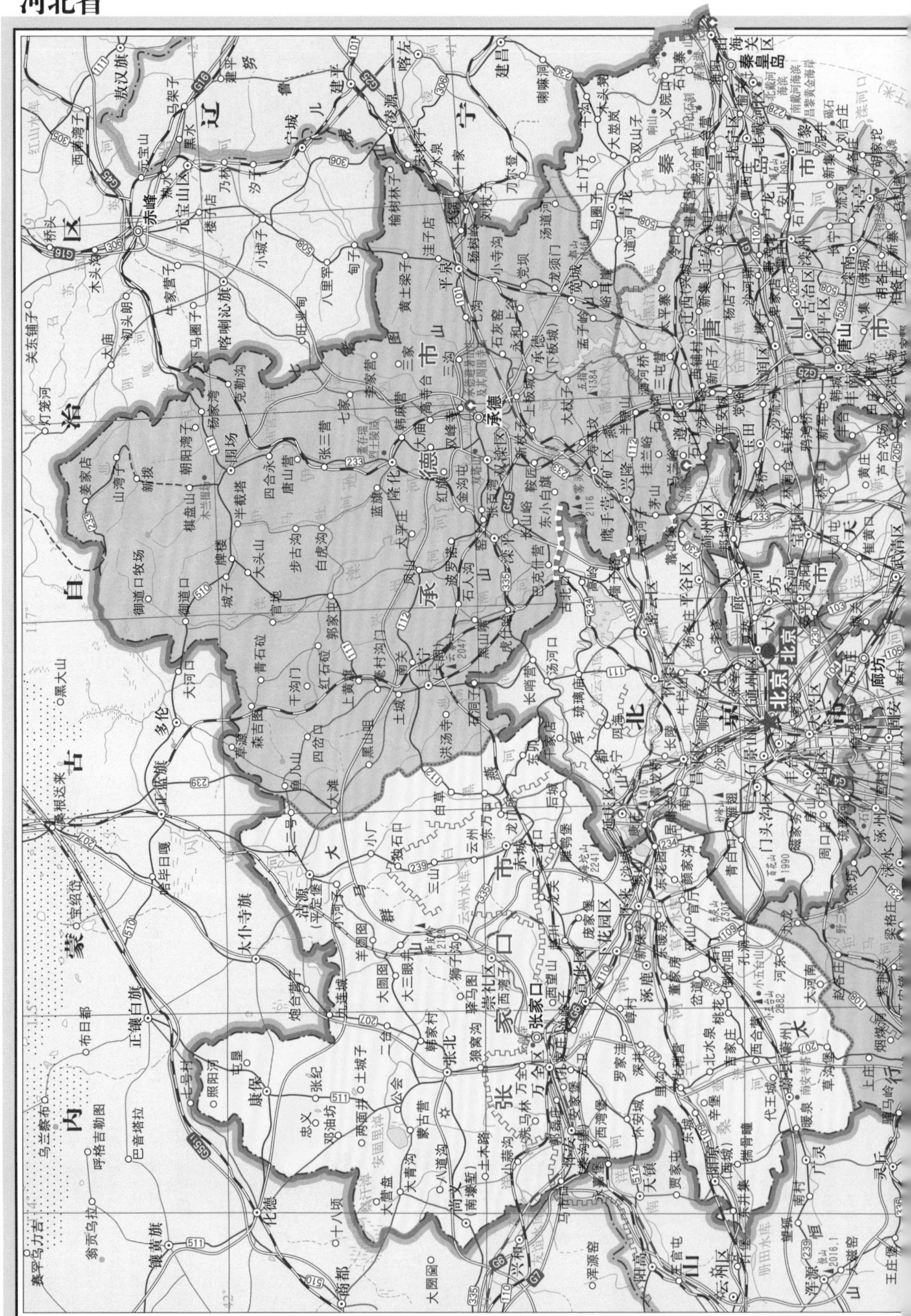
承德
张家口
北京
秦皇岛
唐山
廊坊
赤峰
敖汉旗
喀喇沁旗
多伦
正蓝旗
太仆寺旗
正镶白旗
镶黄旗
化德
商都
康保
张北
沽源
尚义
丰宁
隆化
围场
滦平
兴隆
宽城
平泉
青龙
迁西
遵化
怀来
涿鹿
宣化
怀安
万全
崇礼
赤城
阳原
蔚县
密云区
怀柔区
延庆区
平谷区
顺义区
通州区
三河
大厂
香河
玉田
丰润区
滦州
昌黎
抚宁区
卢龙
迁安
涞水
涿州
高碑店
易县
涞源
阜平

概 况

河北省简称“冀”，省会石家庄。地处华北平原北部。春秋战国时为燕、赵之地，元属中书省，清为直隶省，1928年始称河北省。现辖11地级市、21县级市、91县、6自治县及49市辖区。全省面积约19万平方千米，人口7741万。

自然环境

地形 冀西有太行山，冀北有燕山，东南部为辽阔的黄、海、滦河冲积平原。小五台山海拔2882米，为省最高峰。境内主要有海河、滦河两大水系。白洋淀是河北面积最大的湖泊。

气候 属于暖温带亚湿润亚干旱大陆性季风气候。一月平均气温－16℃～－3℃，七月平均气温20℃～27℃。年无霜期110天～220天。年降水量为400毫米～750毫米。

经 济

农业 河北是我国农业大省，粮、棉、油产量稳居全国前列，是全国三大小麦集中产区之一。白洋淀为淡水鱼主要产区。

工业 河北是全国重要的煤炭、钢铁、纺织工业基地。产量在全国处于前列的工业产品主要有原煤、原油、钢、生铁、陶瓷等。

交 通

境内有京九、京沪等主要铁路干线，京沪、京广、石太高速铁路建成通车。国道公路居全国之冠。石家庄正定机场是国际口岸机场。海运便利，有秦皇岛港、黄骅港及曹妃甸港等港口。

名胜古迹

河北省旅游资源丰富，有承德避暑山庄及其周围寺庙、清东陵和清西陵、山海关长城、大运河(南运河沧州至德州段)4处世界文化遗产；秦皇岛北戴河、野三坡等7处国家级风景名胜区；赵州桥、白洋淀等著名景点。

名优特产

特产果品有河北鸭梨、赵州雪花梨、宣化葡萄、沧州小枣等。唐山陶瓷、衡水鼻烟壶、蔚县剪纸、白洋淀苇编等是精湛的传统工艺品。

民俗文化

河北梆子、丝弦、唐山皮影、徐水狮舞，还有吴桥杂技、沧州武术、永年太极等都是久负盛名的独特民俗风情。

比例尺：1：2 520 000

0 25.2 50.4 75.6千米

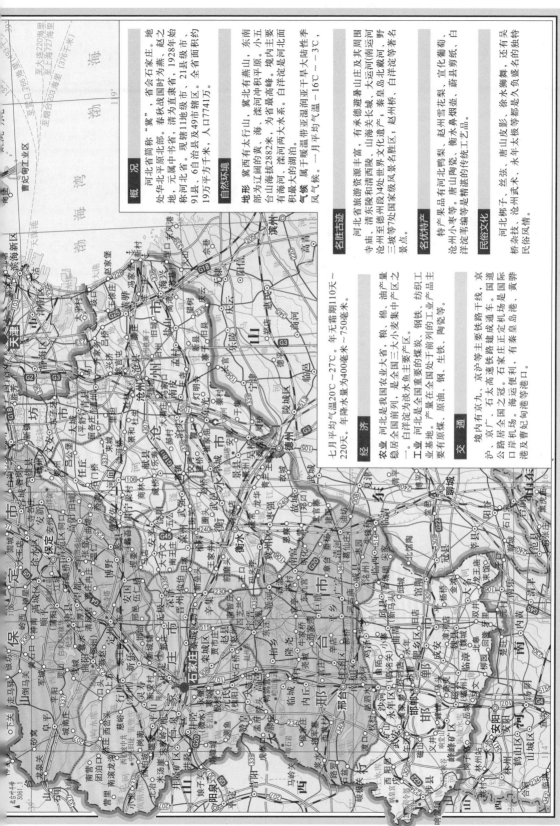

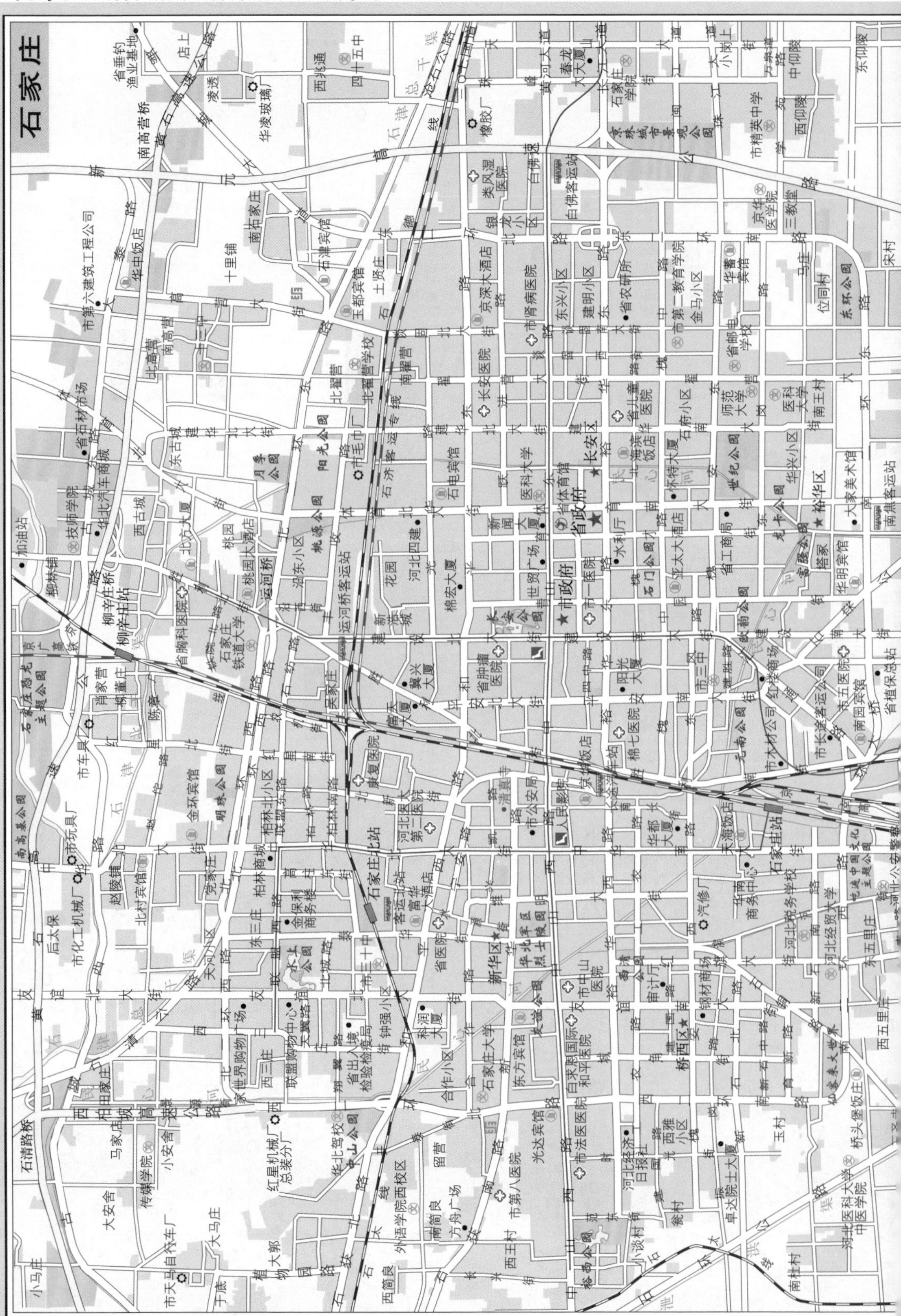
石家庄
省政府
市政府
长安区
桥西区
新华区
裕华区
石家庄站
石家庄北站
柳辛庄站
河北医科大学
石家庄铁道大学
河北师范大学
石家庄学院
长安公园
水上公园
世纪公园
裕西公园
东环公园
石门公园

河北省省会，位于河北省中南部，全省行政、经济、文化中心，华北地区重要交通枢纽。原为河北获鹿县一小村庄，1902年随着铁路交通建设而兴起为城市，1925年设石门市，1948年改称石家庄市。1968年河北省会由保定迁此，城市建设迅速发展。

石家庄地处太行山麓、华北平原西部，周围是我国著名的麦棉之乡和温带果品产区。工业发展迅速，包括轻纺、医药、电子、化工、建材、钢铁和食品等工业门类，尤以棉纺织、医药工业著称全国，是我国重要的纺织、医药工业基地，纱布产量居全国前列，抗生素、化学原料药产量占全国一半以上。煤炭、化工、机电、食品等工业都很发达。石家庄是我国南北、东西交通要冲之一，有“燕晋咽喉、南北通衢”之称。除京广铁路外，京港澳、京昆、青银、黄石高速公路和107、307、308国道也在此交会，还有朔黄铁路横穿过境，石太高速铁路开通，石家庄正定机场开通。城市以京广线为界，以西为老市区，以东为新市区。中山路中段和广安市场一带为石家庄著名商业街。风味特产有金凤扒鸡、缸炉烧饼、藁城宫面、赞皇金丝大枣、赵州雪花梨、行唐大枣等。市内有河北师范大学、河北医科大学和石家庄铁道学院等大学，其中河北师范大学是一所具有百年历史的省属重点大学，是我国较早建立、目前规模较大的高等师范院校之一。

石家庄市旅游资源丰富，名胜有桥西的华北烈士陵园，陵区广阔、松柏常青，国际主义战士白求恩、柯棣华和爱德华墓园坐落在这里。其他名胜还有市西毗卢寺内元代壁画和井陉苍岩山、赞皇嶂石岩、平山西柏坡—天桂山等国家级风景名胜区，市南赵县的隋代赵州桥、正定隆兴寺、荣国府和驮梁、五岳寨等。

清西陵 位于河北易县永宁山麓，为清朝皇室陵墓群之一，全国重点文物保护单位，世界文化遗产。有帝、后陵等14座，包括雍正的泰陵、嘉庆的昌陵、道光的慕陵和光绪的崇陵等。其中雍正的泰陵建筑时间最早、规模最大。陵区内殿宇众多，气势磅礴，古木参天，陵区外群峦叠嶂，风景秀丽，是一处环境优雅的游览胜地。

清东陵 位于河北省唐山市遵化城西的马兰峪，是我国现存规模最大、体系最完整的皇室陵墓群，全国重点文物保护单位，世界文化遗产。有皇陵5座，包括顺治帝的孝陵、康熙帝的景陵、乾隆帝的裕陵、咸丰帝的定陵、同治帝的惠陵，以及东（慈安）、西（慈禧）太后等后陵四座、妃园五座、公主陵一座。陵区内建筑雕梁画栋，宏伟壮丽。

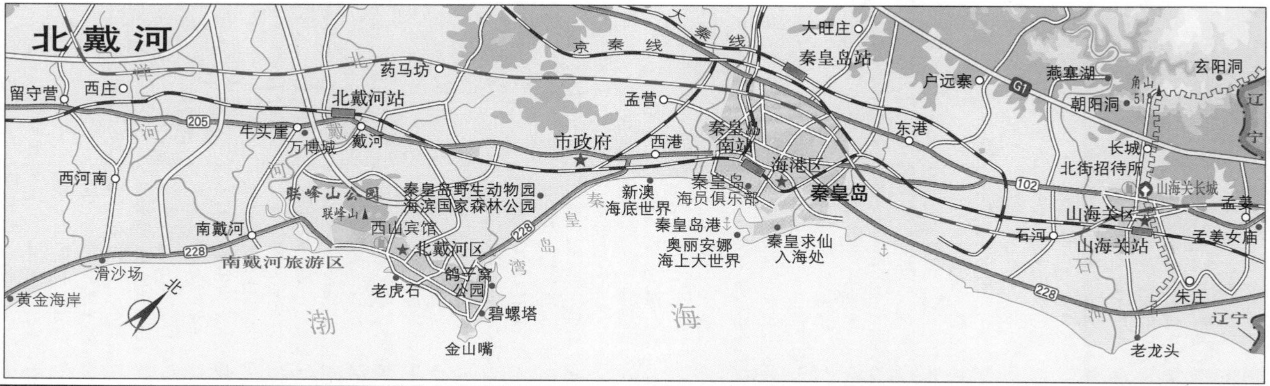

北戴河 位于秦皇岛市西南部，是我国一处规模较大、风景优美的海滨避暑胜地，国家级风景名胜区。北戴河风光秀丽，海岸漫长曲折，沙滩和礁石交错，海湾和岬角犬牙罗列，滩面平缓，海水清澈，是观鸟、观海和观日出的绝佳之地。风景区西面是婀娜俊美的联峰山，山色青翠，植被繁茂。海滨沿岸有鸽子窝公园、秦皇宫、怪楼奇园、金山嘴、北戴河影视城、海洋公园等景点，加上众多花园点缀其中，构成了一幅优美、和谐的风景画。

承德

☎ 0314
✉ 067000

旧称“热河”，位于河北省东部燕山深处，是著名的国家历史文化名城。1948年设承德市。工业以采矿、冶金、机械制造等为主体。京承、承隆铁路在此交会，101、111、112等国道和大广、长深高速公路过境。名特产有杏仁露、蕨菜等。承德境内资源丰富，自然风景、名胜古迹闻名遐迩。承德避暑山庄是清王朝皇帝夏日避暑和政治活动中心，是我国最大的皇家园林。十里宫墙之内，拥有众多的宫殿亭阁和广大的山林苑景区，有江南烟雨楼、金山、如意洲、文津阁等名景。外八庙坐落在避暑山庄外围，这些庙宇集汉、满、藏等民族建筑艺术之大成，规模宏大，金碧辉煌，包括溥仁寺、溥善寺（现已不存）、普宁寺、安远庙、普陀宗乘之庙、殊像寺、须弥福寿之庙、广缘寺。避暑山庄和外八庙为世界文化遗产和国家级风景名胜区。

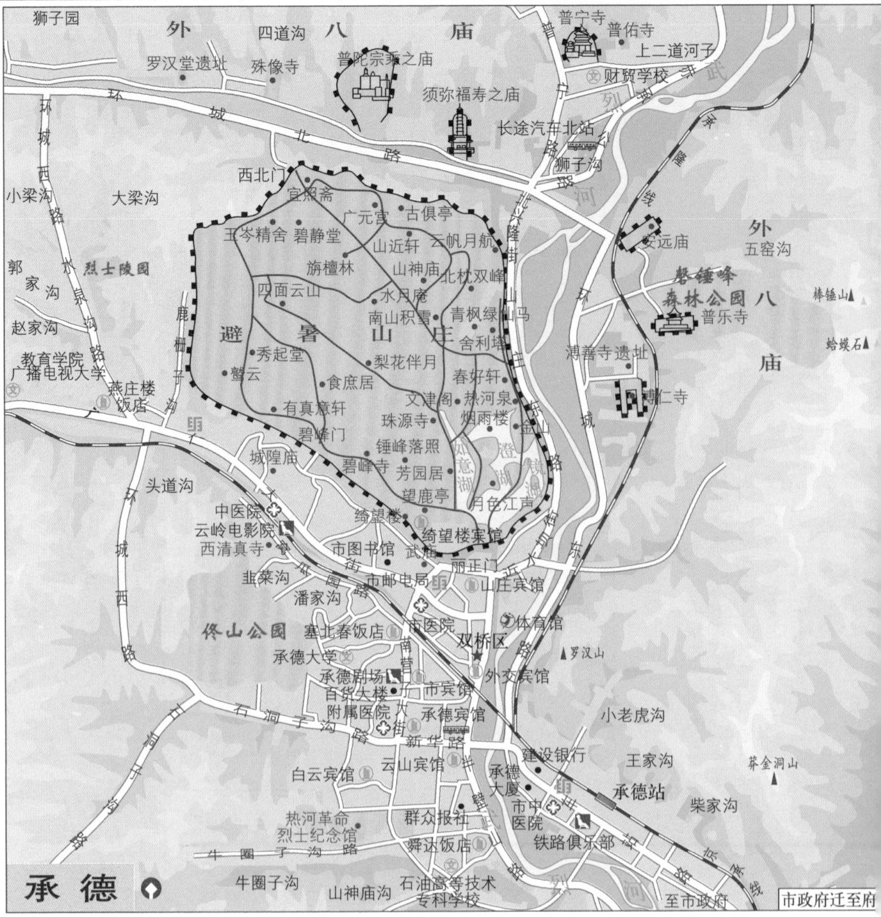

保定

☎ 0312
✉ 071052

位于太行山北部东麓，冀中平原西部，地处北京、天津、石家庄三角地带，素有“京畿重地”之称，为冀中平原上的工商、交通和文化中心城市，国家历史文化名城。1948年设保定市。保定为冀中地区物资集散中心，化纤、纺织、感光胶片、食品、造纸、机械、建材工业发达。京广铁路和京港澳、京昆高速公路、107国道经过市区。华北电力大学为国家“211工程”重点建设大学。特产有驴肉火烧、大慈阁酱菜、白运章包子、高碑店豆腐丝等。名胜有清西陵、白洋淀、野三坡、清帝王行宫、古莲花池、狼牙山等。

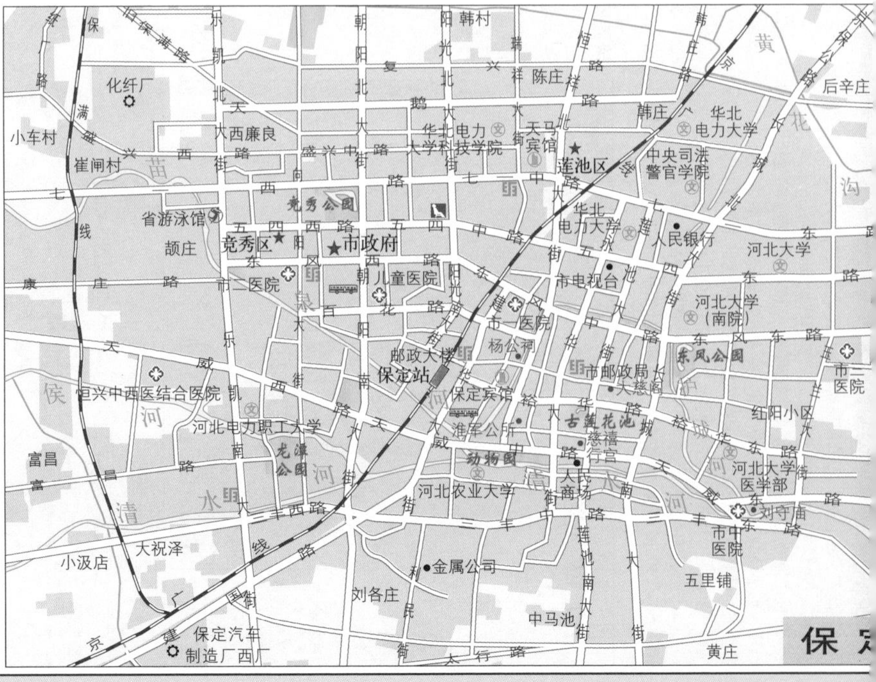

郸 ☎ 0310 ✉ 056002

位于河北省南部，为
历史文化名城。春秋
时为赵国都城，汉代
五大古都之一，
年为晋冀鲁豫边区政
在地，1952年设市。
冀南能源、原材料工
城，是全国著名的煤
高品位的铁矿石产
特产丛台酒、彭城仿
。交通发达，京广铁
107国道、京港澳高速
纵贯南北，邯长铁
309国道横跨东西。邯
著名的成语典故之
“完璧归赵”“邯郸
”“负荆请罪”“黄
梦”“毛遂自荐”
魏救赵”等成语典故
于此。游览地有赵武
丛台、赵王城遗址、
梦吕祖祠、娲皇宫及
的仿古建筑群“古赵
街”等，还有晋冀鲁
士陵园、八路军129师
部旧址等革命纪念

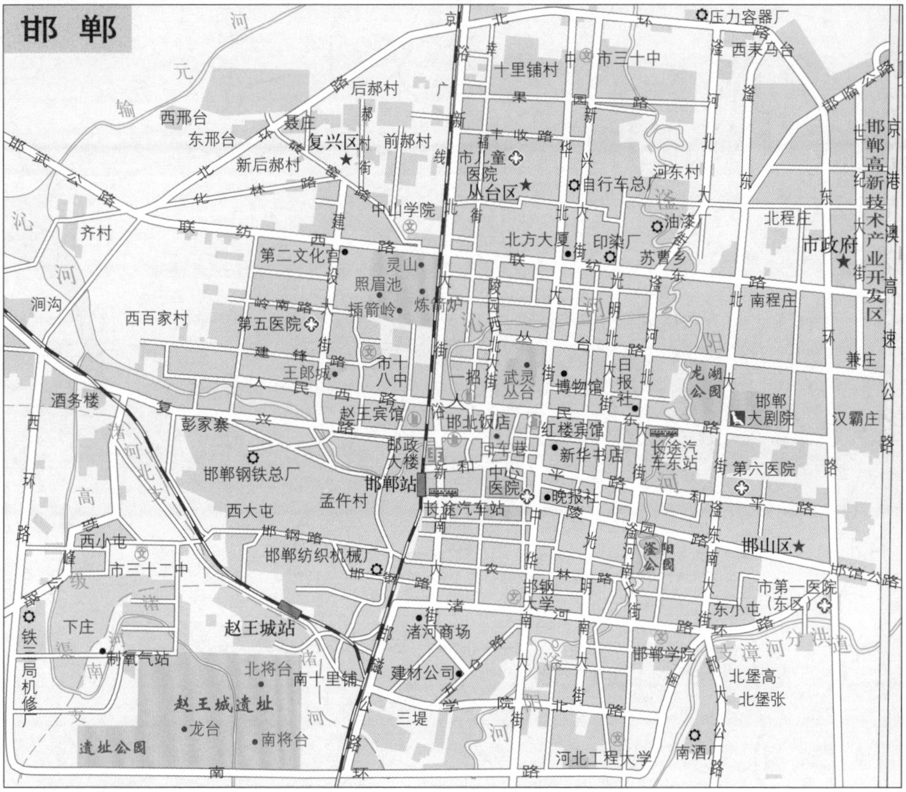

山 ☎ 0315 ✉ 063000

位于河北省东部，是
省重要的工矿业城
我国重要煤炭产地之
1947年设市。唐山矿
源丰富，主要有煤、
石油、铜、金等。煤
钢铁、陶瓷等工业发
有“煤城”、“北方
”之称。开滦煤矿为
六大煤矿之一。特产
有蜂蜜麻糖、棋子烧
京东板栗、万里香扒
。交通便利，京哈、
、大秦等铁路干线穿
过，102、205国道横
西，京哈、长深、唐
速公路已建成通车。
资源丰富，游览胜地
东陵、遵化万佛园、
抗震纪念馆、凤凰山
、大城山公园、石臼
中天然植物园、净觉
迁西五虎山、青山关
、灵山、红峪溶洞、
峡谷、李大钊纪念
景忠山等。

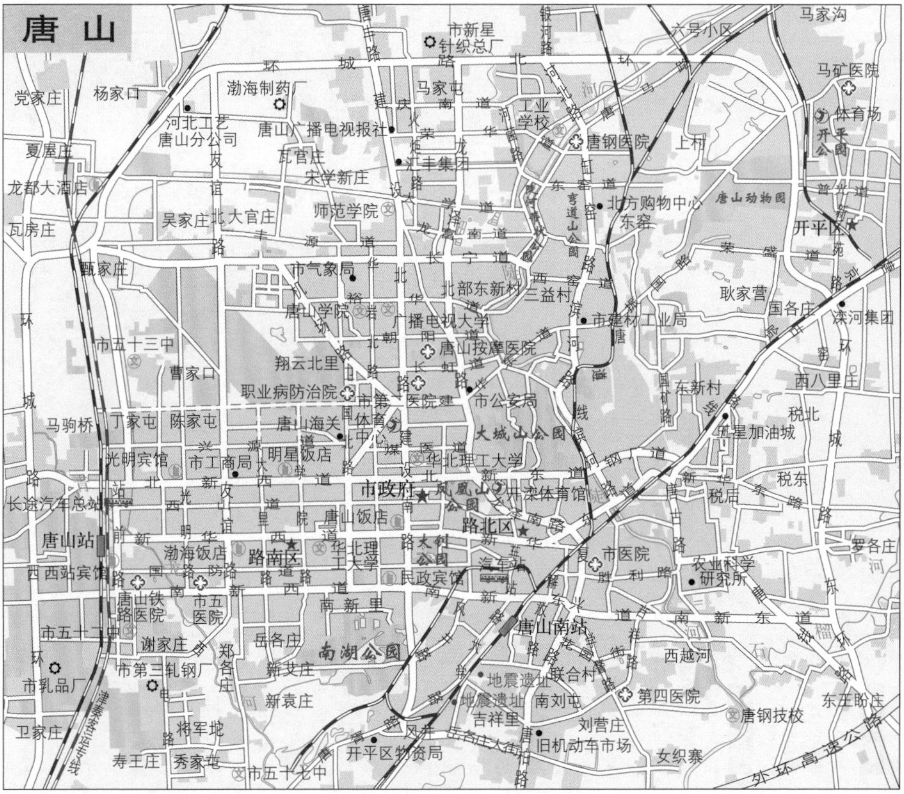

山西省

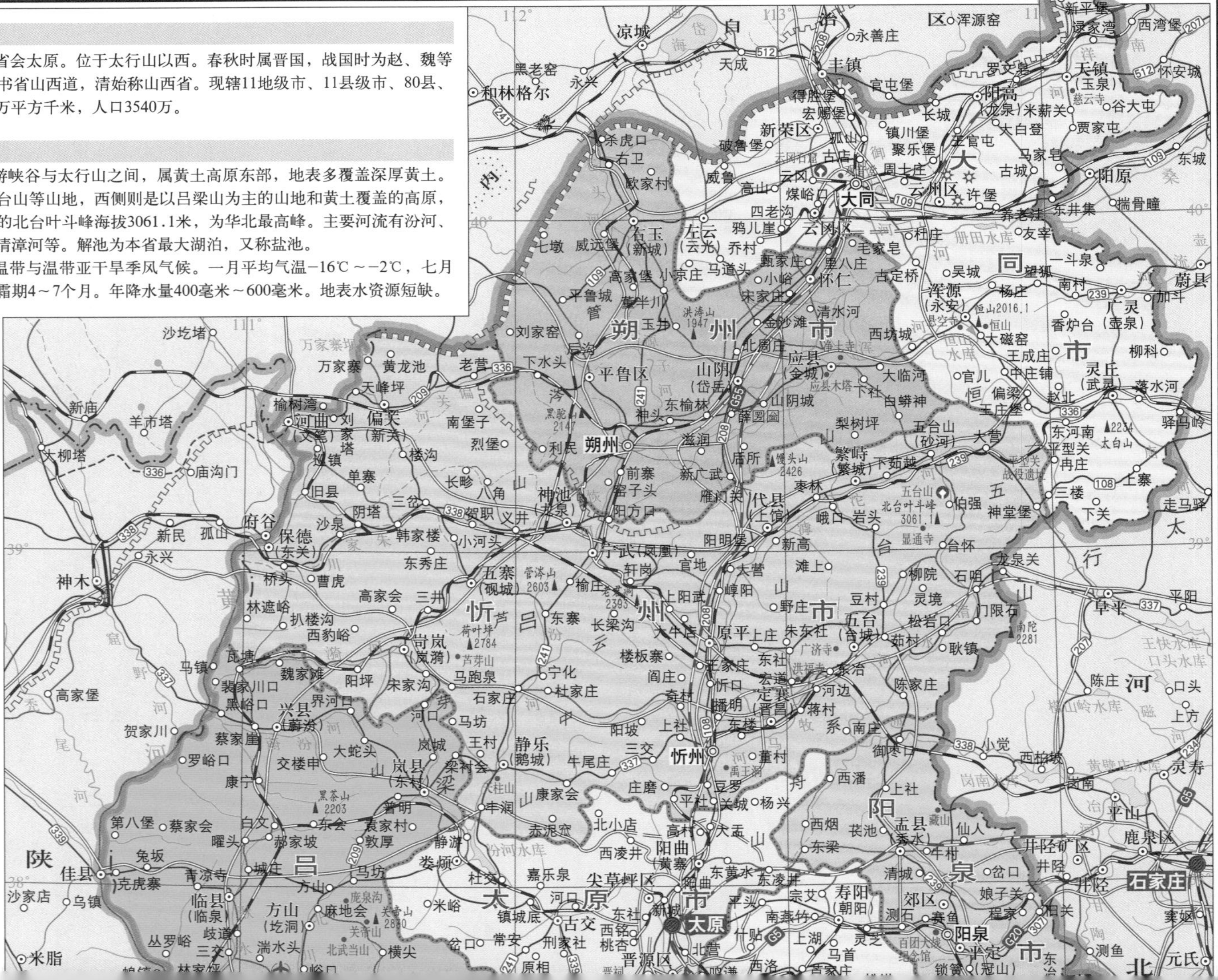

概　况

山西省简称“晋”，省会太原。位于太行山以西。春秋时属晋国，战国时为赵、魏等国地，汉属并州，元属中书省山西道，清始称山西省。现辖11地级市、11县级市、80县、26市辖区。全省面积约16万平方千米，人口3540万。

自然环境

地形 山西夹峙于黄河中游峡谷与太行山之间，属黄土高原东部，地表多覆盖深厚黄土。东侧是太行山、恒山、五台山等山地，西侧则是以吕梁山为主的山地和黄土覆盖的高原，中间为晋中盆地。五台山的北台叶斗峰海拔3061.1米，为华北最高峰。主要河流有汾河、沁河、桑干河、滹沱河、清漳河等。解池为本省最大湖泊，又称盐池。

气候 雁门关南北分属暖温带与温带亚干旱季风气候。一月平均气温-16℃～-2℃，七月平均气温19℃～28℃。无霜期4～7个月。年降水量400毫米～600毫米。地表水资源短缺。

经　济

农业 主要种植小麦、玉米、高粱、花生、棉花。本省雁门关以南是重要麦棉产区，雁北主产耐旱的谷子、莜麦、胡麻。小杂粮、干鲜果、草食畜和反季节蔬菜为山西近年推广的四大特色农业产业。

工业 山西素称“煤炭之乡”，煤藏量占全国的五分之一以上，现有大同、阳泉、太原西山、晋城等煤矿，原煤产量约占全国的四分之一，煤炭出口创汇占全省出口创汇总额的五分之三。能源、重化工是山西经济的核心。山西是世界最大的镁生产基地之一；太原是我国著名的合金钢、重型机械和煤化工基地。

交　通

已形成以铁路、公路为主，航空为辅的交

太原的铁路各运专线已开通；有京昆、二广、青银等高速公路过境；108、109、207、307等国道纵横交错。以太原武宿机场为中心，还有大同、长治、运城机场，开通了至北京、上海、广州等地的航线。

名胜古迹

旅游资源十分丰富，有五台山、恒山、黄河壶口瀑布、北武当山等国家级风景名胜区。大同云冈石窟、平遥古城和五台山已被列入《世界遗产名录》。文物古迹还有太原晋祠、永济五老峰、应县木塔、芮城永乐宫等。

名优特产

特产有平遥牛肉、沁州黄小米、稷山和运城等地的枣、清徐葡萄、原平梨、长治党参等。传统名产有杏花村汾酒和竹叶青酒、清徐陈醋、闻喜煮饼、并州刀剪、中成药等。

民俗文化

山西的地方剧种为晋剧，经典剧目有《金水桥》《打金枝》等。民间剪纸与民间社火是扎根于民间的群众艺术形式。"威风锣鼓"为国家非物质文化遗产。

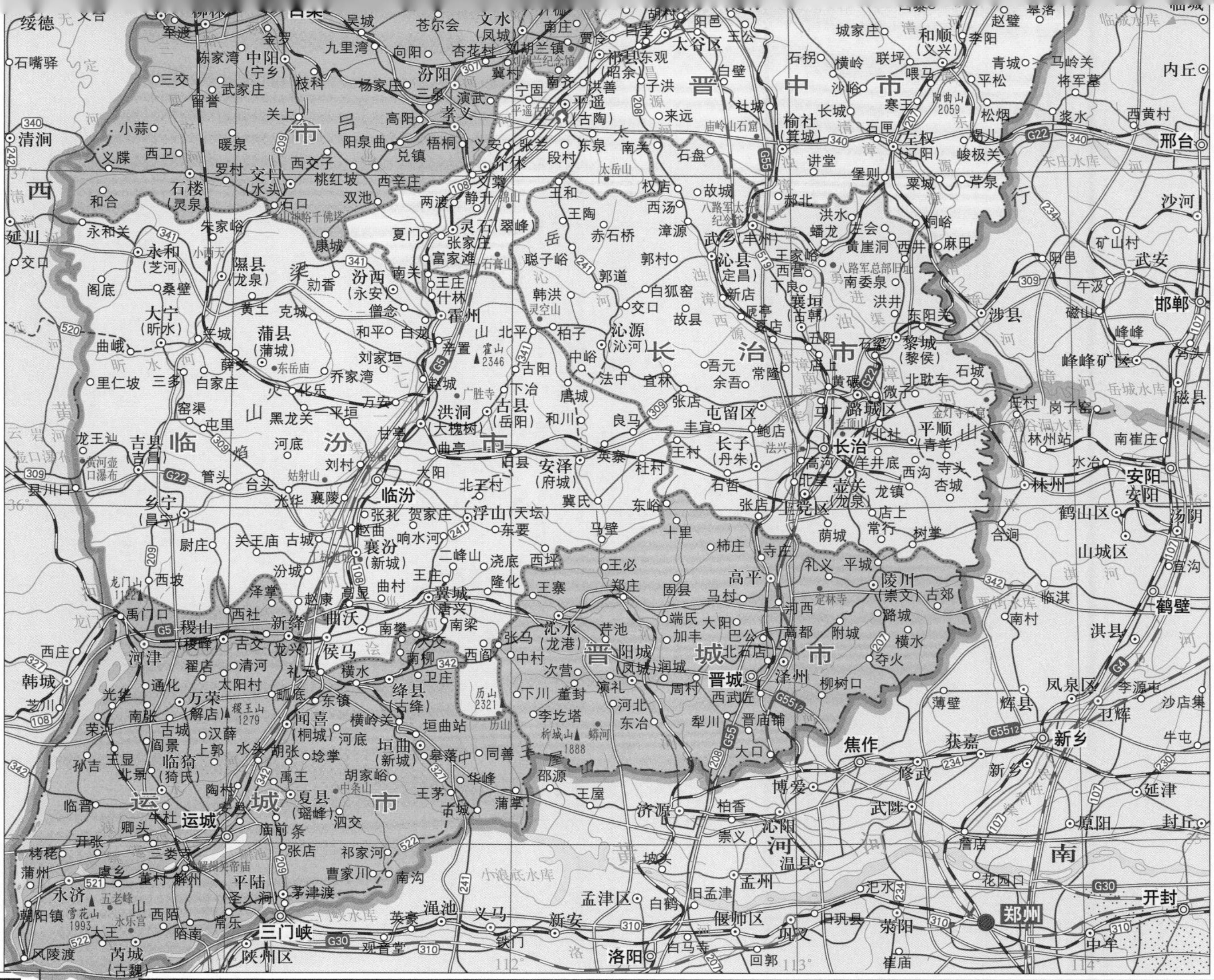

比例尺：1:2 150 000

0 21.5 43.0 64.5千米

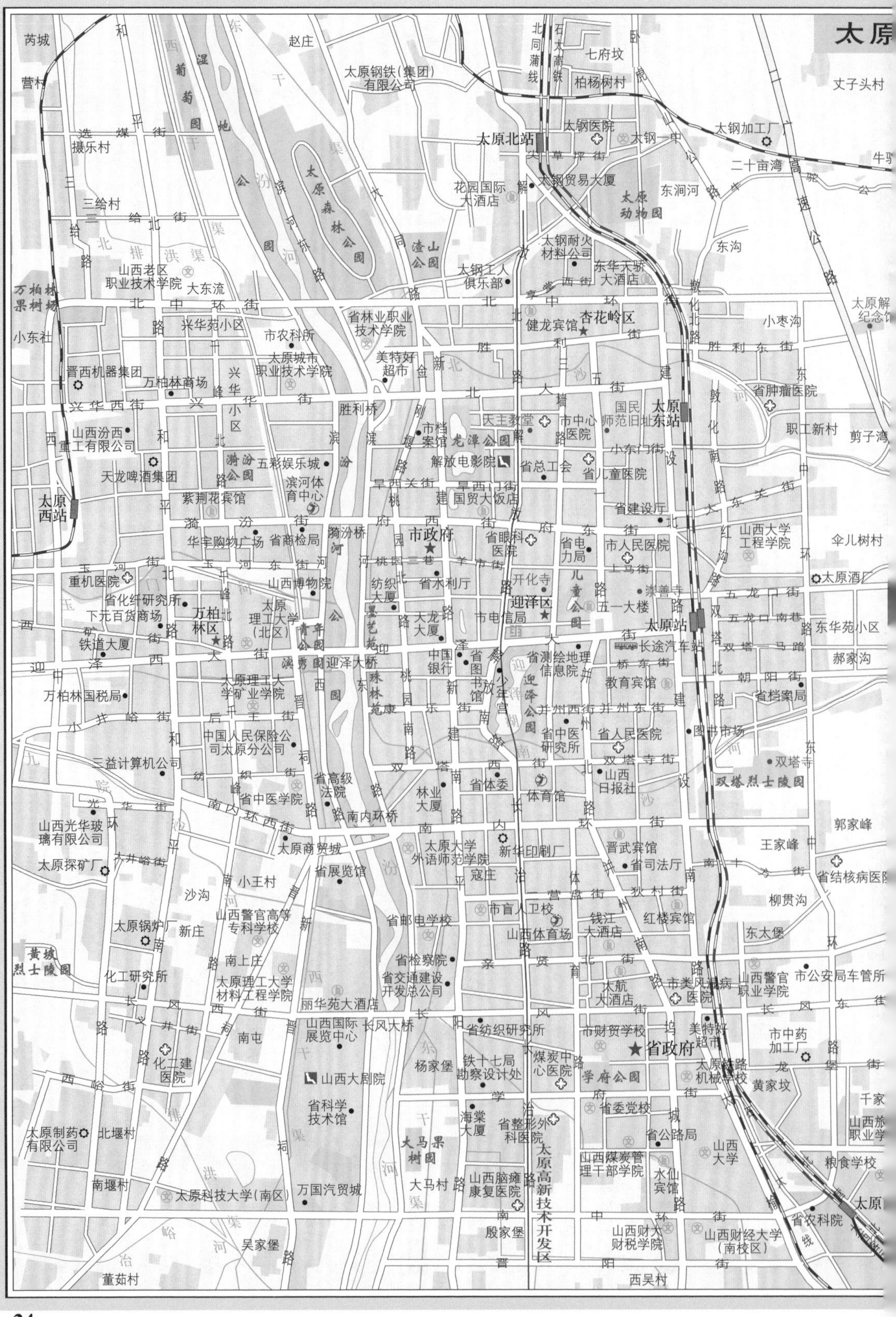
太原
芮城
赵庄
七府坟
太原钢铁(集团)
有限公司
营村
柏杨树村
丈子头村
摄乐村
太钢医院
太原北站
太钢一中
太钢加工厂
二十亩湾
花园国际
大酒店
太钢贸易大厦
东涧河
太原动物园
三给村
太原森林公园
渣山公园
东沟
太钢耐火
材料公司
山西老区
职业技术学院
大东流
太钢工人
俱乐部
东华天骄
大酒店
万柏林果树场
太原解
纪念馆
小东社
兴华苑小区
市农科所
省林业职业
技术学院
健龙宾馆
杏花岭区
小枣沟
晋西机器集团
太原城市
职业技术学院
美特好
超市
万柏林商场
省肿瘤医院
胜利桥
天主教堂
市中心
医院
师范旧址
太原东站
山西汾西
重工有限公司
市档
案馆
龙潭公园
职工新村
剪子湾
天龙啤酒集团
五彩娱乐城
解放电影院
省总工会
省儿童医院
小东门街
滨河体
育中心
国贸大饭店
太原西站
紫荆花宾馆
省建设厅
山西大学
工程学院
华宇购物广场
省商检局
漪汾桥
市政府
省眼科
医院
省电
力局
市人民医院
伞儿树村
重机医院
山西博物院
纺织
大厦
省水利厅
开化寺
迎泽区
崇善寺
太原酒厂
省化纤研究所
太原
理工大学
(北区)
万柏
林区
大龙
大厦
五一大楼
太原站
东华苑小区
下元百货商场
市电信局
长途汽车站
铁道大厦
中国
银行
省图
书馆
省测绘地理
信息院
郝家沟
太原理工大
学矿业学院
迎泽大桥
少年
宫
教育宾馆
万柏林国税局
迎泽公园
省档案局
中国人民保险公
司太原分公司
省中医
研究所
省人民医院
图书市场
三益计算机公司
双塔寺
双塔烈士陵园
省体委
山西
日报社
省高级
法院
省中医学院
体育馆
南内环桥
山西光华玻
璃有限公司
太原大学
外语师范学院
新华印刷厂
晋武宾馆
郭家峰
太原商贸城
王家峰
太原探矿厂
省展览馆
省司法厅
省结核病医院
小王村
柳贯沟
沙沟
市盲人卫校
钱江
大酒店
红楼宾馆
山西警官高等
专科学校
省邮电学校
山西体育场
太原锅炉厂
新庄
东太堡
黄坡
烈士陵园
省检察院
南上庄
省交通建设
开发总公司
化工研究所
太原理工大学
材料工程学院
太航
大酒店
市类风湿病
医院
山西警官
职业学院
市公安局车管所
丽华苑大酒店
山西国际
展览中心
长风大桥
省纺织研究所
市财贸学校
美特好
超市
市中药
加工厂
南屯
省政府
杨家堡
铁十七局
勘察设计处
煤炭中
心医院
学府公园
太原机械学校
黄家坟
化二建
医院
山西大剧院
千家
省科学
技术馆
海棠
大厦
省整形外
科医院
省委党校
山西旅
职业学
太原制药
有限公司
北堰村
大马累
树园
太原高新技术开发区
省公路局
山西
大学
山西煤炭管
理干部学院
粮食学校
南堰村
太原科技大学(南区)
万国汽贸城
大马村
山西脑瘫
康复医院
水仙
宾馆
太原
省农科院
殷家堡
山西财大
财税学院
山西财经大学
(南校区)
吴家堡
董茹村
西吴村

原 ☎ 0351 ✉ 030082

山西省省会，国家历史
匕名城。春秋时建城称
日，曾是赵国都城，秦
为太原郡治所，东汉时
为并州首府，故太原简
“并”，明清时起即为
西省省会，1947年始设

太原地处汾河中游、晋
盆地，附近农产富饶，
山一带煤矿、地下水资
丰富，是我国重要的能
合金钢、重型机械和
七工基地。太钢是我国
大的优质合金钢生产基
太原的煤化工、轻工
也在迅速发展中。太原
通发达，石太、南北同
京原、太焦铁路、石
高铁、108、307国道和
、京昆、青兰、青银
速公路纵横交错境内。
原武宿机场是国内干线
场。传统手工艺品有苏
流璃制品、丝毯、地
漆器、并州刀剪等。
特产有山西老陈醋、清
葡萄、晋祠大米等。太
风味面食种类繁多，有
煮、包、炒、烙、炸
大类共百余种。
汾河将整个城市分为东
两个部分。汾河以东为
市主体，人口密集，商
繁荣，古迹众多；汾河
西为学府区和化学、煤
机械工业区。已建成
个工业区多分布于城区
周。城北主要为太钢工
区，城南主要为商业区
居住区。儿童公园、省
府一带为中心商业区，
楼街、柳巷等尤为繁
太原理工大学是我国
早成立的三所国立大学
一，是山西唯一一所国
“211工程”重点建设大

太原名胜首推晋祠，其
还有天龙山石窟、西山
寺和市内的森林公园、
圣公园、纯阳宫、崇善
双塔寺、文庙等。

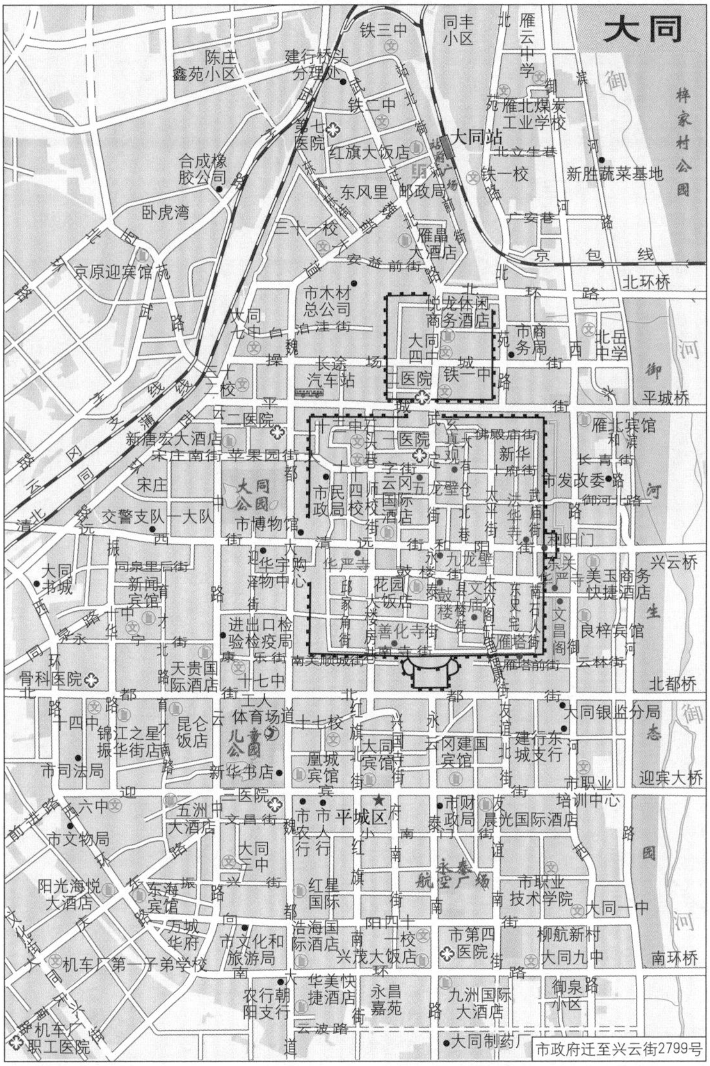

云冈石窟 位于大同市以西16千米处的武周山南麓，是我国四大石窟艺术宝库之一，为国家重点文物保护单位，世界文化遗产。始凿于北魏和平元年(公元460年)，依山开凿，东西绵延1千米，现存洞窟45个，大小窟龛252个，造像51 000多尊，以整体形象壮观，雕刻技艺精湛著称于世。“昙曜五窟”是云冈开凿最早,气魄最为宏伟，最为著名的窟群。第二十窟的主尊是云冈石窟最有名的大佛，俗称“露天大佛”。第五和六窟规模宏伟，内容丰富多采，雕饰富丽，是云冈艺术的精华。

大同 ☎ 0352 ✉ 037008

位于山西省北部，全国著名的煤炭工业基地、国家历史文化名城，也是山西省第二大城市。北魏初曾建都于此，明清设大同府，1949年设市。

大同附近煤矿资源丰富，质地优良，有“中国煤都”之称。现已形成以煤炭、电力工业为支柱，包括冶金、机械、建材、化工等门类的工业体系。大同是晋、冀、内蒙古间交通、物资集散中心，京包、大秦、大准、北同蒲等铁路在此交会，109国道横穿东西，208国道纵贯南北，二广、宣大高速公路在此交会。特产小吃有油炸糕、百花烧麦、浑源凉粉、涮羊肉等。特产工艺品有地毯、铜壶、美术陶瓷等。大同境内古建筑、古遗址众多，旅游资源丰富，有“佛国龙城”之美誉。著名景点有云冈石窟、善化寺、华严寺、九龙壁、北岳恒山、悬空寺、雁塔、鼓楼、观音堂、古长城、古火山群景观、平型关战役遗址等。

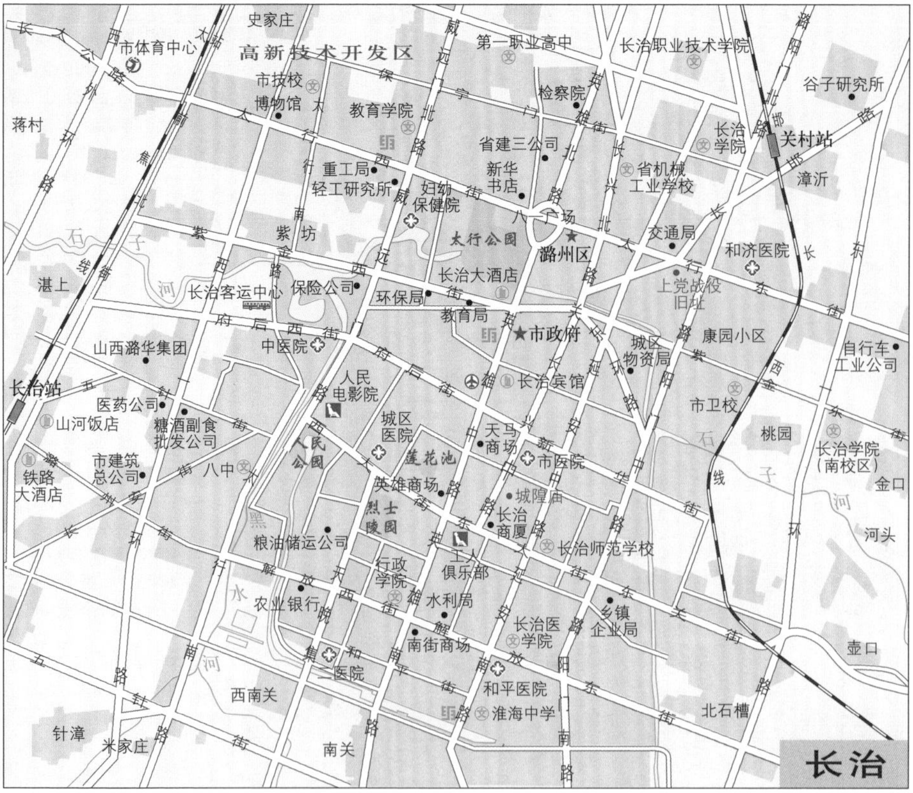

长治 ☎ 0355 ✉ 046000

位于山西省东南部，是晋东南工商、交通中心城市。古称上党，唐被潞州治所，明代取长治久安之意始称长治，195设长治市。长治煤、铁资源丰富，有“煤铁之乡”之称。煤炭、炼铁、机械、轻纺、电力工业发达，是山西能源重化基地的重要组成部分。长治是晋东南交通枢纽，太焦、邯长铁路交会于此，广、青兰等高速公路均已建成通车。名特产有党参、沁州黄小米、上党腊驴肉及潞城铜器、荫城铁货、清流陶瓷等。长治历史悠久，名胜古迹众多。是神农文化诞生之地，上党门已成为长治的象征建筑。著名景点主要有观音堂、五凤楼、崇庆寺、老顶山、沁源灵空山，八路军总部旧址、上党战役主战场等革命纪念地

平遥 ☎ 0354 ✉ 031100

位于山西省中部，为国家历史文化名城，是我国境内保存最为完好的古城之一，已被列入《世界遗产名录》。现存的城墙为明洪武三年（1370年）扩建而成，城内的街道、铺面、市楼等建筑和四合院民居仍呈现着明清风貌，有古民居、古店铺3000多处。著名的中国第一家票号——日昇昌，就诞生于古城西大街。特产有平遥牛肉、推光漆器等。

恒山 位于大同市浑源县，为国家级风景名胜区和道教圣地，是我“五岳”中的“北岳”。林海松涛，古庙奇阁，道佛仙踪，怪石构成了著名的恒山古十八美景。主峰天峰岭和翠屏峰东西分峙，山雄，峻峭巍峨，名胜古迹众多，以建在峭壁之上、下临深谷的寺最为著名，为恒山第一奇观。此外还有琴棋台、出云洞等自然和彩陶文化、青铜器遗址、古墓葬等古迹。

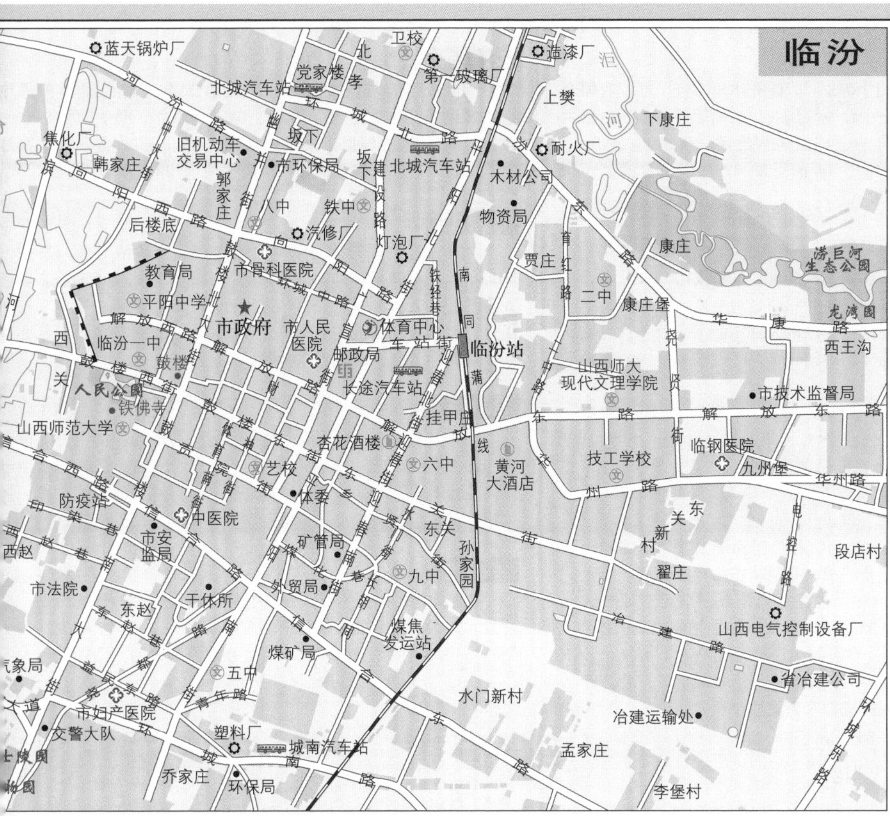

临汾 ☎ 0357 ✉ 041000

位于山西省南部，汾河中下游，是晋南中心城市。古称平阳，传为帝尧之都，隋始称临汾，辛亥革命后设临汾县，1971年设县级市，2000年升为地级市。省内煤、铁等矿产资源储量较丰，是省焦煤主产地和煤化工、轻纺工业基地。临汾为汾河下游地区物资集散中心。南同蒲铁路贯穿南北，侯西、侯月铁路横穿东西，京昆高速公路、108、209、309等国道纵横全境。特产有洪洞莲菜、临汾尧枣、隰县金梨、午城玉屏酒、吴家熏肉等。临汾文化历史源远流长，有尧庙、尧陵、吉县壶口瀑布、鼓楼、大云寺、襄汾丁村遗址、乡宁千佛洞、霍州陶唐峪、姑射山仙洞、洪洞广胜寺、蒲县东岳庙等名胜古迹。

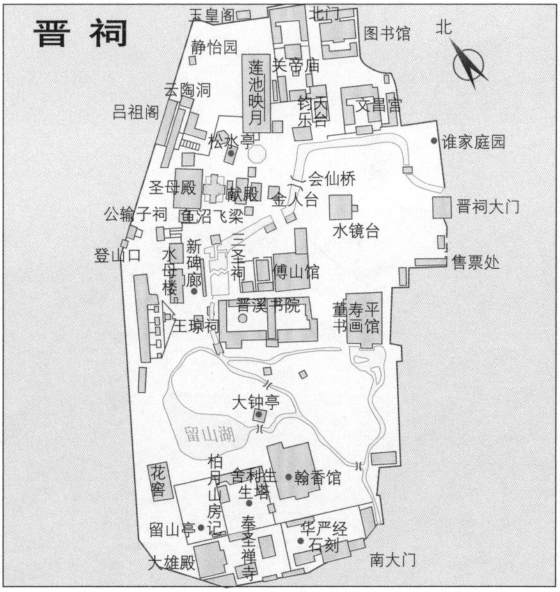

台山 位于忻州市五台县和繁峙县之间，为国家级风景名胜区，世化遗产，我国四大佛教名山之一。五台山由五峰环抱而成，东台望、西台挂月峰、南台锦绣峰、北台叶斗峰、中台翠岩峰。五峰之外外，五峰之内称台内，台内以台怀镇为中心。台内佛寺林立，显通塔院寺、菩萨顶、殊像寺、罗睺寺五大禅寺建筑壮丽，塔院寺内的舍利塔高50余米，为五台山标志。

晋祠 位于太原市西南的悬瓮山麓，为全国重点文物保护单位，由百余座殿堂、亭台、楼阁组成宏大而精致的园林式建筑群体。祠堂始建于北魏前，是为纪念周武王的次子叔虞而建。晋祠建筑主体由圣母殿、献殿、牌坊、钟鼓楼、金人台、水镜台等组成。古桥“鱼沼飞梁”呈十字桥形，是我国现存古桥梁中的孤例，被称为“国宝建筑”。 周柏唐槐，宋代彩塑，难老泉为“晋祠三绝”。

内蒙古自治区

华北地区

概　况

内蒙古自治区简称“内蒙古”，首府呼和浩特。位于我国北部边疆。古时属我国北方少数民族匈奴、东胡等地，清属内蒙古及察哈尔、山西，1947年成立内蒙古自治区。现辖9地级市、3盟、11县级市、17县、49旗、3自治旗及23市辖区。自治区面积约118万平方千米，人口2428万。

自然环境

地形 自治区境内以高原为主，多数地区在海拔1000米以上，微波起伏，草原广阔。东有大兴安岭和西辽河平原，阴山南为肥沃的黄河河套、土默川平原，黄河以南为鄂尔多斯高原。敖包圪垯海拔3556米，是境内最高峰。湖泊较多，呼伦湖为境内最大的淡水湖。

气候 属于温带干旱亚干旱大陆性气候。一月平均气温 −26℃ ~ −10℃，七月平均气温18℃ ~24℃。年无霜期60天~160天。年降水量为50毫米~450毫米。春旱和冬季暴风雪为主要灾害。

经　济

农业 内蒙古农业以南粮北牧为特色，河套—土默川平原和西辽河嫩江平原，是内蒙古主要的粮食和经济作物产区，盛产小麦、玉米、大豆、甜菜、胡麻等。内蒙古还是我国重要草原牧区，马、骆驼、绵羊头数居全国前列，羊毛产量占全国的四分之一。

工业 自治区是全国钢铁、煤炭的生产基地之一，有准格尔、东胜、元宝山、伊敏河、霍林河等露天矿区。机械电子、农畜产品加工、冶金、能源工业为内蒙古四大支柱产业。

交　通

自治区已形成以铁路为骨干，包括公路、航空的立体交通体系。境内有京包、包兰、京通、集二等铁路干线，109、110、111、207、208等国道，京藏、京新、大广、二广等高速公路过境。民航以呼和浩特为中心，可通往国内40多个大、中城市。

名胜古迹

内蒙古自治区的旅游以草原风光和民族风情为两大特色。2012年元上都遗址被列入《世界遗产名录》。扎兰屯为国家级风景名胜区。大青沟、达赉湖、达里诺尔、白音敖包、赛罕乌拉、锡林郭勒草原、额济纳胡杨林等为国家级自然保护区。其他名胜有昭君墓、五当召、成吉思汗陵等。

名优特产

土特产主要有河套蜜瓜、口蘑、皮张、地毯、阿拉善驼绒、鄂尔多斯山羊绒、羊羔皮等。具有民族特色的工艺品有多伦马鞍、蒙古靴、中华麦饭石、巴林彩石等。风味佳肴有烤全羊、烤羊腿，风味名食有奶皮子、奶豆腐、马奶酒、昭君酒等。

民俗文化

那达慕是中国蒙古族人民具有鲜明民族特色的传统活动，也是蒙古族人民喜爱的一种传统体育活动形式。长调、呼麦、马头琴、安代舞、四胡是最能代表蒙古族草原文化的艺术表现形式。

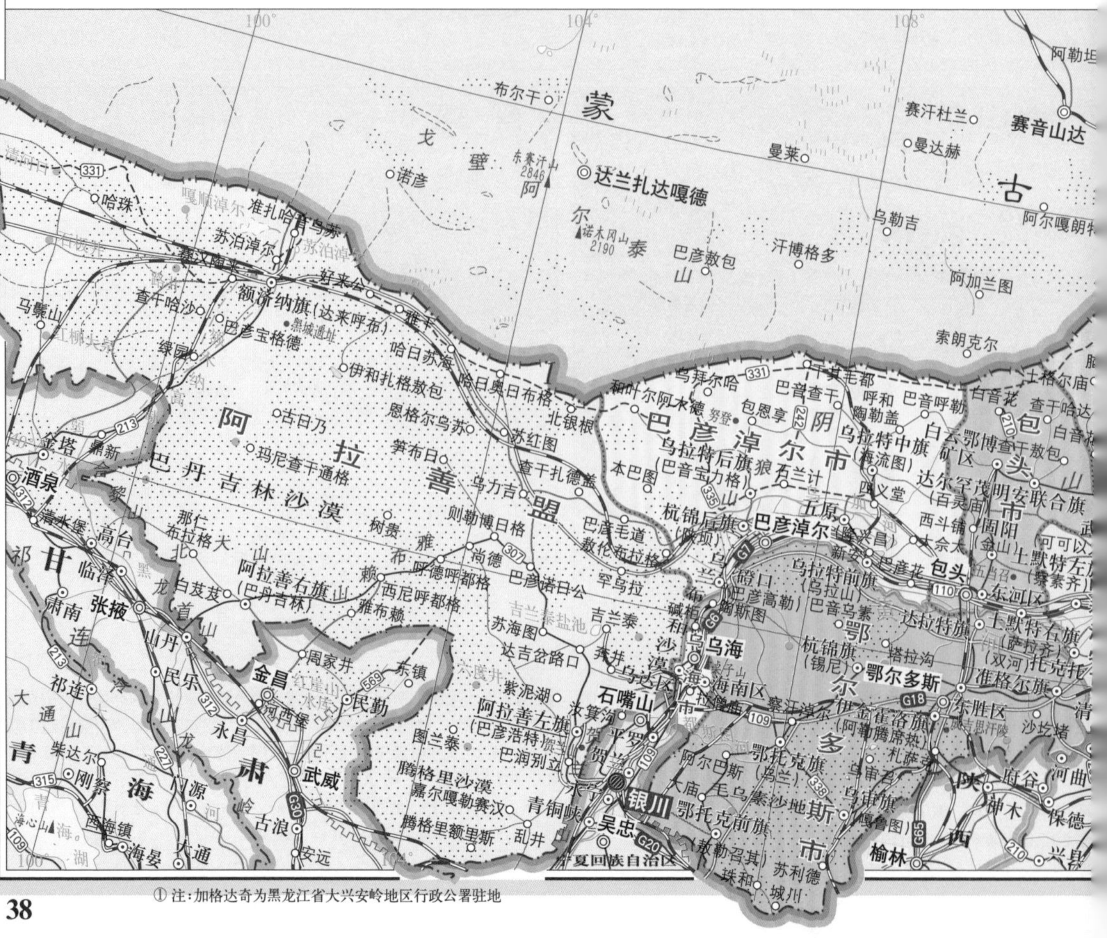

① 注：加格达奇为黑龙江省大兴安岭地区行政公署驻地

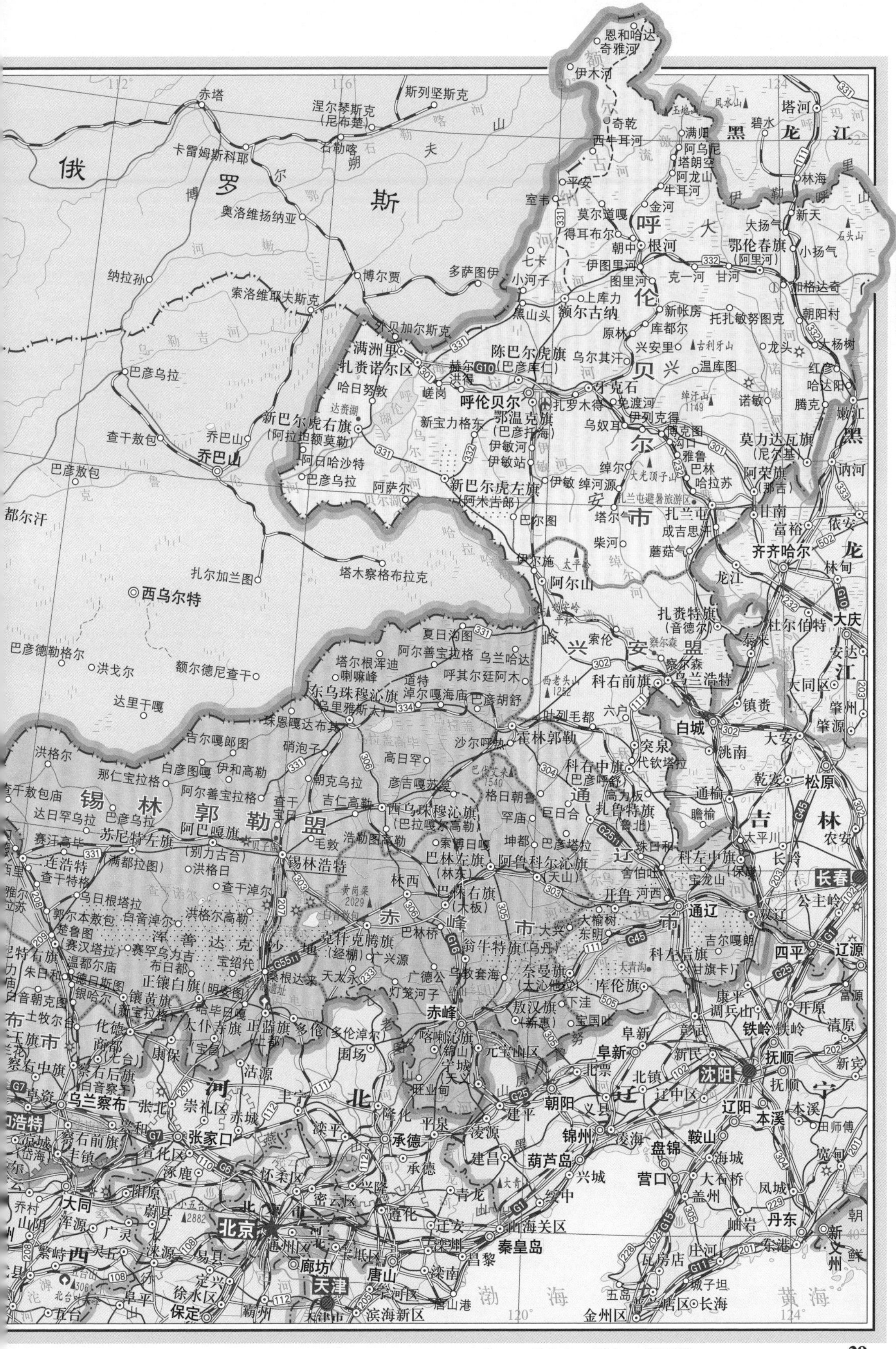
俄
罗
斯
赤塔
涅尔琴斯克
(尼布楚)
斯列坚斯克
卡雷姆斯科耶
石勒喀
奥洛维扬纳亚
纳拉孙
博尔贾
多萨图伊
索洛维耶夫斯克
外贝加尔斯克
巴彦乌拉
查干敖包
乔巴山
巴彦敖包
都尔汗
扎尔加兰图
塔木察格布拉克
西乌尔特
巴彦德勒格尔
洪戈尔
额尔德尼查干
达里干嘎
恩和哈达
奇雅河
伊木河
奇乾
西牛耳河
满归
阿乌尼
塔朗空
阿龙山
牛耳河
金河
平安
室韦
莫尔道嘎
得耳布尔
根河
七卡
小河子
上库力
额尔古纳
黑山头
满洲里
扎赉诺尔区
陈巴尔虎旗
(巴彦库仁)
哈日努敦
嵯岗
呼伦贝尔
鄂温克旗
(巴彦托海)
新巴尔虎右旗
(阿拉坦额莫勒)
阿日哈沙特
巴彦乌拉
阿萨尔
新巴尔虎左旗
(阿木古郎)
巴尔图
伊敏河
伊敏站
牙克石
扎罗木得
免渡河
乌奴耳
伊列克得
博克图
雅鲁
巴林
哈拉苏
绰尔
绰河源
塔尔气
柴河
伊尔施
阿尔山
扎兰屯
成吉思汗
蘑菇气
呼
伦
贝
尔
市
黑
龙
江
塔河
碧水
林海
新天
大扬气
鄂伦春旗
(阿里河)
小扬气
加格达奇
朝阳村
大杨树
托扎敏努图克
乌尔其汗
兴安里
温库图
库都尔
克一河
甘河
图里河
伊图里河
新帐房
原林
龙头
红彦
哈达阳
诺敏
腾克
嫩江
莫力达瓦旗
(尼尔基)
阿荣旗
(那吉)
甘南
富裕
依安
齐齐哈尔
龙江
林甸
讷河
大庆
安达
杜尔伯特
泰来
扎赉特旗
(音德尔)
索伦
兴
安
盟
察尔森
乌兰浩特
科右前旗
六户
白城
镇赉
洮南
大安
肇源
肇州
大同区
突泉
科右中旗
(巴彦呼硕)
代钦塔拉
高力板
扎鲁特旗
(鲁北)
通榆
瞻榆
乾安
松原
吉
林
农安
长岭
太平川
科左中旗
(保康)
长春
公主岭
通辽
双辽
吉尔嘎朗
科左后旗
甘旗卡
四平
辽源
库伦旗
康平
调兵山
开原
铁岭
清原
抚顺
沈阳
新宾
本溪
辽阳
辽
宁
鞍山
海城
盘锦
营口
大石桥
盖州
凤城
丹东
宽甸
岫岩
东港
庄河
瓦房店
普兰店区
长海
金州区
五岛
城子坦
阜新
彰武
新民
北镇
辽中区
义县
锦州
凌海
朝阳
北票
建平
凌源
建昌
葫芦岛
兴城
绥中
秦皇岛
山海关区
昌黎
青龙
迁安
滦州
唐山
滦南
曹妃甸区
唐山港
天津
滨海新区
渤
海
黄
海
夏日沟图
塔尔根浑迪
阿尔善宝拉格
乌兰哈达
喇嘛峰
道特
呼其尔廷阿木
东乌珠穆沁旗
(乌里雅斯太)
淖尔嘎海庙
巴彦胡舒
珠恩嘎达布其
吉尔嘎郎图
硝泡子
高日罕
霍林郭勒
沙尔呼热
吐列毛都
洪格尔
那仁宝拉格
白音图嘎
伊和高勒
阿尔善宝拉格
锡
林
郭
勒
盟
达日罕乌拉
巴彦乌拉
阿巴嘎旗
(别力古台)
苏尼特左旗
(满都拉图)
赛汗高毕
查干特格
洪格日
锡林浩特
毛登
浩勒图高勒
西乌珠穆沁旗
(巴拉嘎尔高勒)
吉仁高勒
朝克乌拉
彦吉嘎苏莫
格日朝鲁
罕庙
巨日合
坤都
巴彦塔拉
索博日嘎
巴林左旗
(林东)
阿鲁科尔沁旗
(天山)
林西
巴林右旗
(大板)
舍伯吐
开鲁
河西
宝龙山
大榆树
东明
查干淖尔
乌日根塔拉
洪格尔高勒
郭尔本敖包
白音淖尔
楚鲁图
(赛汉塔拉)
浑
善
达
克
沙
地
克什克腾旗
(经棚)
巴林桥
翁牛特旗
(乌丹)
赤
峰
市
奈曼旗
(大沁他拉)
敖汉旗
(新惠)
下洼
宝国吐
温都尔庙
赛罕乌力吉
宝绍代
朱日和
德日图
布日都
镶黄旗
(新宝拉格)
正镶白旗
(明安图)
桑根达来
天太永
广德公
乌敦套海
灯笼河子
赤峰
喀喇沁旗
(锦山)
元宝山区
平庄
天义
宁城
旺业甸
哈毕日嘎
化德
商都
(七台)
太仆寺旗
(宝昌)
正蓝旗
(上都)
多伦
(多伦淖尔)
康保
围场
察右中旗
察右后旗
(白音察干)
沽源
乌兰察布
张北
崇礼区
赤城
丰宁
隆化
滦平
承德
平泉
兴和
察右前旗
张家口
宣化区
丰镇
凉城
涿鹿
怀柔区
密云区
兴隆
遵化
大同
阳原
蔚县
北京
通州区
廊坊
宝坻区
广灵
涞源
易县
定兴
保定
徐水区
霸州
阜平
繁峙
浑源
灵丘
五台
北台
河
北
山
西
乌兰浩特
呼和浩特

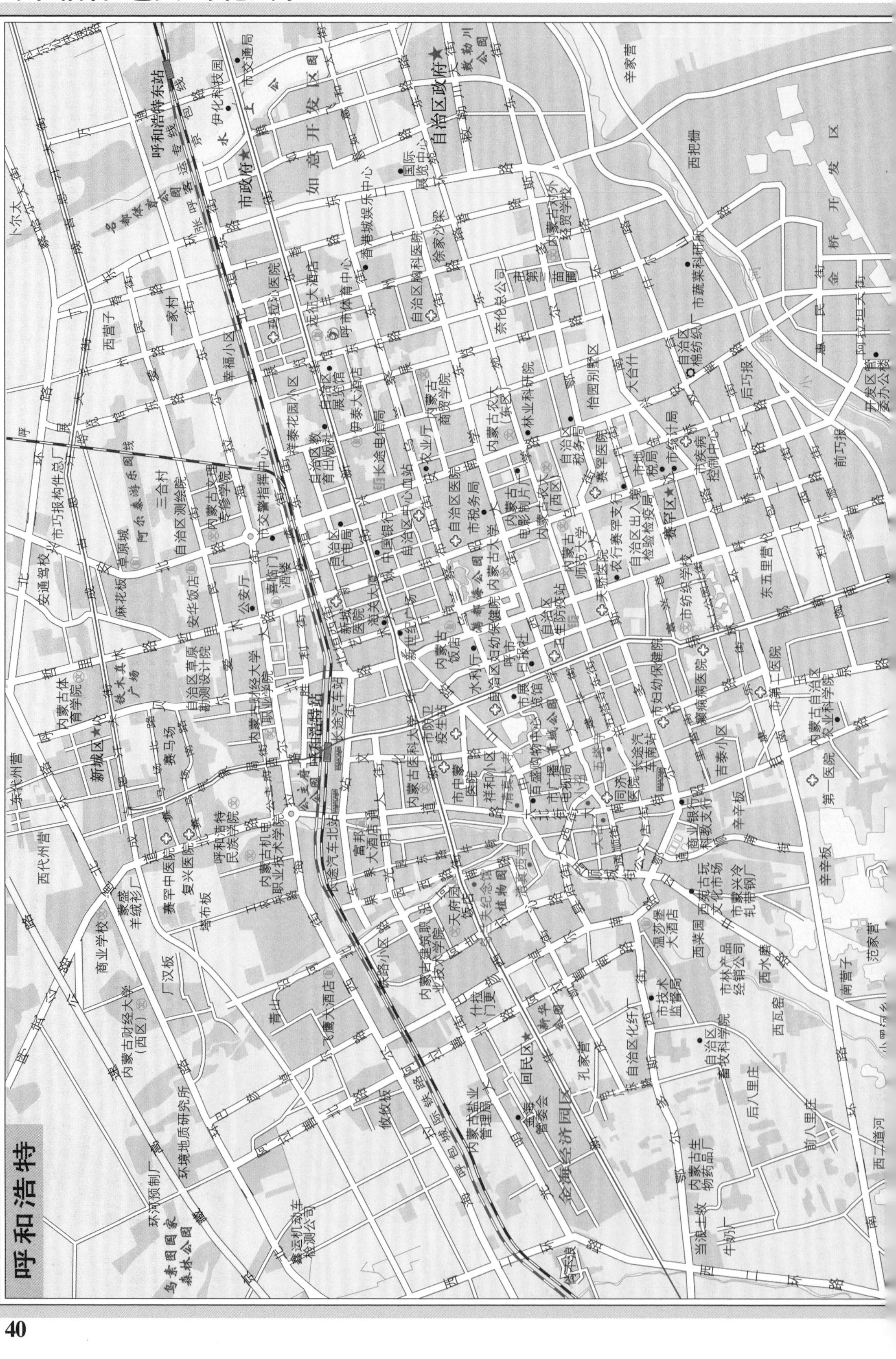

呼和浩特
新城区
回民区
赛罕区
市政府
自治区政府
呼和浩特站
呼和浩特东站
金海经济园区
如意开发区

位于内蒙古高原中部，是内蒙古自治区首府，全区政治、经济、文化和交通、商业中心，国家历史文化名城，蒙古语意为“青城”之意，简称呼市。明建归化城，清建绥远城，分别为现今的旧城和新城。1948年两城合并设归绥市，1953年内蒙古自治区首府由张家口迁此，1954年改称呼和浩特。现为我国毛纺织、畜产品加工工业名城，是我国毛线、地毯、皮革等皮毛制品生产基地，京新、京藏高速公路已建成通车。特产有羊绒衫、乳制品、昭君酒等。城区呈正方形，路网系统基本上为棋盘格式。主要商业街区包括新华广场、大北街—大南街、中山西路、新城街。内蒙古大学是新中国成立后在少数民族地区创立最早的一所综合性大学，属国家211工程首批重点建设的百所大学之一。主要景点有大窑文化遗址、昭君墓、大召（伊克召）、小召（席力图召）、五塔寺、乌素图召、辽代白塔等，周边还有格根塔拉、辉腾锡勒、希拉穆仁等草原旅游胜地。

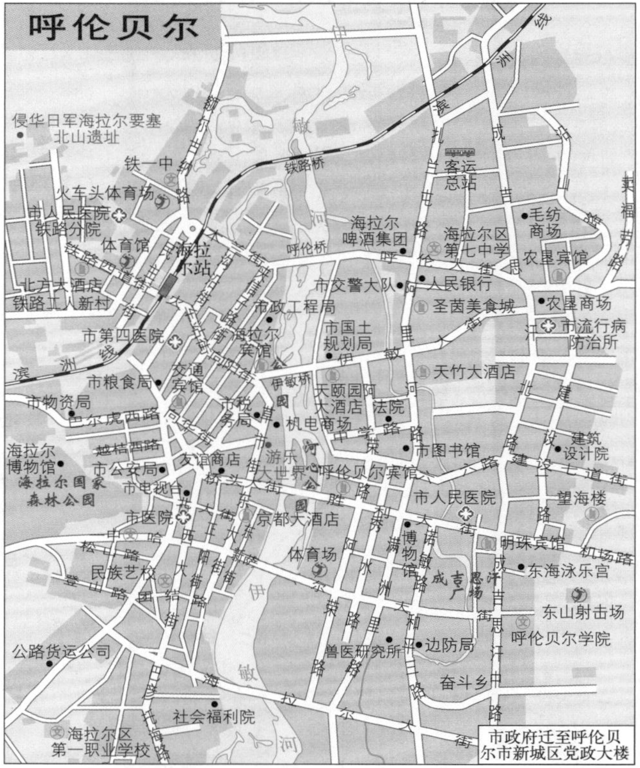

包头 ☎ 0472 ✉ 014025

位于内蒙古中西部，是内蒙古自治区最大的工业城市，也是新兴的钢铁工业名城，有“草原钢城”之称。包头源于蒙古语“包克图”，意为“有鹿的地方”，所以又叫“鹿城”。包头矿产资源丰富，白云鄂博铁矿最为著名，稀土矿储量居世界首位。现已形成以冶金、机械、稀土工业为主，包括有色金属、煤炭、电力、皮革、食品等门类的工业体系，是我国最大的稀土金属生产基地和著名的钢铁工业基地。包头是自治区西部重要的交通枢纽，素有“水旱码头”之称。京包、包兰铁路干线在此交会，110国道，京新、京藏高速公路横穿全境，210国道纵贯市区。土特产有皮毛、地毯等。名胜有著名的喇嘛庙五当召和附近响沙湾、成吉思汗陵、阿拉善沟门遗址、九峰山等。

呼伦贝尔 ☎ 0470 ✉ 021008

位于内蒙古自治区东北部，是我国北方少数民族和游牧民族的发祥地之一。1947年设海拉尔市，2001年改今名。畜牧业发达，初步形成了以畜产品加工为主，包括采矿、化工、建材、造纸等门类的工业体系。铁路可直达北京、哈尔滨、呼和浩特、莫斯科等地，绥满高速、301国道横穿全境。境内的呼伦贝尔草原是世界著名的四大草原之一。著名景点还有兴安林海、达赉湖、海拉尔河等。

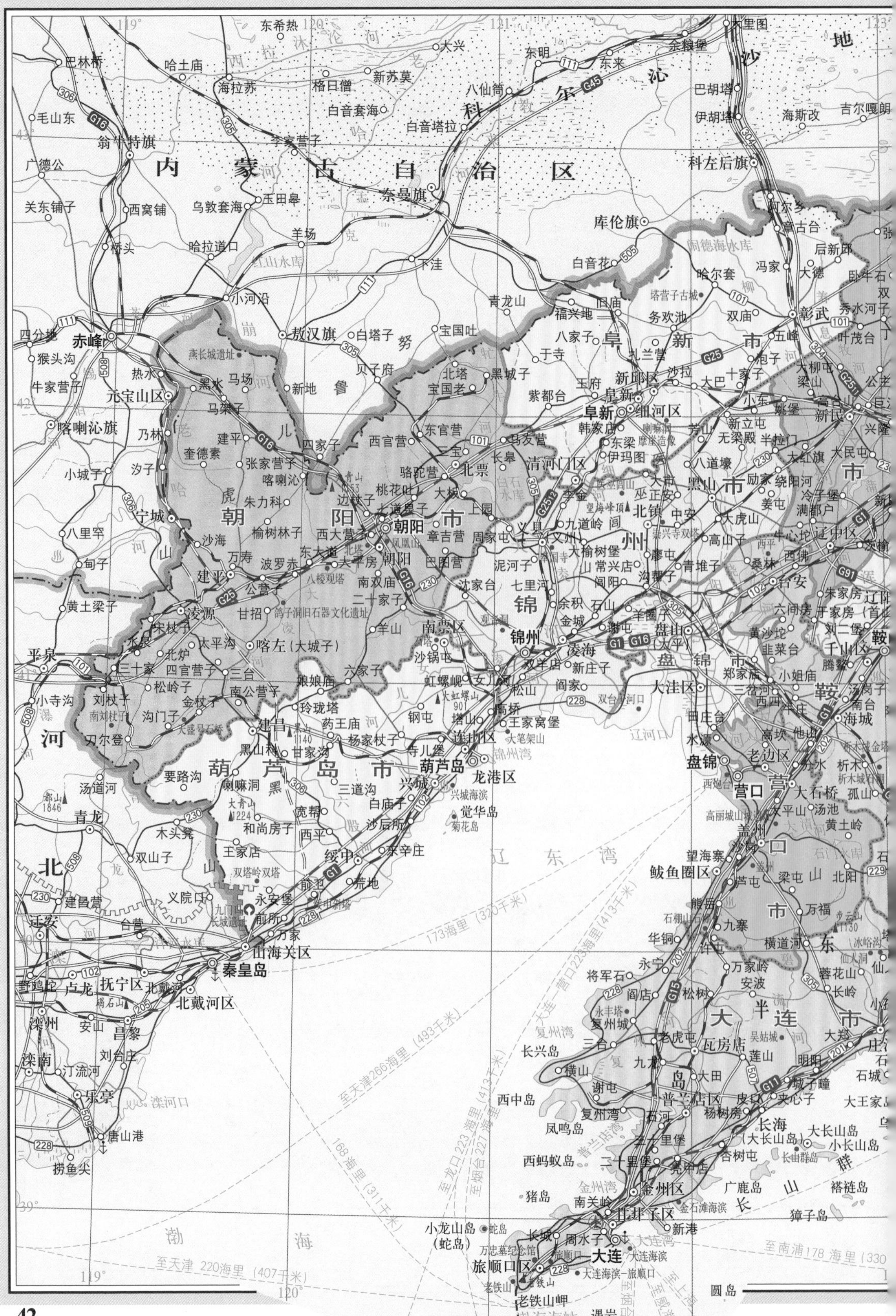
内蒙古自治区
科尔沁沙地
朝阳市
葫芦岛市
锦州
阜新市
盘锦市
营口市
鞍山市
大连市
辽东湾
渤海
河北
赤峰
翁牛特旗
喀喇沁旗
元宝山区
宁城
平泉
建平
凌源
喀左（大城子）
建昌
朝阳
北票
阜新
彰武
新民
黑山
北镇
义县
凌海
锦州
盘山（大平）
大洼区
兴城
葫芦岛
连山区
龙港区
绥中
山海关区
秦皇岛
北戴河区
抚宁区
卢龙
昌黎
滦州
滦南
乐亭
唐山港
营口
盖州
鲅鱼圈区
熊岳
瓦房店
普兰店区
金州区
甘井子区
旅顺口区
大连
庄河
长海（大长山岛）
长山群岛
老铁山岬
渤海海峡
库伦旗
科左后旗
奈曼旗
敖汉旗
台安
辽中区
海城
岫岩
千山区
东北地区

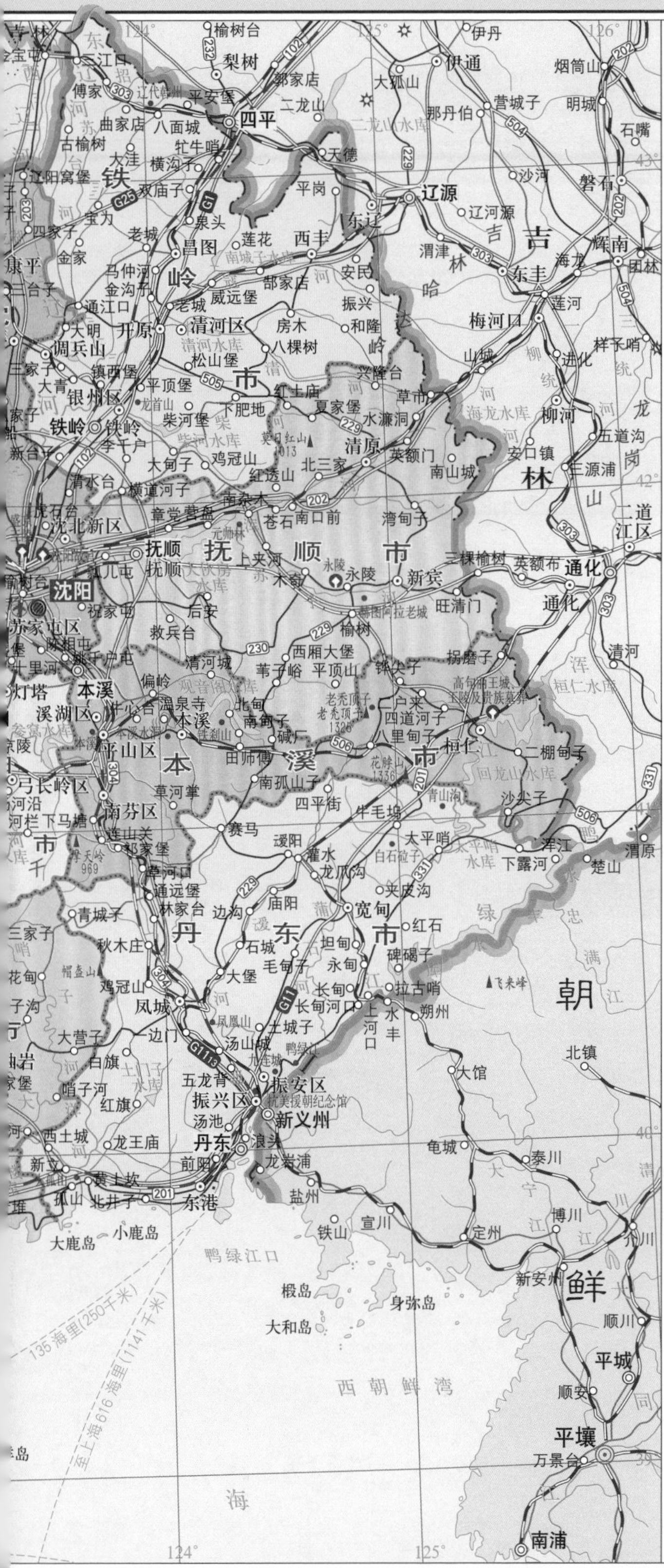

比例尺：1：2 520 000　0　25.2　50.4　75.6千米

概　况

辽宁省简称“辽”，省会沈阳。位于东北地区南部，南濒黄海、渤海。战国时属燕国，秦置辽东、辽西等郡，汉属幽州，清初为盛京，后设奉天省，1929年改为辽宁省。现辖14地级市、16县级市、17县、8自治县及59市辖区。全省面积约15万平方千米，人口4152万。

自然环境

地形 本省中部为辽河平原，东、西部为海拔500米左右的丘陵山地，主要有千山、医巫闾山、龙岗山等。花脖山海拔1336米，是本省最高山峰。主要河流有辽河、鸭绿江及浑河等，其中辽河是该省最大河流。辽东半岛海岸曲折多良港，近海分布有500多个岛屿。

气候 属于北温带湿润亚湿润大陆性季风气候。其中一月平均气温为－15℃～－5℃，七月平均气温约24℃左右。年无霜期125天～215天。年降水量为500毫米～1000毫米。

经　济

农业 农业开发程度较高，主要粮食作物有高粱、玉米、大豆、红薯和马铃薯等。辽宁是全国主要的海盐、芦苇、柞蚕产区及东北地区主要的棉花、花生产区。沿海渔业发达，有辽东湾和海洋岛两大渔场。

工业 工业历史悠久，是我国主要的工业和原材料基地。工业门类齐全，石油化工、冶金、电子、机械是该省的四大支柱产业。沈阳与京、津、沪并称我国四大机械工业中心。

交　通

辽宁交通发达，省内县县通铁路，每个地级市都通高速公路，路网密度居全国之首。沈阳桃仙、大连周水子等机场通往日本、俄罗斯、韩国等国家和国内100多个城市。大连港是国际著名海港。

名胜古迹

辽宁名胜古迹众多，沈阳故宫、盛京三陵、中国高句丽王城、王陵及贵族墓葬被列入《世界遗产名录》，鸭绿江、千山、青山沟、兴城海滨、凤凰山、本溪水洞、金石滩、医巫闾山等为国家级风景名胜区。

名优特产

大连、营口的国光苹果、辽阳香水梨、大连黄金桃等温带果品最为出名。该省也是“东北三宝”人参、貂皮、鹿茸的主要产区之一。特产工艺品有岫岩玉雕、抚顺煤精雕刻、大连贝雕等。

民俗文化

二人转是辽宁乃至整个东北地区最有影响力的民间艺术形式。辽宁也是满族的发祥地，具有浓郁的满族文化特色。

沈阳
沈阳站
沈阳北站
沈阳东站
省政府
沈河区
大东区
和平区
皇姑区
铁西区
北陵公园
中山公园
万泉公园
南湖公园
青年公园
沈阳大学
辽宁大学
沈阳工业大学
沈阳建筑大学
长途客运站
北陵高架桥
黄河桥
望花桥
大转弯桥
荷兰村桥
浑河
新开河

辽宁省省会，全省政治、经济、文教中心，东北地区最大的综合性工业城市和交通枢纽，是国家历史文化名城。位于辽河平原中部，因地处沈水之阳（浑河北岸）而得名。沈阳素有“一朝发祥地，两代帝王都”之称。1625年清太祖努尔哈赤迁都于此，更名盛京，1636年皇太极在此建立清王朝，清顺治年间设奉天府，1947年设市。

沈阳重工业基础雄厚，是我国主要重工业基地之一，被誉为“共和国长子”，素有“东方鲁尔”的美誉。工业以机电、重型机械、有色冶金著称，还有电子、建材、化工、轻工、汽车、航空、医药等众多门类。沈阳是东北地区最大的交通枢纽，京哈、沈大、沈吉、沈丹等铁路干线在此交会。京哈、沈海、新鲁、丹阜、沈抚等高速公路均已建成，公路有102、202、304等国道贯穿产玉雕、羽毛画、绢花、雪花啤酒、山楂酒、老龙口白酒等，风味名食有老边饺子、李连贵熏肉饼、马家烧麦等。

沈阳城区呈椭圆形组团状，以市府大路为中枢，市中心分布在铁路以南和平区一带。主要商业街有太原街、中华路、沈阳街、朝阳街、中央路等。东北大学、辽宁大学为“211工程”重点建设高校。

名胜古迹有沈阳故宫博物院、北陵（昭陵）公园、东陵（福陵）、抗美援朝烈士陵园、“九·一八”历史博物馆、慈恩寺、太清宫及棋盘山风景区等。

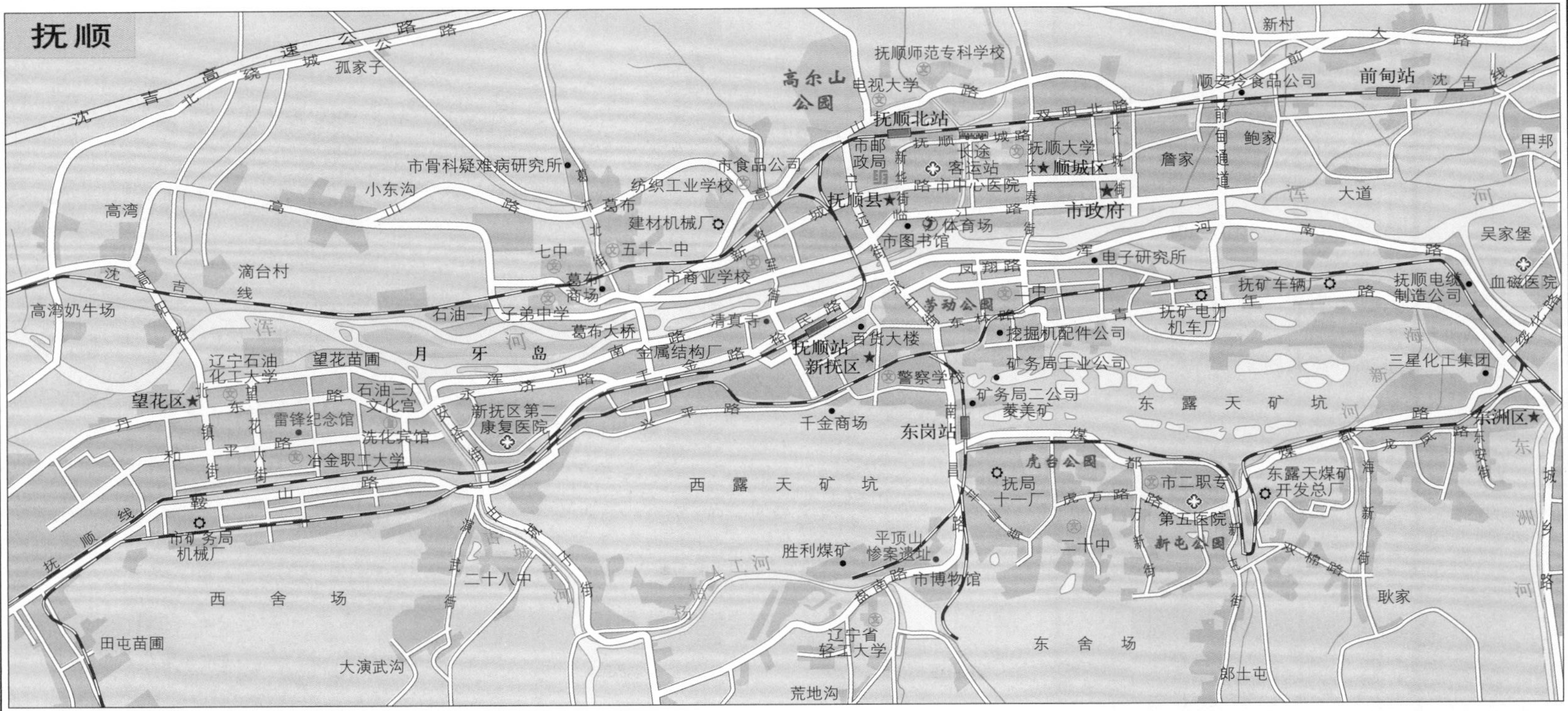

抚顺 ☎ 024 ✉ 113008

位于辽宁省中部偏东，浑河南北两岸，城区主要在南岸，是以重工业为主的综合性工业城市。1947年设市。抚顺煤炭资源丰富，有“煤都”之称。工业以采煤、石油、冶金、化工、发电、建材为主，是我国重要的能源基地之一。新中国的第一桶页岩油，第一吨铝、镁、硅、钛，第一台挖掘机均出自抚顺。抚顺还是中国北方石化工业基地，被列为中国精细化工基地和催化剂生产基地，是国内集油化纤塑洗(洗涤剂)加工手段最全、链条最为紧凑的城市。抚顺交通便捷，沈抚、沈吉铁路横贯东西，202国道、沈吉高速公路横穿境内。特产有煤精雕刻、琥珀、根雕艺术、人参等。抚顺是满族的发源地，旅游以前清历史遗迹和满族风情为特色。著名景点有被列入《世界遗产名录》的清太祖陵—永陵，萨尔浒古战场、赫图阿拉老城、高尔山辽塔、雷锋纪念馆、猴石森林公园、三块石、中华寺、元帅陵、红河峡谷漂流等。

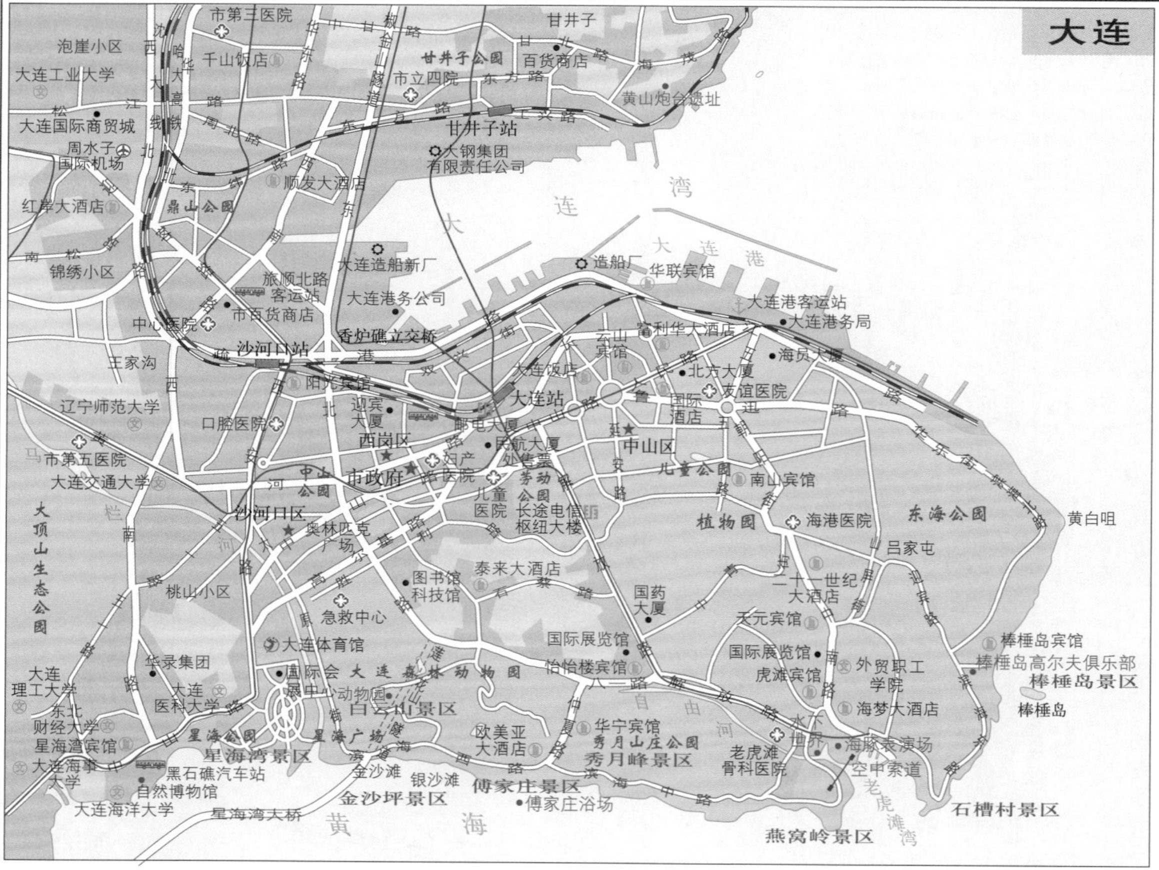

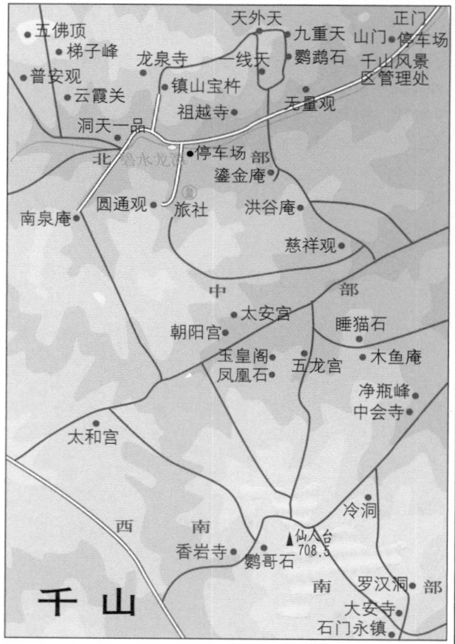

千山　位于鞍山市东南20千米处，为国家级风景名胜区，素有“东北明珠”之称，由近千座状似莲花的奇峰组成，故又称“千朵莲花山”。自然景观以奇峰、怪石、古松、梨花见长，人文景观亦极为丰富，庙宇建筑宏伟壮观。最高峰仙人台海拔708.3米，层峦叠翠，奇石遍山。千山弥勒大佛位于千山风景区北部，是一尊由整座山峰形成的天然巨型石佛。北沟庙宇林立，山色秀丽，为千山精华所在，此外还有无量观、龙泉寺等景点。

大连 ☎ 0411 ✉ 116011

位于辽宁省南部，省内第二大城市，是我国沿海重点开放的港口城市和国家经济与社会发展计划单列市之一。1945年设市。工业基础雄厚，工业门类齐全，以造船、化工、纺织、机械制造著称。大连自然资源丰富，素有“苹果之乡”“水产品基地”等美誉，盛产苹果，葡萄、黄桃、樱桃等，沿海盛产鱼虾，鲍鱼、刺参、扇贝、紫海胆等。大连港是我国重要的对外贸易港和渔业基地。陆路有沈大、金城旅顺铁路在此交会，201、202、305国道交叉过境，沈海、鹤大高速公路建成通车。大连周水子国际机场可与美国、新加坡等多个国家及香港、台北、上海等主要城市通航。大连理工大学、大连海事大学为国家“211工程”重点建设大学。工艺品以贝雕、玻璃制品著名。名胜有老虎滩、星海公园及棒

丹东 ☎ 0415 ✉ 118000

位于辽宁省东部、中朝边界鸭绿江畔，是中国最大的边境城市，中国与朝鲜交往的门户。工业以轻纺、电子、机械为主，丝绸、化纤、造纸、电冰箱、手表等产品较著名。丹东是我国著名的柞蚕产地、柞丝绸生产基地和重要的化纤生产基地。硼矿石储量居全国首位。交通便利，有沈丹、丹大、凤上等铁路，其中沈丹铁路与朝鲜接轨。丹东是中国也是亚洲唯一一个同时拥有边境口岸、机场、高铁、河港、海港、高速公路的城市。公路有201、304国道交叉过境，丹阜、鹤大高速公路已建成通车，沿江还有丹东港等港口。特产柞丝绸、“丹东绿”大理石、柱参、文蛤、孤山杏梅等。观光游览地有鸭绿江大桥、大孤山及抗美援朝纪念馆等景观。

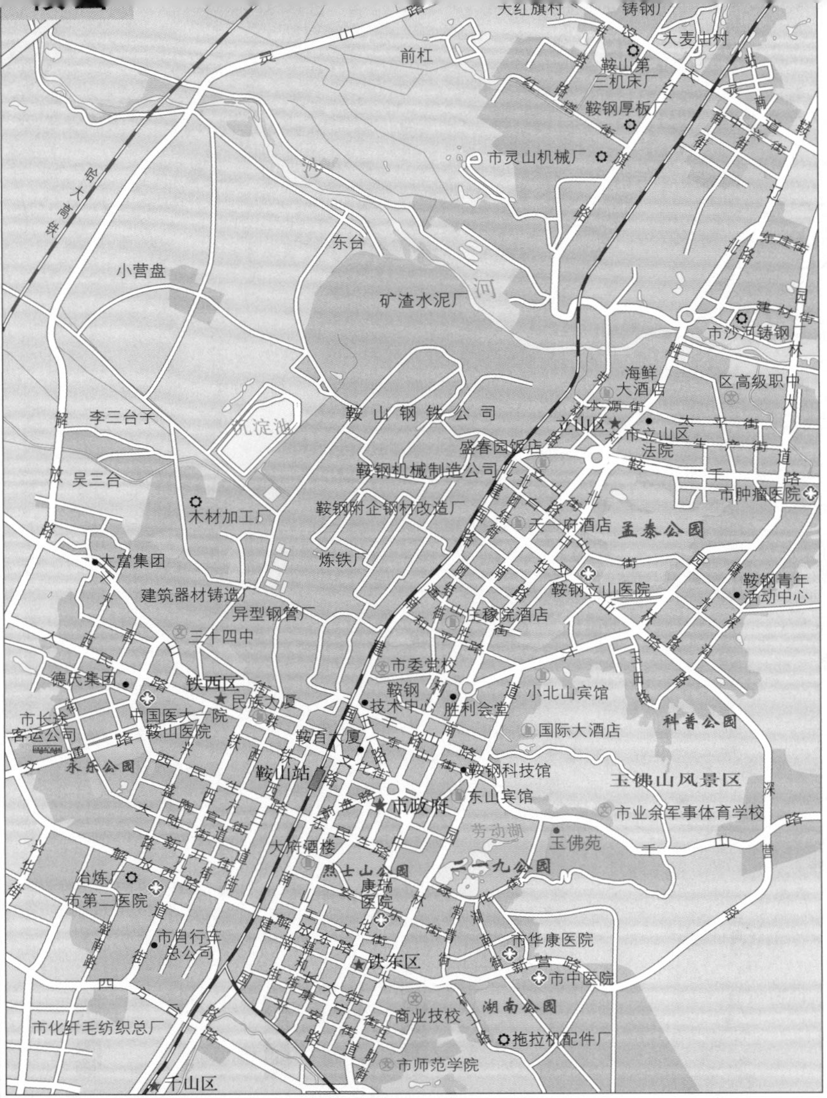

鞍山 ☎ 0412 ✉ 114001

位于辽宁省中部，因市南郊有一对形似马鞍的山而得名，是东北地区最大的钢铁工业城市。战国秦汉时期，鞍山设置郡县，1947年设市。鞍山铁矿储量丰富，汉代已有土法炼铁。新中国成立后成为我国大型钢铁工业基地，拥有采矿、选矿、炼焦、炼铁、炼钢、钢材联合企业，钢、生铁和钢材的产量居全国第二，有“钢都”之称，也是新中国钢铁工业的摇篮。并以钢铁工业为主体，带动了机械、化工、建材、电子、轻纺、食品等工业的发展。交通设施日趋完善，沈大铁路纵贯全境，哈大客运专线即将开通，境内还辟有长大铁路、海沟铁路、海岫铁路、哈大公路、盘海高速公路等。特产有南果梨、牛庄馅饼、岫岩玉雕等。名胜古迹有辽金时代的金塔、银塔，明代古驿堡、三学寺古建筑群，清代琉璃影壁，及附近的汤岗子温泉、玉佛苑、千山国家级风景名胜区。

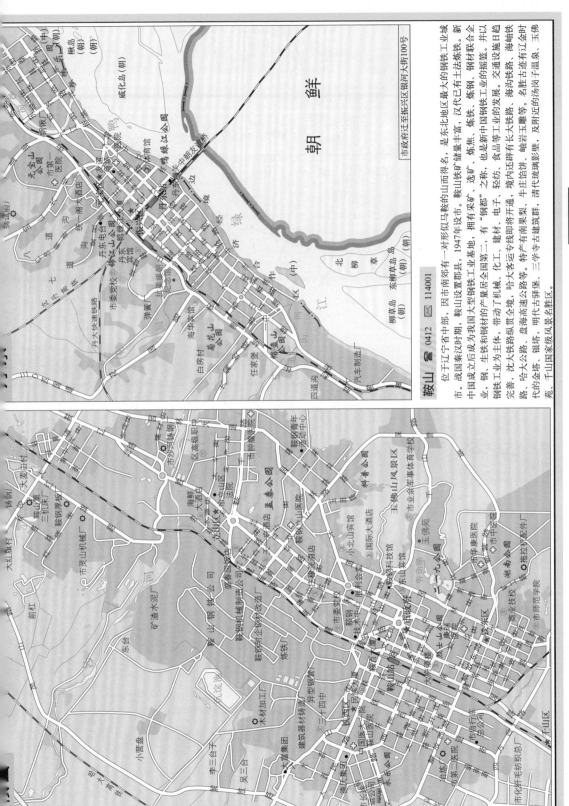

吉林省

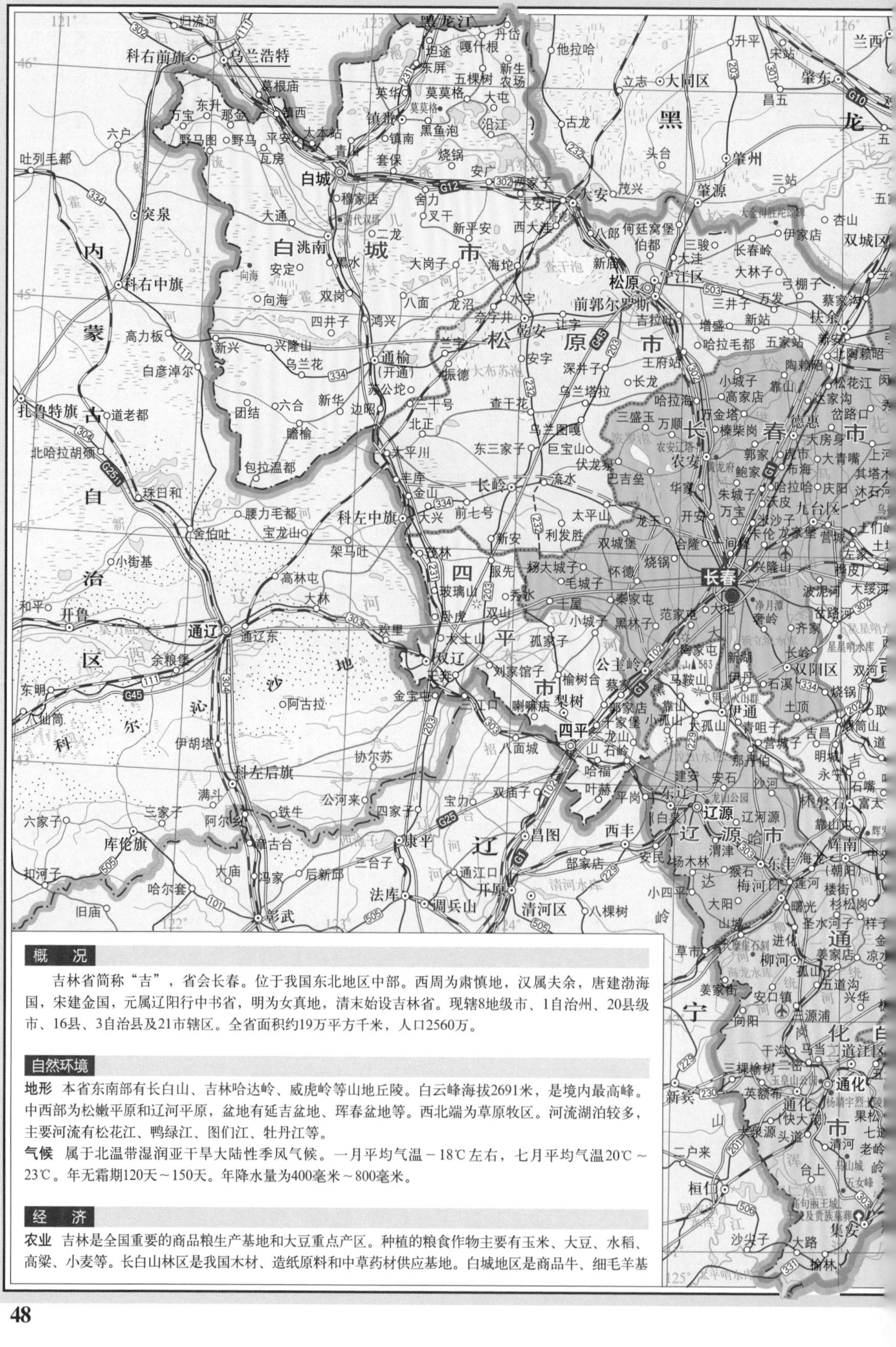

概　况

吉林省简称“吉”，省会长春。位于我国东北地区中部。西周为肃慎地，汉属夫余，唐建渤海国，宋建金国，元属辽阳行中书省，明为女真地，清末始设吉林省。现辖8地级市、1自治州、20县级市、16县、3自治县及21市辖区。全省面积约19万平方千米，人口2560万。

自然环境

地形　本省东南部有长白山、吉林哈达岭、威虎岭等山地丘陵。白云峰海拔2691米，是境内最高峰。中西部为松嫩平原和辽河平原，盆地有延吉盆地、珲春盆地等。西北端为草原牧区。河流湖泊较多，主要河流有松花江、鸭绿江、图们江、牡丹江等。

气候　属于北温带湿润亚干旱大陆性季风气候。一月平均气温－18℃左右，七月平均气温20℃～23℃。年无霜期120天～150天。年降水量为400毫米～800毫米。

经　济

农业　吉林是全国重要的商品粮生产基地和大豆重点产区。种植的粮食作物主要有玉米、大豆、水稻、高粱、小麦等。长白山林区是我国木材、造纸原料和中草药材供应基地。白城地区是商品牛、细毛羊基地。松花江、嫩江及松花湖等水域为主要产鱼区。

工业 工业现已基本形成以汽车制造、石油化工、电力、森工、造纸、轻纺、医药等为主的工业体系，是东北地区重要的电力枢纽。其中汽车、铁路客车、拖拉机、铁合金、炭素制品、木材、葡萄酒等在全国占有重要地位。

交 通

形成了以铁路、公路运输为主，水运、航空、管道相辅的综合运输网。本省京哈、长图、四梅等铁路纵横交错，担负着全省三分之二的货运量。哈大高铁过境。珲乌、京哈、长营等高速公路已建成通车。民航以长春龙嘉机场为中心，可通往周边国家和国内主要城市。全省拥有吉林、大安和临江三个港口。

名胜古迹

集安的中国高句丽王城、王陵及贵族墓葬被列入《世界遗产名录》。长白山被联合国认定为世界生物圈保护区。“八大部”—净月潭、仙景台、防川、松花湖为国家级风景名胜区。吉林雾凇俗称“树挂”或“雪柳”，是我国四大自然景观之一。

名优特产

特产“东北三宝”人参、貂皮、鹿茸，灵芝、天麻、北芪久负盛名。珲春木耳、延边圆蘑、白蜜、通化葡萄酒是有名的特色产品。工艺品以长春刺绣、吉林桦皮画、工艺手杖和四平铁器较为出名。

民俗文化

吉林省是我国朝鲜族人口最多的省份，具有浓郁的朝鲜族风情。朝鲜族人民能歌善舞，象帽舞、长鼓舞、伽倻琴弹唱、顶水舞等都是人们喜爱的传统歌舞节目。吉林“三灯”、北山庙会、吉剧等都是独特的民俗风情。

比例尺：1∶2 880 000　0　28.8　57.6　86.4千米

长春

长春 ☎ 0431 ✉ 130022

吉林省省会，位于吉林省中部松辽平原上，全省政治、经济、文化中心，著名的汽车城、电影城，有“东方底特律”和“东方好莱坞”之称。为国家历史文化名城。1800年置长春厅，1865年建城，1931年“九·一八”事变后，一度沦为日伪满洲帝国国都，1947年设市，1954年起吉林省省会从吉林市迁此。长春是中国汽车工业的摇篮，中国第一汽车集团公司是中国最大的汽车工业科研生产基地，曾制造出新中国第一辆“解放牌”卡车、第一辆“东风牌”小轿车和第一辆“红旗牌”高级轿车。已成为全国著名的交通运输设备制造和科研教育基地。长春是东北地区重要交通枢纽和物资集散中心，京哈、长图、长白等铁路干线贯通境内，102、302国道交叉贯穿全境，京哈、珲乌、长营及环城高速公路已建成通车。长春龙嘉机场是国际航空港，开辟有40条国内、国际航线。特产有德惠草编、老茂生糖果、木雕、鼎丰真糕点、鹿茸、人参等。城区路网布局采用同心圆式，道路以人民广场为核心，呈放射状，人民大街纵贯市中心区。重庆路、长江路、光复路、永春路、红旗街等皆

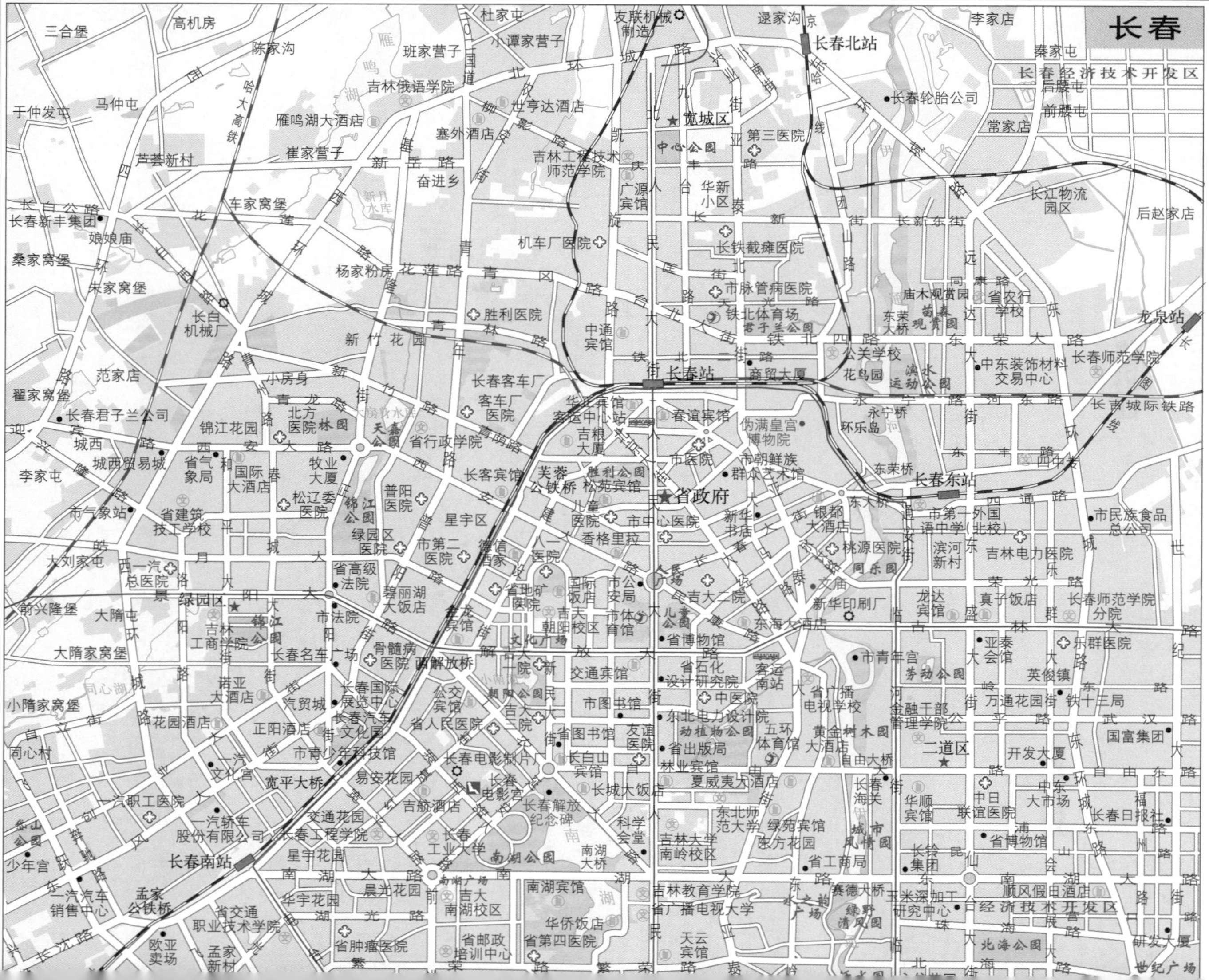

“211工程”重点建设大学。长春是我国旅游名城之一，著名景点有长春电影制片厂、伪满皇宫、八大部、净月潭国家级风景名胜区等。

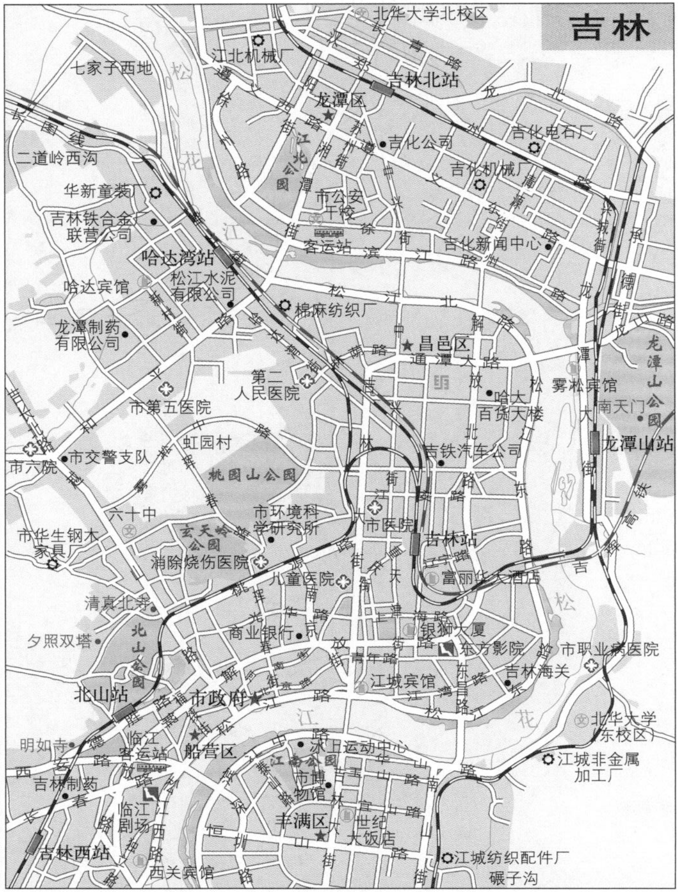

吉林 ☎ 0432 ✉ 132011

位于吉林省中部，为国家历史文化名城，有“北国江城”之称。1947年设市，曾为吉林省省会。吉林是吉林省第二大城市和重要的工业、文化中心及交通枢纽，工业以化工、冶金、电力、汽车为主。交通便利，沈吉、长图铁路及202、302国道在此交会，珲乌高速公路已建成投入运营。特产有“东北三宝”貂皮、人参、鹿茸及其他名贵药材。吉林是关东文化的集中展示地，人文景观独特，满族聚集地乌拉街、朝鲜村落阿拉底保留着浓厚的民族风貌。也是我国著名的冰雪运动基地，冰雪景观闻名遐迩。游览地有松花湖、龙潭山等，冬日可赏雾凇奇观。

延吉 ☎ 0433 ✉ 133000

地处吉林省东部，为延边朝鲜族自治州首府。有冶金、电力、化工等工业。特产有苹果梨、名贵药材、朝鲜泡菜等。长图、图和等铁路和图乌、松老公路过境。珲乌高速公路已投入运营。延边大学为国家“211工程”重点建设高校。延吉有“歌舞之乡”的美誉，其朝鲜歌舞、习俗对旅游者很富吸引力。名胜有城子山山城遗迹、石人沟等。

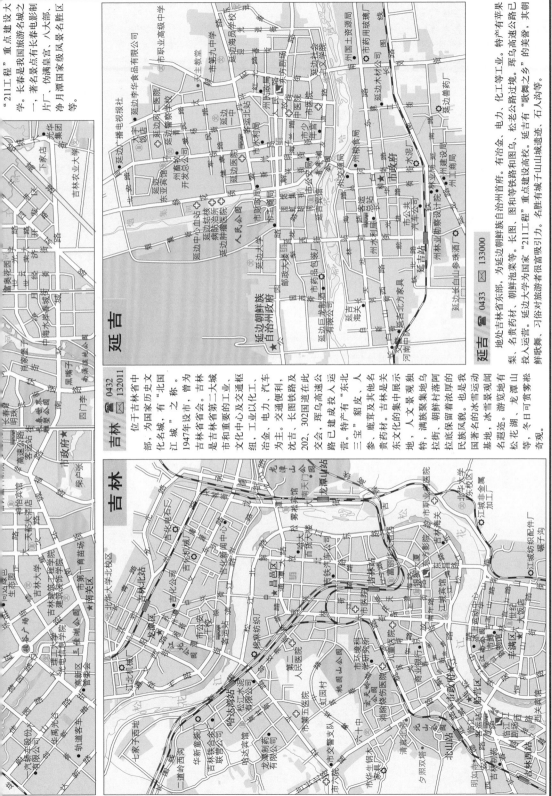

黑龙江省 五大连池 镜泊湖

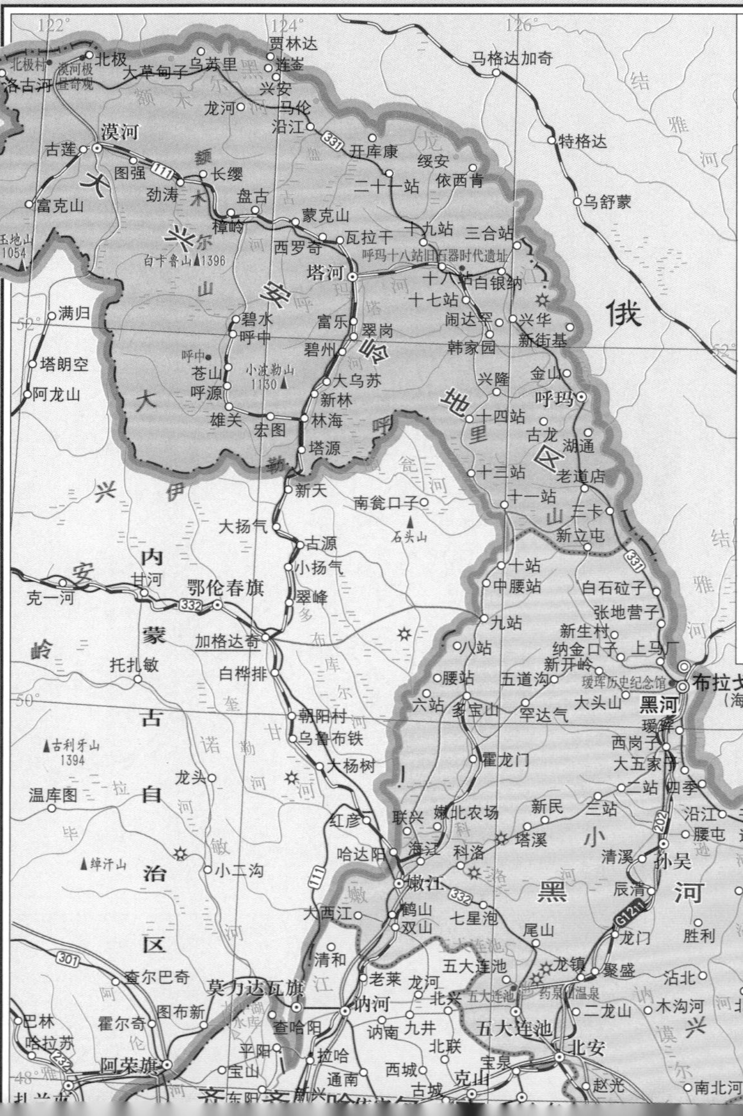

五大连池 位于黑龙江省中北部，因火山喷发的熔岩堵塞了白河河道，形成了五个珍珠串般的湖泊而得名，是世界地质公园、世界人与生物圈保护区、国家级风景名胜区。周围分布有14座火山和60多平方千米的熔岩台地，被誉为“天然火山博物馆”和“打开的火山教科书”。

镜泊湖 位于黑龙江省牡丹江市南部，是世界最大的火山熔岩堰塞湖，世界地质公园，国家级风景名胜区，著名的旅游、避暑和疗养胜地。镜泊湖以其别具一格的湖光山色、朴素无华的自然之美、绮丽壮阔的火山口原始森林和怪石峥嵘的地下熔岩隧洞而著称于世。

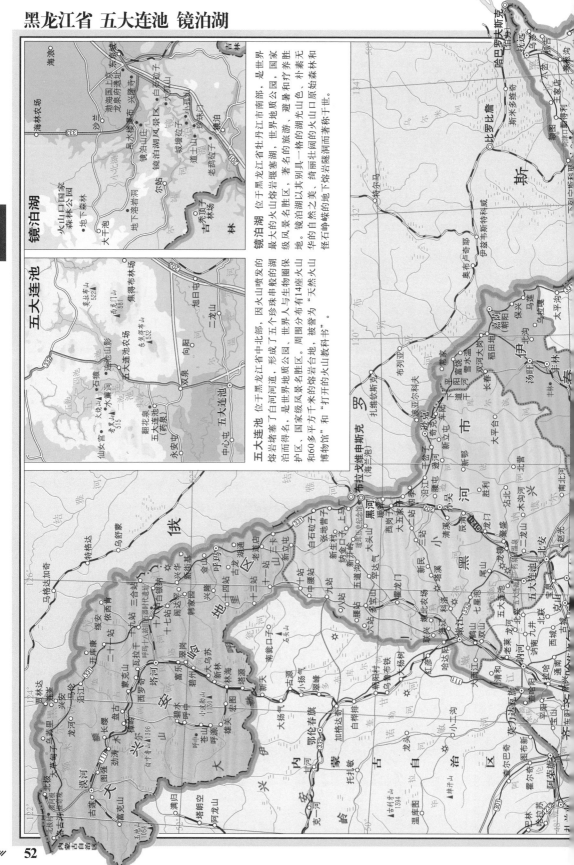

概　况

黑龙江省简称“黑”，省会哈尔滨。位于我国东北隅边疆。明为女真地，清末置省。现辖12地级市、1地区、21县级市、45县、1自治县及54市辖区。全省面积约46万平方千米，人口3491万。

自然环境

地形　本省小兴安岭斜贯中部，以西为松花江、嫩江冲积平原，以东为松花江、黑龙江和乌苏里江冲积的三江平原低地。大秃顶子海拔1690米，是本省最高峰。

气候　属于中温带寒温带湿润亚湿润大陆性季风气候。一月平均气温－30℃～－18℃，七月平均气温为18℃～22℃。年无霜期100天～140天左右。年降水量为400毫米～700毫米。

经　济

农业　黑龙江是我国重要的商品粮和畜牧业基地，粮食商品量、专储量均居全国第一。主要粮食作物有大豆、春小麦、玉米、水稻等。奶牛头数、牛奶产量均居全国之首。

工业　黑龙江是国家重要工业基地，现已形成以能源、机械、森工、化工和食品等工业为主体，门类较全的工业体系。大庆油田是世界特大油田之一。

交　通

铁路主干线贯通全省三分之二以上市、县。公路四通八达，京哈、大广、绥满等高速公路已建成通车。哈尔滨太平机场可通往国内外多个城市。

名胜古迹

旅游以冰雪旅游为特色，风景名胜地主要有北国冰城哈尔滨、五大连池及镜泊湖、亚布力滑雪旅游度假区等。

名优特产

土特产有人参、鹿茸、黄芪等中药材，还有猴头蘑、真松茸等野菜。传统工艺美术品有玉雕、牛角画等。

民俗文化

赫哲族、鄂伦春族、满族等众多少数民族聚居于此，使得黑龙江的民俗风情丰富而多姿。东北大秧歌、冰灯、龙江剧等都是独特的民俗文化。

注：大兴安岭地区行政公署驻加格达奇

比例尺：1∶4 320 000　　0　43.2　86.4　129.6千米

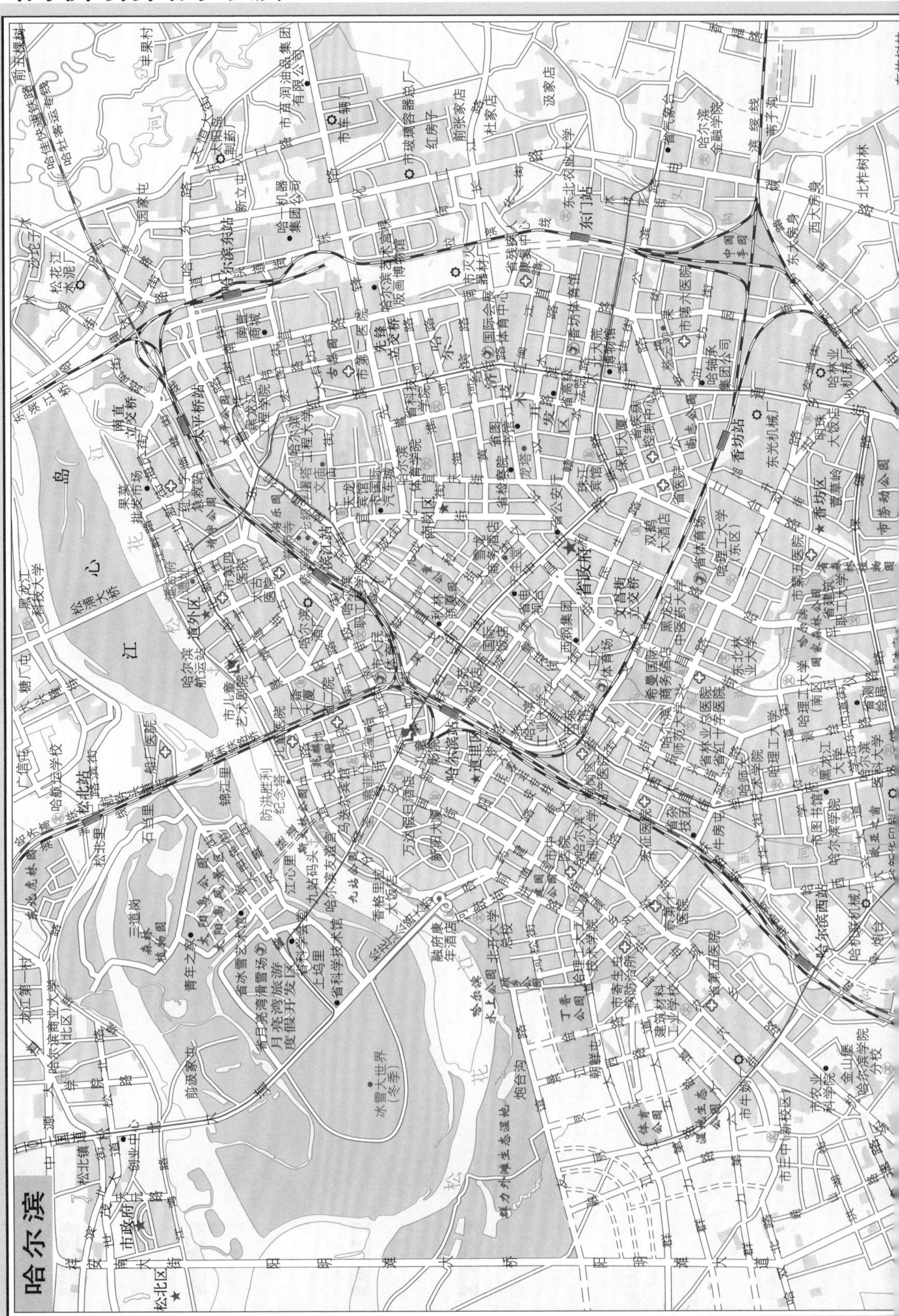
哈尔滨
松北区
道里区
南岗区
香坊区
道外区
哈尔滨站
哈尔滨东站
哈尔滨西站
香坊站
太平桥站
滨江站
东门站
松北站
省政府
市政府
松花江
太阳岛
江心岛
冰雪大世界
（冬季）
哈尔滨工业大学
东北林业大学
东北农业大学
黑龙江大学
哈尔滨医科大学
哈尔滨工程大学
防洪胜利纪念塔
哈尔滨航运站
松浦大桥
群力外滩生态湿地
省科学技术馆
月亮湾旅游度假开发区

黑龙江省省会，全省政治、经济、文化、交通中心，是国家历史文化名城之一。位于黑龙江省中南部，松花江畔。古时为东北少数民族女真族渔村，称“阿勒锦”，元代转音为“哈儿滨”，后称“哈尔滨”，1945年设市，1954年起成为黑龙江省省会。

哈尔滨是我国东北地区重要的工业城市和交通枢纽，近年来又发展成为我国同俄罗斯和东欧各国经济贸易的重要口岸。哈尔滨经济腹地襟连粮、林、油、煤基地，新中国成立后工业迅速发展，成为我国重要的机械工业城市。机械、发电设备制造、石油、化工与食品工业共同构成哈尔滨工业的支柱产业。亚麻纺织、甜菜制糖等全国闻名。哈尔滨是东北地区铁路、水运重要枢纽，京哈、滨绥、滨北、拉滨、滨洲等铁路和松花江航道交会于此，102、202、221、222、301等国道直通大江南北，哈同、绥满、鹤哈、京哈等高速公路均已建成通车。哈尔滨是东北最大的内河航

哈尔滨号称“北国江城”，旧城区的城市布局为典型的欧式风格，道路格局为方格网加放射线，设圆形中心广场。现仍保留有众多的俄罗斯式和西欧式建筑，有“东方莫斯科”和“东方小巴黎”之称。主要商业街区有中央大街、靖宇大街、果戈里大街等。学府路一带集中了众多高等院校和科研院所。哈尔滨工业大学、哈尔滨工程大学、东北林业大学和东北农业大学是国家“211工程”重点建设大学。

哈尔滨的冰雪文化驰名中外，素有“冰城”及“冰城夏都”等美称。一年一度的“哈尔滨之夏”音乐会、冰雪节国际冰雕雪塑比赛、春节冰灯展等吸引了大批的国内外游客。观光胜地有松花江太阳岛、哈尔滨游乐园、极乐寺和冰上运动基地、圣索菲亚教堂等。

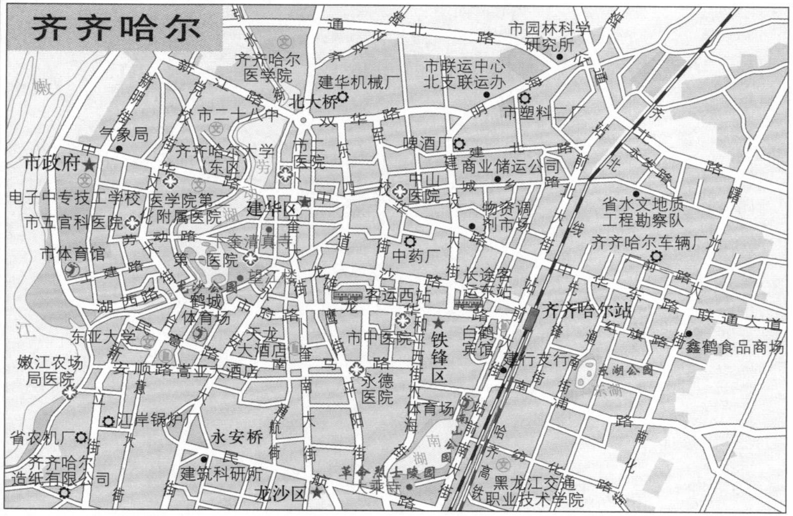

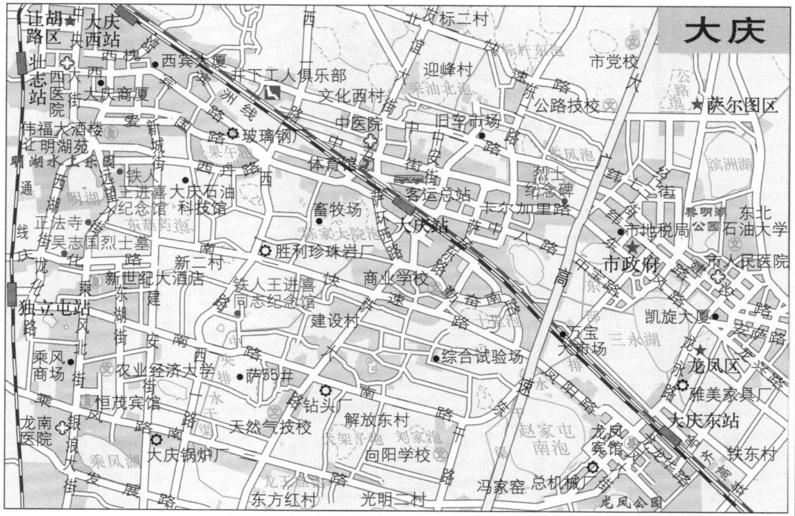

齐齐哈尔 ☎ 0452 ✉ 161005

位于黑龙江省西部，是黑龙江省西北部的重要工业城市，经济、科技、文化中心和交通枢纽，国家历史文化名城。齐齐哈尔是达斡尔语“天然牧场”之意。1947年设市，为黑龙江省第二大城市，也是国家重点商品粮和畜牧业生产基地。

齐齐哈尔拥有雄厚的工业基础，形成了以机械、冶金、化工、食品为主体，以轻工、纺织、医药、建材等行业为重点，门类齐全的工业体系。重型矿山机械和机车车辆工业著称全国。齐齐哈尔是黑龙江乃至东北西部地区之交通枢纽，平齐、滨洲、齐北铁路干线在此交会，111、301国道及绥满高速公路交叉贯穿境内，民航航班可直达北京、广州、上海、沈阳、天津、青岛等多个城市。特产有冰刀、猎枪、北大仓酒等。

齐齐哈尔风景秀丽、古迹众多。市东南扎龙国家级自然保护区栖息繁衍着世界珍禽丹顶鹤，有鸟和水禽的“天然乐园”之称，齐齐哈尔因此被称为“鹤城”。其他景点有龙沙公园望江楼、南山公园、嫩江明月岛等。

大庆 ☎ 0459 ✉ 163000

位于黑龙江省中偏西部，是著称全国的石油工业新城，黑龙江省西部最重要的经济、文化、教育、医疗、科研中心。1959年新中国建立十周年大庆前夕，开发松嫩平原油田打出第一口喷油井，因此命名大庆油田，1960年设安达市，1979年改名大庆市。

大庆市是在荒原上建设起来的中国第一大石油城，也是我国最大的石油、石化生产基地，有石油开采、炼油、石化、化纤、化肥等工业，生产汽油、煤油、柴油、润滑油、尿素、乙烯等石油化工产品已达百余种。大庆还是松嫩平原重要的产粮区，盛产玉米、大豆、小麦、高粱、谷子等。交通便捷，滨洲、通让铁路在境内交会，202、203、301等国道过境，绥满高速公路已通车。特产肇源红高粱、大庆奶粉、毛毯等。

大庆旅游景点有铁人王进喜同志纪念馆、松基三井、油田科技博物馆及白金宝塔遗址、大青山遗址、龙虎台、莲花湖、胡吉吐莫敖包、杜蒙草原、杜尔伯特靠山草原、龙凤湿地自然保护区等。

上海市

概　况

上海市简称“沪”，别称“申”。位于我国东部海岸中段，长江入海口处。古为东海之滨渔村，春秋时为吴国地，战国时为楚国春申君封邑，唐属华亭县，宋始设上海镇，元设上海县，1927年设特别市，1930年设市。现辖16市辖区。全市面积约6340平方千米，人口1493万。

自然环境

地形 上海地处长江三角洲平原东端，地势低平，平均海拔4米左右，仅西部松江一带有少数残丘。市南海上的大金山海拔103.4米，是上海市最高峰。河湖密布，有黄浦江、吴淞江和淀山湖等。岛屿有崇明岛、长兴岛和横沙岛等，其中崇明岛是仅次于台湾岛、海南岛的我国第三大岛。

气候 属于北亚热带湿润海洋性季风气候。年平均气温为16℃左右，其中最冷月1月平均气温3℃以上，最热月7月平均气温28℃。年无霜期250 天。年降水量1100毫米以上，雨量集中在5月～9月的汛期，7月～9月受台风影响，常有暴雨。

经　济

农业 以粮食生产为主，主要农作物有水稻、麦类、棉花、油菜和蔬菜、水果。郊区以饲养猪和乳用牛为主，养蜂、育蚕、药材、香料等副业日益兴旺，江湖和沿海盛产鱼类。

工业 上海历来是我国重要棉纺织工业城市，如今又进一步发展了冶金、石油化工、机械、造船、汽车、电子等重工业，航空航天、计算机、光纤通讯、激光、生物工程、医药等高新技术产业也正在飞速崛起。钢、成品钢材、轿车、发电设备、集成电路、塑料、化纤、呢绒、家电和耐用消费品等都已形成相当规模。现已形成门类齐全、实力雄厚、效益较高的工业体系，是全国最大的综合性工业基地。上海也是我国最大的商业、金融中心，内外贸易额均居全国首位，社会商品零售总额也在全国四大直辖市中居第一位。

交　通

上海地处我国南北航线中枢，是我国水陆交通中心，形成了铁路、公路、航空、水运并举的综合运输网。京沪、沪杭铁路干线联系南北，辟有沪宁、沪杭、京沪等高速铁路。公路有204、312、318、320等多条国道通往烟台、乌鲁木齐、成都、拉萨等地。京沪、沪陕、沪蓉、沪渝、沪昆等高速公路辐射市外。上海是我国重要航空中心和三大国际航空港之一，拥有虹桥和浦东两个国际机场，与国外20多个国家和地区的70多个城市及国内众多大、中城市通航。上海港是我国最大港口、西太平洋地区重要国际中转港口，是仅次于鹿特丹、新加坡的世界第三大港。国内沿海航线可以抵达沿海从北到南的各主要港口。

名胜古迹

上海历史悠久，迄今仍保留着我国唐、宋、元、明、清以来的若干名胜古迹和富有特色的园林。主要名胜有豫园、黄浦江外滩、东方明珠电视塔、中共一大会址、嘉定猗园、青浦大观园、淀山湖、中山故居和鲁迅故居等。2010年新建的世博园是上海最具吸引力的新景点。

名优特产

上海传统工艺品驰誉国内外，有金银饰品、玉雕、绒绣、人造花、海派戏装等。上海服装、毛呢、府绸、领带、皮鞋、化妆品、钟表、玩具及文娱体育用品、家具等轻纺工业品亦在国内外享有良好声誉。上海小吃点心也很丰富，有糕点、饼干、五香豆、奶糖、梨膏糖等。

民俗文化

上海最具特色的是海纳百川、东西兼容的海派文化，石库门建筑、沪剧、弄堂、老城隍庙都体现着浓浓的海派文化特色。

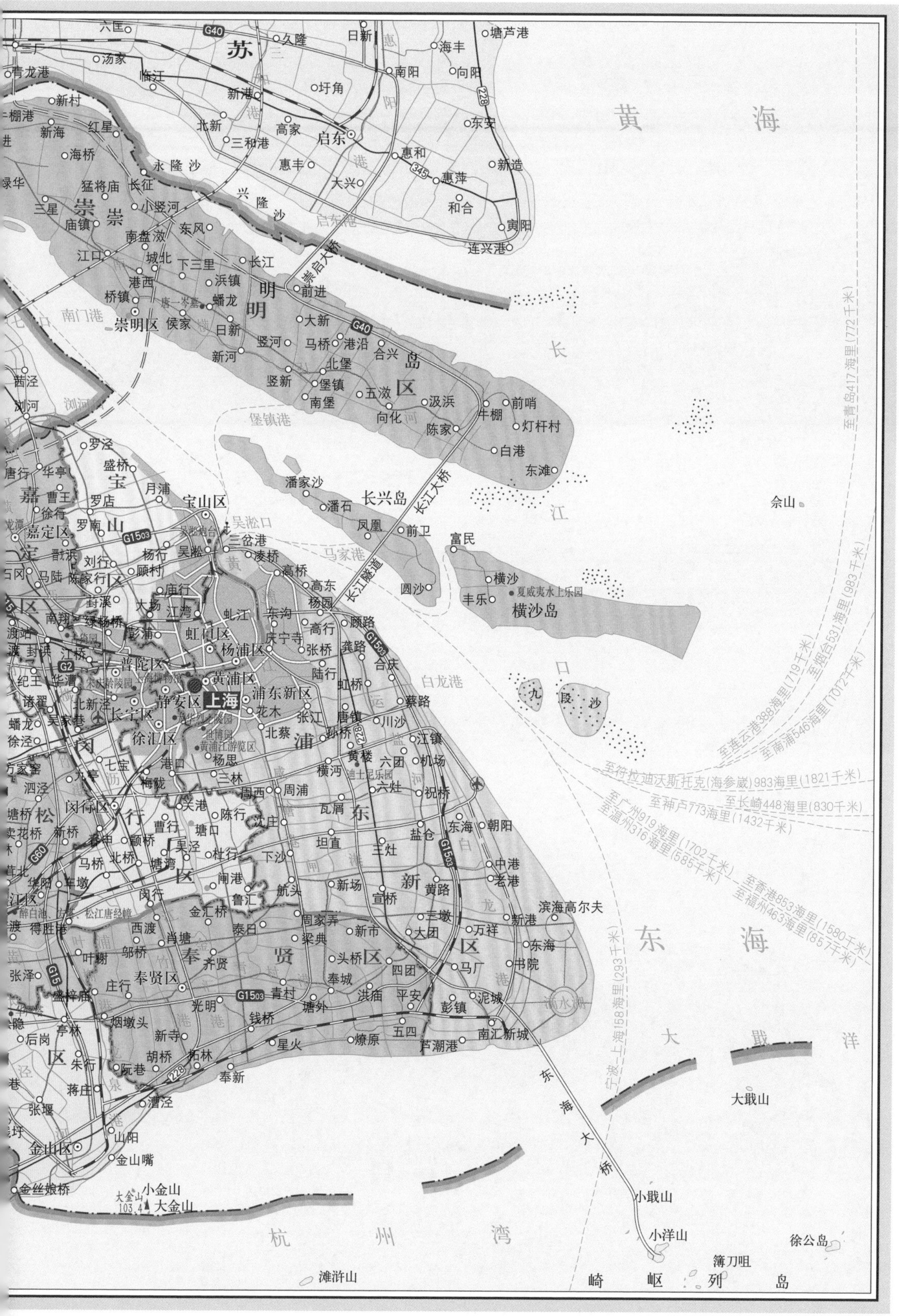

华东地区

比例尺：1∶720 000　0　7.2　14.4　21.6千米

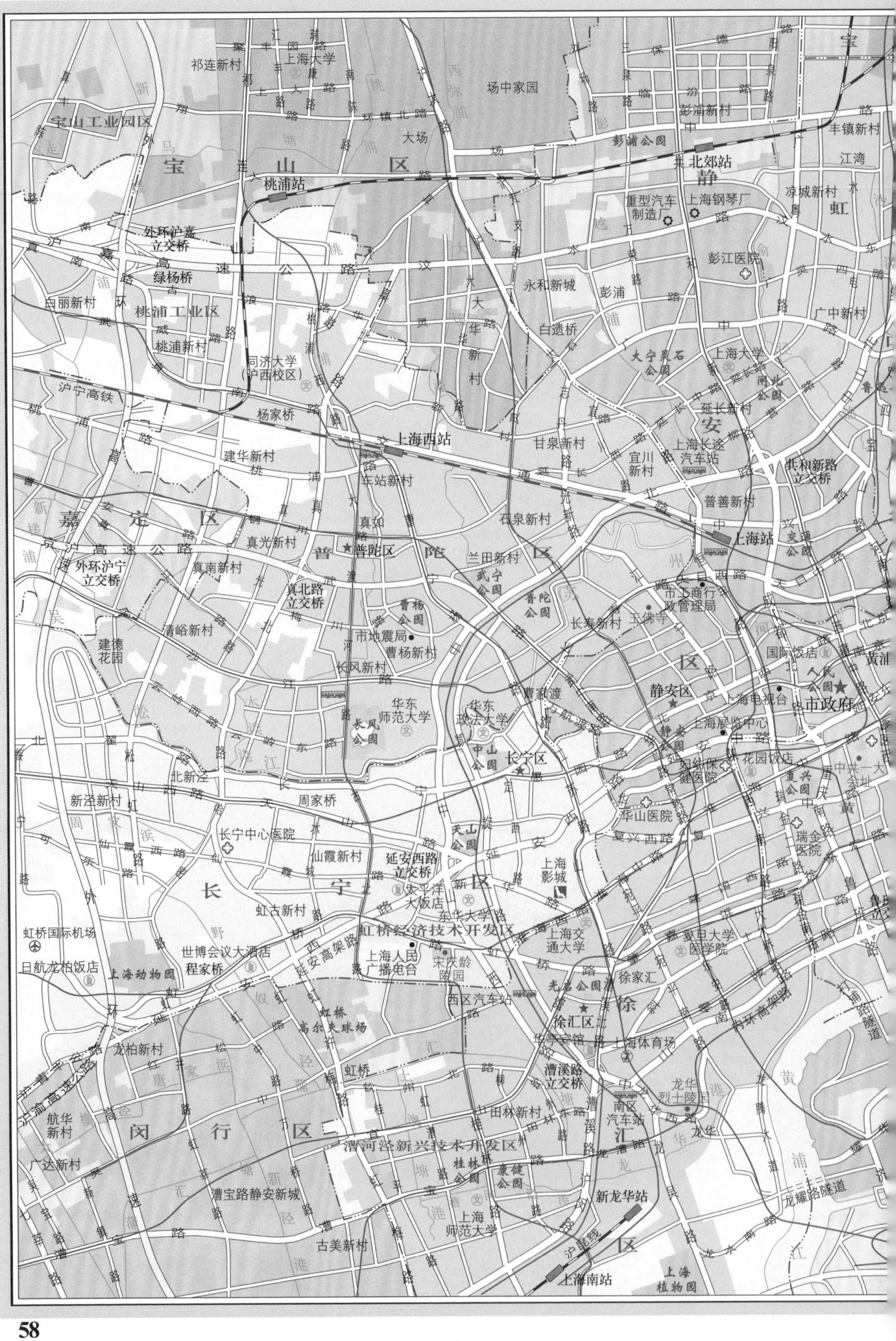
祁连新村
上海大学
场中家园
彭浦新村
宝山工业园区
丰镇新村
大场
彭浦公园
北郊站
宝山区
桃浦站
江湾
凉城新村
重型汽车制造厂
上海钢琴厂
外环沪嘉立交桥
彭江医院
沪嘉高速公路
绿杨桥
永和新城
彭浦
白丽新村
桃浦工业区
广中新村
大华新村
白遗桥
桃浦新村
大宁灵石公园
上海大学
同济大学(沪西校区)
闸北公园
延长新村
沪宁高铁
杨家桥
上海西站
甘泉新村
宜川新村
上海长途汽车站
共和新路立交桥
建华新村
车站新村
普善新村
嘉定区
真如
石泉新村
上海站
京沪高速公路
真光新村
普陀区
兰田新村
交通公园
外环沪宁立交桥
真南新村
武宁公园
市工商行政管理局
真北路立交桥
曹杨公园
普陀公园
长寿新村
玉佛寺
清峪新村
市地震局
曹杨新村
建德花园
国际饭店
人民公园
市政府
长风新村
华东师范大学
华东政法大学
曹家渡
静安区
上海展览中心
长风公园
静安公园
中山公园
长宁区
花园饭店
北新泾
妇幼保健医院
复兴公园
新泾新村
周家桥
华山医院
长宁中心医院
天山公园
复兴西路
瑞金医院
仙霞新村
延安西路立交桥
上海影城
太平洋大饭店
东华大学
虹古新村
虹桥经济技术开发区
虹桥国际机场
上海交通大学
复旦大学医学院
世博会议大酒店
日航龙柏饭店
上海人民广播电台
宋庆龄陵园
程家桥
上海动物园
延安高架路
光启公园
徐家汇
西区汽车站
虹桥高尔夫球场
徐汇区
华亭宾馆
上海体育场
内环高架路
打浦路隧道
龙柏新村
虹桥
漕溪路立交桥
龙华烈士陵园
沪渝高速公路
航华新村
田林新村
南区汽车站
闵行区
龙华
漕河泾新兴技术开发区
广达新村
桂林公园
康健公园
漕宝路静安新城
新龙华站
龙耀路隧道
上海师范大学
古美新村
沪杭线
上海南站
上海植物园
黄浦江

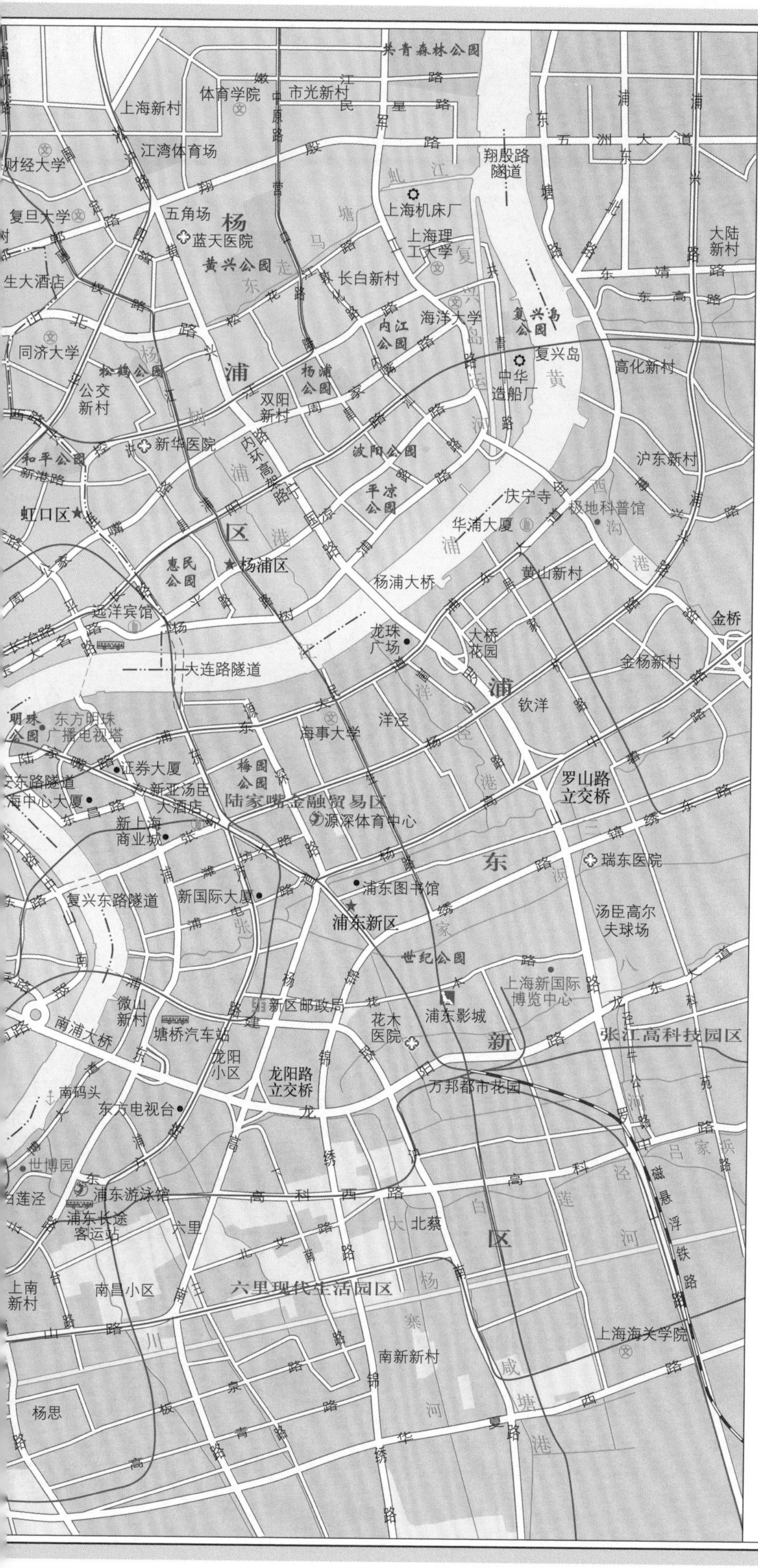

上海

☎ 021
✉ 200001

位于上海市中部，黄浦江滨，苏州河畔，是我国最大的工商、金融名城，重要的综合性工业基地，中国沿海主要的开放城市和进出口岸，美、俄、英、法等许多个国家都在这里设有总领事馆。新中国建立以后，上海建成了以纺织、铸造为主的普陀工业区，以纺织、造船、机械、冶金为主的杨浦工业区等主要工业区，同时还在城郊开辟了闵行、浦东新区、宝山、金山等新工业区和卫星城镇。

上海作为我国最大的商业、金融中心，国际化商业大都会的新格局已形成，中心商业区以黄浦区为核心，延伸至徐汇区和静安区，商业中心由南京路、淮海路、西藏路、豫园商场一带发展到四川路、北京路、延安路、福州路、河南路、石门路，以及新世界商场、中央商场等处。新建商业网点遍布全市，成为国内著名的购物胜地。

黄浦区是上海历史最悠久的城区，还是市内的商业、金融、行政中心和都市旅游精华之地。2011年6月，黄浦区又与卢湾区合并成新的黄浦区，外滩、新天地、南京东路、淮海中路、城隍庙、豫园等闻名中外的上海地标将珠联璧合，新黄浦区还有人民广场、上海大剧院等现代城市景观。徐汇区集中了众多科教、卫生机构，境内有上海交通大学、华东理工大学等10余所高等院校，中山医院、儿科医院等著名医疗机构，以及上海图书馆、上海大舞台等机构，四周有漕河泾新兴技术开发区、闵行工业开发区等，而原法租界内各式高级花园住宅也是徐汇区最具特色的标志之一。杨浦区被称为上海的“学术区”，区域内云集了诸如复旦大学、同济大学、上海财经大学等众多著名高校，以及多所上海市的名牌中学。浦东新区被誉为“上海现代化建设的缩影”、“中国改革开放的象征”，区域内聚集了陆家嘴金融贸易区、张江高科技园区等5个国家级开发区及上海环球金融中心、上海科技馆、上海国际会议中心等著名商厦和机构，现在快速发展成为我国综合实力最强的区域之一。

市区名胜有豫园、玉佛寺、中共一大会址、东方明珠广播电视塔、世博园等。

江苏省 太湖

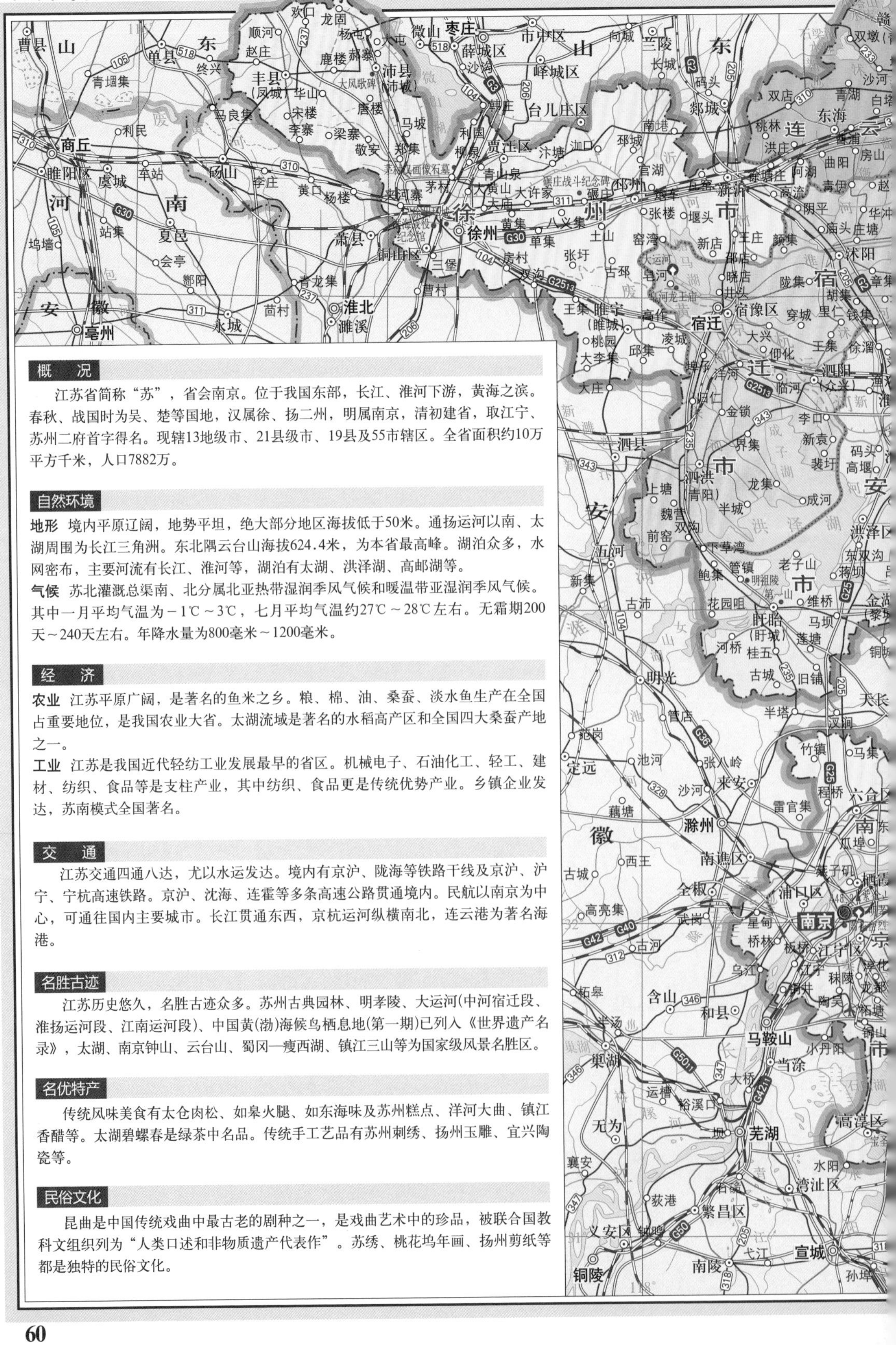

概　况

江苏省简称“苏”，省会南京。位于我国东部，长江、淮河下游，黄海之滨。春秋、战国时为吴、楚等国地，汉属徐、扬二州，明属南京，清初建省，取江宁、苏州二府首字得名。现辖13地级市、21县级市、19县及55市辖区。全省面积约10万平方千米，人口7882万。

自然环境

地形 境内平原辽阔，地势平坦，绝大部分地区海拔低于50米。通扬运河以南、太湖周围为长江三角洲。东北隅云台山海拔624.4米，为本省最高峰。湖泊众多，水网密布，主要河流有长江、淮河等，湖泊有太湖、洪泽湖、高邮湖等。

气候 苏北灌溉总渠南、北分属北亚热带湿润季风气候和暖温带亚湿润季风气候。其中一月平均气温为－1℃～3℃，七月平均气温约27℃～28℃左右。无霜期200天～240天左右。年降水量为800毫米～1200毫米。

经　济

农业 江苏平原广阔，是著名的鱼米之乡。粮、棉、油、桑蚕、淡水鱼生产在全国占重要地位，是我国农业大省。太湖流域是著名的水稻高产区和全国四大桑蚕产地之一。

工业 江苏是我国近代轻纺工业发展最早的省区。机械电子、石油化工、轻工、建材、纺织、食品等是支柱产业，其中纺织、食品更是传统优势产业。乡镇企业发达，苏南模式全国著名。

交　通

江苏交通四通八达，尤以水运发达。境内有京沪、陇海等铁路干线及京沪、沪宁、宁杭高速铁路。京沪、沈海、连霍等多条高速公路贯通境内。民航以南京为中心，可通往国内主要城市。长江贯通东西，京杭运河纵横南北，连云港为著名海港。

名胜古迹

江苏历史悠久，名胜古迹众多。苏州古典园林、明孝陵、大运河(中河宿迁段、淮扬运河段、江南运河段)、中国黄(渤)海候鸟栖息地(第一期)已列入《世界遗产名录》，太湖、南京钟山、云台山、蜀冈—瘦西湖、镇江三山等为国家级风景名胜区。

名优特产

传统风味美食有太仓肉松、如皋火腿、如东海味及苏州糕点、洋河大曲、镇江香醋等。太湖碧螺春是绿茶中名品。传统手工艺品有苏州刺绣、扬州玉雕、宜兴陶瓷等。

民俗文化

昆曲是中国传统戏曲中最古老的剧种之一，是戏曲艺术中的珍品，被联合国教科文组织列为“人类口述和非物质遗产代表作”。苏绣、桃花坞年画、扬州剪纸等都是独特的民俗文化。

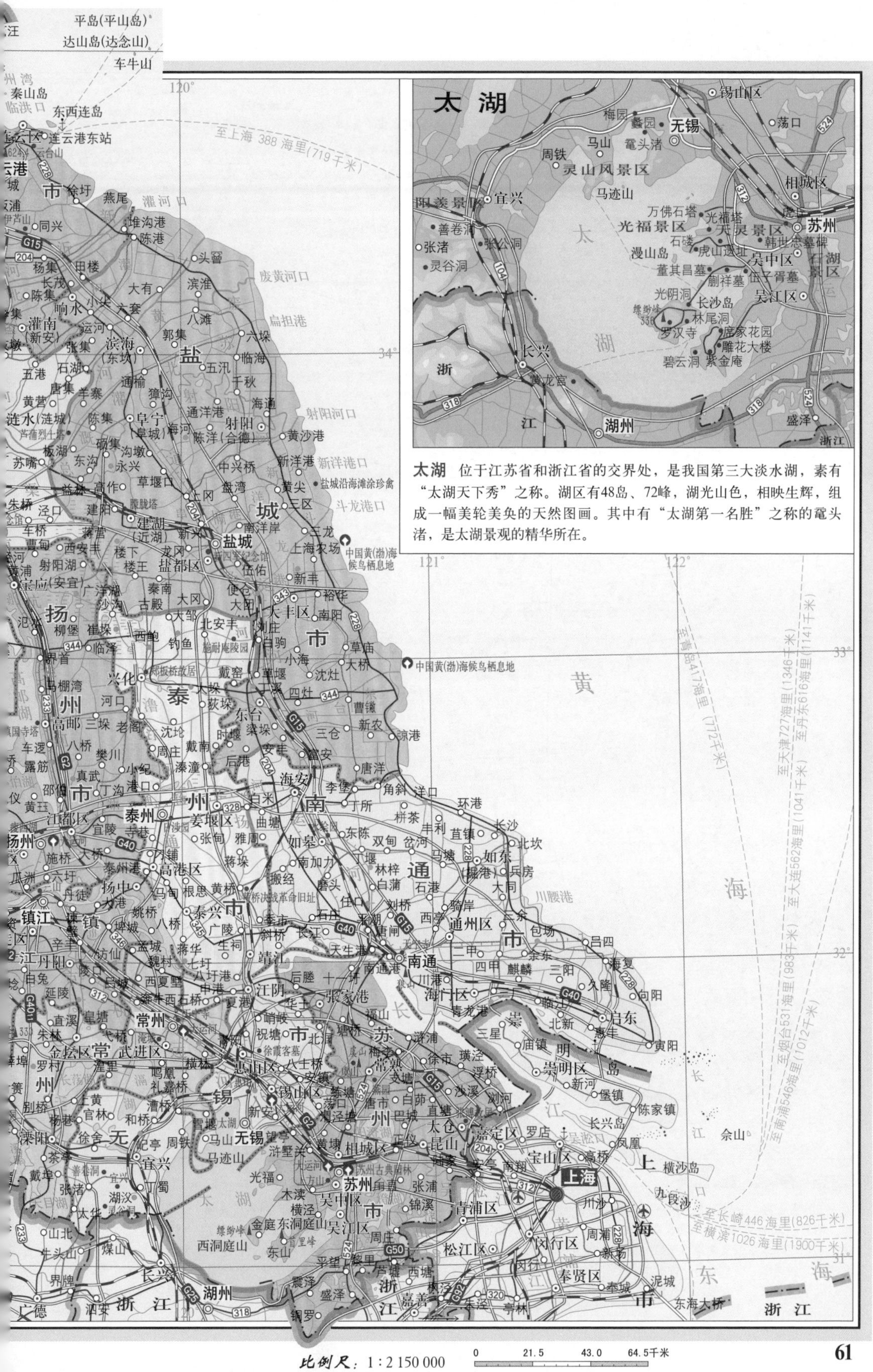

太湖 位于江苏省和浙江省的交界处，是我国第三大淡水湖，素有“太湖天下秀”之称。湖区有48岛、72峰，湖光山色，相映生辉，组成一幅美轮美奂的天然图画。其中有“太湖第一名胜”之称的鼋头渚，是太湖景观的精华所在。

比例尺：1∶2 150 000　　0　21.5　43.0　64.5千米

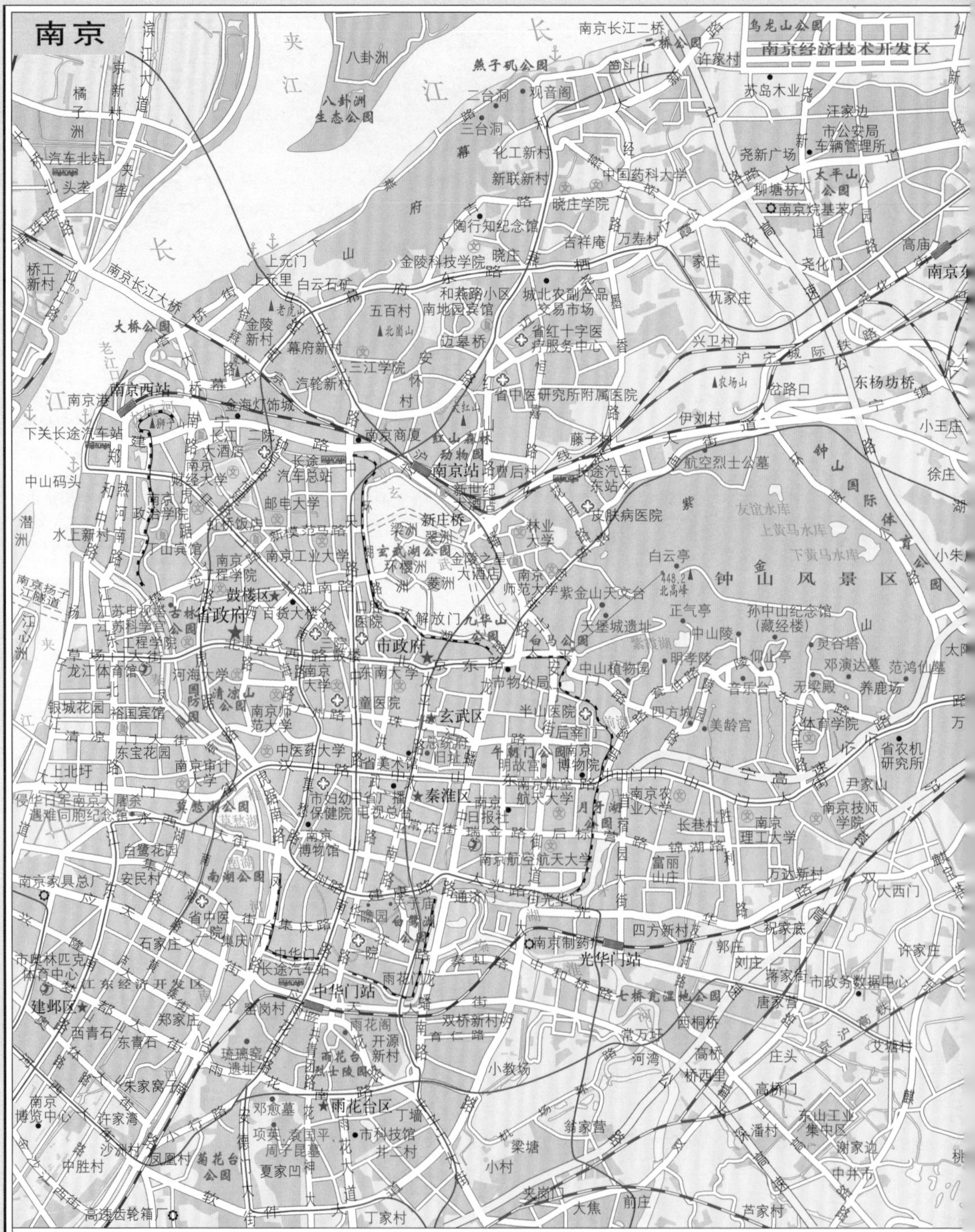

南京 ☎ 025 ✉ 210008

江苏省省会，全省政治、经济、文教中心，国家历史文化名城和中国八大古都之一。简称宁，别名石头城、金陵。先后有东吴、东晋、南朝、唐、明初、太平天国等十个朝代在此建都，1927年设市。南京是以石油化工、电子仪表、钢铁、纺织为主的综合性工业基地。特产有云锦、天毯、雨花石玛瑙雕刻及南京板鸭等。南京是我国著名的水陆交通枢纽，京沪、宁铜等铁路干线在此交会，宁芜、宁洛等高速公路过境，京沪、沪速铁路建成通车。南京港是全国最大的对外轮开放的内河港口。市区呈不规则方形，大行宫、夫子庙、杨公井、三山街等为主要商业区。南京大东南大学、南京农业大学、河海大学、南京航空航天大学等为南京著名高校。南京名胜古迹众多，有国家级风景名胜区钟山，以及中山陵、明孝玄武湖、雨花台、莫愁湖、瞻园、秦淮河风景带、南京长江大桥、栖霞山等。

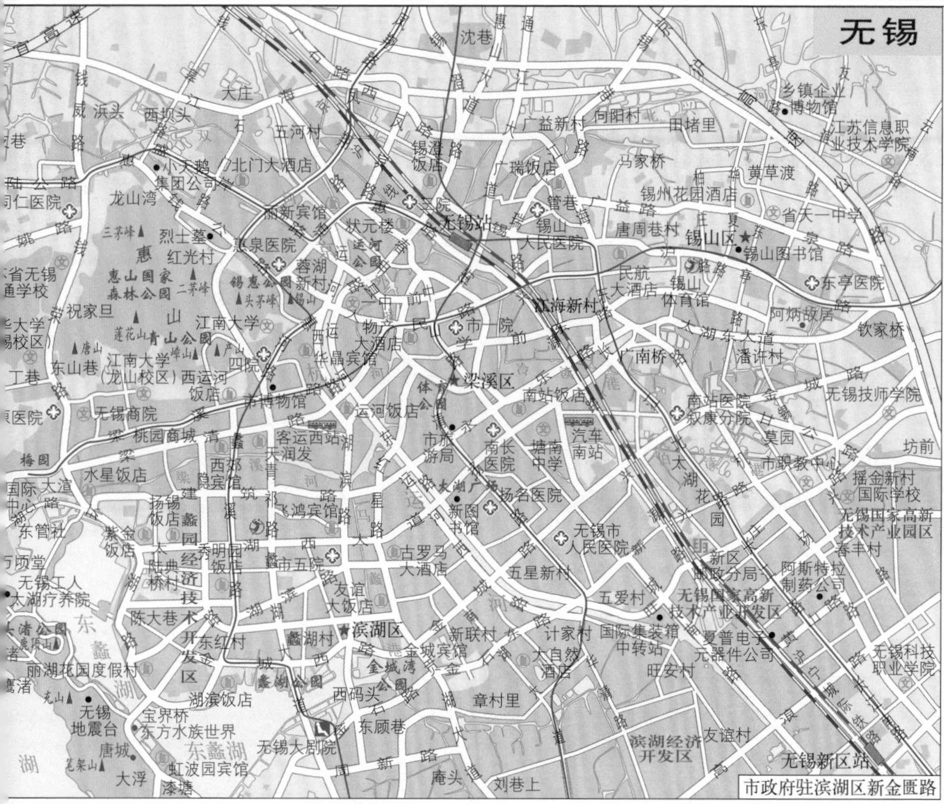

无锡

☎ 0510
✉ 214000

苏南太湖之滨的重要工业、旅游城市，国家历史文化名城。周、秦时已兴起，汉初锡开采完，始称无锡。历史上有“丝都”“米市”“布码头”之称。无锡现为全国轻纺、微电子、机械工业名城。名特产刺绣、惠山泥人等。京沪铁路、312国道及沪蓉、京沪、沪宜高速公路贯穿境内。著名景点有太湖、鼋头渚、锡惠公园、梅园、徐霞客故居、东林书院和现代旅游新景点水浒城、三国城等。

常州

☎ 0519
✉ 213003

位于江苏省南部，是苏南新兴工业城市，国家历史文化名城。1949年设市。常州是近代中国民族工商业的发祥地之一，拥有机械制造业、输变电设备制造业、汽车及配件制造业、新型纺织服装业等优势产业。地处长江金三角地区，京沪铁路，312国道，沪蓉、常合高速公路，京杭运河穿境而过。名胜古迹有红梅阁、天宁寺、文笔塔、洗砚池、舣舟亭、淹城遗址、太平天国护王府遗址、溧阳天目湖、金坛茅山等。

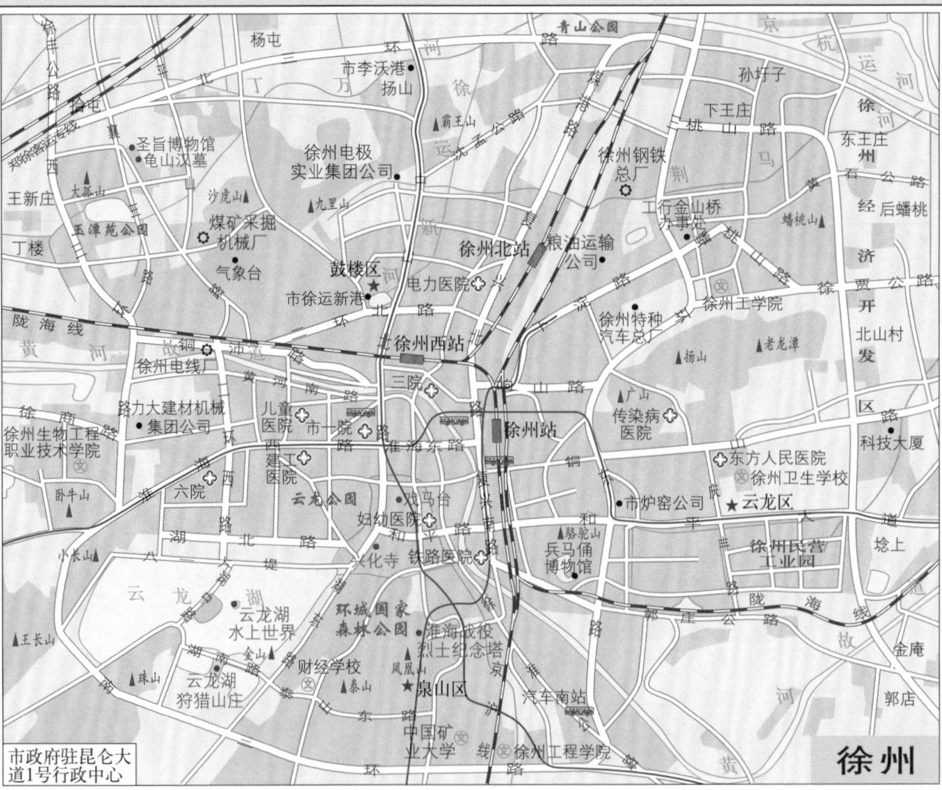

徐州 ☎ 051 ✉ 221

江苏省西北
要工矿业城市和
枢纽，国家历史
名城，有"中国
机械之都"和"
硅都"的美誉。
魏置徐州，清
治，1945年设市
州是华东最大的
基地，煤炭、电
建材、工程机械
业发达。交通便
素有"五省通衢
称，京沪、陇海
铁路干线在此交
京台、连霍高速
交叉贯穿境内。
小孩酥糖、蜜三
烙馍、沛县冬桃
徐州文化悠久，
名的帝王之乡
"九朝帝王徐州
之说。名胜有
山、云龙湖、狮
楚王陵、汉兵马
淮海战役纪念馆等

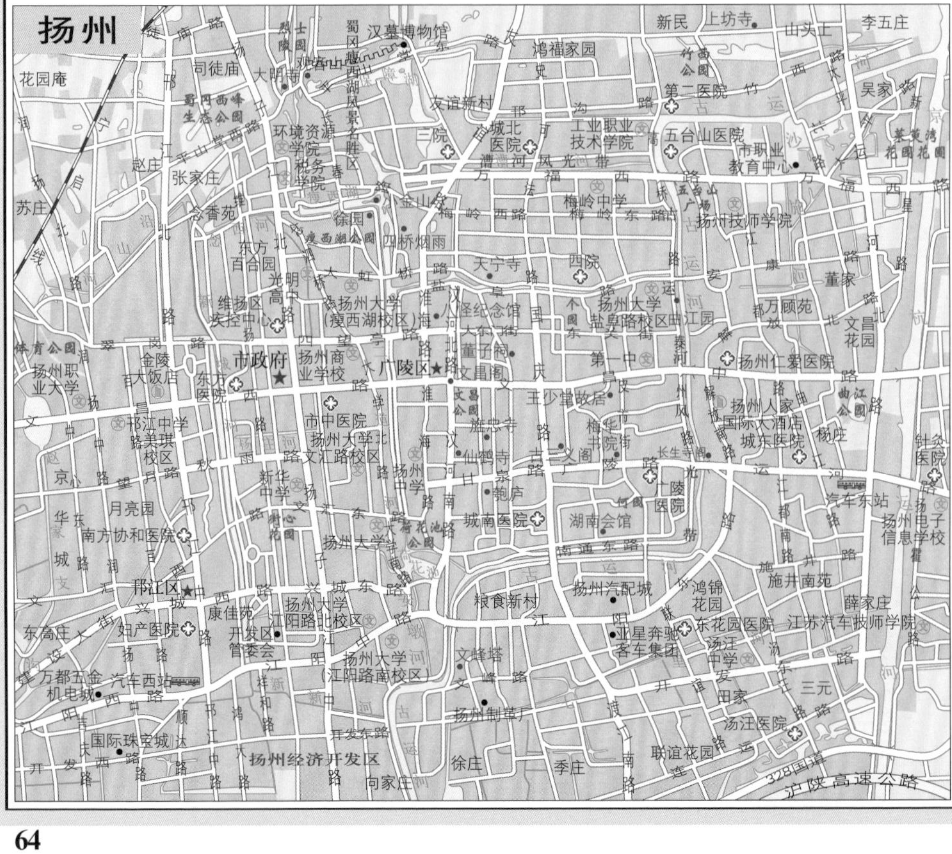

扬州 ☎ 051 ✉ 225

位于江苏
部，长江以北，
历史文化名
1949年设市。自
漕运枢纽、淮
汇。目前有机械
子、化工、建材
品、日用轻工、
艺品等工业门类
苏北外贸出口商
地之一。交通便
京沪、沪陕、扬
高速公路交叉贯
内，宁启铁路横
西，京杭运河与
在扬州南部汇流
成市域航道主骨
州港是国家一类
开放港口。著名
品漆器、玉雕
绣、剪纸、扬州
刀等。特产酱菜
皮糖等。名胜有
级风景名胜区蜀
瘦西湖、史公祠
真纪念堂、大
等。

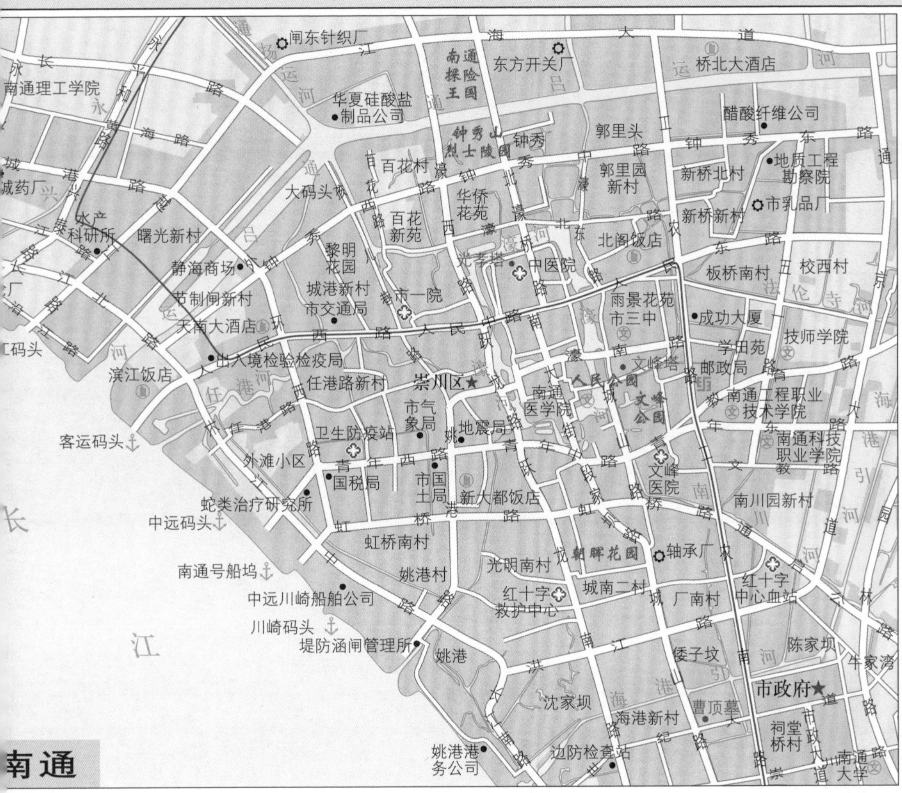

南通 ☎ 0513 ✉ 226001

位于江苏省东南部，长江入海口北岸，我国沿海重点开放的港口城市，素有“江海明珠”“扬子第一窗口”之美誉。五代十国时置通州，以其地处江淮，南通吴越故名，1949年设市。南通是我国著名的轻纺工业基地，棉纺织工业历史悠久，是南通支柱产业之一，还有电子、机械、化工、食品、造纸等工业门类。工艺特产彩锦锈、蓝印花布、扎染等。陆路有宁启铁路、204国道和沪陕、沈海高速公路纵贯全境。南通港是我国主枢纽港之一，国家一类对外开放口岸。名胜有狼山风景区、南通博物苑、如皋水绘园、定慧禅寺、支云塔、光孝塔等。

连云港 ☎ 0518 ✉ 222002

位于江苏省东北隅，是沿海重点开放的港口城市，“亚欧大陆桥”陇海铁路的东方端点。古称瀛洲、海州，1933年建海港，取连岛、云台山首字命名为连云港，1935年设市。本市沿海渔、盐资源丰富，有著名的海州湾渔场和淮北盐场。工业有海洋化工、制盐、建材、轻纺、水产加工等。特产有地毯、贝雕画、云雾茶等。连云港市交通便利，公路有204、327、310国道和连霍、长深、沈海高速公路过境。连云港是以外贸运输为主的综合性国际贸易枢纽港之一，也是江苏省最大的天然海港。连云港素有“东海第一胜境”之称，名胜有云台山、海滨浴场景区。

苏州 虎丘 拙政园 留园 狮子林 沧浪亭

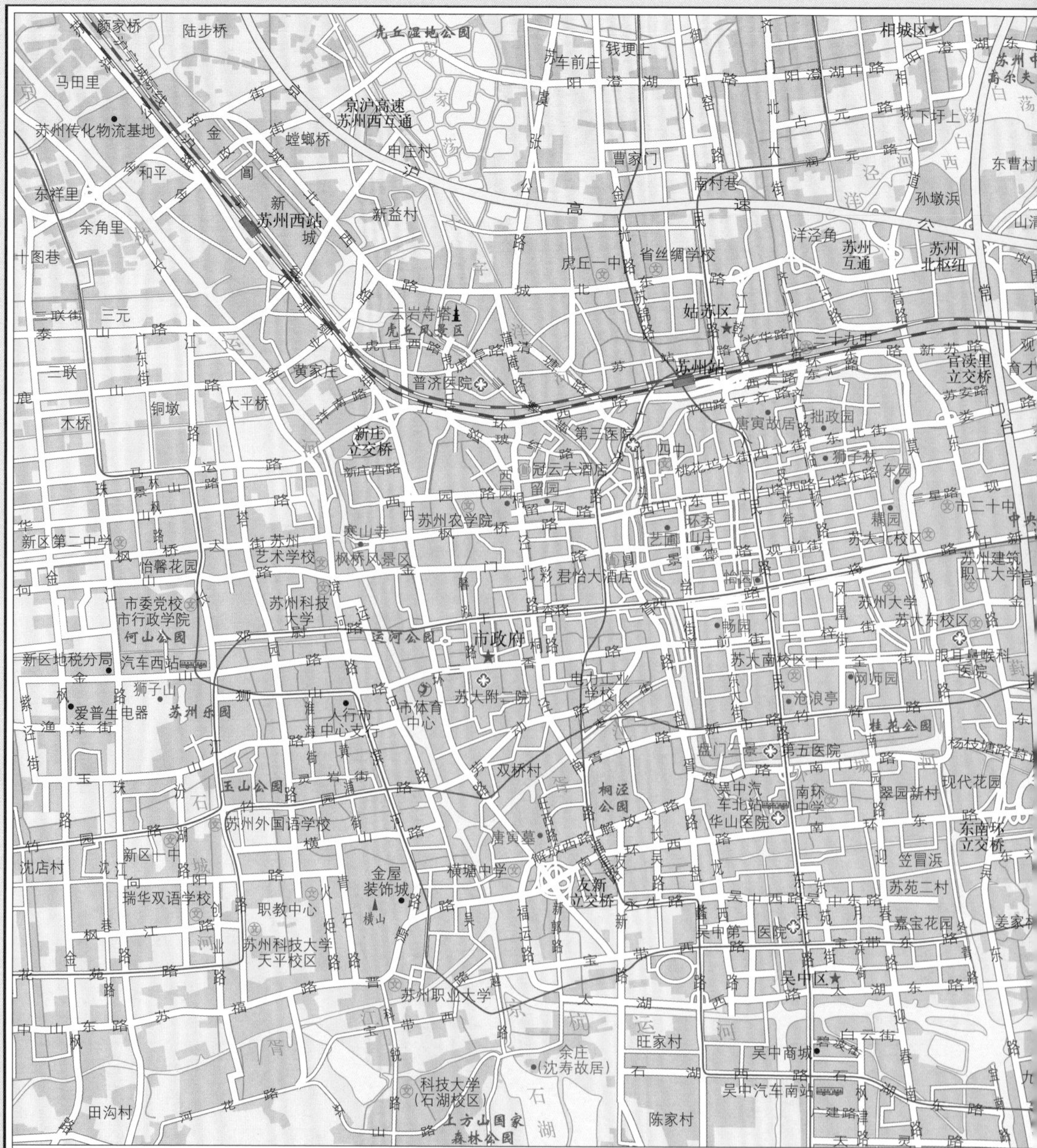

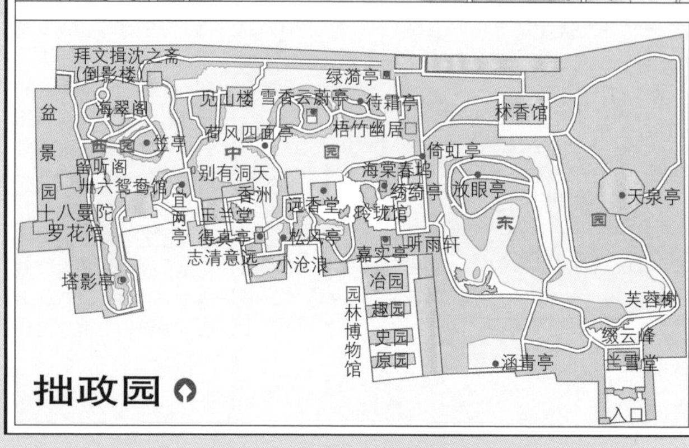

拙政园 位于苏州市东北街，是苏州园林中面积最大的古典山水园林，为中国四大名园之首。始建于明朝正德年间，拙政园以其布局的山岛、竹坞、松岗、曲水之趣，被誉为“天下园林之典范”。

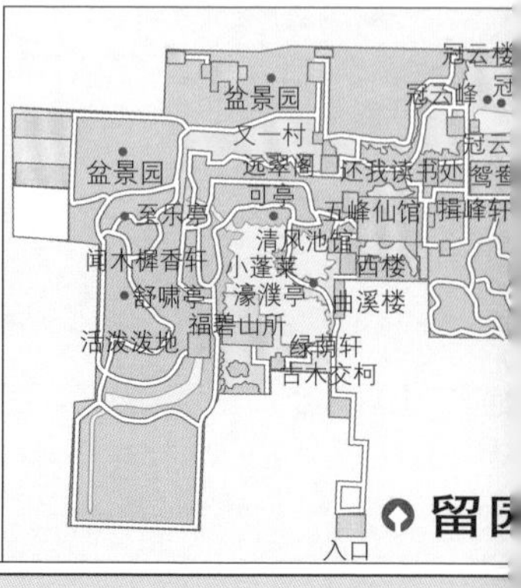

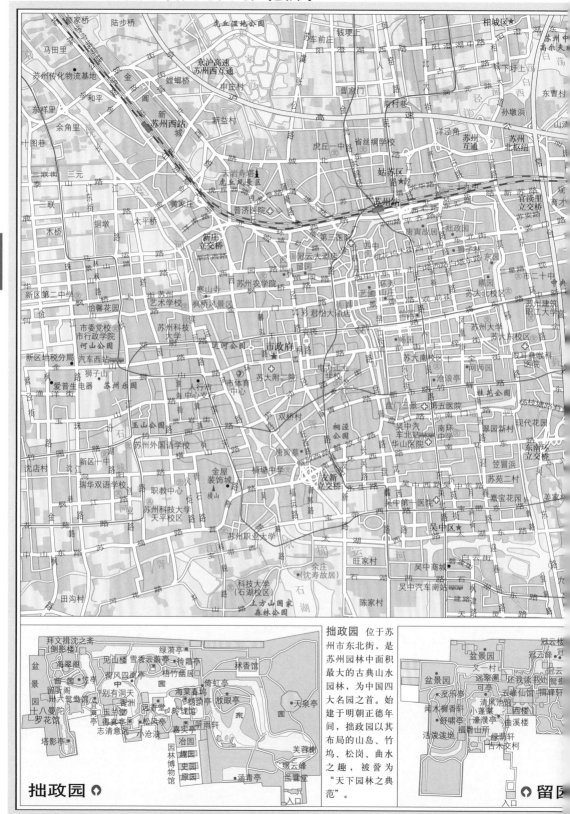

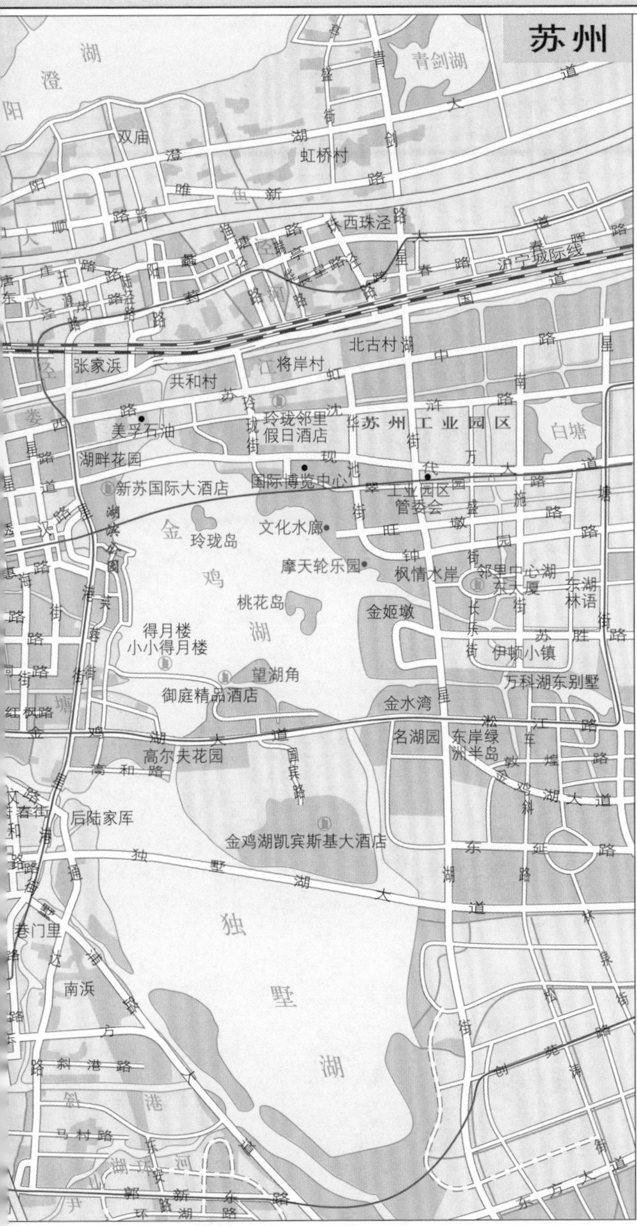

苏州 ☎ 0512 ✉ 215002

位于江苏省南部，太湖东北岸，是邻近上海的苏南水乡，国家历史文化名城和中国重点风景旅游城市，有“人间天堂，园林之城”和“威尼斯水城”的美誉。公元前5世纪建城，春秋时为吴国都城，因境内有姑苏山，隋代始称苏州，1949年设市。

苏州素为丝绸业名城，有“丝绸之都”之称，现已发展成为轻工、食品、电子、化工等工业发达的城市。交通主要有京沪、沪宁高速铁路、京沪铁路及204、312、318国道过境，京沪、沪蓉、沪宁、常台、沈海及苏州绕城高速公路交叉贯穿境内。传统工艺品有苏州刺绣、苏扇、红木雕刻、桃花坞木刻年画等。特产碧螺春茶、云片糕、阳澄湖大闸蟹、采芝斋糖果等。

苏州素以山水秀丽，园林典雅而闻名天下，有“江南园林甲天下，苏州园林甲江南”的美称。古典园林众多，网师园、狮子林、拙政园、留园统被称为“苏州四大名园”，并同沧浪亭、环秀山庄、艺圃、耦园、退思园等9个古典园林，共同列入《世界遗产名录》。此外，还有虎丘、寒山寺、洞庭山等名胜。

虎丘 位于苏州城西北郊，有“吴中第一名胜”的美誉。相传春秋吴王夫差葬其父于此，葬后三日有白虎踞其上，故名虎丘。虎丘景色秀美，绝岩耸壑，古迹众多，有三绝九宜十八景之胜，著名景观有云岩寺塔、剑池、断梁殿、试剑石、孙武亭、枕石、真娘墓、望苏台等。

沧浪亭 位于苏州市城南三元坊附近，始建于北宋，在苏州现存诸园中历史最为悠久。沧浪亭清幽古朴、浑然天成，以崇阜广水为特色，未进园门，已是绿水回环，波光倒影，景象万千。花墙漏窗和假山、碑刻被誉为沧浪亭的“三胜”，为古园平添了无限的魅力。南面的明道堂是园内最大的建筑物。

] 位于苏州阊门
以园内建筑布置精
奇石众多而知名，
全国重点文物保护
，也是中国四大名
一。始建于明嘉靖
，后多次易主改
留园内建筑的数量
州诸园中居冠。留
绝是：冠云峰、楠
、鱼化石。

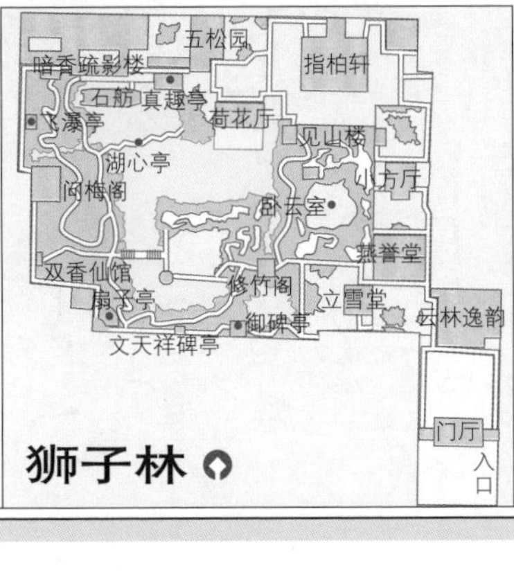

狮子林 位于苏州市城东北园林路，为苏州四大名园之一，至今已有650多年的历史，为元代园林的代表。狮子林以假山著称，拥有国内尚存最大的古代假山群，园内湖石假山出神入化，被誉为“假山王国”。主要景点有燕誉堂、九狮峰、指柏轩、真趣亭、飞瀑亭、问梅阁等。

浙江省

概况

浙江省简称“浙”，省会杭州。位于我国东南沿海，东海之滨。春秋时为越国地，战国时属楚，秦时属会稽等郡，汉属扬州，三国时属吴，唐置浙江东、西二道，始有浙江一称，元属江浙行中书省，明置浙江布政使司，清始称浙江省。现辖11地级市、20县级市、32县、1自治县及37市辖区。全省面积约10万平方千米，人口5096万。

自然环境

地形 境内丘陵低山广布，主要山脉有雁荡山、天台山、会稽山等。龙泉市境内的黄茅尖海拔1921米，是浙江省最高峰。中东部主要是平原、盆地，包括杭嘉湖平原、宁绍平原和金衢盆地、东阳盆地等。河湖众多，有钱塘江、瓯江、灵江等，其中钱塘江是境内第一大江。杭州西湖、绍兴东湖、嘉兴南湖、鄞州东钱湖等是著名湖泊。沿海岛屿众多，是我国岛屿最多的省区。

气候 属于亚热带湿润季风气候。一月平均气温3℃～8℃，七月平均气温（沿海八月）28℃左右。年无霜期220天～270天。年降水量为1200毫米～1500毫米。

经济

农业 浙江省是我国农业商品化生产水平较高地区之一。浙北平原是全国著名的鱼米之乡、丝绸之府，重要的黄红麻、桑蚕产区。主要粮食作物有水稻、玉米、小麦、红薯等，经济作物有黄麻、棉花、油菜、桑蚕等。浙江林特产丰富，茶叶、毛竹产量常居全国首位。渔业发达，舟山、嵊泗渔场盛产大、小黄鱼、带鱼、乌贼等。

工业 工业门类较多，以冶金、机械、纺织、食品、化工、建材等为主要支柱产业。机械电子工业发展迅速，以生产精密磨床、制氧与小水电设备著称。丝绸、棉麻纺织、罐头食品、水产加工、制茶、酿酒、造纸等工业发达。

交通

本省交通以沪昆、萧甬、杭深、宣杭等铁路为骨干，沪宁、沪杭、温福、甬台温等高速铁路已通车。长深、沪昆、沈海等高速公路及104、320、330等国道构成公路干线网。民航有杭州、宁波等空运口岸。宁波、舟山、乍浦、台州和温州五大港为重要对外开放港口。

名胜古迹

浙江山清水秀，文物古迹众多。被称为“神州丹霞第一峰”的江郎山、杭州西湖、大运河(江南运河段、浙东运河)、良渚古城遗址为世界遗产。雁荡山、普陀山、莫干山、嵊泗列岛、楠溪江、富春江—新安江、天台山、雪窦山、双龙、仙都、天姥山等为国家级风景名胜区。

名优特产

杭州丝绸、织锦、杭绣、萧山花边、宁波绣衣、温州瓯绣等最为出名。风味名食有金华火腿、绍兴老酒、嘉兴粽子等。西湖龙井、金华茉莉、雁荡毛峰、普陀佛茶等是名茶。传统工艺品有乐清黄杨木雕、龙泉青瓷、张小泉剪刀、西湖绸伞等。

民俗文化

越剧是发源于浙江嵊县(今嵊州)一带的重要地方剧种，被列入第一批国家级非物质文化遗产名录，经典剧目有《梁山伯与祝英台》《西厢记》等。绍兴社戏、宁海舞狮等都是人们喜爱的表演活动。

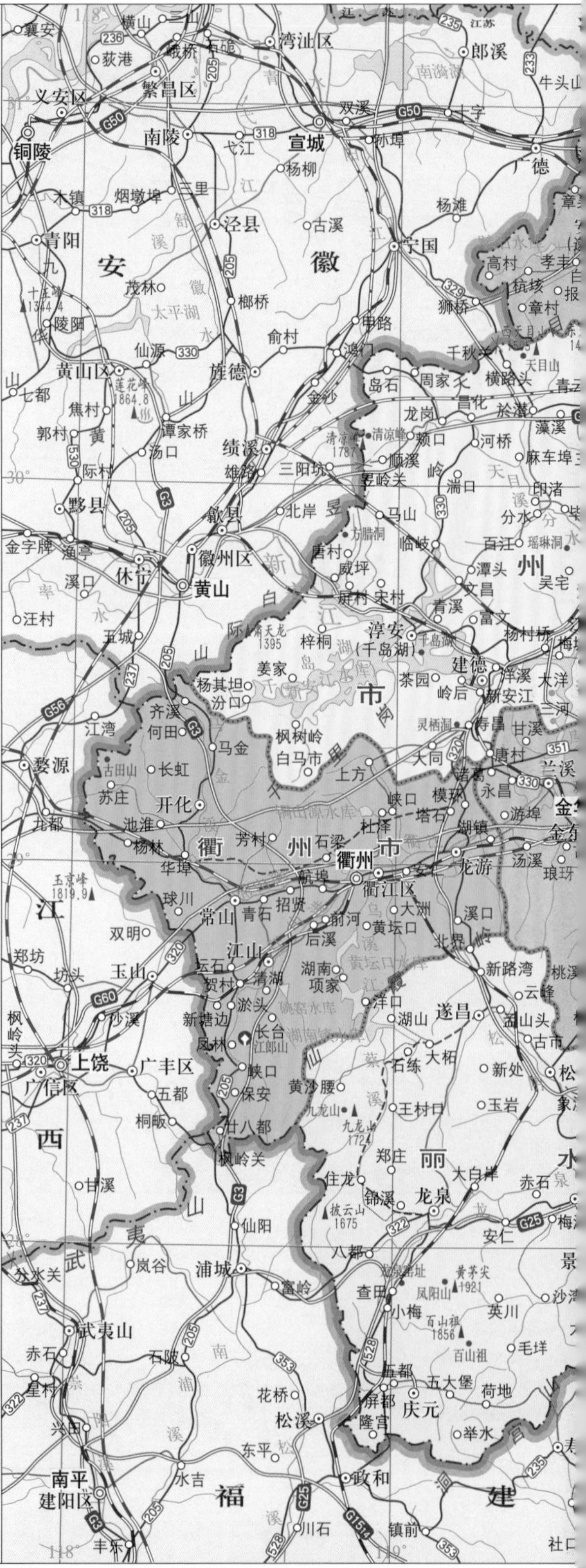

华东地区

比例尺：1：2 150 000

0 21.5 43.0 64.5千米

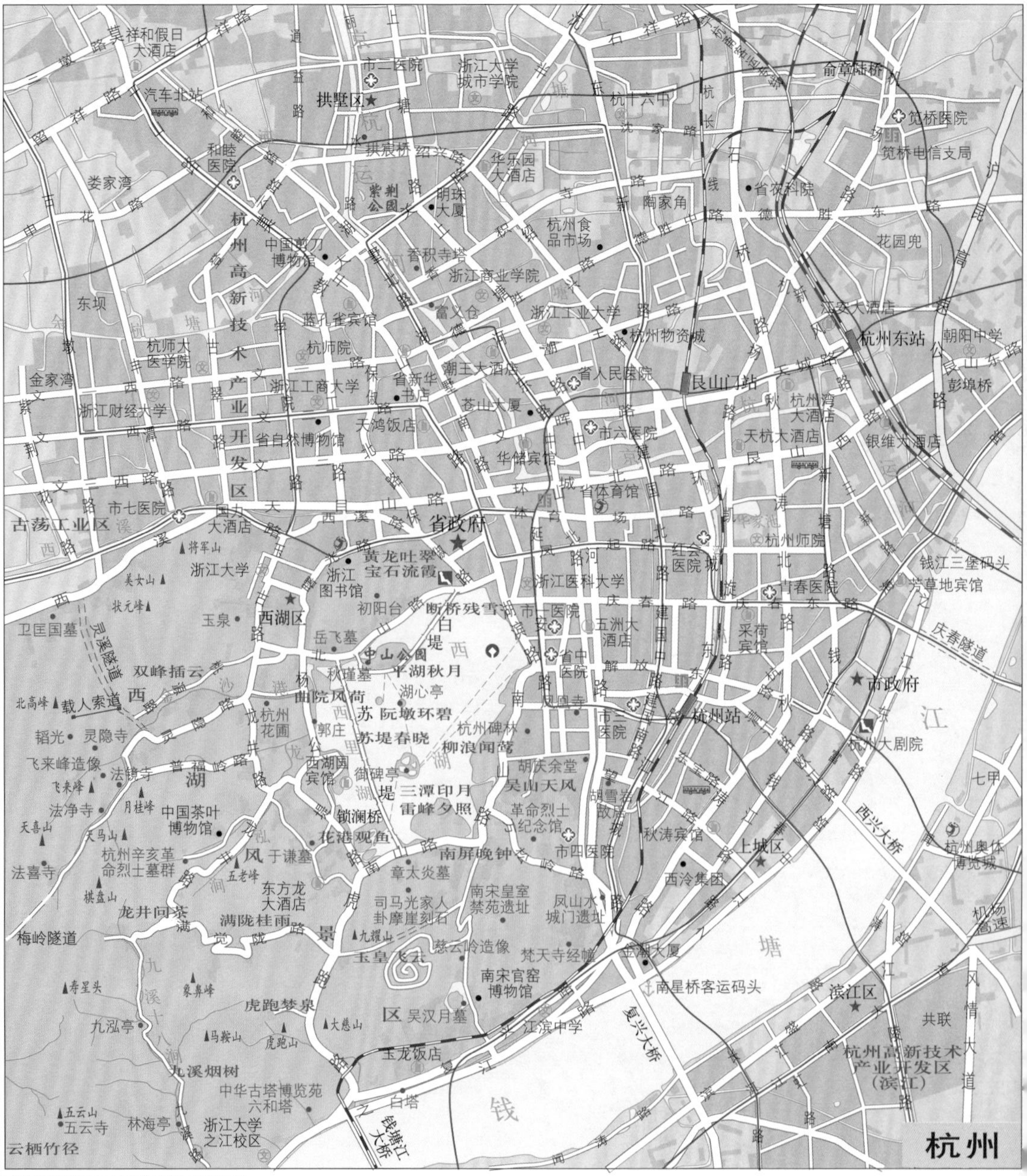

杭州 ☎ 0571 ✉ 310026

位于浙江省北部，浙江省省会，全省政治、经济、文教中心，国家历史文化名城和八大古都之一。秦置钱塘县，隋设杭州。此后，五代十国之吴越国建都杭州70多年，南宋把杭州作为首都历时150多年。1927年设市。

杭州地处钱塘江畔，是我国沿海经济发达地区的重要城市之一。附近是全国著名的鱼米之乡、丝绸之府。工业以机械、电子、化工、轻工、纺织、食品为支柱。丝绸工业历史悠久，现为中国丝绸的重要产地，白厂丝、绸缎服装大量出口。精密磨床、制氧设备等机械工业产品很有名。传统手工艺品有杭州织锦、西湖绸伞、张小泉刀剪、萧山花边、西泠印泥等。特产杭菊、杭州绿茶、龙井茶、西湖藕粉、莼菜等。

杭州是我国东南沿海主要交通枢纽之一，沪昆、萧甬、宣杭等铁路和京杭运河、104、320、329国道过境，沪杭高速铁路已建成通车，杭宁、杭长、杭徽、杭新景、杭金衢、申嘉杭等高速公路交会于杭州。城区位于沪杭铁路与西湖之间，武林广场一带为市中心区。主要商业街在市中心区延安路、解放路、中山路、庆春路和体育场路。浙江大学位于美丽的西子湖畔，是一所具有悠久历史的全国重点大学，国家“211工程”重点建设高校。

“上有天堂、下有苏杭”，是世人对这座美丽城市的最好赞美。西湖风景区驰名中外，有苏堤春晓、曲苑风荷、断桥残雪、雷峰夕照、南屏晚钟、三潭印月等胜景。还有飞来峰、灵隐寺、西溪湿地、六和塔、虎跑梦泉等名胜古迹，以及茶叶、丝绸博物馆等。2011年，杭州西湖文化景观被列入《世界遗产名录》。

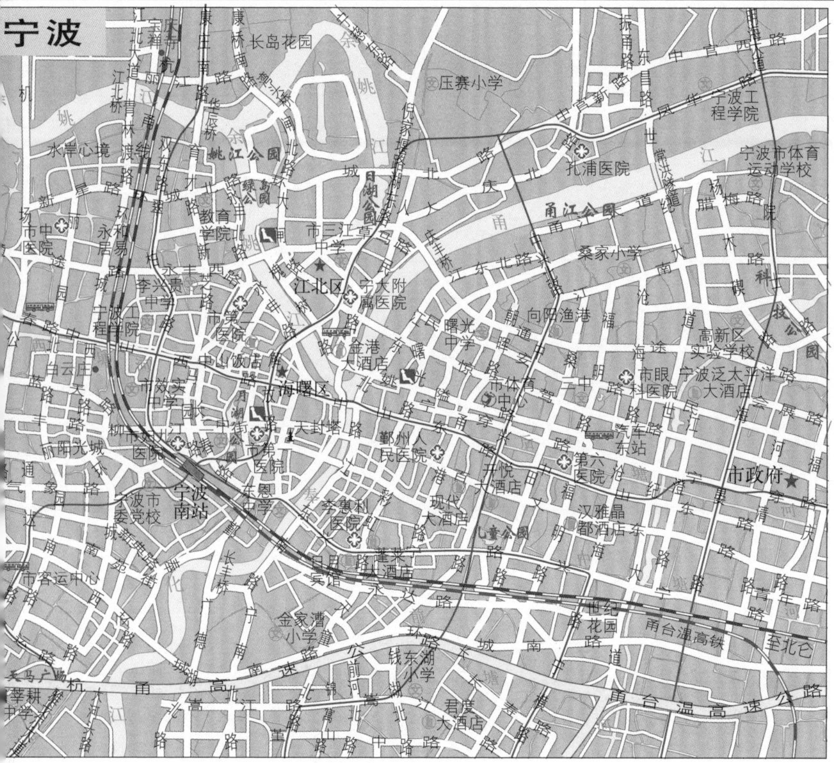

宁波

☎ 0574　✉ 315000

地处甬江下游入海处，故简称甬。是浙江省东北部沿海重点开放的港口城市，国家经济与社会发展计划单列市，国家历史文化名城。1949年始设市。宁波为浙东最大的工商业中心和华东地区重工业基地，还是浙东重要的海陆交通枢纽。宁波北仑港是我国四大国际深水港之一。陆路以萧甬铁路、甬台温高速铁路和甬舟、沈海、甬金及杭州湾环线高速公路为主。传统工艺品有骨木镶嵌、宁式家具、朱金木雕、金银彩绣、宁波竹编等。特产有奉化芋艿头、牡蛎、石斑鱼、干菜笋、羊尾笋干、红膏炝蟹等。宁波山川秀丽，人文荟萃，有河姆渡文化遗址、它山堰古代水利工程、奉化蒋介石故居、镇海口海防遗址等文化古迹，还有天一阁、天童寺、保国寺、阿育王寺等著名寺庙，以及溪口—雪窦山、东钱湖等风景名胜区。

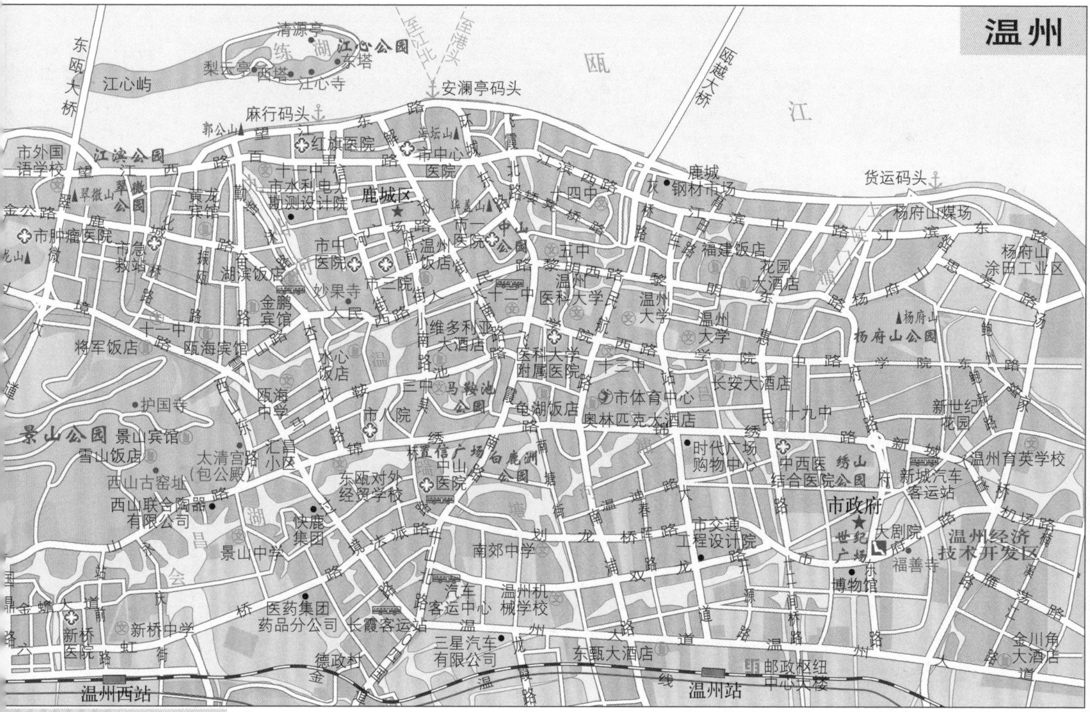

州 ☎ 0577　✉ 325000

位于浙江省东南沿海，瓯江下游南岸，沿海重点开放港口城市，瓯。1949年设市。温州小商品市场闻名全国，已成为浙东南新兴城市。交通便利，金温、甬台温、温福铁路和104、330国道贯穿境内，金丽温、沈海等高速公路过境。手工艺品有瓯绣、瓯塑、石雕、黄杨木雕、竹编等。土特产有温州蜜橘、瓯柑等。温州旅游资源得天独厚，拥有雁荡山、楠溪江、南麂列岛、乌岩岭、仙岩、瑶溪、玉海楼等旅游景点。

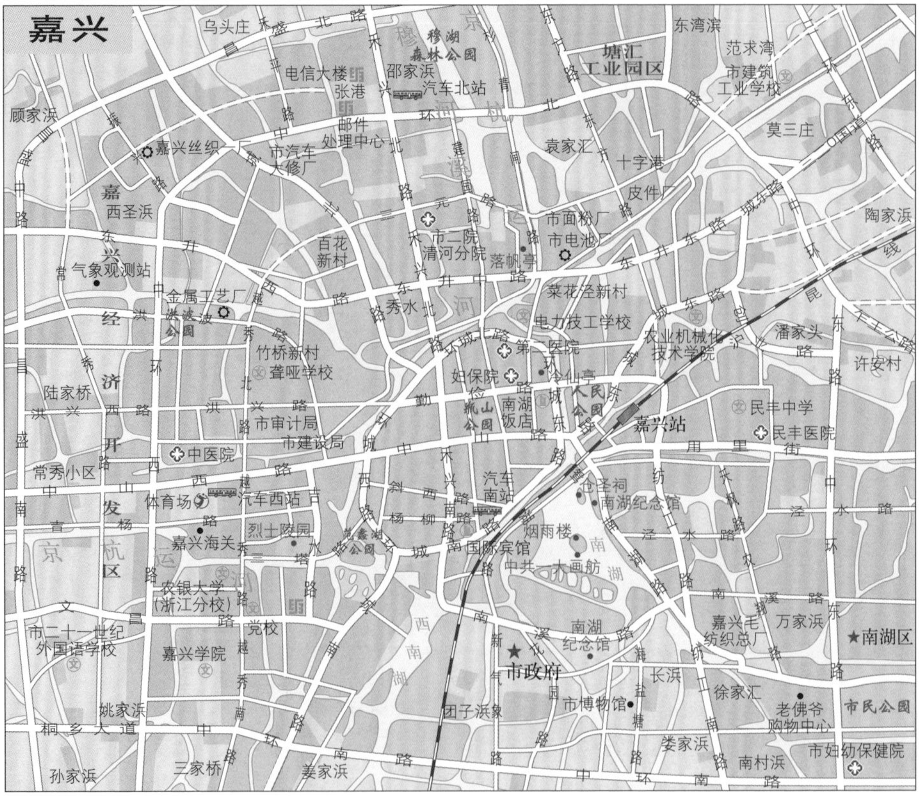

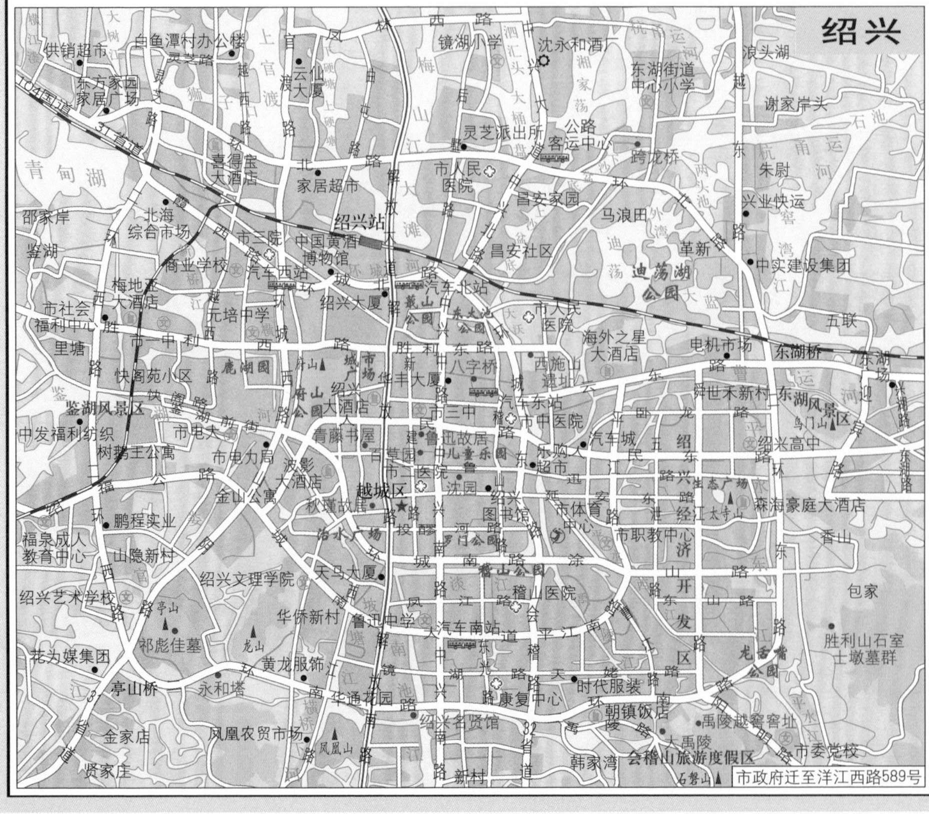

嘉兴

☎ 0573 ✉ 314000

位于浙江省东北
浙北杭嘉湖平原区工
城。秦代置县，三国
始称嘉兴，元为嘉兴
清置嘉兴县，1949
市。嘉兴自古为富庶
之地，素有“鱼米之
丝绸之府”之美誉。
有丝绸、毛纺织、造
皮革、化工、机械、
子、医药等门类，秦
电站是我国第一座
站。交通便利，京杭
斜穿市区，并有沪
路、沪杭高铁通过，
港是杭州湾沿岸千万
大港。特产有五芳
子、南湖菱、余新蜗
平湖糟蛋、桐乡槜李
湖西瓜等。嘉兴自然
秀丽，具有浓郁的水
色。境内有革命圣
湖、“天下第一潮”
钱江潮、江南水乡古
善西塘和桐乡乌镇，
范蠡湖、九龙山等著
点。

绍兴

☎ 0575 ✉ 312000

位于浙江省北部
州湾以南，国家历史
名城，是著名的水乡
有“东方威尼斯”
誉。春秋战国时为越
城，秦始皇置县，宋高
始称绍兴，寄托“绍
兴”之意，1950年设
绍兴地处宁绍平原，
外多各式小桥，有“
桥都”之称。工业
工、酿酒、化纤、纺
食品为主，为浙江重
化纤纺织品生产基地
通便利，沪昆、杭
路，104、329国道
台、杭州湾环线高速
贯穿境内。名特产有
老酒、豆腐乳、乌毡
越红茶、麻鸭、霉
等。绍兴是华东著名
游城市，境内旅游
众多，名胜有禹陵
亭、东湖、鲁迅故居
园、诸暨西施殿、
等。

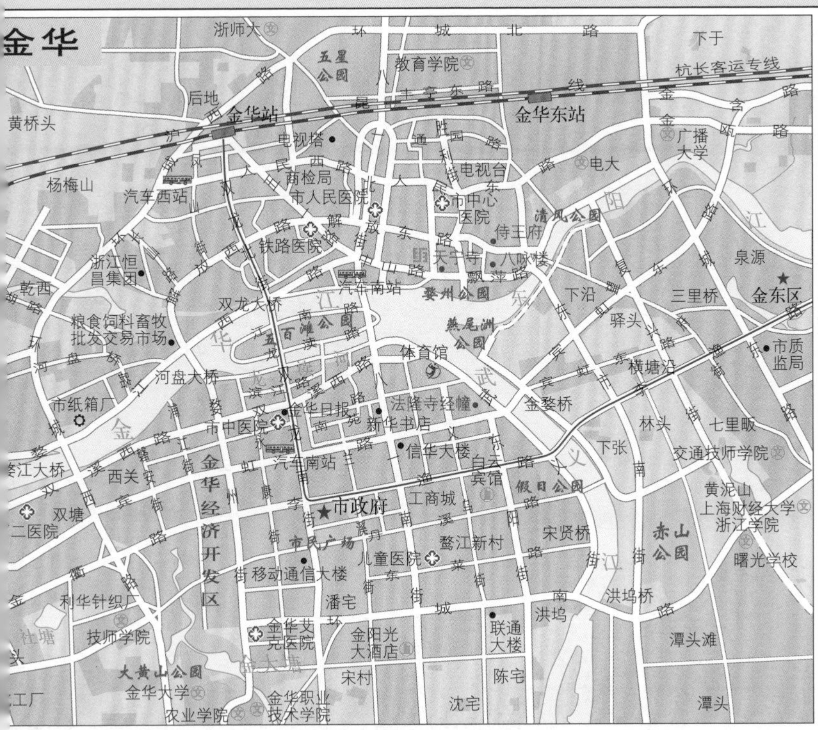

金华

☎ 0579 ✉ 321000

是浙江省中部重要的工商业城市和交通枢纽。古属越国地，南北朝时始称金华，隋置婺州，故金华简称“婺”，1949年设市。金华工业有纺织、机械、电子、化工、医药、食品等。交通便利，沪昆、金温、金千铁路在此交会，320、330国道和沪昆、长深、甬金高速公路过境。名特产金华火腿、茉莉花茶、东阳木雕等。名胜有双龙洞、天宁寺、太平天国侍王府、五峰书院、法隆寺经幢等。

普陀山 位于舟山市普陀区境内，为国家级风景名胜区，是我国四大佛教名山之一。全岛集寺、沙、石、洞于一体，以海天壮阔的佛教圣地闻名，素有“海天佛国”“南海圣境”之称。普陀山凭借其特有的山海风光与神秘幽邃的佛教文化，成为驰誉中外的旅游胜地。

荡山 位于温州市境，为国家级风景名胜区。由北、中、南雁荡山组成。素有“寰中、海上名山”之誉，史称东南第一山。因山顶有湖，芦苇丛生，结草为荡，秋雁宿故名。景区内峰峦叠嶂，洞壁幽深，泉瀑雄奇，其灵峰、灵岩、大龙湫为“雁荡三。

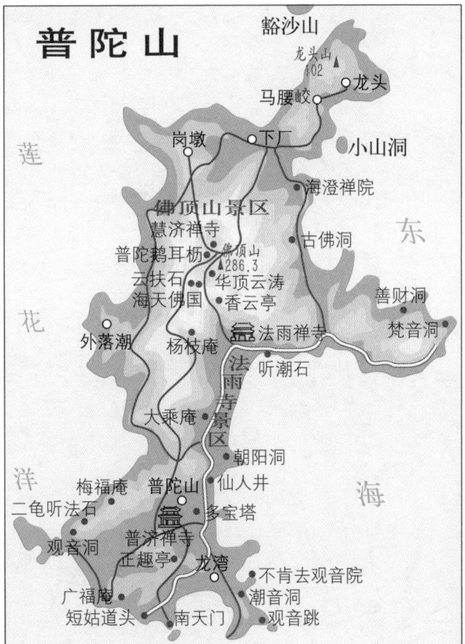

雪窦山 位于浙江省奉化区溪口镇西北，为国家级风景名胜区。包括溪口镇、雪窦山、亭下湖三部分。溪口镇扼景区门户，剡溪流淌而过；雪窦山为四明山支脉的最高峰，海拔800米，飞瀑如雪，石笋林立，有“四明第一山”之誉；亭下湖群山环绕，湖山景观美不胜收。其他著名景观还有千丈岩、三隐潭瀑布，妙高台、商量岗、林海等。

安徽省

概况

安徽省简称“皖”，省会合肥。位于华东地区西北部。春秋时属吴、楚等国地，汉属扬、徐、豫等州，清康熙分置安徽省。现辖16地级市、9县级市、50县及45市辖区。全省面积约14万平方千米，人口7125万。

自然环境

地形 本省多丘陵、山地。主要山地有大别山、黄山、九华山等，丘陵有江淮丘陵和皖南低山丘陵。黄山的莲花峰海拔1864.8米，为本省最高峰。河流分属长江、淮河、新安江三大水系。湖泊众多，巢湖为本省第一大湖。

气候 淮河南北分属暖温带亚湿润季风气候和北亚热带湿润季风气候。一月平均气温－1℃～4℃（淮北0℃以下），七月平均气温27℃～29℃。年平均无霜期200天～250天。年降水量750毫米～1 700毫米。

经济

农业 该省是我国重要农业生产基地之一，粮食作物以水稻、小麦为主。经济作物主要有棉花、油菜籽、烤烟、茶叶等。

工业 该省是我国煤炭、钢铁生产基地之一，形成了以煤炭、冶金、化工、电子、机械等重工业和家电、电子、纺织、烟酒等轻工业相互辅助的工业体系。

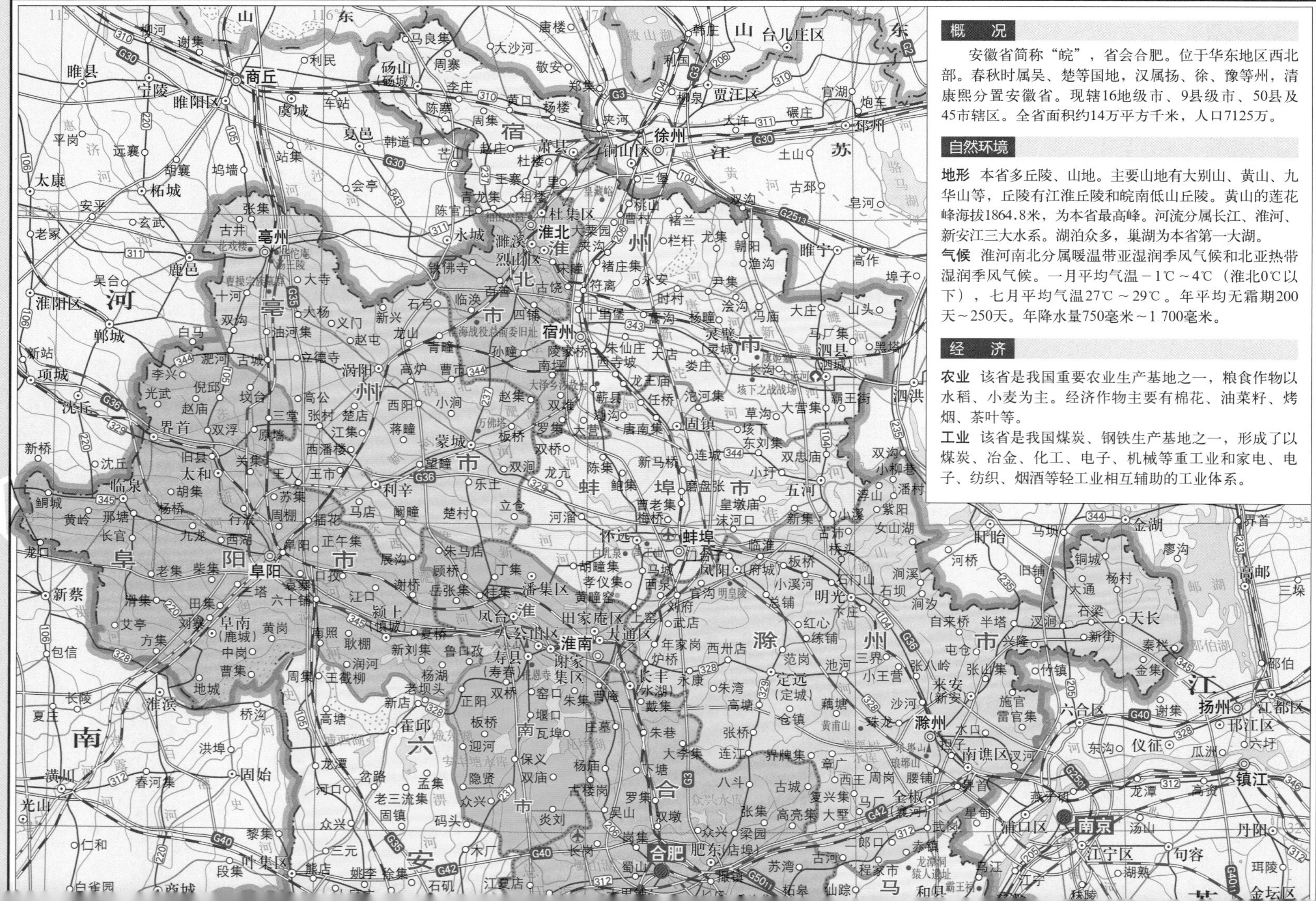

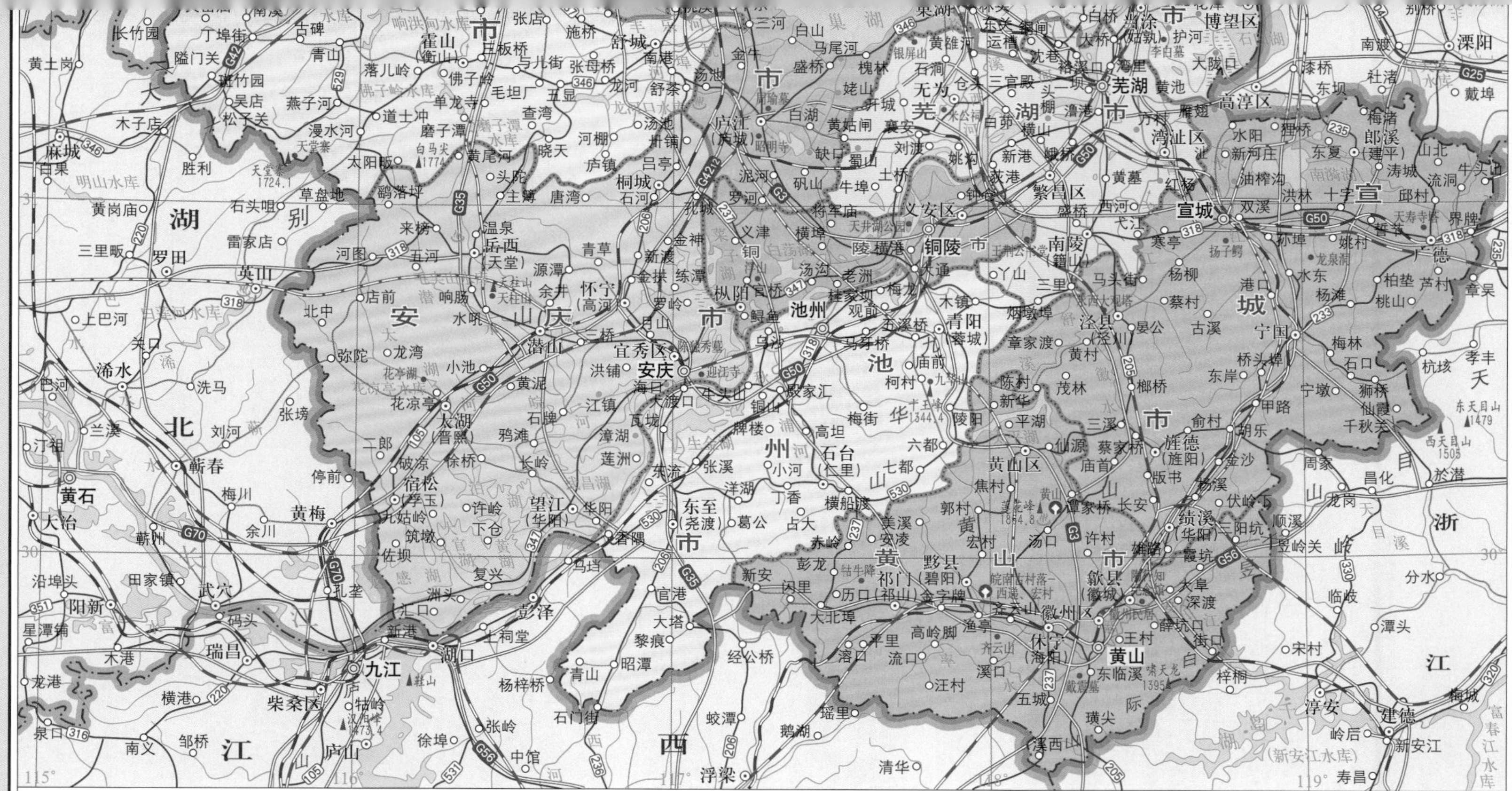

交　通

安徽境内有京沪、京九、陇海等铁路干线，京沪高速铁路过境，合武高速铁路通车运营。京台、连霍、济广等高速公路与多条国道组成了公路交通网。新桥机场与国内30多个大、中城市通航。长江及其主要支流和淮河均可通航。

名胜古迹

境内名山胜地众多。皖南古村落—西递、宏村和黄山、大运河(通济渠泗县段)已被列入《世界遗产名录》。采石、巢湖、花山谜窟—渐江、太极洞、九华山、齐云山、天柱山和琅琊山等为国家级风景名胜区。

名优特产

传统工艺品以泾县宣纸、宣笔、徽墨、歙砚文房四宝最为著名，还有芜湖刀剪、芜湖铁画等。黄山毛峰、太平猴魁、祁门红茶、六安瓜片等是茶中名品。古井贡酒则是名酒。

民俗文化

黄梅戏是中国五大戏曲剧种之一，深受群众喜爱，代表作有《天仙配》《女驸马》等。徽剧、庐剧等也都是安徽主要的地方戏曲剧种。

合肥 马鞍山 芜湖

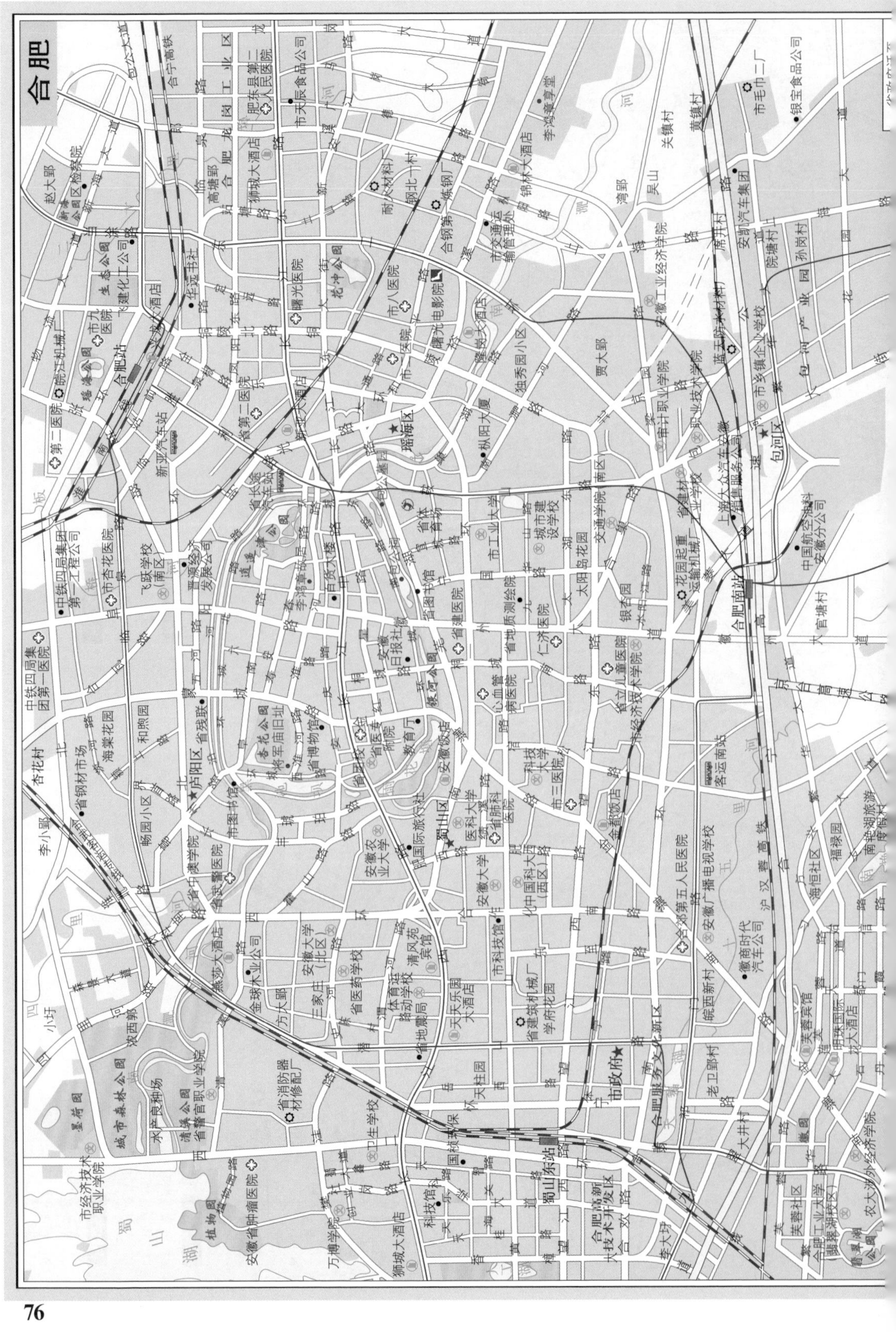
合肥
合肥站
合肥南站
蜀山东站
新亚汽车站
客运南站
瑶海区
包河区
庐阳区
蜀山区
市政府
省政府
安徽大学
合肥工业大学
安徽农业大学
医科大学
中国科大学（西区）
省立医院
省立儿童医院
市一医院
市二医院
市八医院
市九医院
市第二医院
省第二医院
市第二人民医院
安徽省肿瘤医院
市图书馆
省图书馆
省博物馆
省体育馆
逍遥津公园
包河公园
杏花公园
蜀山湖
植物园
城市森林公园
清溪公园
合肥高新技术开发区
经济技术学院
安徽工业经济学院
安徽广播电视学校
合肥服务文化新区
长江西路
长江东路
金寨路
徽州大道
马鞍山路
宁国路
望江路
黄山路
合作化路
淝河

安徽省省会，全省政治、经济、文教中心，我国主要的金融开发城市和科研基地之一。因古代淝水出山分支后在此合流，故称合肥。汉代置合肥县，元、明、清时为庐州路、府治所，1946年安徽省会由怀宁（安庆）迁此，1949年设市。

合肥自古为江淮间交通咽喉和物资集散地，现已成为拥有钢铁、机械、化工、电子、建材、纺织、印染等多种工业的综合性工业城市，建有国家级高新技术产业开发区，有“中国科技城”之称。交通便利，淮南铁路复线贯穿南北，合武高速铁路连接东西，京台、芜合、合淮阜、合肥绕城高速公路在此交会，高速公路可直达南京、上海、芜湖、九江、徐州等地。新桥机场是国际备降机场，开通了60多条国内外航线。特产有羽毛扇、丝织品、麻黄鸡、白乌骨鸡、三黄鸡等。

主城区集中于淮南铁路西侧，南淝河流经城区，与包公池、稻香楼河、黑池坝等在城内构成一环形水面，其内为老城区，外侧为新城区。老城区道路系统为方格网状，新城区道路系统呈放射状。省政府一带为市区中心。主要商业街区有长江路中西段、淮河路、徽州路。合肥工业大学、中国科学技术大学和安徽大学为国家“211工程”重点建设高校。

合肥有“三国故地、包拯故乡”之称。名胜古迹主要有三国古战场逍遥津公园、魏主曹操练兵的教弩台、始建于南朝的佛教名刹明教寺、香花墩包河公园、包公墓、祠和廉井及安徽名人馆、三河古镇等。

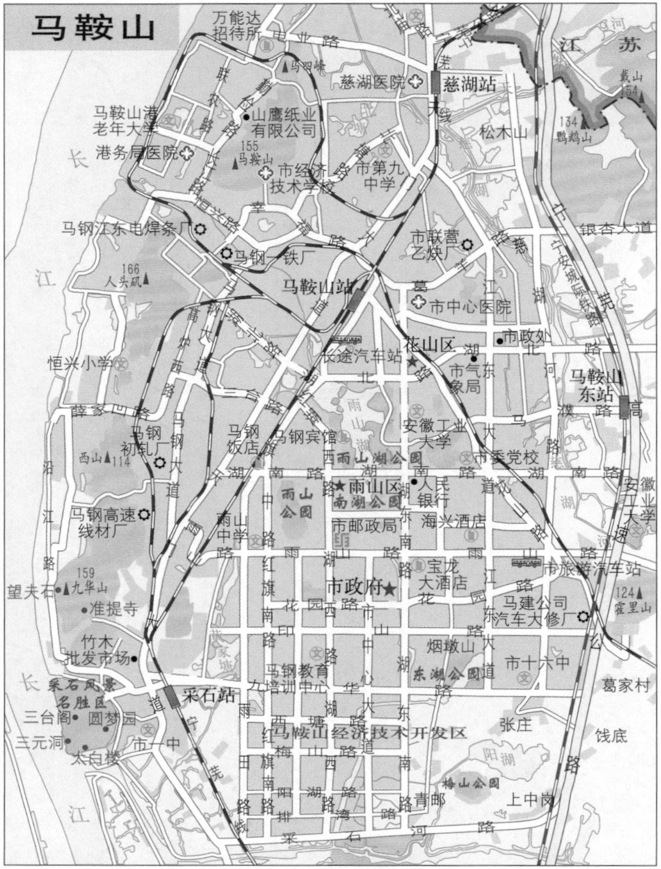

马鞍山

☎0555 ✉243001

位于安徽省东部，是新兴的钢铁工业城市。秦置丹阳郡，隋并入当涂县，1956年设市。矿产资源丰富，储量大，工业以冶金、机械、化工等为主。交通便利，铁路通过宁芜线可衔接京沪线，205国道、宁芜高速公路纵贯境内。马鞍山港是长江深水良港，可停靠万吨级船舶。特产有采石矶茶干、太白酒等。风景名胜有采石矶翠螺山、濮塘、青山李白墓、三国朱然墓和石门古洞等。

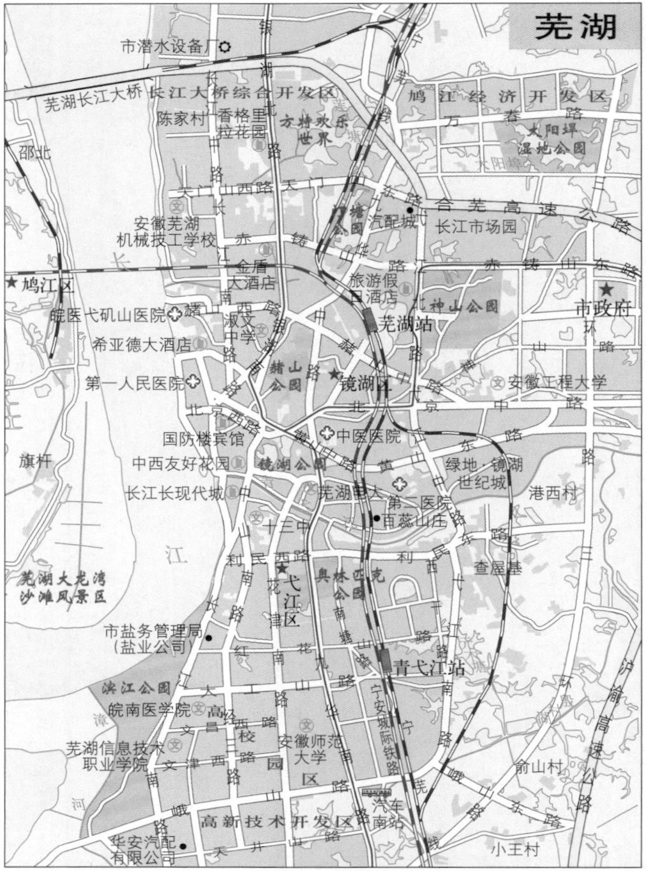

芜湖

☎0553 ✉241000

位于安徽省东南部，是长江南岸的重要城市和港口。1949年设市。轻纺、食品、微电机工业发达。铁路有淮南、宁芜、芜铜、皖赣、宣杭等干线，公路有205、318等国道和合芜、宁芜、沪渝高速公路穿境而过。芜湖港是长江的深水良港，可常年停泊万吨货轮。名特产铁画、三刀。名胜古迹有繁昌“人字洞”、赭山、镜湖、广济寺及鸠兹广场等。

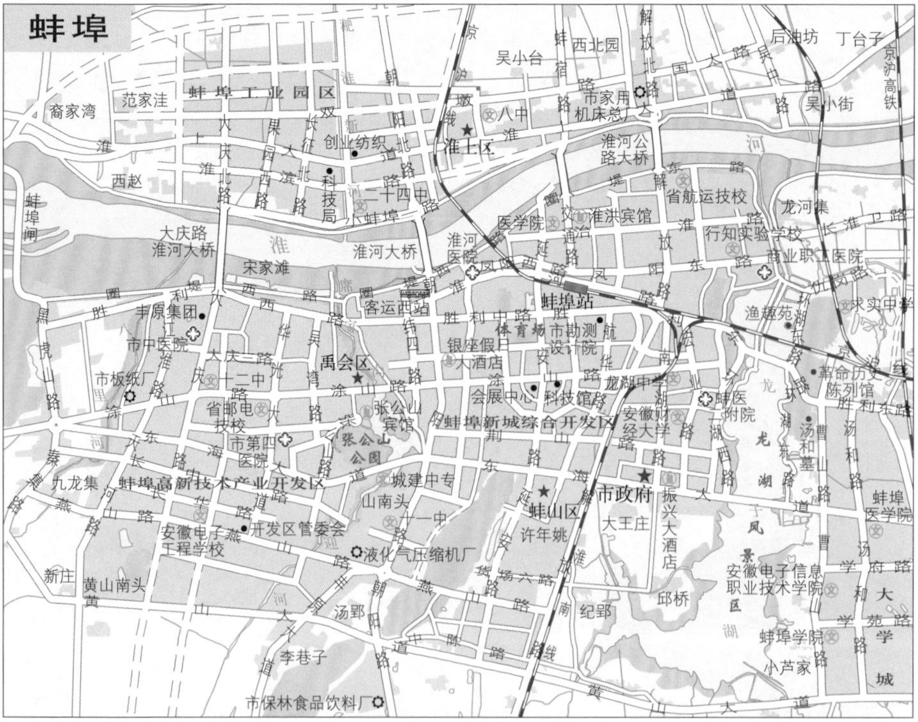

蚌埠 ☎ 0552 ✉ 233000

位于安徽省北部
淮河流域最大的河港
资集散中心，新兴的
城市。古为采珠之地
盛产河蚌而得名，19
设市。蚌埠是安徽省
的工业基地，以轻纺
为主，其他工业有建
化工、食品、纺织等
埠是淮河流域最大的
港口和重要铁路交
纽，京沪、淮南铁路
交会，公路有104、2
道贯穿境内，合徐
埠、蚌宁等高速公路
成通车。著名手工艺
石雕、蚌埠玉雕，特
榴和沱湖蟹。名胜古
龙子湖的明代开国功
和墓、张公山的钓鱼
文化遗址，以及凤阳
陵、中都城、禹王宫
和洞、龙兴寺及涂山
乳泉等。

安庆 ☎ 0556 ✉ 246001

别名"宜城"，是安徽省西南部、长江北岸重要城市和港口，国家历史文化名城，素有"万里长江此封喉，吴楚分疆第一州"之美称。南宋绍兴年间置安庆军，始得名"安庆"，1949年设市。安庆是石化、轻纺工业名城，现已形成石油加工、轻纺、机械、化工、建筑等支柱产业。沪渝、济广、合安、京台等高速公路干线及105、206、318三条国道在市境交会。安庆是国家一类口岸和对外籍轮船开放口岸。天柱山机场已开通北京、上海、广州、厦门等航线。特产有胡玉美蚕豆辣酱、麦陇香墨子酥、潜山舒席、雪木雕塑等。安庆境内山清水秀，古迹济盛，名胜有国家级风景名胜区天柱山和花亭湖，国家级自然保护区鹞落坪，还有迎江寺、振风塔、司空山、桐城文庙、小孤山等景点。

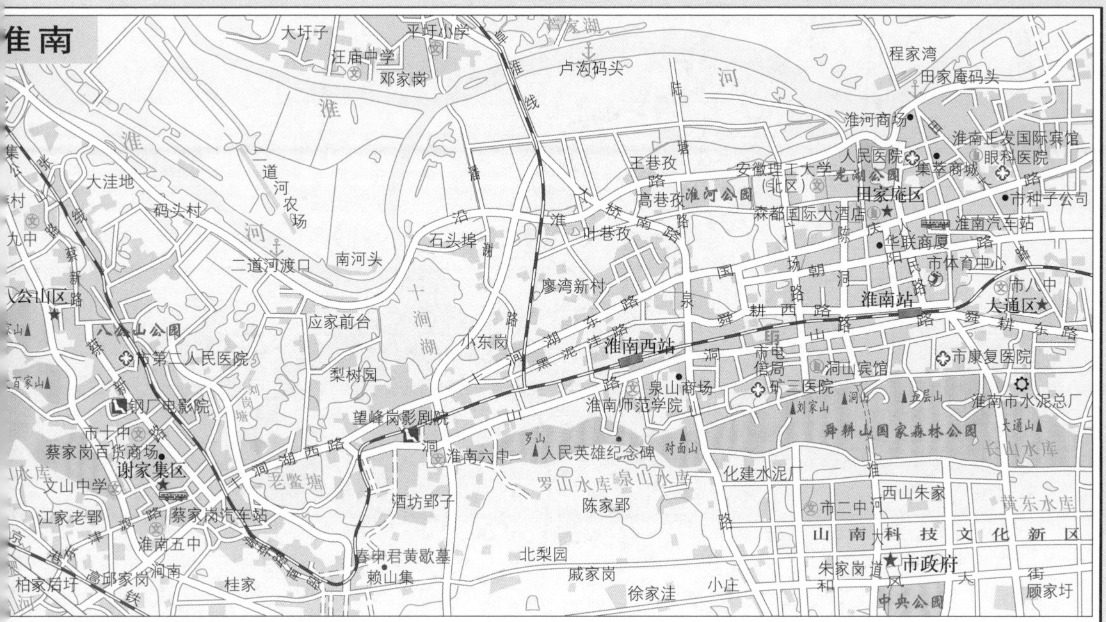

南 ☎ 0554 ✉ 232001

位于安徽省中部，是安徽省重要的工业城市和煤矿业名城。1951年设市。淮南地处淮河平原，附近有丰富的煤矿和其他多种非金属矿产。现为我国重要的煤炭、电力工业基地，兼有炼焦、机械、化工及纺织、医药、高新技术等多种工业门类，有“百里煤城”和“能源城”之称。交通便利，有水蚌、阜淮铁路和10多条公路通此。名胜古迹有南北朝至隋唐的古窑址和八公山、上窑山、舜耕山、焦岗湖等景点。

山 位于安徽内，北俯长南望黄山，东平湖，是国家景名胜区、我大佛教名山之著名的旅游避地，素有“东一山”。山体岗岩构成，共座山峰，以天天柱、十王、、罗汉、独芙蓉等九峰最伟，十王峰为山最高峰，海44.4米。九华奇峰秀、古刹，极具山野情浓厚的宗教色分九华街、闵天台等5个景九子泉声、五色、莲峰云平岗积雪、天日、舒潭印冈园竹海、凤公等为“九华。

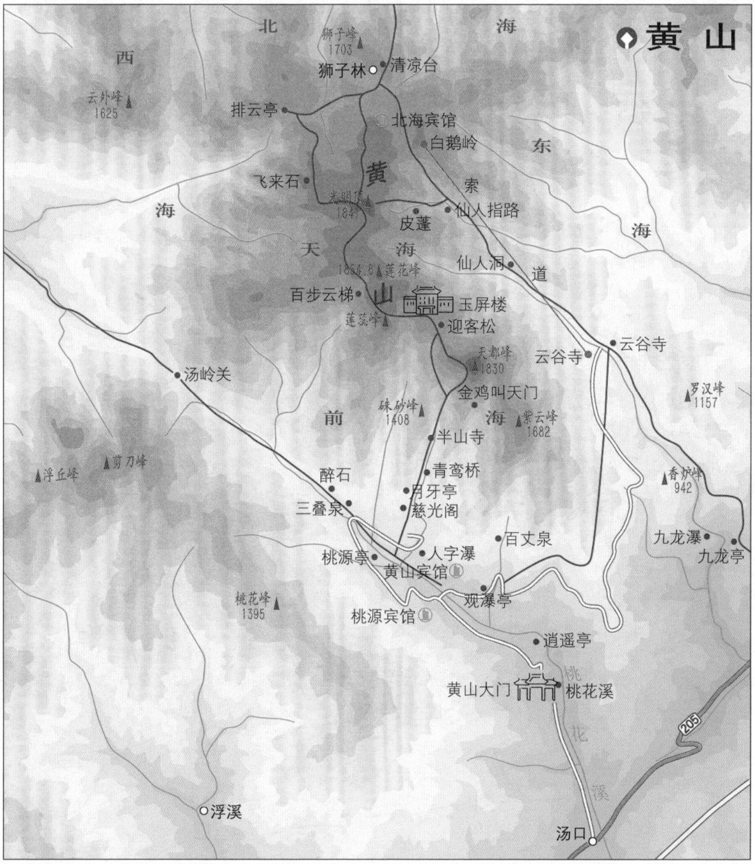

黄山 位于安徽省南部境内，为国家级风景名胜区，已被联合国列入《世产遗产名录》。有大小72峰，其中莲花峰、光明顶、天都峰海拔均在1800米以上，雄姿灵秀，气势磅礴。有温泉、云谷寺、北海、西海、玉屏楼等8大景区，400多处景点，奇松、怪石、云海、温泉为黄山四绝。黄山松以生命力顽强，姿态奇异闻名于世，有迎客松、卧龙松等十大名松；奇峰怪石千姿百态，有蓬莱三岛、猴子观海、梦笔生花等景观；云海变化万千。分北海、西海、东海、天海、前海5处观云点；温泉清澈透明，可治疗多种疾病。黄山被誉为“天下第一奇山”，集泰山之雄、华山之险、峨眉之秀、雁荡之奇、衡山之云、庐山之瀑于一山，有“五岳归来不看山，黄山归来不看岳”之说。

福建省

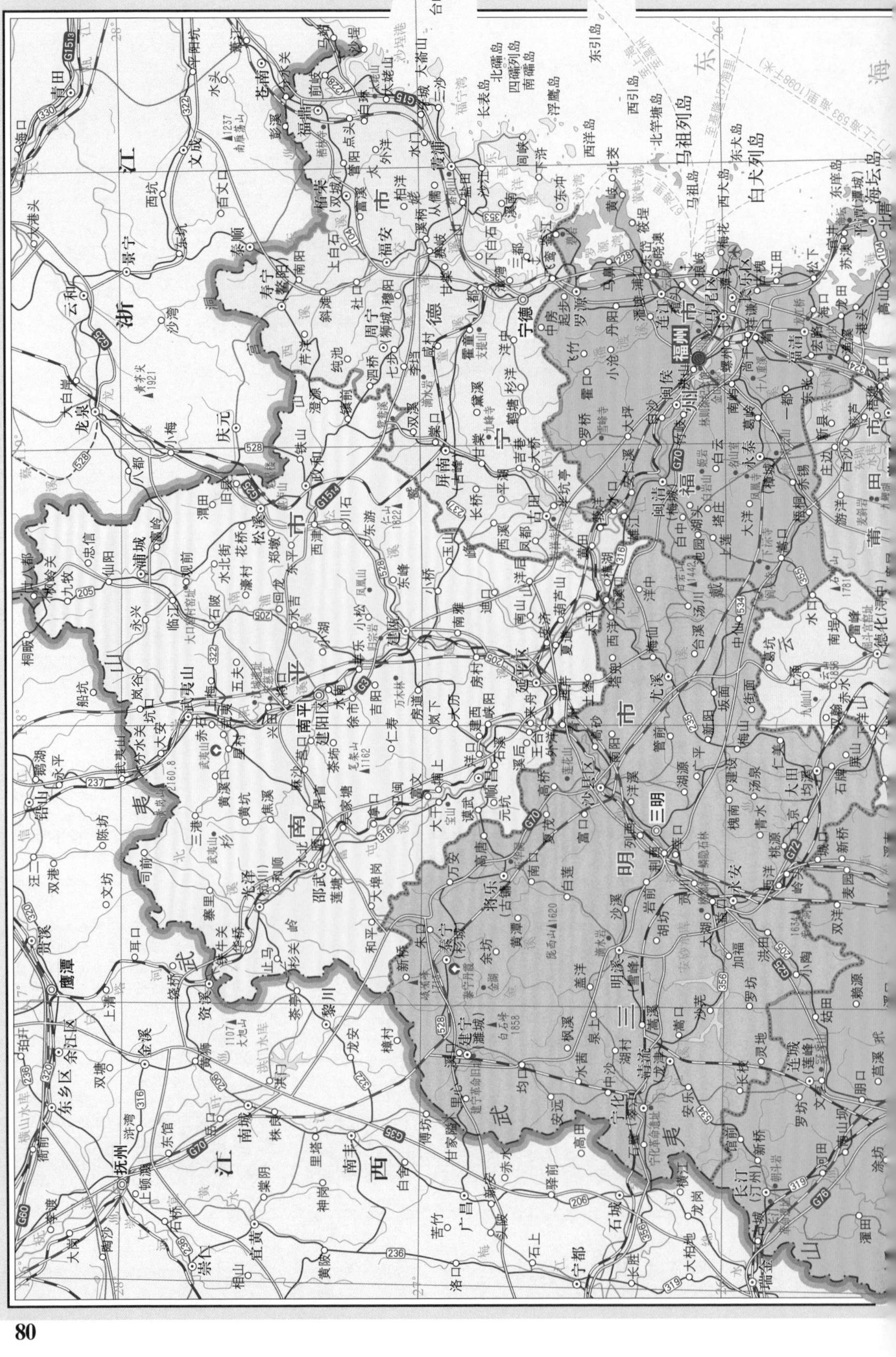
福州
宁德
三明
南平
莆田
浙江
江西
东海
马祖列岛
白犬列岛
台山列岛
福鼎
霞浦
福安
寿宁
周宁
古田
屏南
政和
松溪
浦城
建瓯
建阳
武夷山
光泽
邵武
顺昌
沙县
永安
明溪
清流
宁化
建宁
泰宁
将乐
尤溪
大田
德化
永泰
闽清
闽侯
连江
罗源
长乐
福清
仙游
长汀
连城
鹰潭
抚州
南城
黎川
广昌
石城
宁都
瑞金
龙泉
庆元
景宁
云和
泰顺
文成
苍南

概　况

福建省简称"闽"，省会福州。位于我国东南沿海，春秋时属越地，宋设福建路，清置福建省。现辖9地级市、11县级市、42县及31市辖区。全省面积约12万平方千米，人口3944万。

自然环境

地形　以山地丘陵为主，西、中部有两列呈东北—西南走向的山脉武夷山、戴云山，沿海福州、厦门一带为平原。闽赣界峰黄岗山海拔2160.8米，是本省最高峰。闽江、晋江、九龙江为主要河流，其中闽江是省内最大河流。

气候　属于亚热带湿润季风气候。一月平均气温6℃～12℃，七月平均气温28℃～29℃，年无霜期240天～330天。年降水量为1000毫米～1900毫米。

经　济

农业　本省盛产水稻、甘蔗、黄红麻等，也是我国茶叶、甘蔗及亚热带水果主产区。龙眼产量居全国第一。沿海水产业发达，盛产带鱼、黄鱼等。

工业　制糖、制茶、食品、森工等轻工业在全国占有重要地位。出口罐头食品、服装、鞋类、塑料制品、陶瓷建材等。

交　通

鹰厦、峰福、温福等铁路组成骨干交通线，福厦、温福等高速铁路也已贯通。公路遍布全省。境内有京福、沈海、厦蓉、福银、乐南高速公路，104、205、319、316、324等国道过境。福州、厦门等地开辟了海运、民航航线。

名胜古迹

福建山明水秀，风景秀丽。武夷山、泰宁丹霞、福建土楼、鼓浪屿及泉州：宋元中国的世界海洋商贸中心被列入《世界遗产名录》。还拥有鼓浪屿—万石山、清源山、太姥山、鸳鸯溪等国家级风景名胜区。

名优特产

名茶有武夷岩茶、茉莉花茶、铁观音茶、乌龙茶等。龙眼、香蕉、柑橘、荔枝、枇杷、菠萝为福建六大名果。

民俗文化

客家文化、妈祖崇拜、闽剧、莆仙戏、闽南歌谣等都是福建独特的民俗文化。

比例尺：1:2 150 000　0　21.5　43.0　64.5千米

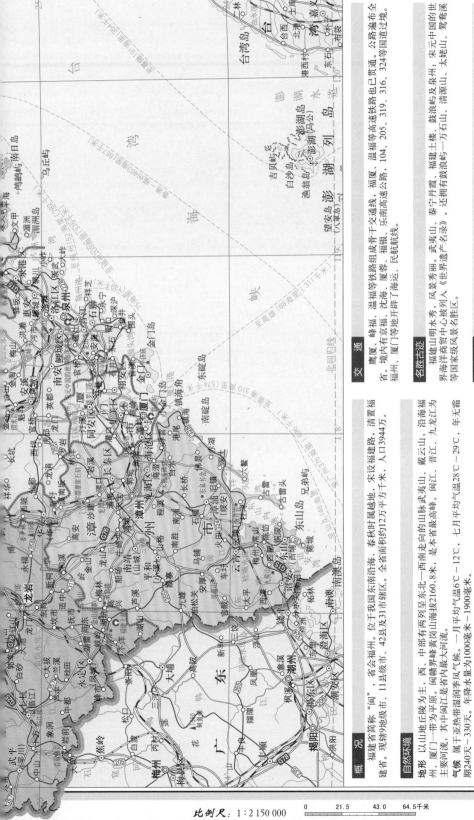

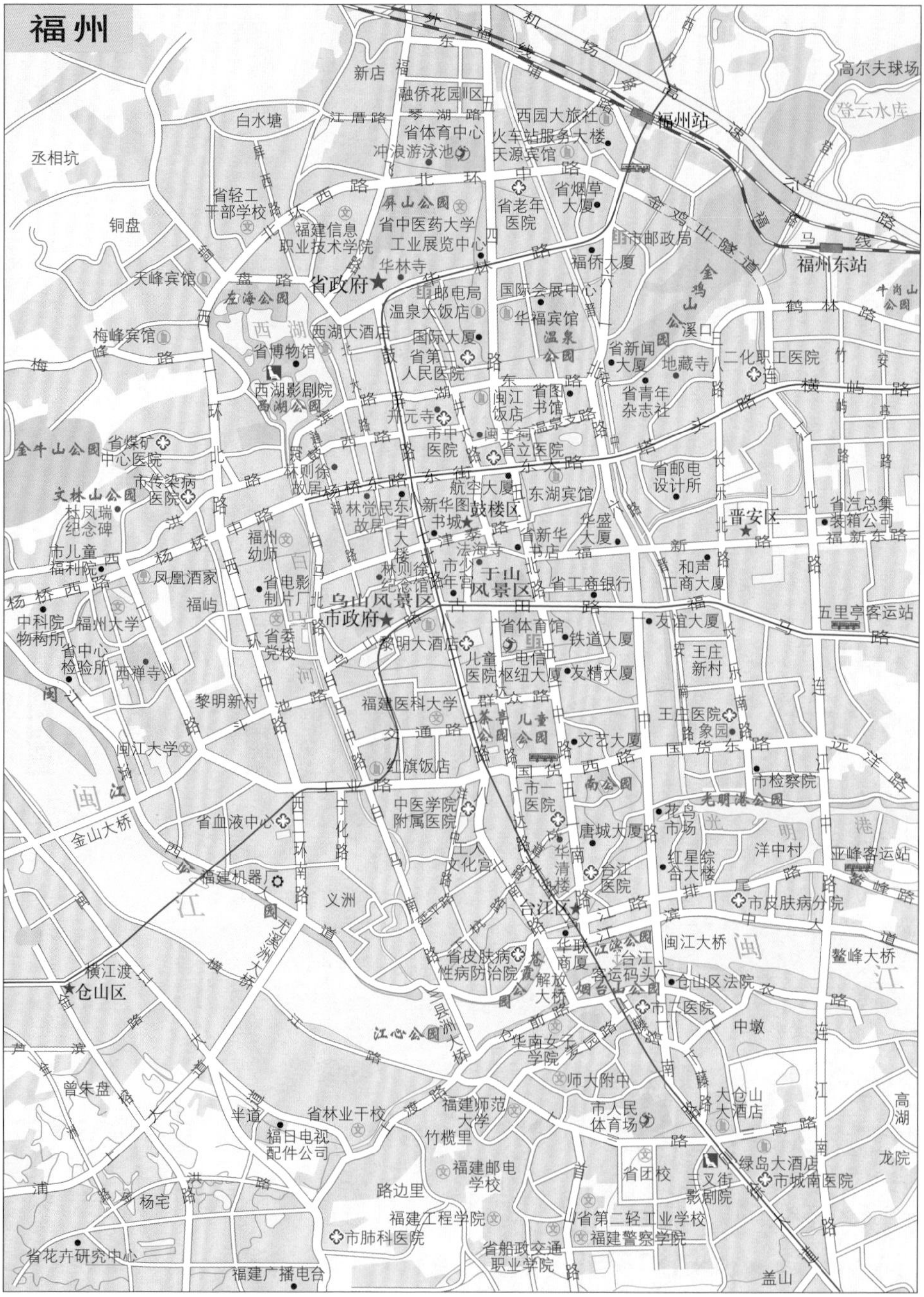

福州　☎ 0591　✉ 350001

位于福建省东北部，是福建省省会，全省政治、经济、文教中心，我国沿海重点开放的港口城市和国家历史文化名城。1946年设市。市内多榕树，别称“榕城”。因市区有屏山、于山、乌山，又别称“三山”。福州以马尾港为外港，一向为闽东、闽北和闽中物资集散地。现已成为以轻工、机械、电子、木工、化工、食品为主的新兴工业城市，是福建省最大的工贸基地。交通便利，峰福铁路、福马铁路过境，温福、福厦高铁已建成通车，公路有104、316、324国道贯穿境内，京福、福银、沈海等高速公路在此交会。福州长乐机场可与国内外多个主要城市通航。福州港是我国沿海重要枢纽港之一，海峡两岸直航试点港口。名特产有脱胎漆器、寿山石雕、牛角梳、纸伞，软木画、茉莉花茶、福橘、橄榄等。城区呈长方形，道路系统为棋盘格式布局。主要商业街区有东街、五一北路、古田路、八一七北路和台江路一带。福州大学是国家“211工程”重点建设大学。福州山清水秀、风光绮丽，有鼓山、青云山、十八重溪等国家级风景名胜区，及灵泉洞摩崖石刻、戚公祠、林则徐故居、林祥谦烈士陵园、长乐海滩等景点。

厦门　☎ 0592　✉ 36100

位于福建省东海，我国沿海重点港口和旅游城市。鹭岛，明代筑厦门郑成功据此时置州，1933年设厦门是著名侨乡和台胞地。作为经济特区门现已初步形成子、化工、机械织、食品等门类的性工业体系。1955鹰厦铁路海堤，近建海沧大桥、集美桥、厦门大桥，与连为一体。鹰厦铁福厦铁路，319、3道，沈海、厦蓉高路、环岛路是其对主要交通线。厦门国家大型一类港，泊万吨级以上货轮门大学是国家“2程”重点建设大学产有厦门珠绣、雕、文昌鱼、肉松门馅饼等。厦门“海上花园”之称胜有鼓浪屿—万石家级风景名胜区、陀寺、集美学村等。

泉州　☎ 0595　✉ 36200

福建省东南沿济、文化中心和国史文化名城，是“海上丝绸之路”点。宋元时期曾有方第一大港”之1951年设市，是著侨乡和台胞祖籍地州是福建省三大中市之一，电子、服食品、建材等工达。交通便利，泉、福厦铁路、324过境，泉南、沈海公路及温福高铁境建成通车。著名工有刺绣、石雕、彩特产有安溪茶叶圆、永春老醋等。名胜古迹众多，有寺塔、清净寺及山、天妃宫、老君崇武古城等。

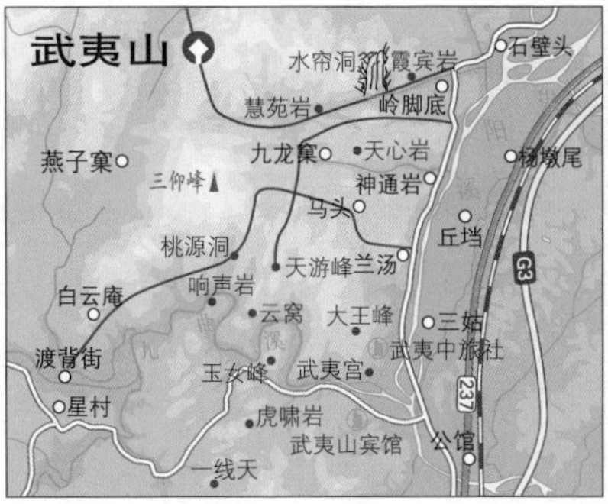

武夷山 地处福建省西北部，为国家级风景名胜区和世界遗产，素有“碧水丹山”、“奇秀甲东南”之美誉。以碧水丹崖山水交融为特色，有大王峰、玉女峰、天游峰、武夷宫和宋代朱熹讲学处等名胜古迹，乘竹筏游九曲溪可尽览两岸美景。

漳州 ☎ 0596 ✉ 363005

位于福建省南部，国家历史文化名城，素有“花果之城”和“鱼米之乡”的美称。战国属越，唐设州，1951年设市，是我国著名的侨乡和台胞祖籍地。漳州是新兴的工业城市，轻纺、食品、制糖、机械、电子、电力等工业发达。交通便利，鹰厦铁路支线通此，319、324国道及厦蓉、沈海高速公路过境。手工艺品有木偶雕刻、珍贝漆画、玉雕等。特产有水仙花、片仔癀、八宝印泥等。福建风景秀丽，名胜古迹众多，有世界文化遗产—福建土楼、千年古刹南山寺和三平寺及东山岛、百花村、赵家堡、唐代咸通经幢、龙海慈济宫、明清石牌坊、宋代文庙等景点。

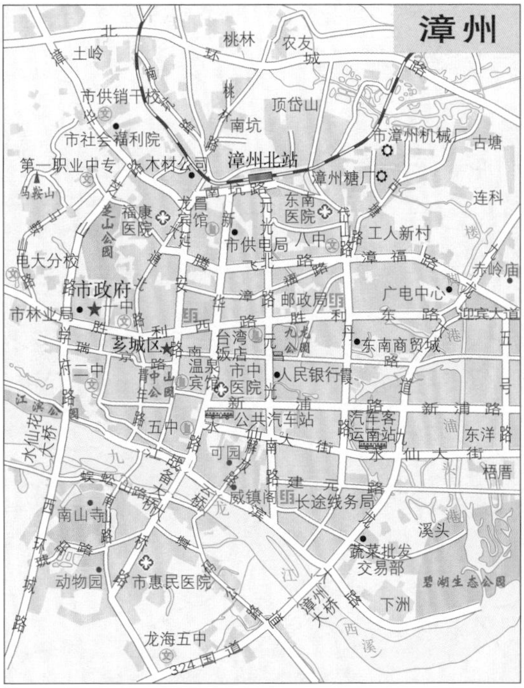

华东地区

江西省

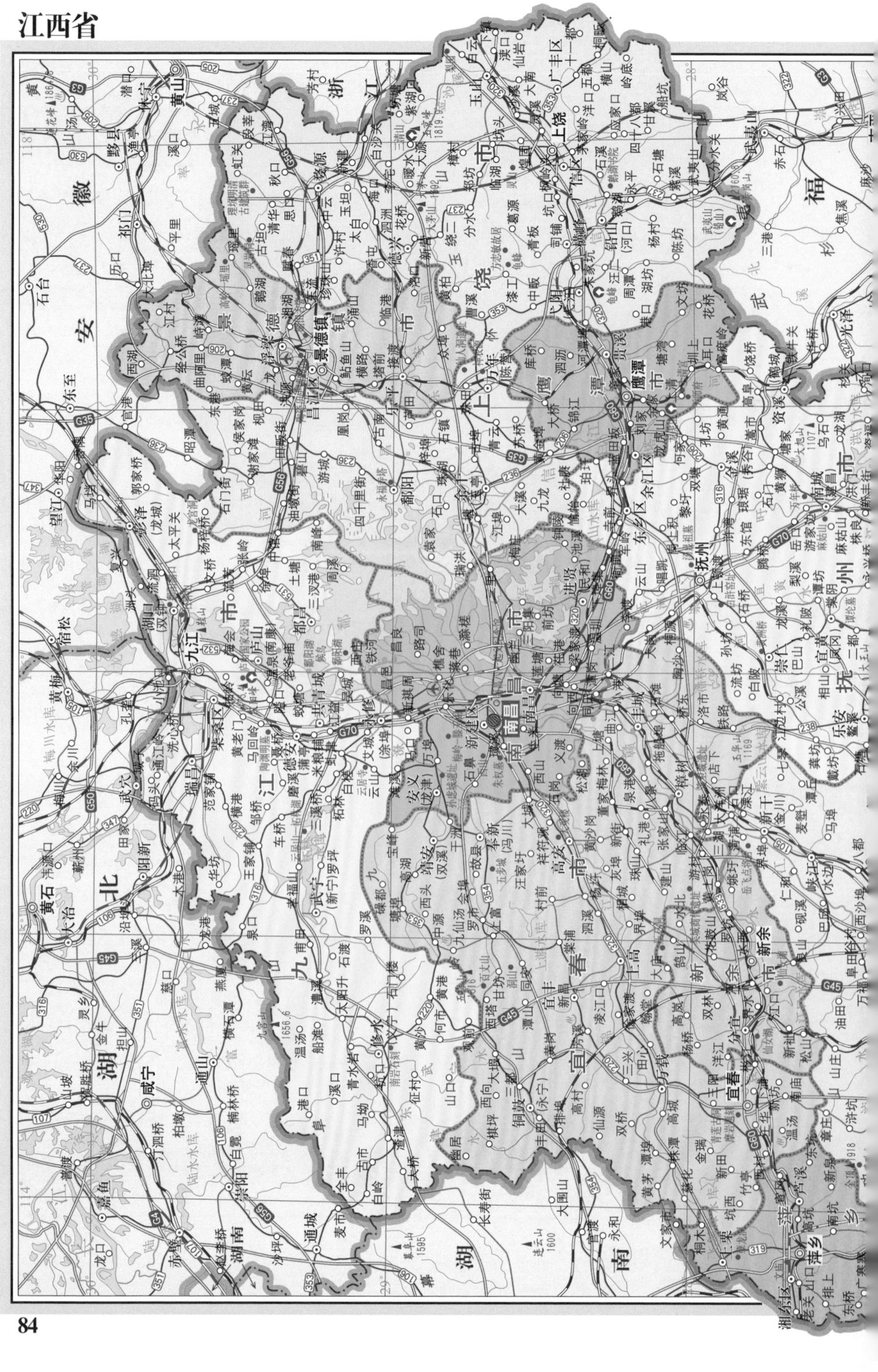

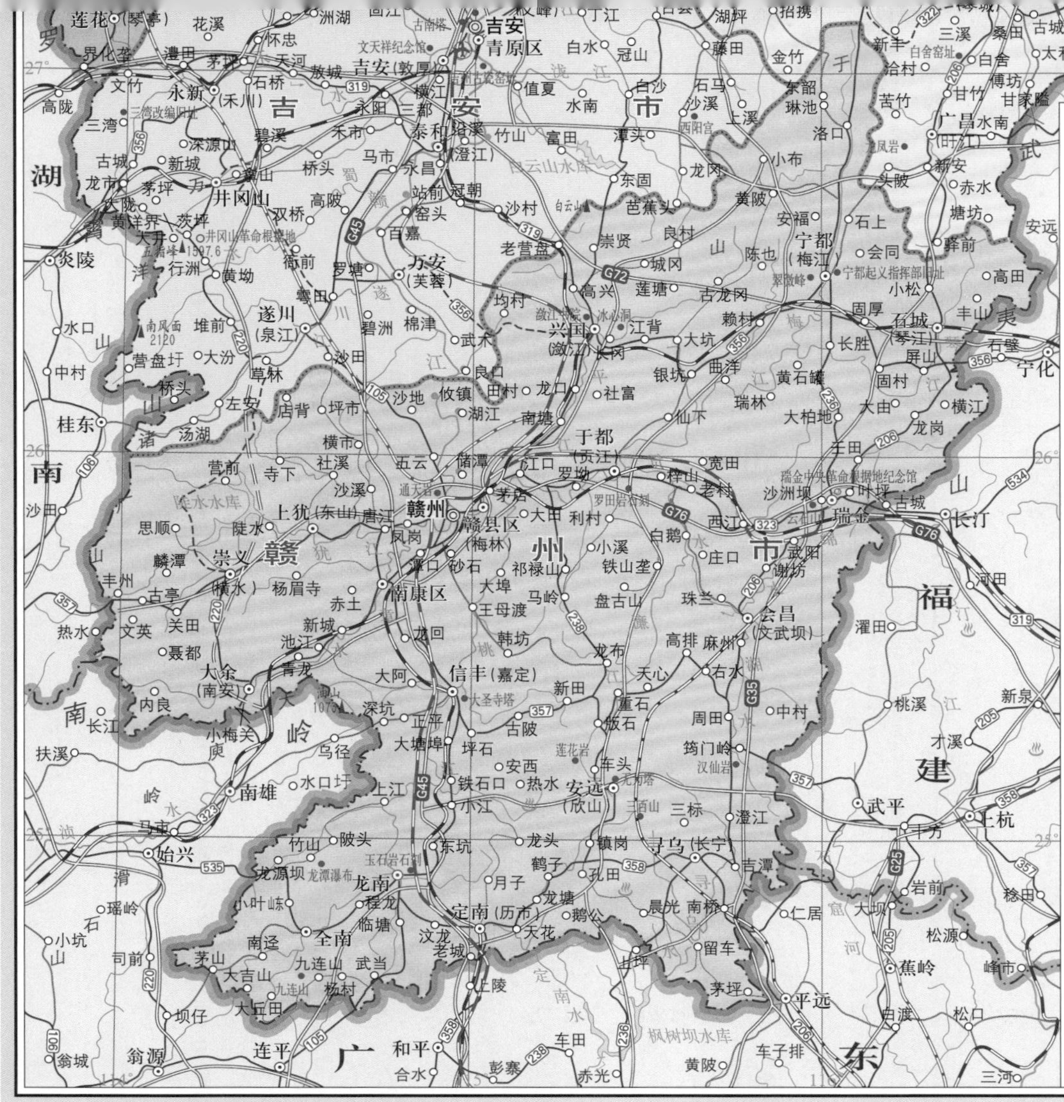

概　况

江西省简称“赣”，省会南昌。位于长江中下游南岸。春秋、战国时属楚等地，秦置九江郡，元置江西行中书省，清为江西省。现辖11地级市、12县级市、61县及27市辖区。全省面积约17万平方千米，人口5032万。

自然环境

地形　东、西、南三面有武夷山、罗霄山、大庾岭等山岭环绕。武夷山主峰黄岗山海拔2160.8米，是本省最高峰。中南部为红岩丘陵，北部为鄱阳湖平原。鄱阳湖是我国最大的淡水湖。

气候　属于亚热带湿润季风气候，一月平均气温4℃～9℃，七月28℃～30℃。年无霜期240天～300天。年降水量为1400毫米～1900毫米。

经　济

农业　江西是我国重要的商品粮和农副产品生产基地，盛产水稻、小麦、油料、棉麻、药材等。鄱阳湖有天然鱼库之称。

工业　主要工业有机械、轻纺、食品，石化、纺织、钢铁和景德镇陶瓷等。

交　通

有京九、沪昆、鹰厦等主要铁路干线，昌九高速铁路已建成通车。大广、福银、沪昆等高速公路贯穿境内。南昌、九江等地都有民航机场。

名胜古迹

江西旅游资源丰富，庐山、三清山、龙虎山（含龟峰）、武夷山（铅山）均被列入《世界遗产名录》，有井冈山、仙女湖、梅岭—滕王阁等国家级风景名胜区。

名优特产

景德镇瓷器举世闻名。庐山云雾茶、武宁红茶在国内外享有盛誉，其他特产还有南丰蜜橘、井冈山竹笋、鄱阳湖银鱼、长江鲟鱼等。

民俗文化

景德镇瓷器、南丰傩舞、赣剧、南昌采茶戏、鄱阳湖渔家风情都是江西独特的民俗文化。

比例尺：1：2 150 000

0　21.5　43.0　64.5千米

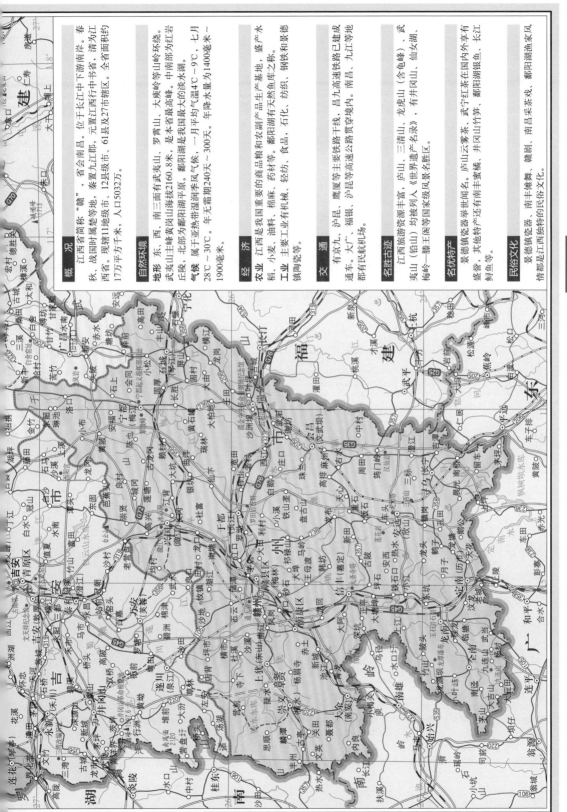

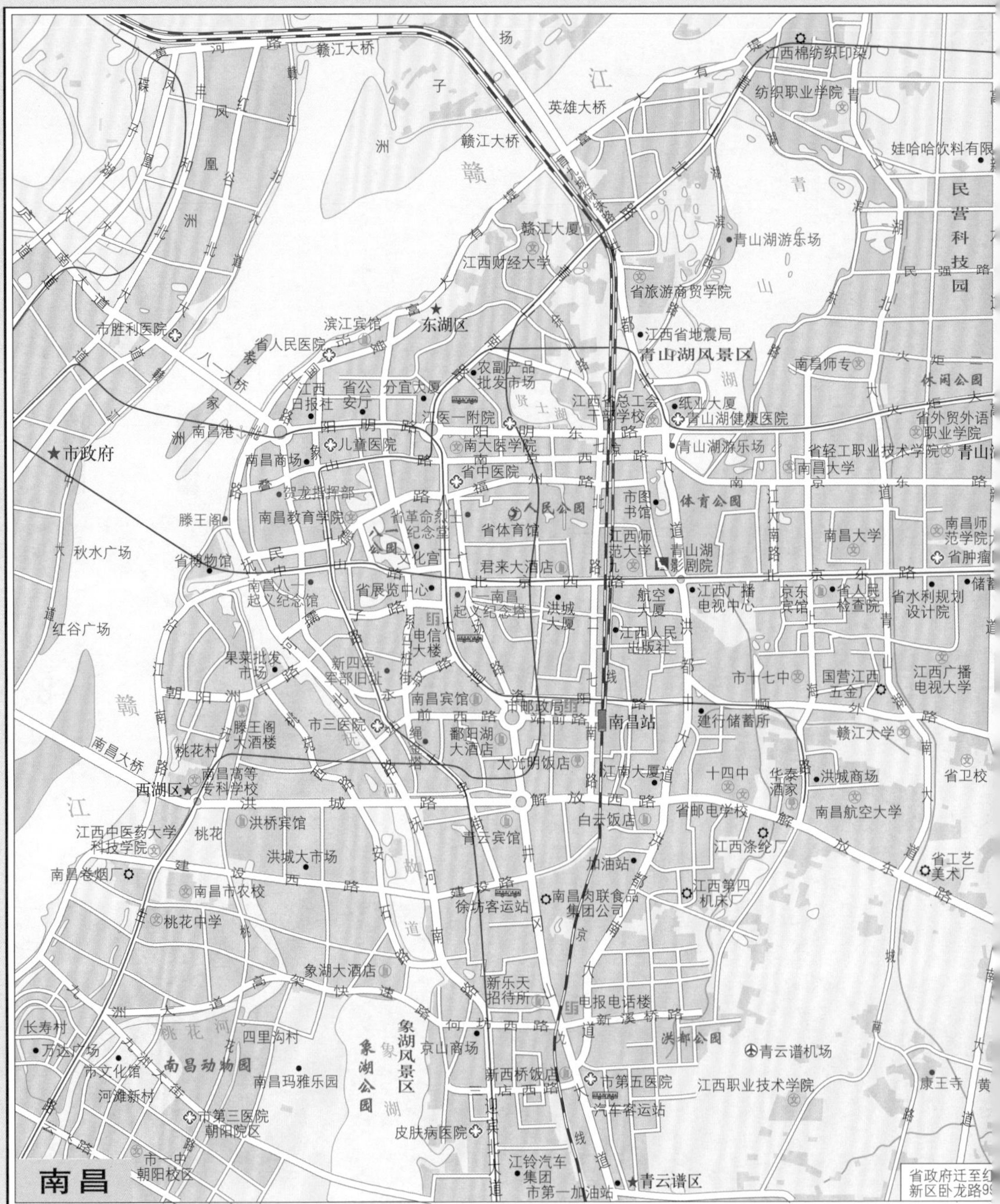

南昌 ☎ 0791 ✉ 330008

位于江西省北部，江西省省会，是全省政治、经济、文教中心和交通枢纽，国家历史文化名城。西汉置豫章郡，以江南昌盛之地得名南 元初江西建省起即为省会，1935年设市。南昌工业发展迅速，现已形成以冶金、机械、航空、食品、轻纺为主的工业体系。这里自古为南北 要地，是京九线上唯一的省会城市和我国铁路交通重要枢纽，京九、沪昆、皖赣等铁路干线穿境而过，昌九高速铁路也已开通，公路有 316、320国道，福银、沪昆、南昌绕城高速公路等在此交会。水路可通赣江、抚河、锦江和鄱阳湖沿岸城镇及长江各口岸。昌北国际机场可 内外近30多个大中城市通航。名特产有瓷版画、文港毛笔、肉松等。城区呈团块状，东部向赣江凸出，路网布局基本上为棋盘格式，八一大 跨赣江，联接昌北与城区。主要商业街区有中山路、象山路、胜利路和八一大道等。南昌大学是国家“211工程”重点大学。南昌风景名胜众 有“中国四大名楼”之一的滕王阁、八大山人纪念馆，以及百花洲、孺子亭、水观音亭、梅岭等景点。南昌还是一座革命英雄城市，有“南 一起义”纪念馆、方志敏烈士墓、江西革命烈士纪念堂等革命旧址。

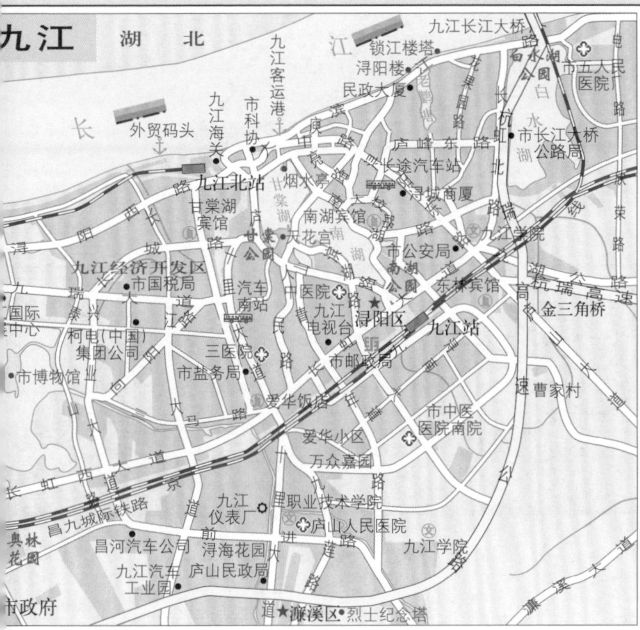

景德镇 ☎ 0798 ✉ 333000

位于江西省东北部，国家历史文化名城。古为中国四大名镇之一，有“瓷都”之称。现已发展成为以陶瓷工业为主体，机械、电子、建材、化学工业为支柱的新型工业城市。交通便利，皖赣铁路、济宁高速、206国道纵贯南北，杭瑞高速公路横跨东西。名特产有瓷器、瓷雕、瓷版画、祁红茶等。名胜有湖田古窑址、盘龙岗古陶瓷历史博览区、三闾庙明代古街及明清古建筑村等。

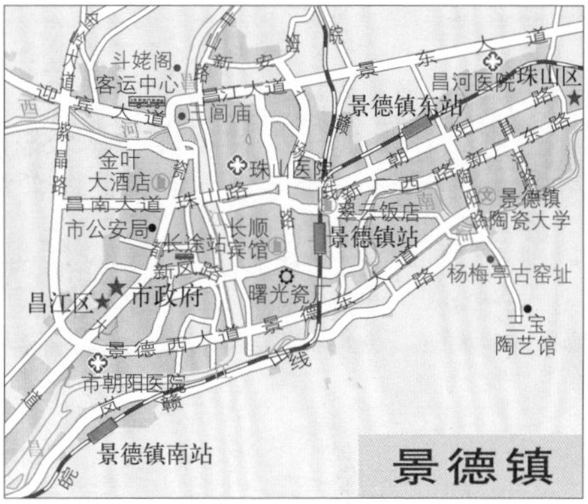

工 ☎ 0792 ✉ 332000

位于江西省北部，是长江中游重要港口和赣北水陆交通中心。1949年设市。九江有丰富的有色金属矿产和水产资源，现已形成以石化、建纺织为主体的工业体系。交通便利，京九、武九、铜九铁路在此交会，昌九高速铁路开通，105、316等国道过境，福银、杭瑞高速公路在此。特产有庐山云雾茶、鄱阳湖银鱼、茶饼，桂花糕，酥糖、中华绒鳌蟹等。九江风景秀美，有“匡庐奇秀甲天下”之美誉的庐山及鄱阳湖、楼、琵琶亭、吴城候鸟保护区、白鹿洞书院、陶渊明故居、龙宫洞、大孤山等多个景区。

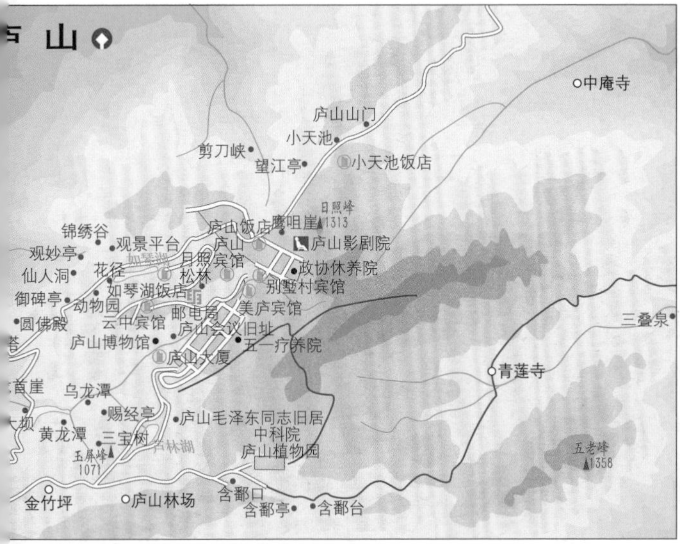

位于九江庐山市境内，为国家级风景名胜区和著名的避暑胜地，已被联合国列入界遗产名录》。庐山北临长江，东濒鄱阳湖，以雄、奇、险、秀闻名于世，素有“奇天下”之美誉。汉阳峰，海拔1473.4米，为庐山第一高峰。江湖山岳浑然一体，岭泉交相辉映。山上云雾缭绕，别墅隐现，有“不识庐山真面目”之称。众多的奇峰、怪壑谷、瀑布、岩石等，形成了奇特瑰丽的山岳景观。庐山主要风景名胜有白鹿洞书以及谷帘泉、五老峰、大天池、三叠泉、花径、锦绣谷、仙人洞、东林寺、庐山植物景点。牯岭镇是庐山上一座奇特的山城，素有“云中山城”的美誉，也是庐山风景区览中心。

龙虎山 位于江西省鹰潭市贵溪市，是我国丹霞地貌发育程度最好的地区之一，素有“龙虎丹霞天下稀”的美誉，是中国道教发祥地、国家级风景名胜区和世界地质公园。独具特色的碧水丹山、源远流长的道教文化和规模宏大的崖墓悬棺构成了龙虎山风景区自然景观和人文景观的“三绝”。2010年，龙虎山作为“中国丹霞”的一部分，被列入《世界遗产名录》。

山东省

概　况

山东省简称“鲁”，省会济南。位于黄河下游。春秋、战国时为齐、鲁等国地，秦置济北、胶东、临淄等郡，汉属青、兖、徐州，元属中书省，明设山东布政使司，清为山东省。现辖16地级市、26县级市、52县及58市辖区。全省面积约16万平方千米，人口10191万。

自然环境

地形　本省以平原和丘陵山地为主。东部为半岛，鲁中为泰山、沂蒙山等山地丘陵，鲁西北为华北平原的一部分。玉皇顶海拔1532.7米，是境内最高峰。河流较多，黄河横穿东西，京杭运河纵贯南北，各河流分属黄河、海河、淮河三大水系。主要湖泊有南阳湖、独山湖、昭阳湖、微山湖。

气候　属于暖温带亚湿润季风气候。一月平均气温－5℃～1℃，七月为24℃～28℃。年无霜期180天～220天。年降水量为550毫米～950毫米，干旱是该省主要自然灾害。

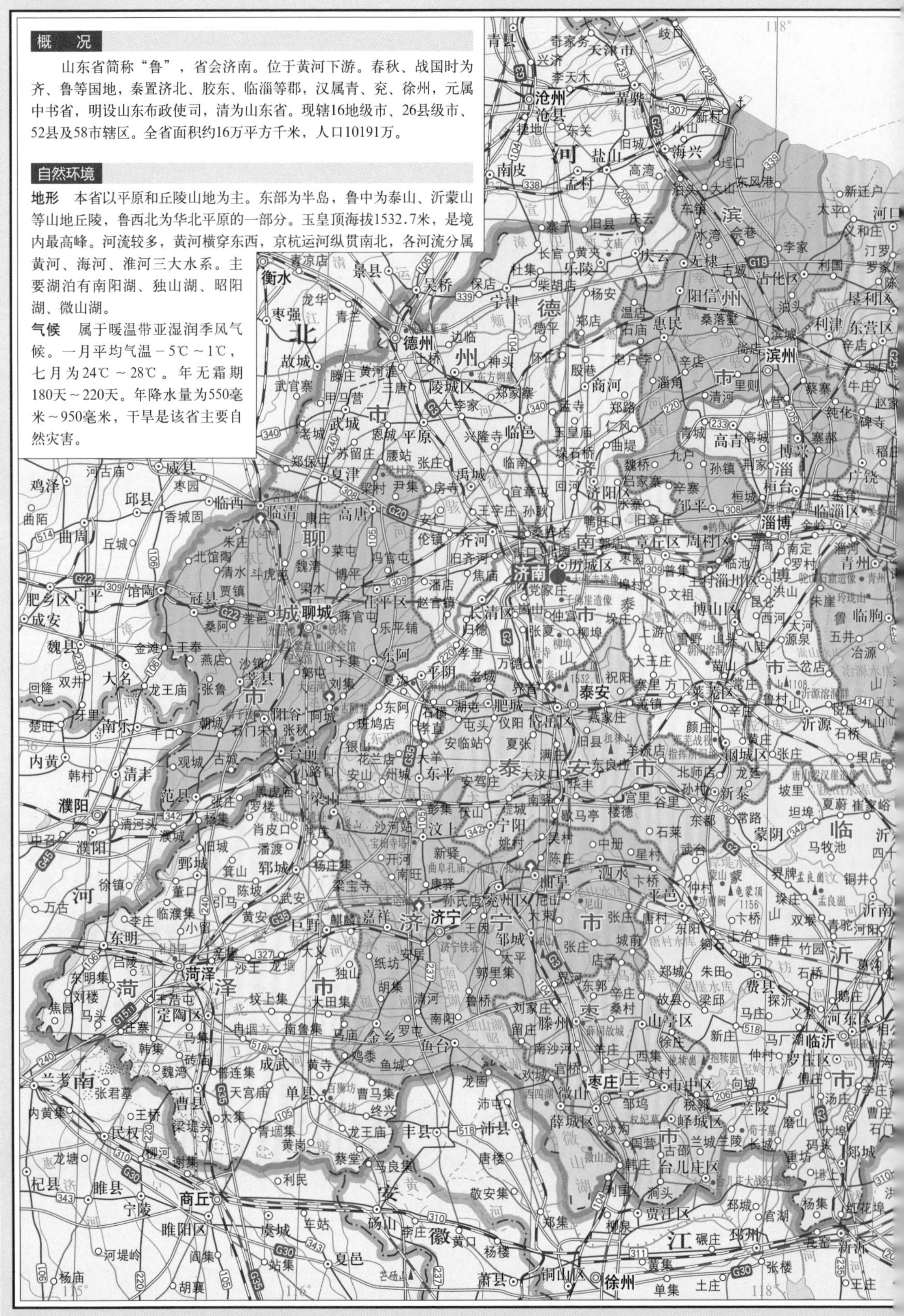

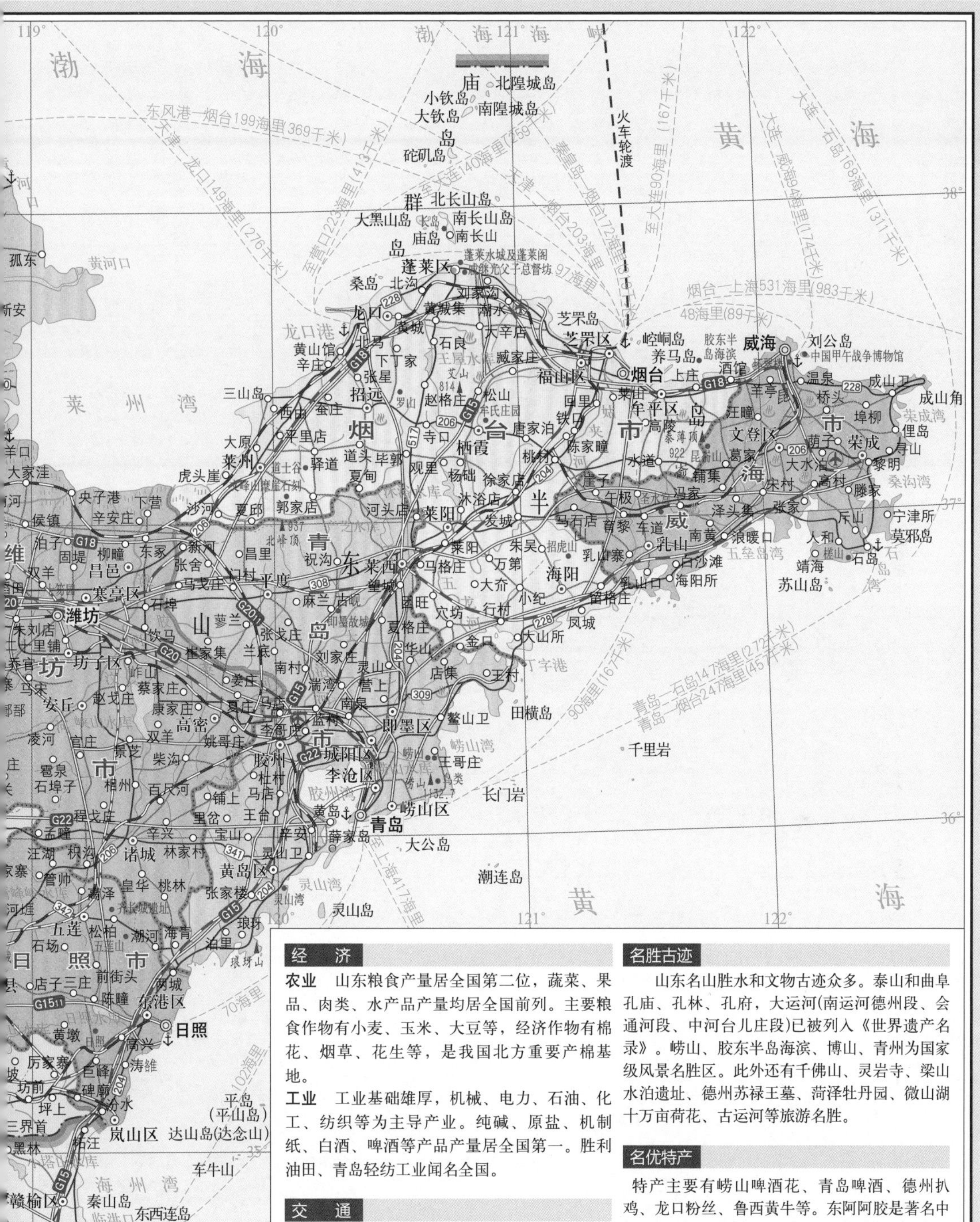

经济

农业　山东粮食产量居全国第二位，蔬菜、果品、肉类、水产品产量均居全国前列。主要粮食作物有小麦、玉米、大豆等，经济作物有棉花、烟草、花生等，是我国北方重要产棉基地。

工业　工业基础雄厚，机械、电力、石油、化工、纺织等为主导产业。纯碱、原盐、机制纸、白酒、啤酒等产品产量居全国第一。胜利油田、青岛轻纺工业闻名全国。

交通

本省水陆交通便利，京沪、京九铁路、京沪高速铁路纵贯南北，胶济铁路横跨东西。京沪、京福、济广、青银、青兰、荣乌等高速公路贯穿全省各地级市，便捷通畅的高速公路网闻名全国。拥有济南、烟台、青岛三个国际机场，可通往国内30多个大、中城市和香港、澳门特别行政区，以及日本、韩国等国家。港口众多，密度居全国之首。

名胜古迹

山东名山胜水和文物古迹众多。泰山和曲阜孔庙、孔林、孔府，大运河(南运河德州段、会通河段、中河台儿庄段)已被列入《世界遗产名录》。崂山、胶东半岛海滨、博山、青州为国家级风景名胜区。此外还有千佛山、灵岩寺、梁山水泊遗址、德州苏禄王墓、菏泽牡丹园、微山湖十万亩荷花、古运河等旅游名胜。

名优特产

特产主要有崂山啤酒花、青岛啤酒、德州扒鸡、龙口粉丝、鲁西黄牛等。东阿阿胶是著名中药材。水特产有鲍鱼、海参、扇贝、青鱼籽等。菏泽牡丹、平阴玫瑰和莱州月季是著名花卉。传统手工艺品有烟台钟表、潍坊风筝、青岛贝雕、胶东草柳制品等。

民俗文化

山东素为“齐鲁之邦、礼仪之乡”。潍坊风筝、杨家埠年画、高密剪纸、山东快书、五音戏、山东梆子等都体现了浓郁的山东民俗风情。

比例尺：1∶2 350 000　0　23.5　47.0　70.5千米

济南 ☎ 0531 ✉ 250001

位于山东省中部偏西，是山东省省会，全省政治、经济、文化中心，是国家历史文化名城。春秋时称“历下”，战国时齐建历下城，汉初以其在济水（古水道大致与今黄河下游相合）之南始称“济南”，晋置济南郡，宋及明清设为济南府，1930年设市。

济南现已成为工业门类较齐全的新兴工业城市，以机械、化工、冶金、纺织、造纸工业为五大支柱，机床、重型汽车制造工业驰名全国。济南是全国重要的交通枢纽和物流中心，京沪、胶济铁路在此交会，京沪高速铁路过境，104、220、308、309等国道和京沪、京福、青兰、济广等高速公路交会于此，还有亚洲最大的公路斜拉桥—黄河大桥飞架黄河两岸。黄河、小清河水运可直达渤海，济南遥墙国际机场有航班可通往北京、上海、南京等国内主要大中城市。特产有羽毛画、鲁砚、面塑和绣花等。风味食品有济南高粱饴、糖酥煎饼等。

城区呈不规则矩形，津浦、胶济铁路贯通市区。主要商业区包括纬二路、经四路、共青团路和解放路，大观园、人民商场、解放桥一带尤为繁华。山东大学是我国历史悠久的著名大学，是首批进入国家“211工程”重点建设的大学之一。

济南泉源溪流众多，素有“泉城”之称和“家家泉水，户户垂杨”之说，较为著名的有趵突泉、珍珠泉、黑虎泉、五龙潭四大泉群。名胜古迹众多，千佛山、大明湖和趵突泉并称“济南三胜”，大明湖畔有纪念南宋爱国词人辛弃疾的稼轩祠，趵突泉以东则是南宋爱国女词人李清照纪念堂，其他景点还有城子崖黑陶龙山文化遗址、孝堂山汉代郭氏石祠、隋代四门塔、唐代龙虎塔、灵岩寺等。

位于山东省中部，为国家历史文化名城。公元前11世纪姜太公建立齐国，都治营丘，后更名为临淄，淄博系淄川、博山的合称，1952年设市。淄博是山东省重要的工矿业城市，形成了以石油化工、陶瓷生产、医药为支柱产业的工业体系，是著名的"陶瓷之都"。交通便利，胶济、张博铁路在此交会，205、308国道纵横境内，青银高速公路横贯东西，滨博高速公路纵穿南北。特产美术陶瓷、琉璃、料器、博山酥锅、周村烧饼等。淄博是齐文化的发祥地，有大汶口、龙山等文化遗址多处，临淄的春秋齐国故城，多文物古迹，有"地下博物馆"之称。著名游览地还有博山溶洞群、蒲松龄故居、沂源九天洞等。

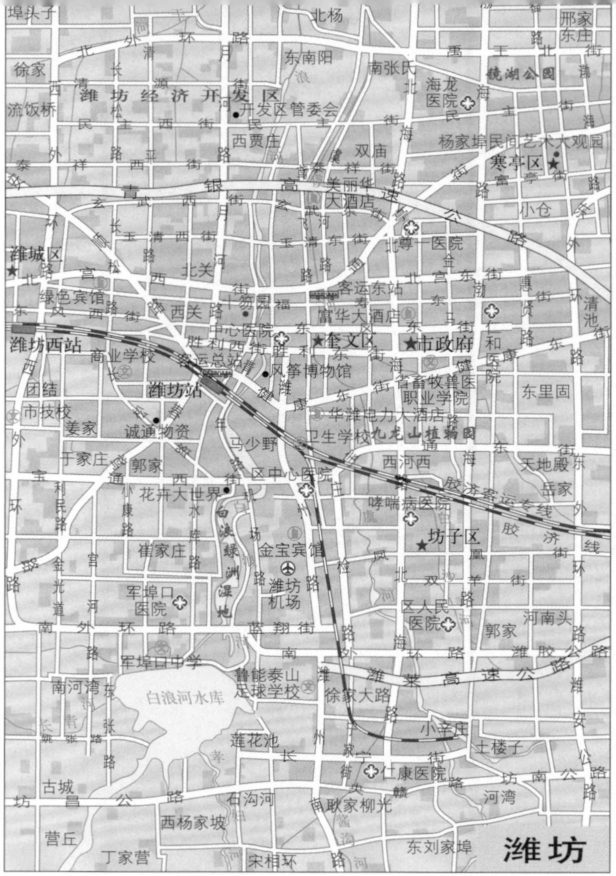

潍坊 ☎ 0536 ✉ 261041

位于山东省东部，胶济铁路中段，是山东省新兴工业城市。1948年设市。工业以轻纺、机械、电子、建材为主。手工业历史悠久，自古有"南苏州北潍县"之说，是名扬海内外的"风筝城"。潍坊地处山东半岛交通咽喉地位，胶济铁路、206、309国道及荣乌、潍莱、青银等高速公路过境。特产工艺品有风筝、红木嵌银漆器、桃核雕刻、杨家埠木板年画等。游览胜地有云门山、沂山国家森林公园、十笏园、偶园、驼山石窟、风筝博物馆等。

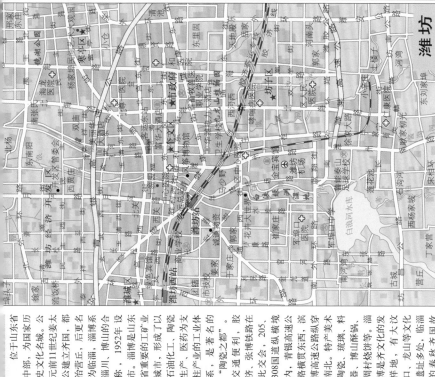

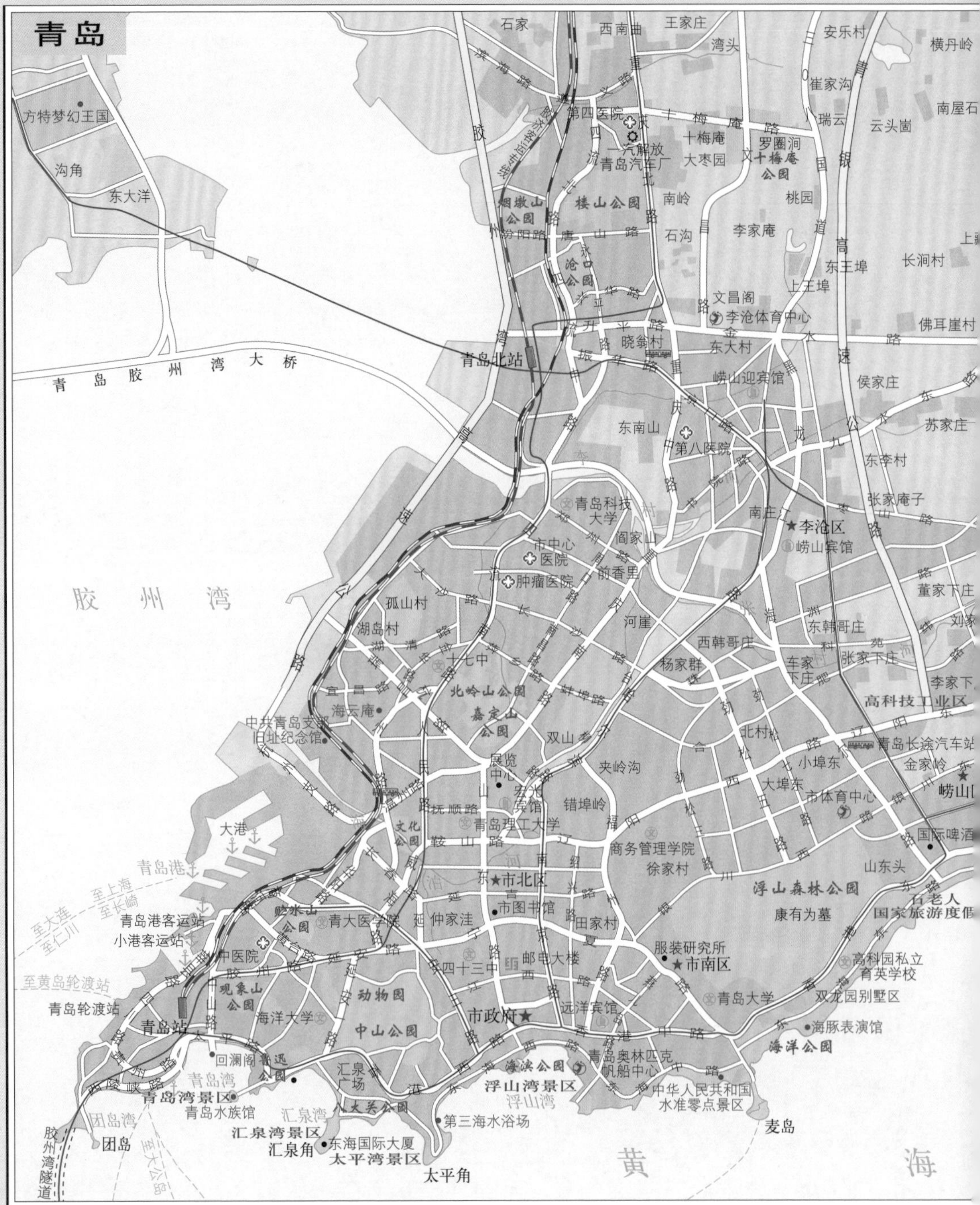

青岛 ☎ 0532 ✉ 266001

位于山东省东南部，是山东省胶东沿海地区最大的工商业城市，我国重点开放的沿海港口城市，国家历史文化名城。原为荒僻渔村，宋以后渐为通商口岸，清光绪年间被德国强占辟为军港和商港，此后又被日、美列强先后占领，1922年中国收回青岛，同年设市。

青岛是山东省最大综合性工业城市，全国闻名的轻纺工业基地和五大外贸口岸之一，轻纺、食品、家用电器、机车、海洋化工工业发达，交通便利，济青高速铁路开通，204、309国道贯穿境内，青银、青新、沈海、胶州湾等高速公路纵横交错。青岛海湾大桥建成通车。青岛港是著名天然良港、集装箱大港之一。名特产有青岛啤酒、糖果、花边绣品、贝雕工艺品、崂山石、胶州湾杂色蛤等。中国海洋大学、中国石油(华东)是国家“211工程”重点建设高校。青岛是中国著名的避暑胜地，名胜有崂山国家级风景名胜区、马山国家级自然保护区及八大关、海水浴场、太平山、小青岛、栈桥、鲁迅公园、海产博物馆、奥帆中心等。

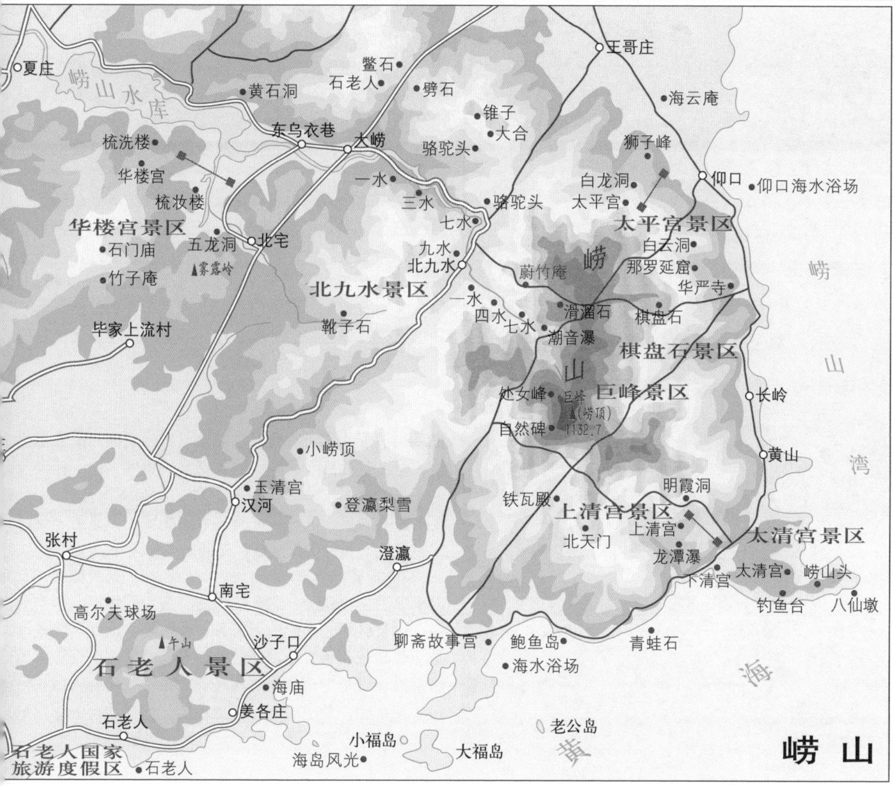

崂山 位于青岛市东郊、黄海之滨，国家级风景名胜区。崂山的主峰名为“巨峰”，又称“崂顶”，海拔1132.7米，是我国海岸线第一高峰。崂山于海边拔地而起，高大雄伟，山海相连；周边有大小岛屿18个，共同构成其山光海色、名泉胜水之特色。崂山还是我国著名的道教名山，最盛时曾有“九宫八观七十二庵”，著名的道教人物丘长春、张三丰都曾在此修道。现存道观以三面环山，一面临水的太清宫规模最大。太清宫、北九水、太平宫三大景区位列青岛十大景观。古迹以华严寺、太清宫(下清宫)、白云宫最为著名。

华东地区

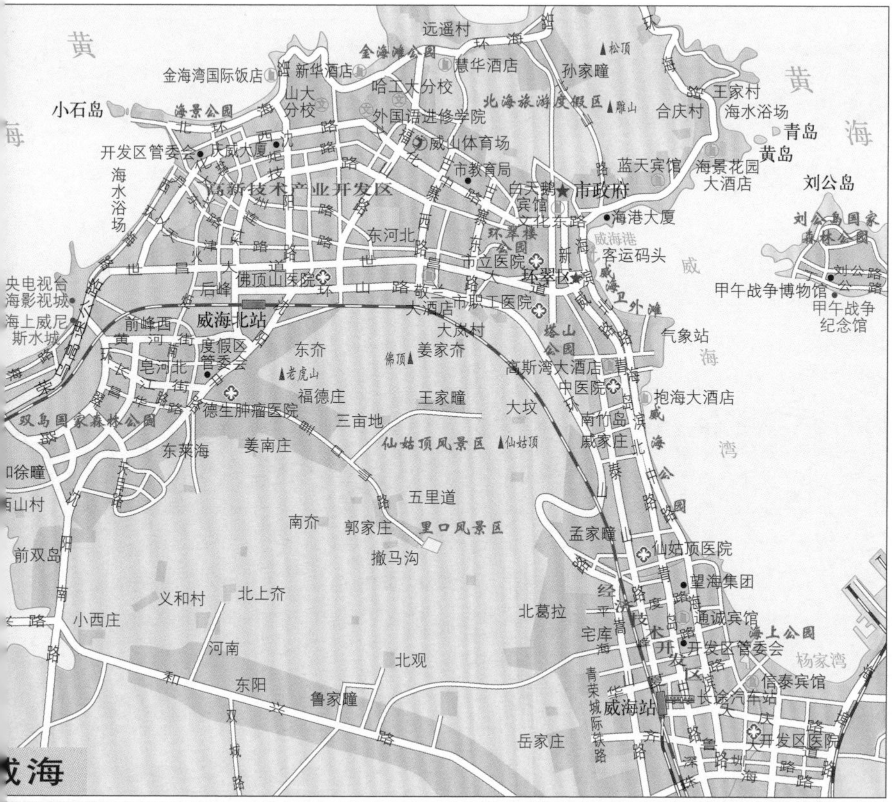

威海

☎ 0631

✉ 264200

位于山东省东北部，是山东半岛沿海经济开发区的前沿城市，也是中国著名的旅游城市。原名威海卫，为海防重要军港，1945年设威海卫市，1949年改称威海市。威海现已建成了以轻工、纺织、机械、化工、医药、电子等产业为主的工业体系。交通便利，有荣乌、青威高速公路及环海公路，以及双岛海湾大桥、江家寨立交桥等大型桥梁。威海港是国家一类对外开放港口，是连接山东半岛和辽东半岛的交通枢纽。特产海产品、苹果、花生等。游览地有甲午海战古战场刘公岛及附近成山角“天尽头”、世外桃源圣水观、荣成天鹅湖、古典建筑环翠楼、国际海水浴场等。

泰安—泰山 曲阜 孔府 孔庙 烟台 日照

泰安—泰山 泰安位于山东省中部，是著名的文化旅
市，国家历史文化名城。泰安从“泰山安则四海皆安”一
来，取意国泰民安，1958年设市。泰安工业有煤炭、机械
金、电力、化工、酿酒、食品等主要产业。交通便利，京
路从境内通过，并西接京九铁路，104国道、京沪、京台
兰高速公路在此交会。特产肥城佛桃、大汶口花生、宁阳
等。

泰安境内的泰山举世闻名，是国家级风景名胜区和世
质公园，已被联合国列入《世界遗产名录》。泰山号称
岳”，为五岳之首，有“天下第一山”之美誉，是著名的
公园和天然历史艺术博物馆。分为东路、岱顶、桃花峪等
游览区，有岱庙、南天门、玉皇顶、十八盘、经石峪石刻
顶唐摩崖、碧霞祠等著名景点。游览胜地还有大汶口遗址
平湖、城子崖遗址、九顶塔等。

曲阜 孔府 孔庙 曲阜位于山东省西南部，国家历史文
城，是孔子的故乡，以“孔孟之乡、诗书之地、礼仪之邦
名于世，素有“东方圣城”之称。现存文物古迹300余处
要名胜有孔庙、孔府、孔林、鲁国故城、少昊陵、梁公林
山风景区、九龙山汉墓群、九仙山风景区等。

孔府与孔庙位于曲阜城内，与孔林一起统称为“三孔
以丰厚的文化积淀、悠久的历史、宏大的规模、丰富的文
藏，以及科学艺术价值而著称，并被列为世界文化遗产。
是历代祭祀孔子之地，与故宫、承德避暑山庄合称中国三
建筑群，也是中国使用时间最长的庙宇。孔府为历代衍圣
官署和私邸，是中国现存历史最久、规模最大、保存最完
衙宅合一的古建筑群，有“天下第一家”之称。

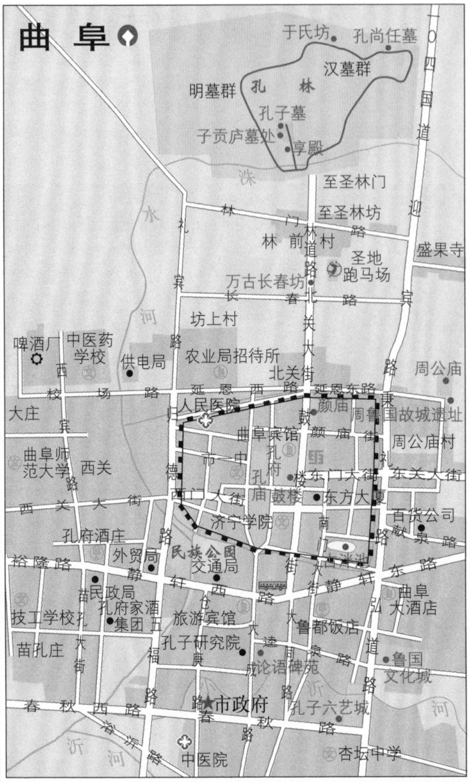

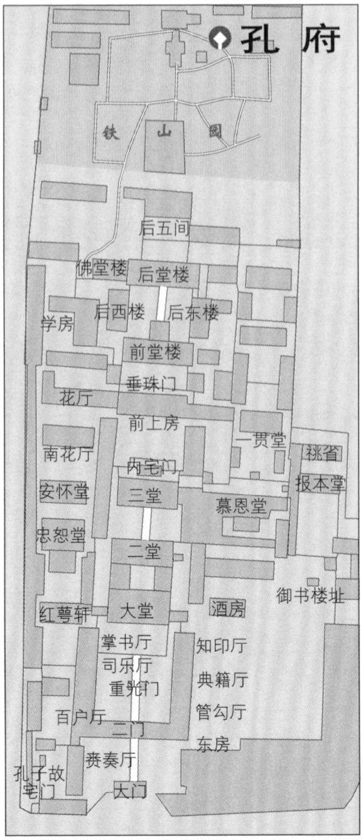

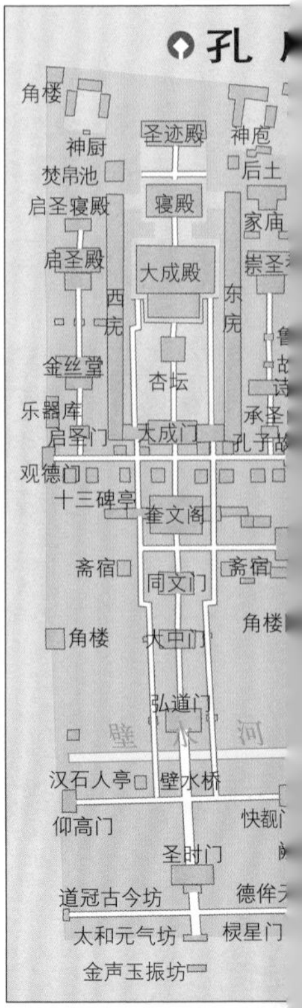

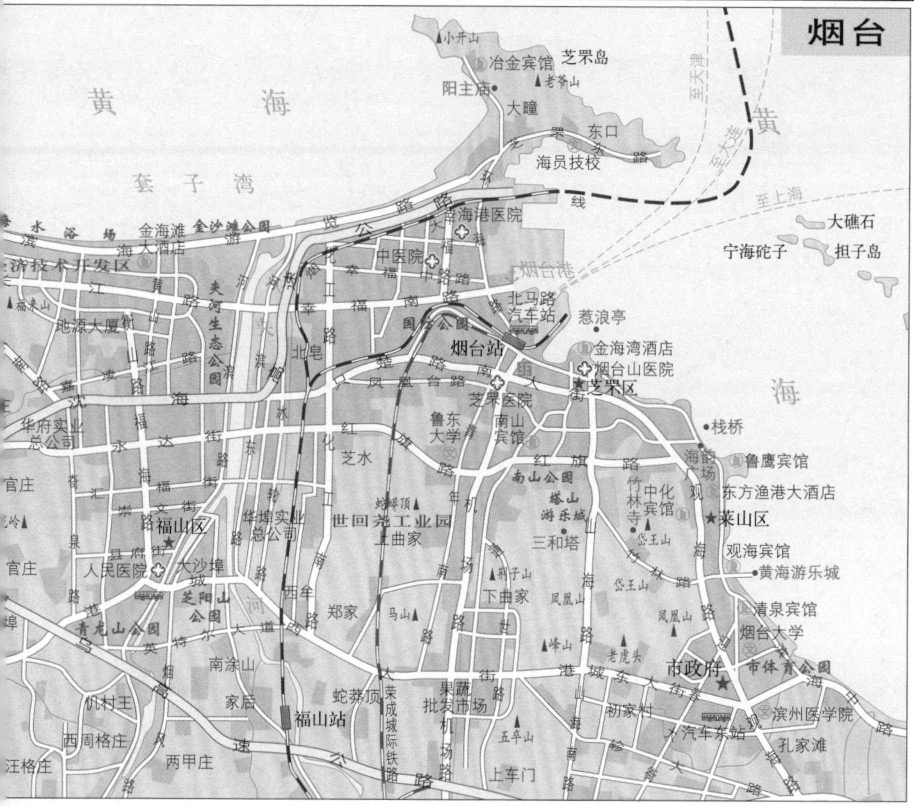

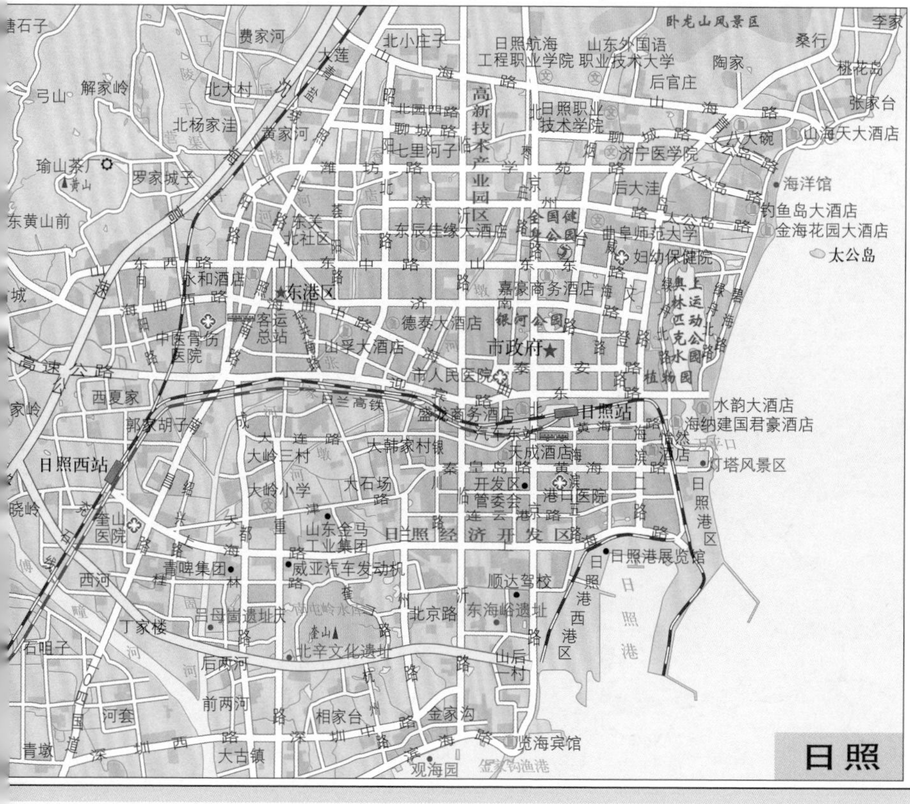

烟台　☎ 0535　✉ 264010

位于山东省东北部，为环渤海经济圈内的重要城市。古称“芝罘”，明设狼烟墩台防倭寇，故名烟台，1946年设市。工业以轻纺、食品、机械、建材、电子、冶金等为主。烟台依山环海，盛产对虾、扇贝等海产品，也是我国著名的“水果之乡”。交通便利，蓝烟铁路及204、206国道在境内终结，沈海、荣乌等高速公路过境。烟台港是我国沿海主要港口和贯通日韩至欧洲新欧亚大陆桥的重要节点。特产有烟台苹果、葡萄酒、大樱桃等。烟台气候宜人，风光秀丽，景点有毓璜顶、芝罘岛、昆嵛山及蓬莱阁、金沙滩等。

日照　☎ 0633　✉ 276800

位于山东半岛南翼，是一座新兴的沿海港口城市。宋设日照镇，取“日出初光先照”之意，始有“日照”之名，1989年建地级市。日照是山东省粮食、花生、水产品等重要产地，是我国北方最大的绿茶生产基地。日照境内高速公路、铁路呈“两横两纵”格局，与全国交通干线相连。日照港、岚山港都为国家一类对外开放港口。特产有海产品，绿茶、黑陶等。日照风景秀丽，气候宜人，以“蓝天、碧海、金沙滩”闻名于世，是理想的避暑度假胜地，景点有九仙山、五莲山、浮来山、齐长城遗址、莒国故城等。

河南省

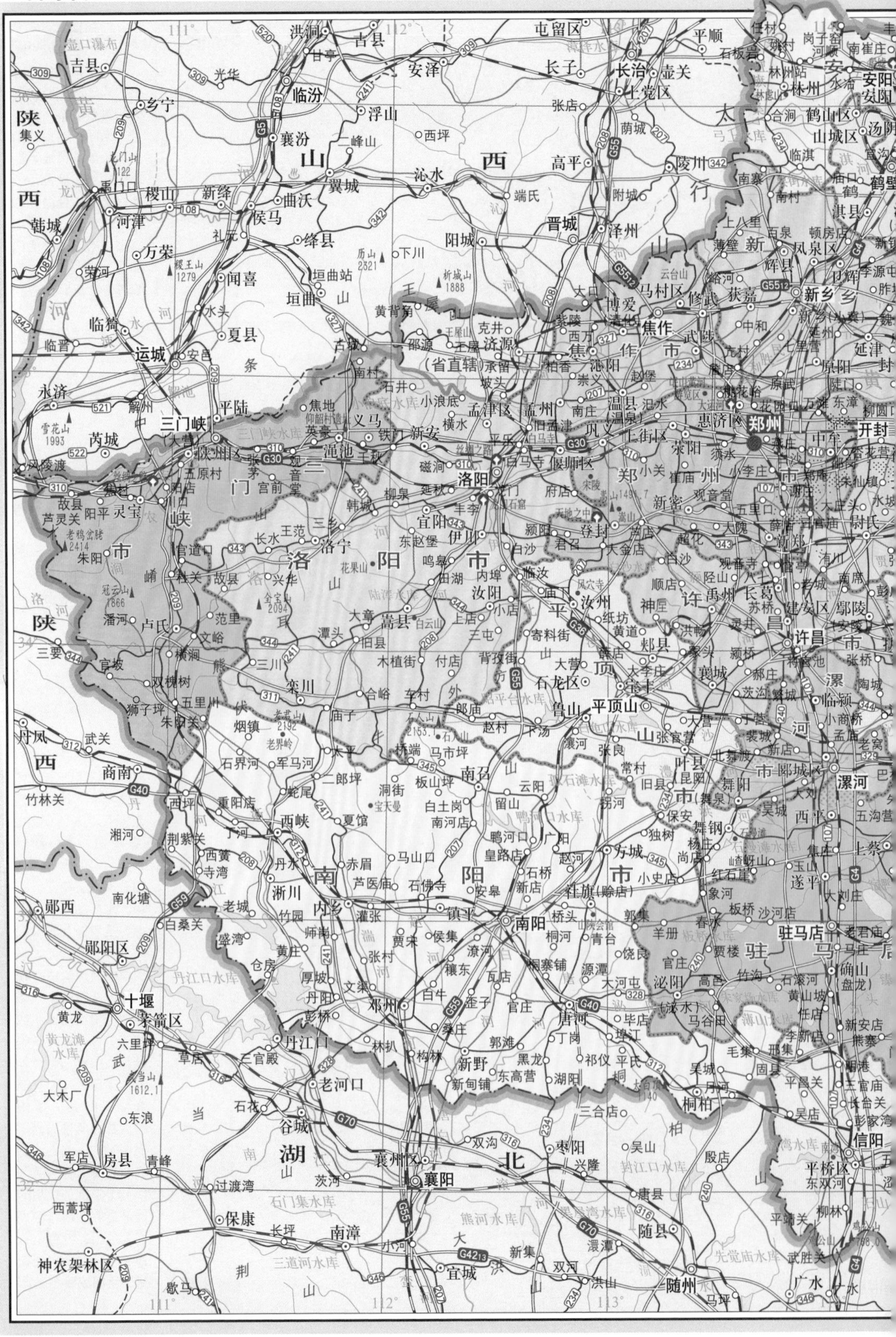

吉县
临汾
长治
安阳
鹤壁
晋城
焦作
新乡
济源
运城
三门峡
洛阳
郑州
开封
平顶山
许昌
漯河
南阳
驻马店
信阳
十堰
襄阳
随州
山西
陕西
湖北
三门峡水库
丹江口水库
宿鸭湖水库
西峡
淅川
内乡
镇平
邓州
新野
唐河
方城
南召
嵩县
栾川
卢氏
灵宝
汝州
登封
巩义
禹州
郏县
叶县
舞阳
泌阳
确山
遂平
西平
上蔡
桐柏
老河口
谷城
枣阳

比例尺：1∶2 520 000

0　25.2　50.4　75.6千米

概　况

河南省简称“豫”，省会郑州。地处黄河中下游。自古属豫州，居九州之中，向有“中原”之称。春秋、战国时为宋、卫、郑与韩、赵、魏等国地。元属河南江北行中书省，清置河南省。现辖17地级市、21县级市、82县及54市辖区。全省面积约17万平方千米，人口11533万。

自然环境

地形　本省西、北、南三面有伏牛山、太行山、桐柏山和大别山，登封嵩山为五岳之一。豫东平原为华北平原的一部分。老鸦岔脑海拔2414米，是境内最高峰。境内较大的河流分属黄河、淮河、卫河、汉江四大水系，其中淮河是境内最大水系。

气候　属湿润亚湿润大陆性季风气候，具南北过渡性特征。一月平均气温 −2℃～2℃，七月为26℃～28℃。年无霜期190天～230天。年降水量为700毫米～1100毫米，易发生旱涝灾害。

经　济

农业　农业开发历史悠久，作物种类多样，为粮油、棉花、烤烟的主要产区。粮食作物以小麦、玉米、红薯为主。经济作物以棉花、花生、烟叶、芝麻、黄红麻等为主。建有牛和瘦肉型猪生产基地。

工业　河南是我国主要的原煤、原油产区。工业门类较为齐全，支柱产业包括纺织、轻工、食品、煤炭、石油、电力、冶金、化工、建材、机械、电子等。

交　通

本省交通发达，京广、京九、陇海等铁路干线纵横交错。连霍、京港澳、宁洛、沪陕、二广等多条高速公路已建成通车。郑州新郑机场可通往国内大多数大、中城市。黄、淮、颍、沙等河部分通航，周口、漯河为重要河港。

名胜古迹

河南是中华民族中原文化发祥地，安阳、开封、郑州和洛阳均为我国八大古都之列。名胜古迹众多。安阳殷墟、龙门石窟及由周公测景台和登封观星台、嵩岳寺塔、太室阙和中岳庙、少室阙、启母阙、嵩阳书院、会善寺、少林寺建筑群等8处11项优秀历史建筑所组成的登封“天地之中”历史建筑群、大运河(通济河段、永济渠滑县浚县段)、丝绸之路：长安—天山廊道路网被列入《世界遗产名录》。嵩山、鸡公山、王屋山–云台山、林虑山、郑州黄河、神农山、尧山、青天河为国家级风景名胜区。

名优特产

农特产品有信阳毛尖、汴梁西瓜、荥阳柿子、兰考泡桐、许昌烤烟等。地黄、山药、菊花、牛膝是驰名中外的豫北“四大怀药”。风味名食有汴京烤鸭、道口烧鸡、黄河鲤鱼等。手工艺品以洛阳唐三彩、禹州钧瓷、开封汴绣、南阳玉雕最为著名。

民俗文化

河南有着深厚灿烂的民俗文化，如刚健威猛的少林功夫、举世闻名的陈氏太极、昂扬激越的司马懿得胜鼓、有“华夏一奇”之誉的曲沟抬阁、历史悠久的开封斗鸡、热闹欢快的周口龙舟赛等。

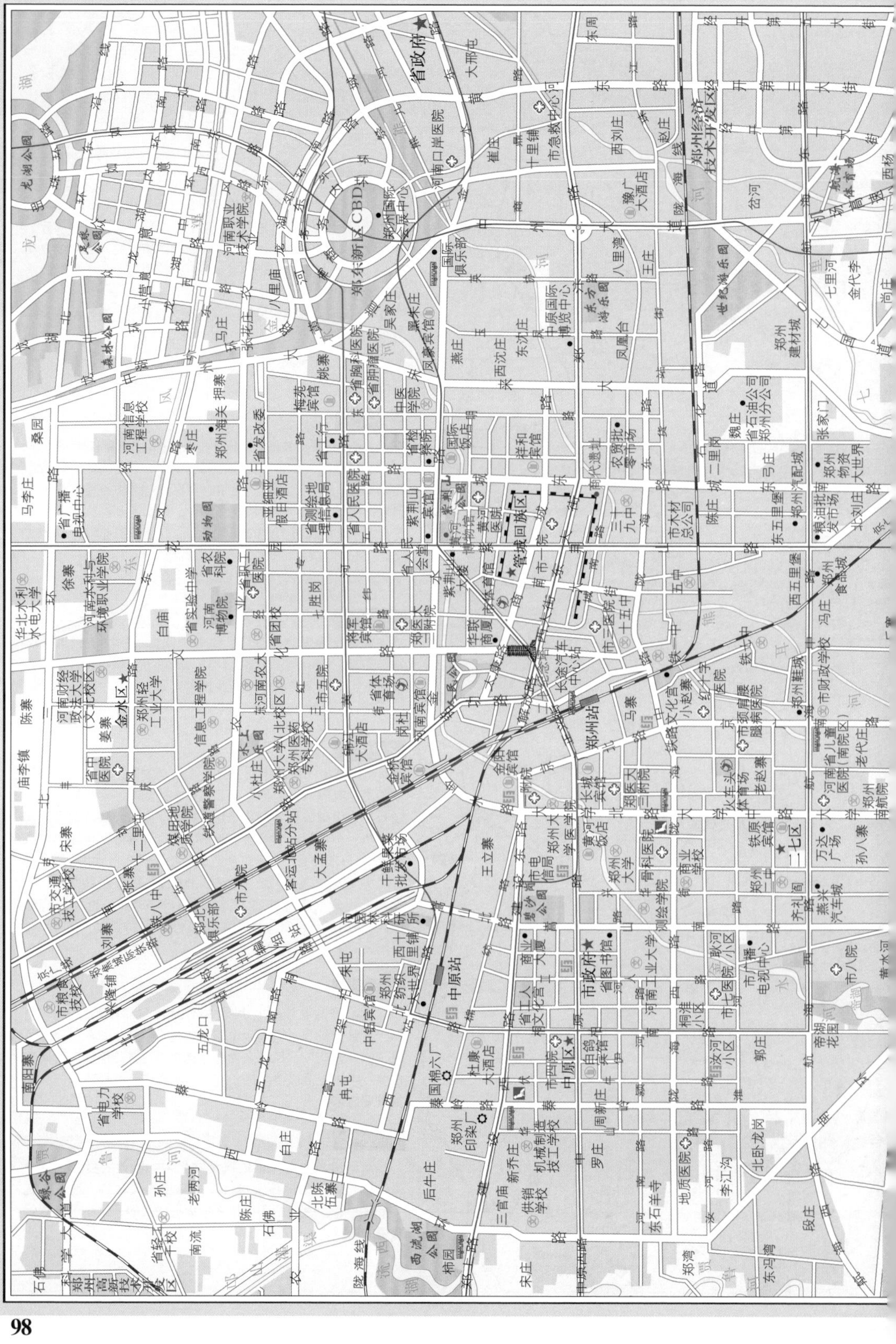

省政府
市政府
郑州站
中原站
金水区
管城回族区
二七区
中原区
郑东新区CBD
郑州经济技术开发区
龙湖公园
紫荆山公园
碧沙岗公园
西流湖公园
绿城公园
人民公园
森林公园
世纪游乐园
郑州大学
河南工业大学
郑州轻工业大学

位于河南省中部偏北，河南省省会，全省政治、经济、文化中心和最大的铁路枢纽。郑州是国家历史文化名城，也是我国八大古都之一。早在3500年前就是商王朝的都邑，先后曾有夏、商、管、郑、韩五代以此为都，1949年设市。

郑州是我国重要的纺织、纺织机械、铝工业基地，也是我国目前最大的磨具、磨料生产基地。现已发展成为以纺织、机械、化工、冶金、轻工、食品为主的综合性工业城市。郑州素有中国铁路“心脏”之称。京广、陇海铁路干线在此交会，周围还有京九、焦柳、平阜等线通过，连京、上海、广州等20多条国内航线。特产有新郑大枣、枣片、樱桃、少林寺素饼等。工艺品有桐木漆器、玉雕、草编等。郑州城区呈正方形，主要商业街在郑州火车站以东的市中心区，“二七”纪念塔周围人民路、解放路、二七路、太康路等处。郑州大学是国家首批“211工程”重点建设的高校。郑州历史悠久，登封“天地之中”历史建筑群包括8处11项优秀历史建筑被列入《世界遗产名录》。中国五岳名山之一的中岳嵩山，是国家级风景名胜区。其他著名景点还有河南省博物院、黄河博物馆及邙山黄河游览区、“二七”纪念塔及仰韶、龙山、商周文化遗址。

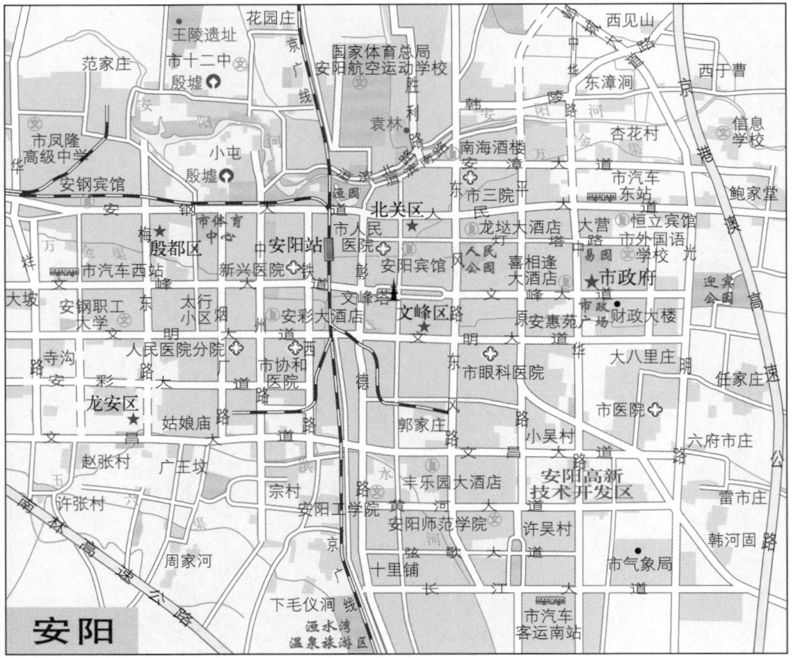

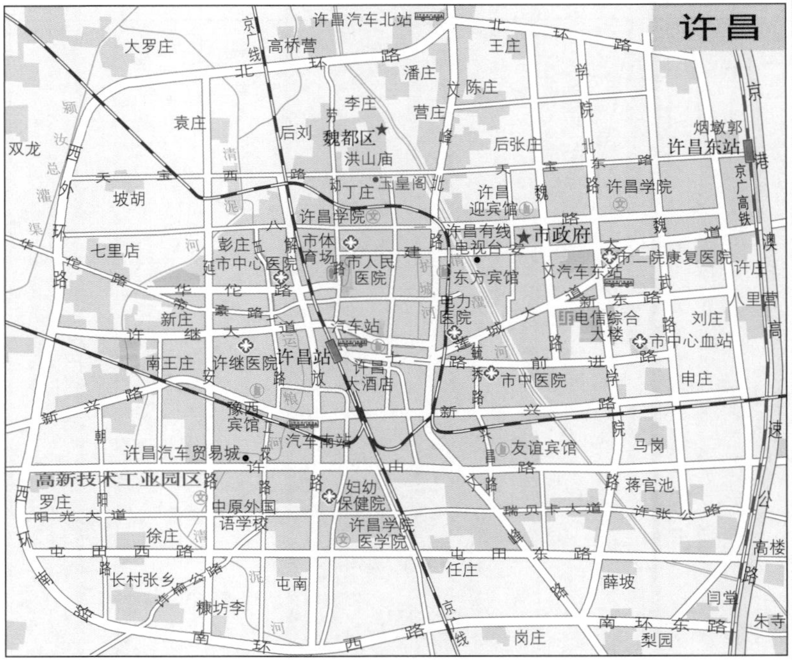

安阳 ☎ 0372 ✉ 455000

位于河南省北部，是我国八大古都之一，国家历史文化名城。3000多年前商王盘庚迁都于“殷”，即现在的安阳市小屯村，成为商代后期的政治、经济、文化中心，秦筑城置安阳县，隋至清历为州郡路府治所，1949年设市。安阳是河南省新兴的工业城市，工业以钢铁、煤炭、机械、化工、电子、纺织、食品等产业为主。交通便利，京广铁路、106、107国道和京港澳、南林高速公路贯穿境内。安阳特产道口烧鸡、老庙牛肉等。安阳是我国最早的文字甲骨文和世界上最大的青铜器“司母戊”大方鼎的出土地，也是世界文化遗产——殷墟的所在地，还是《周易》的诞生地。文物古迹有文峰塔、修定寺塔（唐塔）、高阁寺、灵泉寺石窟、小南海石窟、岳飞庙等。

许昌 ☎ 0374 ✉ 461000

位于河南省中部。春秋属郑，战国属韩，隋置颍川县，唐称长社，此后多为许州治所，1949年设市。许昌是我国烤烟、小麦、棉花生产基地之一，工业以烟草加工、能源、机械、化工等行业为支柱，有“烤烟王国”之称，是豫中烟草加工工业中心。交通便利，京广铁路、107国道纵贯南北，311国道横穿东西，京港澳、兰南、永登高速公路过境。特产有禹州中药材、许昌烟叶等。许昌历史悠久，是我国的“三国文化之乡”和“钧瓷文化之乡”。游览胜地有关羽辞曹挑袍处的灞陵桥、关羽秉烛夜读的春秋楼、曹魏故城、神医华佗墓、关帝庙、西湖公园等。

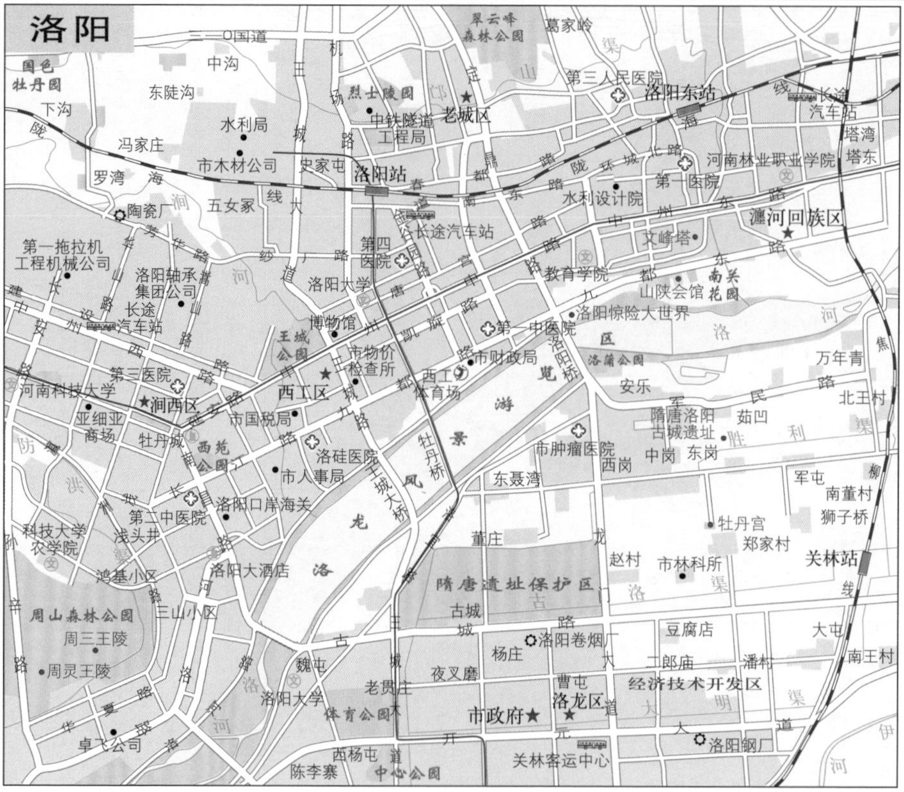

洛阳

☎ 0379 ✉ 471000

位于河南省西北部国家历史文化名城和八大古都之一。公元11世纪建城，先后有周、东汉、曹魏、西北魏、隋、唐、后梁和唐九个朝代在此建都，有“九朝古都”之称1949年设市。洛阳是省新兴的工业城市，拉机、矿山机械、轴业著称，钢加工、玻耐火材料、棉纺织、等工业也很发达。交利，陇海、焦柳铁路交会，207、310国道连霍、二广、郑少洛速公路交叉过境。特唐三彩、宫灯、仿青品和杜康酒。洛阳名迹众多，有世界文产、我国三大石窟艺库之一的龙门石窟，古墓博物馆、白马寺林、王城牡丹园、花国家森林公园、白云景点。

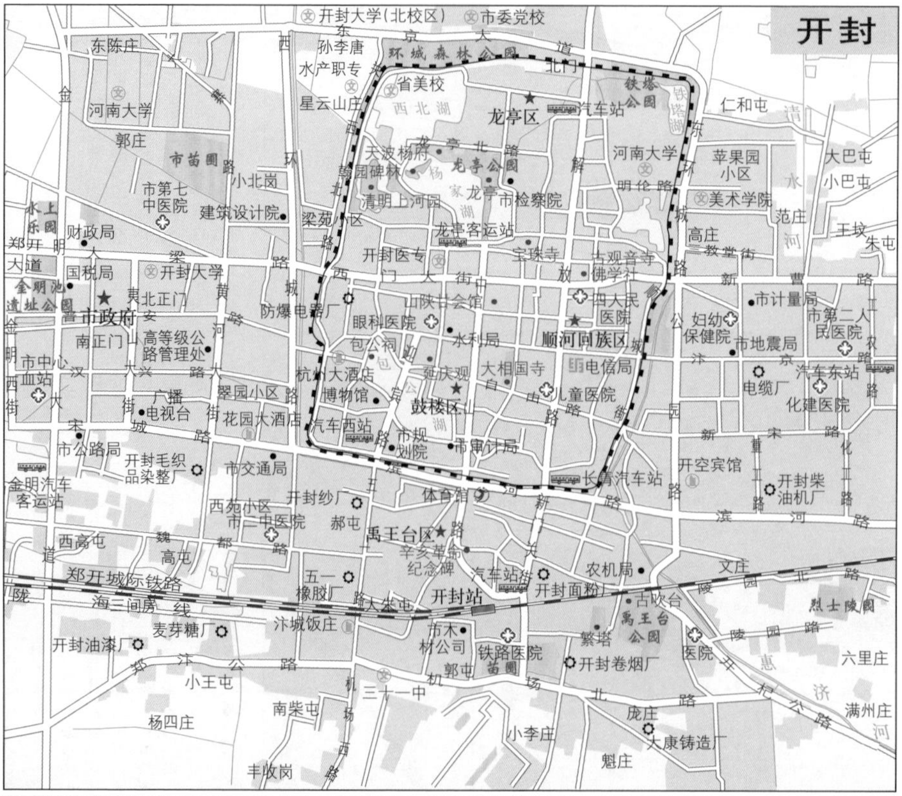

开封

☎ 0371 ✉ 475001

位于河南省东北部国家历史文化名城和八大古都之一。相传时以开拓封疆之意筑城，此后战国魏、梁、晋、汉、周及宋等均在此建都，曾州、汴州治所，故“汴梁”，简称“汴1949年设市。开封是重要工商业和文教中工业以化工、机械、等著称。交通便利，铁路、220国道、连霍公路横贯东西，106国大广高速公路纵贯南特产汴绣、汴绸。开史悠久，名胜古迹众有大相国寺、龙亭、塔、繁塔、禹王台、祠、朱仙镇岳飞庙、梁城遗址等文物古迹建的宋都御街、清明园、天波杨府、翰园等仿宋景观则再现了昔日的繁华景象。

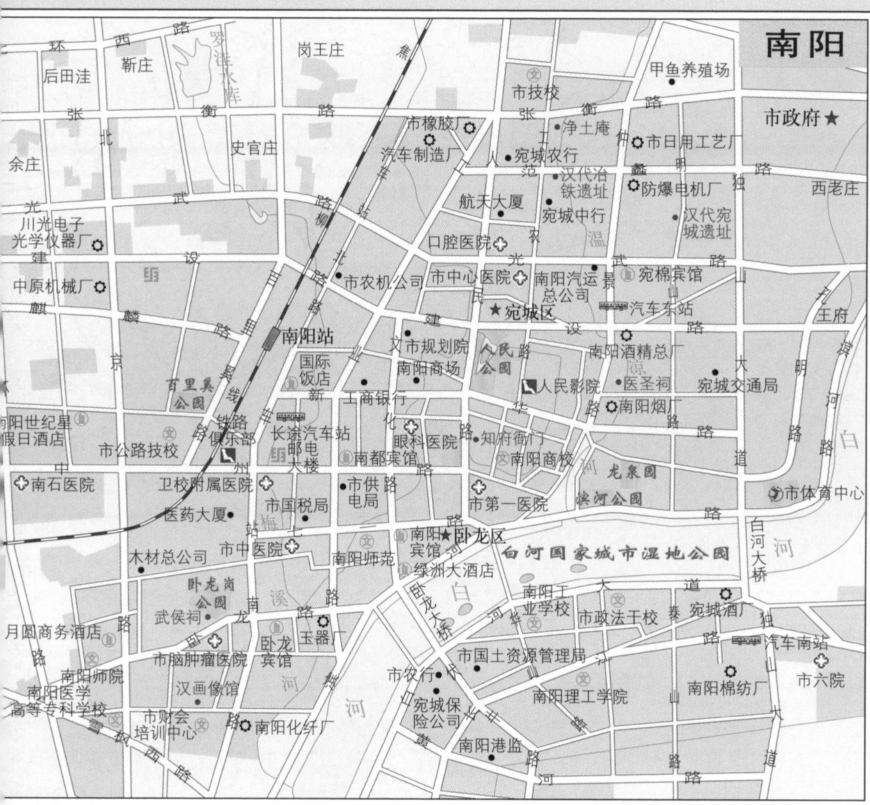

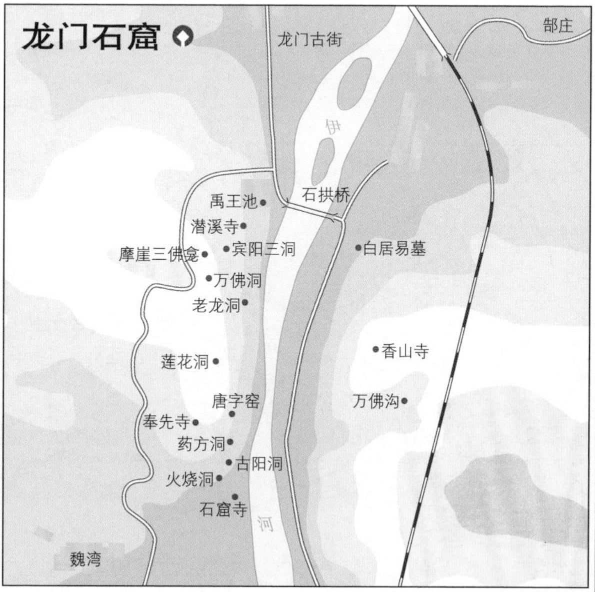

南阳 ☎ 0377 ✉ 473002

位于河南省西南部，豫西南政治、经济和文化中心，国家历史文化名城。古称宛，春秋战国时为楚国重邑，秦为南阳郡，此后历为郡府治，1949年设市。南阳丝绸工业发达，现已形成食品、化工、电子、机械、皮革、造纸、卷烟等产业。交通便利，焦柳铁路、207国道纵贯南北，宁西铁路、312国道及沪陕、兰南、二广高速公路斜穿过境。传统工艺品有南阳玉雕、烙花筷、南阳绸等。特产有伏牛山珍黄牛、猴头、名贵中药材等。南阳历史文化悠久，山川秀丽，游览胜地有“南召猿人”遗址、战国时的宛城遗址、内乡清代县衙、汉画馆、医圣祠、武侯祠、卧龙岗、玄妙观、百里奚故里等。近年南阳盆地发现恐龙蛋化石群，震惊世界。

位于登封市西北面，是国家级风景名胜区和世界地质公园。中岳，由太室山和少室山组成。山中峰多寺众，少林寺坐落在茂密的少室山阴，曾为佛教禅宗祖庭，有我国最大的塔林。其名的景点还有北魏嵩岳寺塔、汉代嵩山三阙、元代观星台、中 会善寺、法王寺塔、初祖庵、嵩阳书院等。2010年嵩山历史群被列入《世界遗产名录》。

龙门石窟 位于洛阳市区南12千米处，是我国著名的三大石窟艺术宝库之一和世界文化遗产。至今仍存有窟龛2100多个，造像10万余尊，题记30多万字，数量之多位于中国各大石窟之首。奉先寺是龙门石窟规模最大、艺术最为精湛的一组摩崖型群雕，窟内的卢舍那雕像精美绝伦，代表唐代雕塑艺术的最高水平。宾阳洞里释迦牟尼像为北魏石雕艺术杰作。古阳洞是龙门石窟造像群中开凿最早、佛教内容最丰富、书法艺术最高的一个洞窟。

湖北省

概况

湖北省简称“鄂”，省会武汉。地处长江中游，洞庭湖北岸。春秋、战国时为楚国地，汉属荆州，明属湖广布政使司，清置湖北省。现辖12地级市、1自治州、26县级市、35县、2自治县、1林区及39市辖区。全省面积约19万平方千米，人口6143万。

自然环境

地形 本省地势西高东低，西、北、东三面有巫山、大巴山、武当山、大别山等山岭环绕，总体形成一个向南开口的不完整盆地。鄂西山地的神农顶海拔3106.2米，是省内最高峰。鄂东南长江、汉江冲积成的江汉平原多湖泊，故有“千湖之省”之称。其中洪湖是本省最大的湖泊。

气候 属于中亚热带湿润季风气候。一月平均气温为1℃～6℃，七月为24℃～30℃。年无霜期230天～300天。年降水量为750毫米～1600毫米。常出现干旱、洪涝、低温冷冻等气象灾害。

经济

农业 湖北是国家粮、棉、油、猪、禽、水产品等重要生产基地。主要粮食作物有水稻、玉米、麦类、薯类、谷子、高粱等，经济作物有棉花、油菜籽、花生、芝麻、红黄麻、烟叶等。其中江汉平原是主要的稻、麦产区和棉花产区。

工业 工业以钢铁、机械、电力、水泥、化学、纺织等为主要门类。钢铁、汽车、布匹、农药、农用化肥等工业产品产量均居全国前列。武汉钢铁、十堰东风汽车等闻名全国。

交通

湖北素有“九省通衢”之称，水、陆、空交通便利。有京广、京九、汉丹、枝柳等铁路干线，武广、合武高速铁路已通车。公路以武汉、襄阳、宜昌为中心，106、107、209等国道可通往省内各市县。京港澳、二广、沪渝、福银等高速公路纵横交错。天河机场是华中最大的机场。水运以长江、汉江为主，有武汉、宜昌等重要河港。

名胜古迹

湖北武当山古建筑群、神农架及中国土司遗址(唐崖土司城遗址)被联合国列入《世界遗产名录》。神农架林区也已被联合国列入国际生物圈保护区。东湖、大洪山、隆中、九宫山、陆水为国家级风景名胜区。文物古迹还有随州炎帝庙、秭归屈原故里、武汉古琴台、黄鹤楼、黄冈东坡赤壁等。

名优特产

湖北特产以武昌鱼和黄梅银鱼最为有名，其他名特产还有赵李桥青砖茶、孝感麻糖、西山东坡饼、来凤桐油、罗田板栗、秭归脐橙、阳新枇杷等。传统手工艺品有江陵漆器、咸宁竹器、洪湖羽毛扇、荆缎等。

民俗文化

汉剧、黄梅采茶戏、秭归赛龙舟、荆州花鼓、通山山鼓、鄂西土家风情、土家女儿会等都体现了湖北独特的民俗风情。

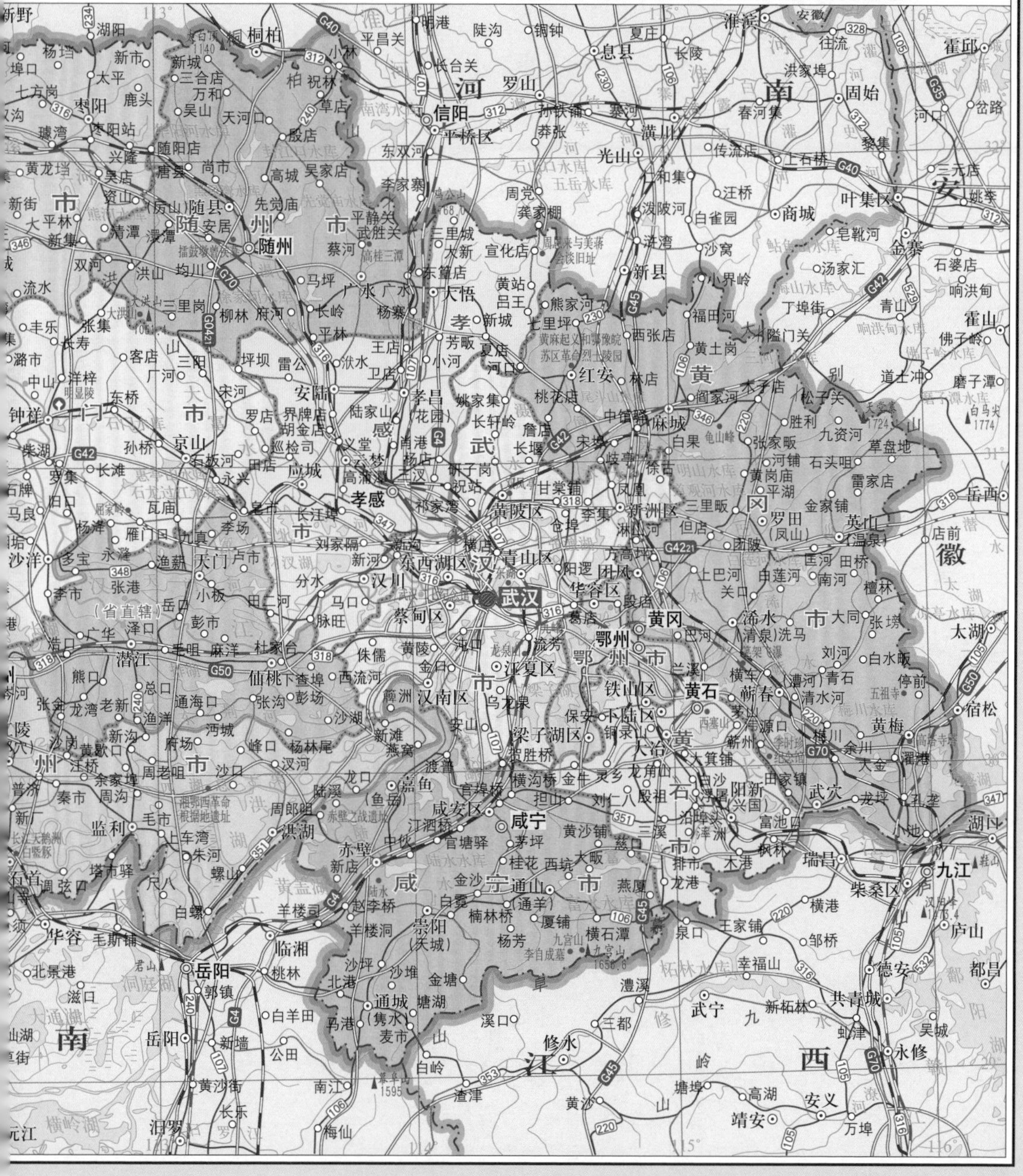

比例尺：1：2 520 000　0　25.2　50.4　75.6千米

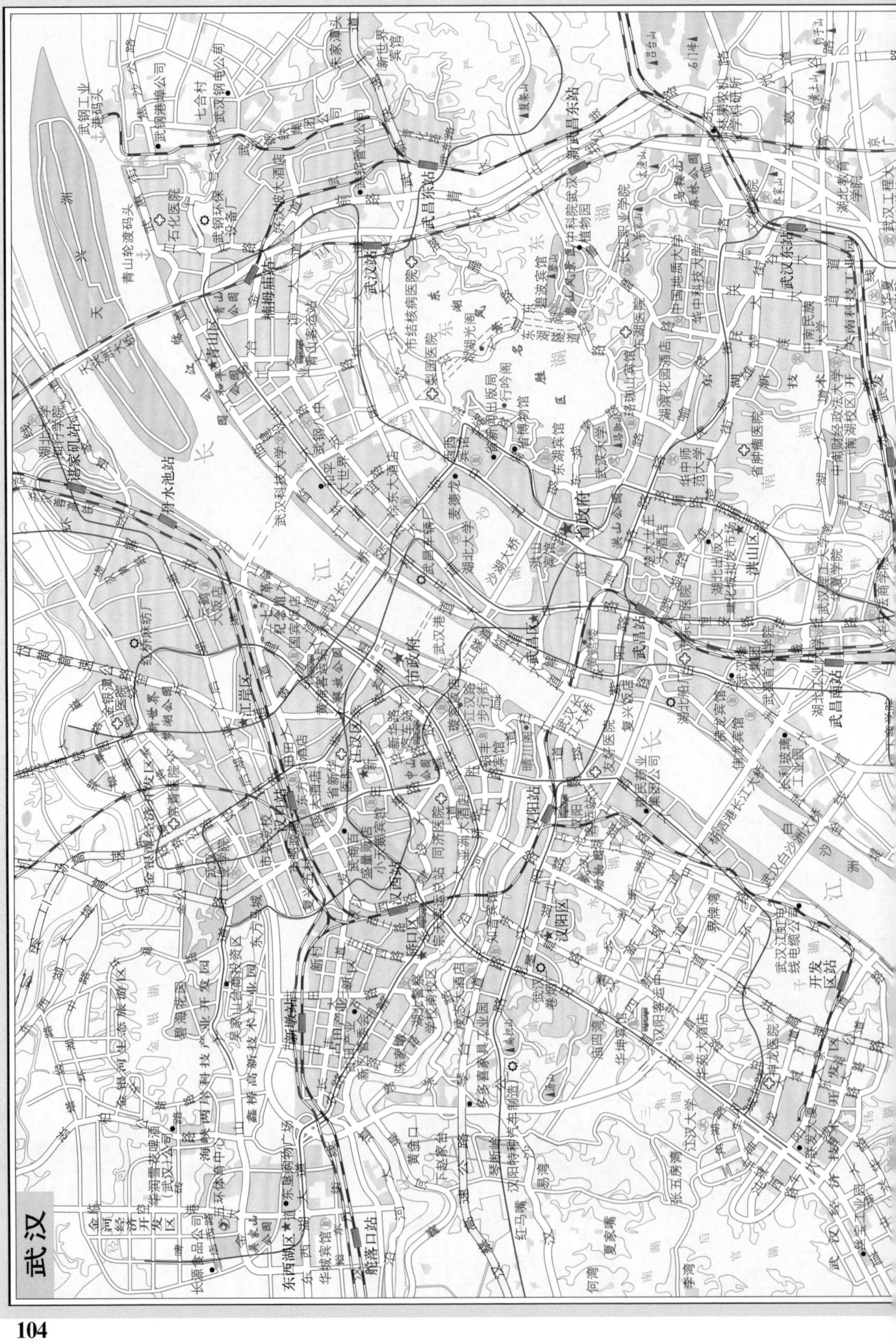

武汉

位于湖北省东部，是湖北省省会，全省政治、经济、文化中心，也是长江中游最大的水陆交通枢纽，国家历史文化名城。市区由武昌、汉口、汉阳三部分组成。武昌在三国吴时始筑夏口城，为1911年辛亥革命首义地，汉口明清时已是我国四大名镇之一，1949年三镇合并设武汉市。

武汉是华中地区最大的工商业城市，是我国重要的钢铁、机械、纺织工业基地和迅速发展中的钢铁城、汽车城，形成了以冶金、纺织、机械、食品为主，包括轻工、化工、建材、电子等门类的工业体系。武汉是我国中部水陆交通的最大枢纽，素有“九省通衢”之称。著名的长江航道在此与京广线、汉丹线、武九线等铁路及106、107国道，京港澳、福银、沪渝、沪蓉高速公路交会。武汉天河机场是我国重要空运口岸之一，有航空线通往国内主要大中城市。武汉特产有武昌鱼、鸭脖子、孝感麻糖等。特色美食有老通城的豆皮、四季美的汤包、蔡林记的热干面和小桃园的瓦罐鸡汤等。武汉又是我国金融、通讯和商业名城。主要商业街区集中分布在武昌解放路、汉口中山大道、江汉路、汉正街，以及汉阳站南市中区。武汉也是我国重要的文教中心之一，武汉大学、华中科技大学、华中农业大学、中南财经政法大学、华中师范大学、武汉理工大学、中国地质大学(武汉)都是国家“211工程”重点建设高校。

武汉有“百湖之城”的美誉，湖泊众多，其中东湖是中国最大的城中湖。著名旅游景点有天下第一楼黄鹤楼、佛教圣地归元寺、万里长江第一桥武汉长江大桥、亚洲民主之门红楼、百年老街江汉路等。武汉富有光荣的革命传统，境内革命遗址众多，著名的有武昌起义军政府旧址、八路军驻武汉办事处旧址、“二七”罢工旧址、“八七”会议会址等。

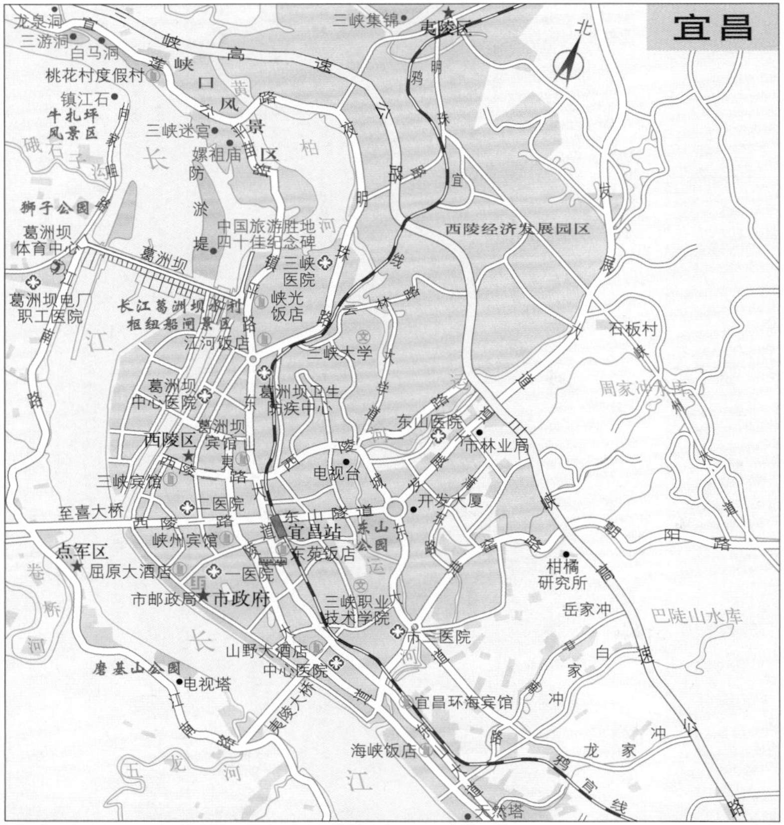

宜昌 ☎ 0717 ✉ 443000

位于湖北省西南部，是长江三峡东口的重要城市和水陆交通枢纽，中国新兴的水电城和旅游城市，有“川鄂咽喉”之称。古称夷陵，民国时始称宜昌，1949年设市。宜昌拥有举世瞩目的三峡水利枢纽、葛洲坝水利枢纽等百余处水电枢纽工程，是全国最大的水电能源中心。形成了以机电、医药、纺织、冶金、建材、化工等为支柱的工业体系。交通便利，焦柳、宜万铁路与长江在境内交会，318国道、沪渝高速公路横穿全境，荆宜高速公路已全线通车。特产宜红茶、广柑、特曲酒。宜昌风景优美，名胜众多，著名景观有长江三峡画廊、清江风景区、大老岭国家森林公园、后河原始森林、三国古战场遗址、屈原故里、昭君故里、古巴人发祥地、葛洲坝水利工程，还有三游洞、白马洞、金狮洞、桃花村、黄陵庙、白果树瀑布、晓峰悬棺等游览胜地。

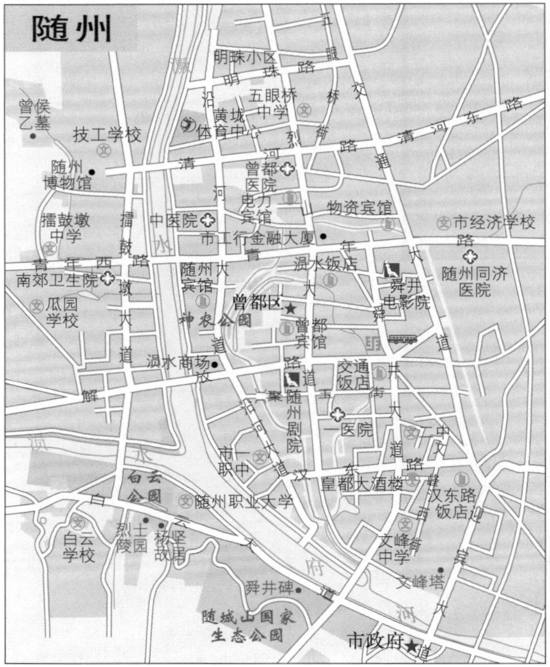

随州 ☎ 0722 ✉ 441300

位于湖北省北部，国家历史文化名城。1979年设市，2000年升为地级市。工业以汽车、轻工、建材等为主。交通便利，汉丹铁路和316国道过境。随州是炎黄文化的发祥地，编钟古乐之乡，相传为炎帝诞生地，建有神农纪念馆。古迹有文峰塔、曾侯乙墓等。

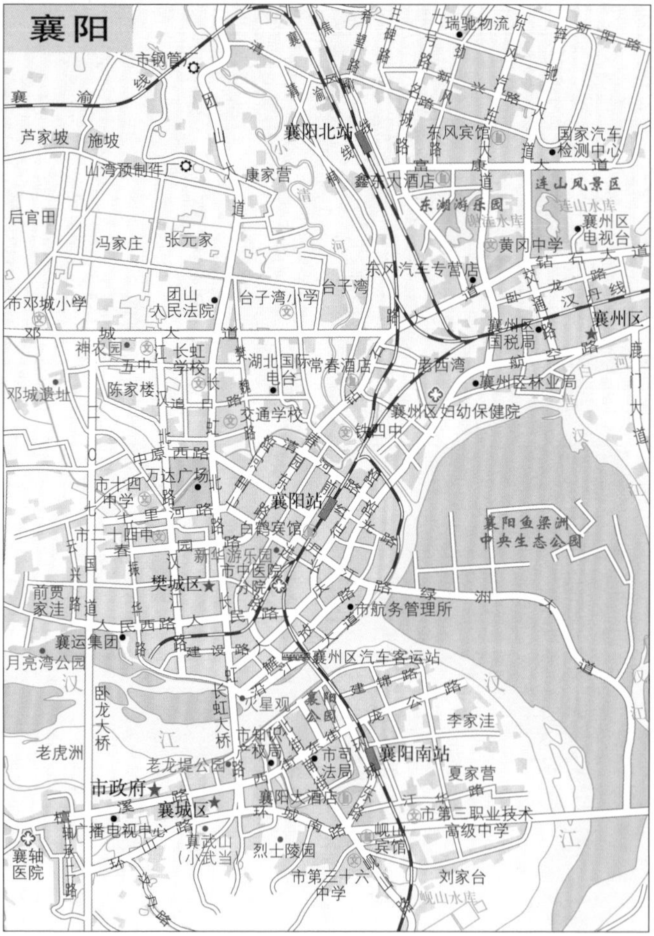

襄阳 ☎ 0710 ✉ 441021

襄阳位于湖北省北部，汉江中游，是鄂北重要工商市，国家历史文化名城。汉置襄阳县，1950年析其襄阳城两镇设襄樊市，2010年襄樊市更名为襄阳市。工业以为主，兼有机械、汽车、冶金、电子、化工、建材、医门类，处于十堰至武汉汽车工业带的中心，建有汽车产发区和亚洲最大的试车场。襄阳自古即为交通要塞，“南船北马、七省通衢”之称，交通便利，焦柳、襄渝丹铁路在此交会，207、316国道及福银、二广高速公路贯穿全境。特产有襄阳大头菜、金刚酥、隆中绿茶、牛等。襄阳历史悠久，拥有丰富的人文资源和自然景观，上著名的刘备三顾茅庐的史事和兴汉蓝图“隆中对策”生在这里。游览胜地有三国诸葛亮故居古隆中、关羽水军的鏖战岗、国家重点保护文物多宝佛塔、中原古刹广米公祠、水镜庄、承恩寺、鹿门寺、真武道观等。

荆州 ☎ 0716 ✉ 434000

位于湖北省中南部、长江北岸，国家历史文化名城古就有“文化之邦、鱼米之乡”的美誉。古称江津，原陵县属镇，1949年设沙市，1994年改荆沙市，1996年由市更名为荆州市。

荆州是新兴的轻纺工业城市，以纺织、轻工、建材电、食品等为主体，床单、热水瓶、洗涤用品等较为有水陆交通便利，为省内重要河港及两湖平原物资集散地市港是国家二类通商口岸，207国道、二广高速公路纵北，318国道和沪渝高速公路横跨东西。荆州特产有鱼八宝饭、千张扣肉等。荆州历史悠久，是楚文化的发祥三国文化的中心，历史上“借荆州”“大意失荆州”等人口的三国故事都发生在这里。境内名胜古迹众多，特楚文化遗迹。还有荆州古城、西汉古墓、章华寺、万塔、乌林古战场及荆州博物馆等。

十堰 ☎ 0719 ✉ 442000

位于湖北省西北部，1969年设市。十堰是我国最大的汽车工业基地，有“中国汽车城”之称。交通便利，襄渝铁路横穿全境，209、316国道及福银高速公路交叉贯穿过境。特产木耳、茶叶、五倍子。名胜有世界文化遗产武当山、原始森林神农架等。

武当山 位于十堰市境内，是我国著名的道教圣地、国家级风景名胜区和世界文化遗产，有“亘古无双胜境，天下第一仙山”之誉。自然风光以雄为主，兼有险、奇、幽、秀等多重特色。规模宏大，气势雄伟，被誉为“我国古建筑成就的展览”。

鄂州 ☎ 0711 ✉ 4360

位于湖北省部，长江南岸，新兴工业城市。时吴孙权曾建此，称武昌，此为郡治，或为州1960年设市。湖域广阔，被誉为湖之市”。工业铁、建材、机械类，是鄂东重要基地和商品集心。水陆交通发建有大小港口6座特产有武昌鱼、鱼、黄州大萝卜名胜古迹有鄂山、三国吴王宫、梁子湖、阁、古灵泉寺等。

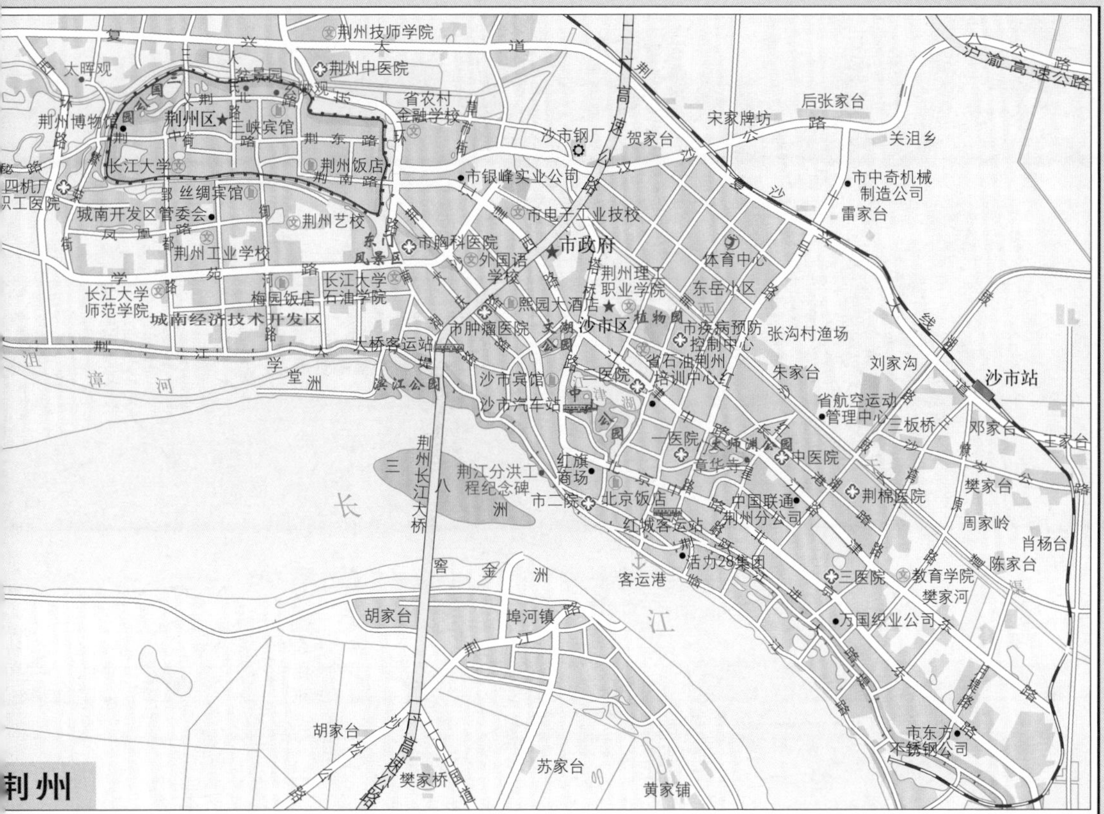
荆州
荆州技师学院
荆州中医院
大晖观
荆州博物馆
荆州区
三峡宾馆
长江大学
荆州饭店
四机厂
职工医院
郢丝绸宾馆
城南开发区管委会
荆州艺校
荆州工业学校
长江大学师范学院
长江大学石油学院
梅园饭店
城南经济技术开发区
东门风景区
省农村金融学校
沙市钢厂
贺家台
宋家牌坊
后张家台
关沮乡
沪渝高速公路
市中奇机械制造公司
雷家台
市银峰实业公司
市电子工业技校
市胸科医院
外国语学校
市政府
体育中心
荆州理工职业学院
东岳小区
熙园大酒店
沙市区
植物园
文湖公园
市肿瘤医院
市疾病预防控制中心
张沟村渔场
大桥客运站
滨江公园
沙市宾馆
沙市汽车站
二医院
中山公园
省石油荆州培训中心
朱家台
刘家沟
沙市站
省航空运动管理中心
三板桥
邓家台
王家台
一医院
太师渊公园
章华寺
中医院
红旗商场
荆江分洪工程纪念碑
三八洲
荆州长江大桥
市二院
北京饭店
中国联通荆州分公司
荆棉医院
樊家台
周家岭
肖杨台
红城客运站
活力28集团
客运港
三医院
教育学院
陈家台
樊家河
窑金洲
胡家台
埠河镇
万国织业公司
长
江
沮漳河
学堂洲
市东方不锈钢公司
苏家台
樊家桥
黄家铺

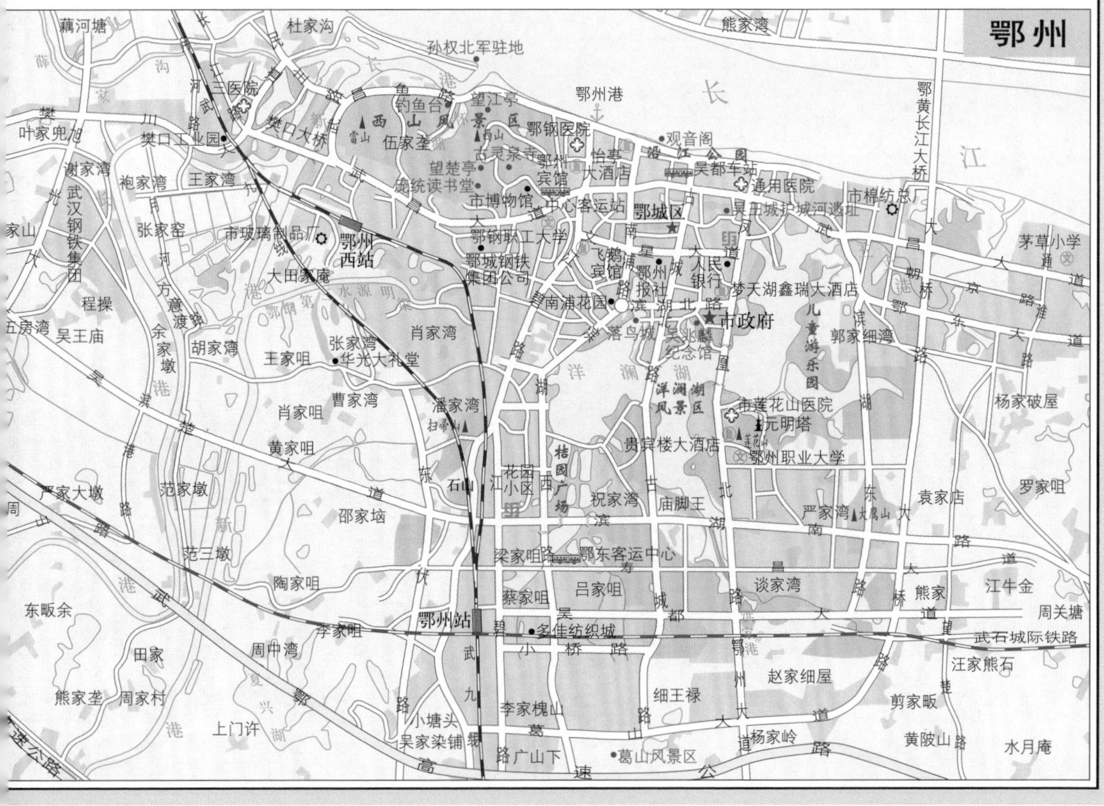
鄂州
藕河塘
杜家沟
熊家湾
孙权北军驻地
三医院
望江亭
鄂州港
钓鱼台
西山风景区
樊口工业园
樊口大桥
伍家垄
古灵泉寺
鄂钢医院
观音阁
沿江公园
吴都车站
通用医院
叶家兜
谢家湾
袍家湾
王家湾
望楚亭
庞统读书堂
鄂州宾馆
怡亭大酒店
市博物馆
中心客运站
鄂城区
吴王城护城河遗址
市棉纺总厂
鄂黄长江大桥
武汉钢铁集团
张家窑
市玻璃制品厂
鄂州西站
鄂钢职工大学
鄂城钢铁集团公司
飞鹅宾馆
鄂州报社
人民银行
梦天湖鑫瑞大酒店
茅草小学
大田家庵
南浦花园
落鸟坡
吴兆麟纪念馆
市政府
儿童游乐园
郭家细湾
程操
五房湾
吴王庙
余家墩
胡家湾
王家咀
张家湾
华光大礼堂
肖家湾
洋澜湖风景区
杨家破屋
肖家咀
曹家湾
潘家湾
扫帚山
市莲花山医院
元明塔
黄家咀
贵宾楼大酒店
鄂州职业大学
罗家咀
严家大墩
范家墩
石山
花园小区
桔园广场
祝家湾
庙脚王
袁家店
邵家垴
严家湾
太阳山
范三墩
梁家咀
鄂东客运中心
江牛金
陶家咀
谈家湾
吕家咀
熊家
东畈余
蔡家咀
周关塘
鄂州站
李家咀
多佳纺织城
武石城际铁路
田家
周中湾
小桥路
汪家熊石
赵家细屋
熊家垄
周家村
细王禄
剪家畈
小塘头
李家槐山
上门许
杨家岭
吴家染铺
广山下
葛山风景区
黄陂山
水月庵
长
江

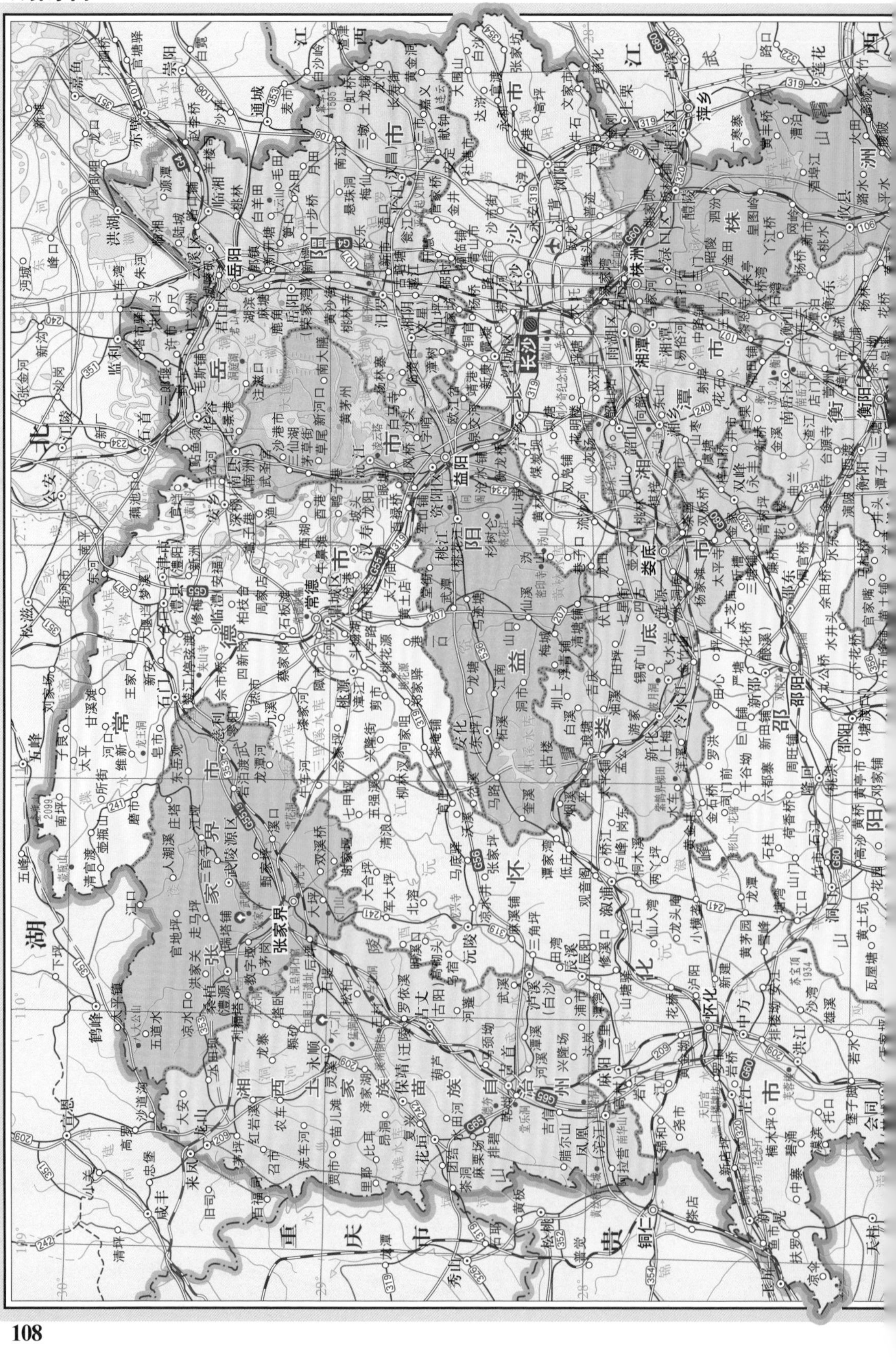
长沙
岳阳
常德
益阳
张家界
株洲
湘潭
娄底
邵阳
衡阳
怀化
萍乡
铜仁
湖北
重庆
江西
贵州

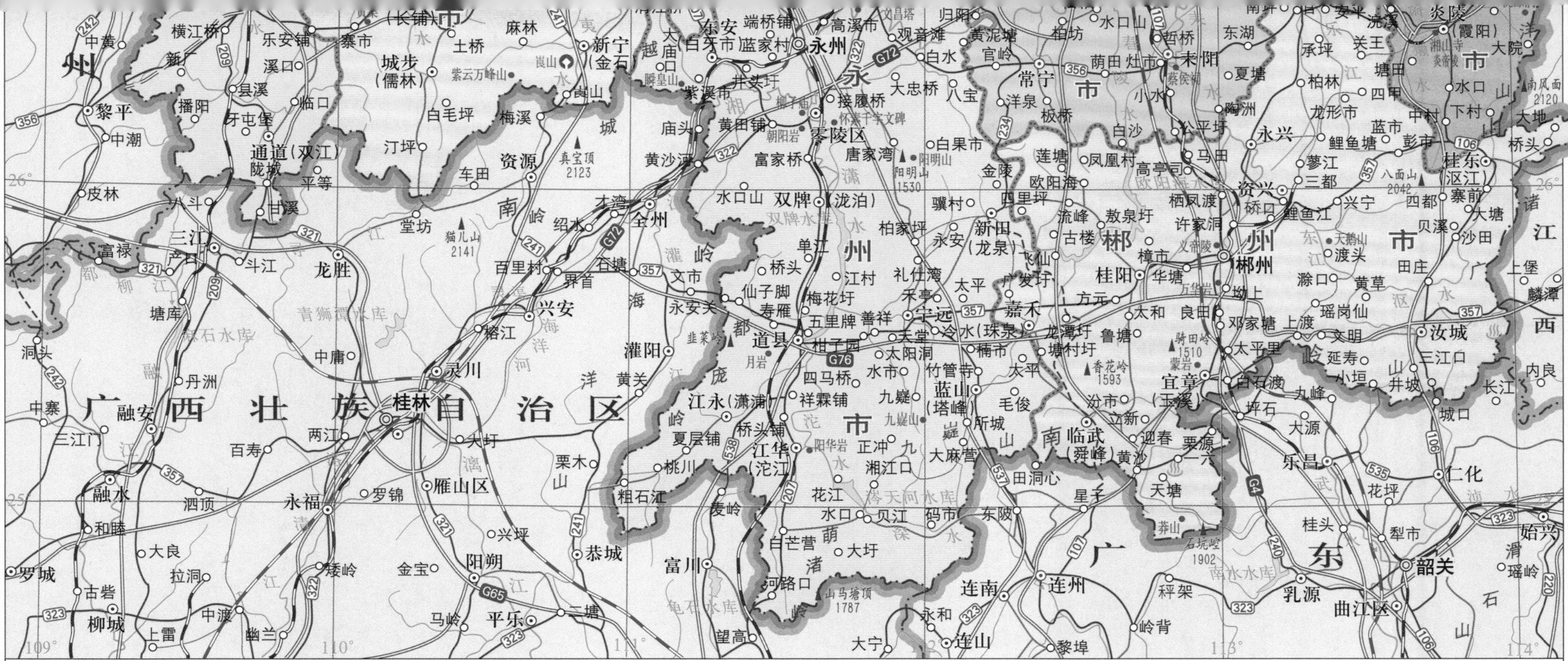

概　况

湖南省简称“湘”，省会长沙。位于长江中游南岸。春秋、战国时为楚国地，元属湖广行中书省，清置湖南省。现辖13地级市、1自治州、19县级市、60县、7自治县及36市辖区。全省面积约21万平方千米，人口7246万。

自然环境

地形 本省北部为洞庭湖平原，湘中为丘陵，雪峰山以西为湘西山地，湘东湘南尚有边缘山地—罗霄山、南岭。壶瓶山海拔2099米，是本省最高峰。湘江是省内第一大江。洞庭湖为我国第二大淡水湖。

气候 属于中亚热带湿润季风气候。一月平均气温3℃～8℃，七月平均气温27℃～30℃。年无霜期260天～300天。年降水量为1200毫米～1700毫米。

经　济

农业 湖南农业多种经营，是我国主要的粮食、油菜、苎麻、茶叶、柑橘、生猪生产出口基地，主要粮食作物有水稻、小麦、薯类等，其中水稻产量居全国首位。

工业 湖南号称“有色金属之乡”，锑矿储量占世界总储量的70%。冶金、机械、电子、化工、建材、造纸等工业具有较好的基础。

交　通

水陆交通便利，有京广、沪昆、湘桂等铁路干线，武广高速铁路纵贯南北。京港澳、沪昆等高速公路过境。洞庭湖及各大江河下游水运发达。

名胜古迹

湖南山川秀丽，名胜古迹众多。武陵源、崀山及中国土司遗址(老司城遗址)被列入《世界遗产名录》。衡山、岳阳楼、洞庭湖、韶山、岳麓山、桃花源、德夯等为国家级风景名胜区。

名优特产

农特产有湘莲、君山银针、湘西辰杉、雪峰蜜橘等。传统工艺品有湘绣、湘西土家锦、醴陵瓷器、浏阳夏布等。

民俗文化

长沙花鼓戏、湘绣、湘西吊脚楼、土家族歌舞、土家织锦等都是湖南独特的民俗文化。

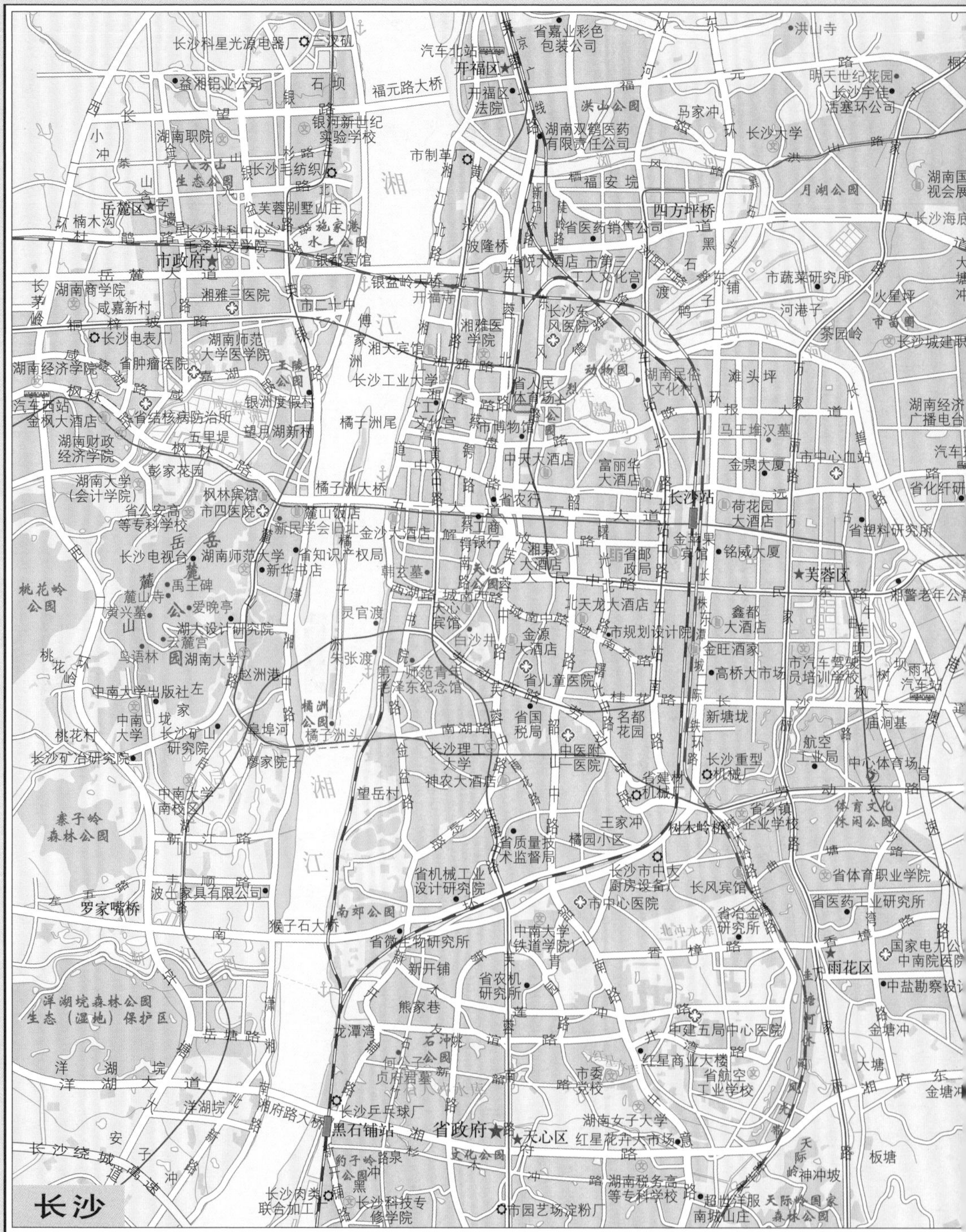

长沙 ☎ 0731 ✉ 410005

湖南省省会，全省政治、经济、文教中心，国家历史文化名城。1933年设市。长沙历史上是我国四大米市之一，现已发展成轻纺、食品械、电子工业为主的综合性工业城市。水陆交通便利，京广铁路、武广高速铁路、京港澳高速公路贯通南北，湘江航道全年通航。手工艺品是我国四大名绣之一。名特产还有羽绒制品、陶瓷工艺品和辣椒油、腊肉及湘莲子、湘橘等。城区被湘江分为东西两片，东片是城区主体，在岳麓山下，集中了众多高校和高新技术产业开发区。商业街广泛分布在芙蓉路、中山路、黄兴路、蔡锷路等地。长沙拥有4所“211工程”即国防科学技术大学、中南大学、湖南大学和湖南师范大学。著名景点有岳麓山、岳麓书院、爱晚亭、橘子洲、天心阁等。

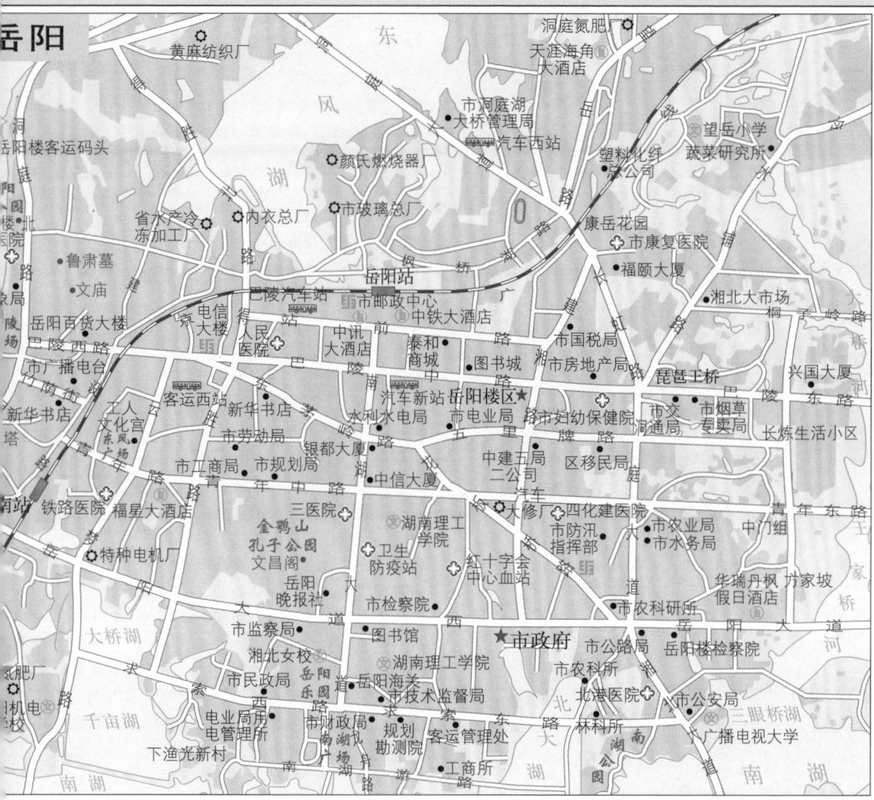

岳阳

☎ 0730 ✉ 414000

位于湖南省东北部，是湘东北重要工业、交通中心和旅游城市，国家历史文化名城。春秋战国时建麇子城，晋置巴陵县，隋为岳州治所，1961年设市。

岳阳现已发展成为拥有石油化工、轻工、纺织等工业的新兴城市，是中南地区最大的石化基地。岳阳地处长江、京广铁路、京港澳高速和107国道的交会之地，城陵矶港是国家批准的湖南对外籍轮开放的唯一口岸。特产湘莲子、君山茶、银鱼等。岳阳依山临湖，风景秀丽，洞庭湖和岳阳楼是国家级风景名胜区，其他著名景点还有君山岛、南湖、汨罗屈子祠、平江杜甫墓、平江起义旧址、任弼时故居等纪念地、岳阳县张谷英村古建筑群等。

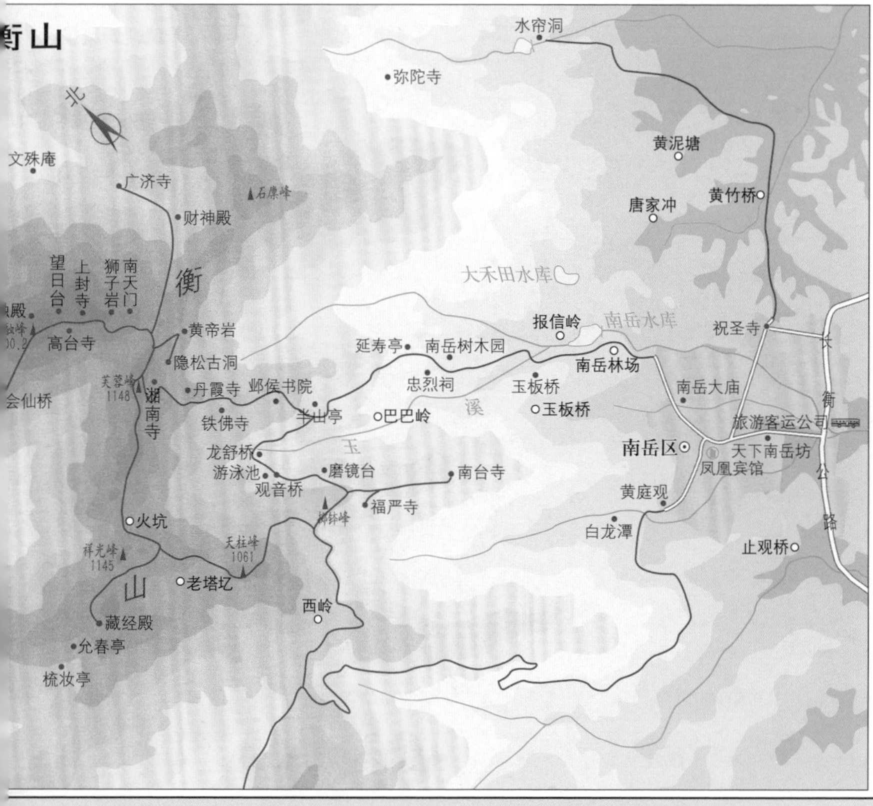

衡山 位于湖南省南岳区，为“五岳”之南岳，国家级风景名胜区。山体绵延150千米，有72峰，以祝融、天柱、芙蓉、紫盖、石廪五峰最有名，最高峰祝融峰海拔1300.2米。衡山层峦叠嶂，葱茏如黛，亭台楼阁，各具特色，云海奇观，随时可赏，素有“五岳独秀”“中华寿岳”之誉。祝融峰之高、藏经殿之秀、方广寺之深、麻姑仙境之幽、水帘洞之奇、大禹碑之古、南岳庙之雄、会仙桥之险”堪称“南岳八绝”；春观花、夏看云、秋望日、冬赏雪为“衡山四时佳景”。这里也是我国佛教、道教活动的主要场所，寺院曾达几十座，今尚存8座，南岳大庙最为巍峨壮观，有“江南第一庙”“南国故宫”之称。山中植物茂密，种类繁多，药材、茶叶是这里的特产。

株洲

0731
412000

位于湖南省东中部，湘江中下游，是湘东重要工业中心、交通枢纽。古称建宁，南宋时正式定名为株洲，1951年设市。

株洲是湖南重要的工业基地和新兴的工业城市，也是亚洲最大的有色金属冶炼基地、硬质合金研制基地、电动汽车研制基地。航空发动机、电力机车、摩托车、化工原料等生产具有重要地位。我国第一台航空发动机、第一枚空对空导弹、第一台电力机车、第一块硬质合金等100多个中国工业史上的第一都诞生在株洲。株洲也是我国南方重要的铁路交通枢纽，京广铁路、沪昆铁路和武广高速铁路、京港澳高速公路穿境而过。株洲是炎黄文化的重要发祥地，也是中国革命发源地之一。名胜古迹有炎帝陵、空灵岸、建宁古城遗址、云阳山、工农义勇军指挥部旧址、左权将军纪念碑、李立三故居、秋瑾故居等革命纪念地等。

凤凰

0743
416200

位于湖南省西部，历史文化名城，被誉国最美丽的小城”。清康熙四十三年（年）。小城依山傍水，沿着城墙缓缓流淌。为青石板街道，江边木结构吊脚楼，还有物馆、杨家祠堂、沈居、天王庙、大成殿、宫等建筑，极具古城特

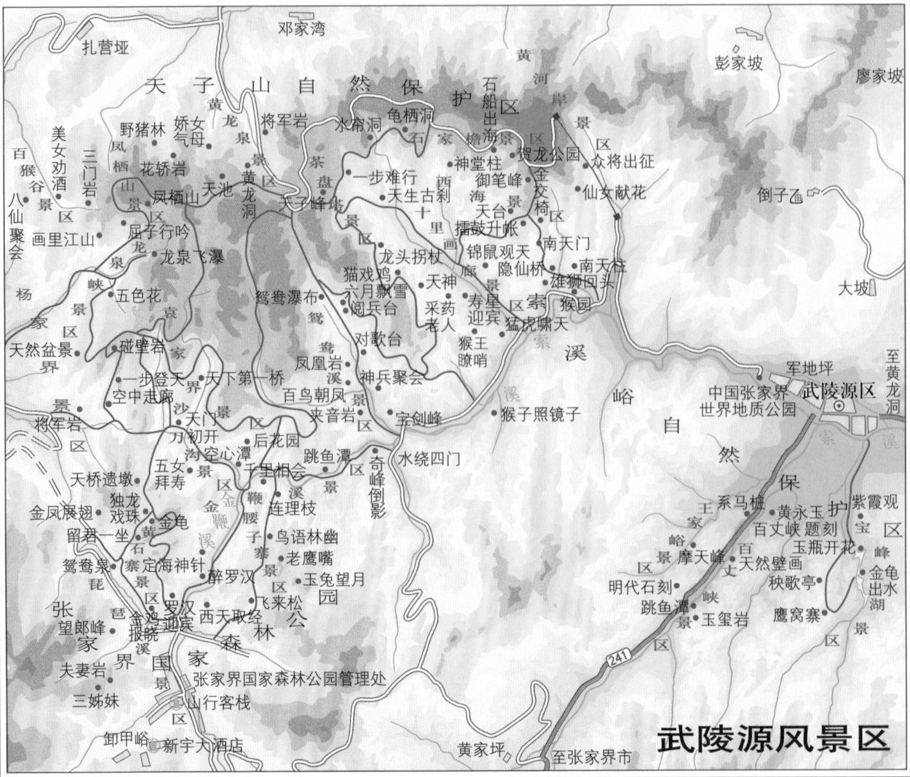

武陵源风景区 位于界市，慈利、桑植2县处，绵延于武陵山脉为国家级风景名胜区界地质公园，已被《世界遗产名录》，“大自然迷宫”之美景区由张家界国家森园、索溪峪自然保护天子山自然保护区组武陵源以奇峰、怪石谷、秀水闻名于世，雄、奇、险、幽、野、怪的特点。景区石峰3000多座，形千，如刀削斧劈；有溪流800多条，清静，蜿蜒曲折；有大洞40余个，规模宏大美神奇，其中最为著是索溪峪的黄龙洞。洞属典型的喀斯特地整个大洞犹如一株参节古木，洞穴中钟乳多、形状之奇，在国溶洞中极为罕见。

潭 ☎ 0731 ✉ 411100

地处湖南省中部偏东，湘江中游，是湘中重要工业、交通。自古为江南名镇，唐始设湘潭县，历代都为县治，年设市。湘潭是全国重要的机电工业基地，工业以原材机电、纺织、化工等为支柱产业。湘乡铝厂是世界最大化盐生产企业，湘潭锰矿是中国最大的锰矿。交通便沪昆铁路在境内通过，107、320国道在市区交会，沪京港澳等高速公路穿城而过。特产有槟榔、灯芯糕、湘，湘潭风景秀丽，人杰地灵，是彭德怀、陈赓、谭政等辈无产阶级革命家的故乡。名胜古迹有毛泽东故居、彭故居、齐白石纪念馆、雨湖公园、陶公山、关圣殿、鲁文庙等。

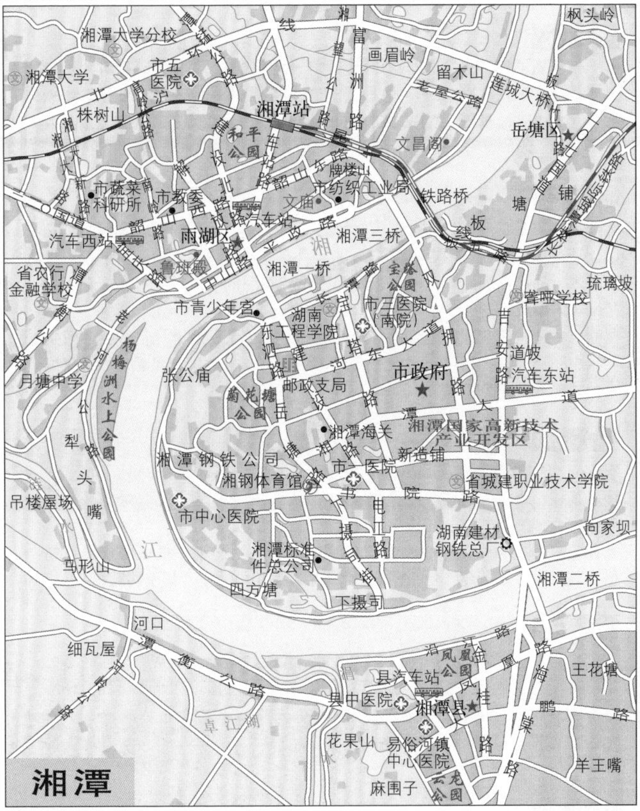

家界 ☎ 0744 ✉ 427000

位于湖南省西北部，澧水中上游，是中国著名的旅游城市。明初置大庸卫，1988年设立地级大庸市，1994年更名为张家界市。张家界以旅游支柱产业。交通便利，焦柳铁路纵贯境内，长张高速公路横贯东西，张家界荷花机场可通往国内主要城市。特产有龟纹彩石、土家织锦、长板栗等。张家界市旅游资源非常丰富，著名景点有世界遗产武陵源风景名胜区、天门山国家森林公园、八大公山自然保护区、九天洞、茅漂流、玉皇洞石窟、普光禅寺、贺龙故居及中华苏维埃共和国湘鄂川黔省革命委员会、省军区旧址等。

广东省

概　况

广东省简称“粤”，省会广州。地处南海之滨。春秋、战国时为百越（粤）地，宋设广南东路，明设广东布政使司，清为广东省。现辖21地级市、20县级市、34县、3自治县及65市辖区。全省面积约18万平方千米，人口9947万。

自然环境

地形　本省丘陵广布，约占全省面积的三分之二，与广西丘陵合称两广丘陵。粤北为南岭，省内有罗浮、西樵、鼎湖、丹霞四大名山。石坑崆海拔1902米，为广东最高峰。沿海有珠江三角洲和潮汕平原。境内珠江是我国华南最大河流。

气候　广东地跨北回归线，大部分地区属于亚热带湿润季风气候。一月平均气温8℃～16℃，七月平均气温28℃左右。大部分地区全年无霜雪。年降水量1400毫米～2000毫米。

经　济

农业　粮食作物有水稻、小麦、薯类等。该省还是我国最大的水果生产基地，荔枝、香蕉、柑橘、菠萝被称为岭南四大佳果。雷州半岛是橡胶、咖啡、可可等热带作物的生产基地。

工业　广东工业发达，已形成以家用电器、日用化工、机械、食品、纺织、医药等为主体的门类较全的工业体系。家用电器生产居全国首位。

交　通

广东水陆交通便利，境内有京广、京九等铁路干线，京广高速铁路已建成通车。京港澳、大广、沈海等高速公路纵横交错。广州、深圳、珠海等地都有民航国际机场。海运发达，远洋航线可通往世界各地。

名胜古迹

广东自然、人文景观丰富。丹霞山、开平碉楼与村落被列入《世界遗产名录》。肇庆星湖、西樵山、丹霞山、白云山、惠州西湖、罗浮山、湛江湖光岩等为国家级风景名胜区。其他名胜古迹还有鼎湖山、孙中山纪念堂等。

名优特产

广东名果有东莞香蕉、潮州蜜橘、增城荔枝等。著名海产品有珠江口石斑鱼、潮汕海蟹、深圳鲜蚝、湛江龙虾等。手工艺产品有广州粤绣和织金彩瓷、肇庆端砚等。

民俗文化

广东的潮州文化极具特色，包括潮州方言、潮剧、潮州音乐、功夫茶、潮绣、木雕等。其他独特的民俗文化还有早茶文化、粤剧、舞狮等。

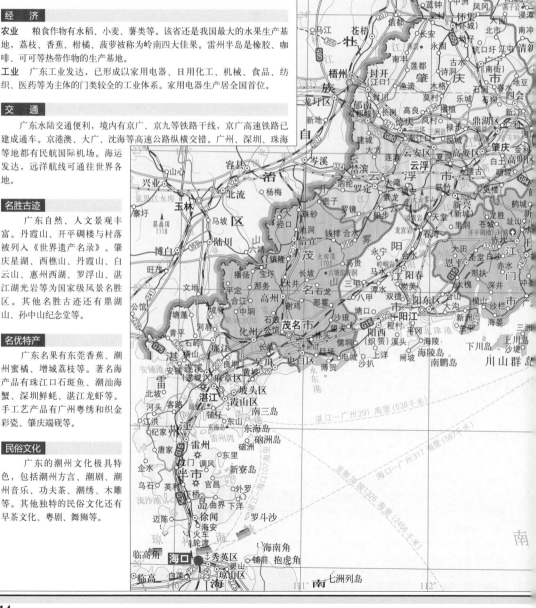

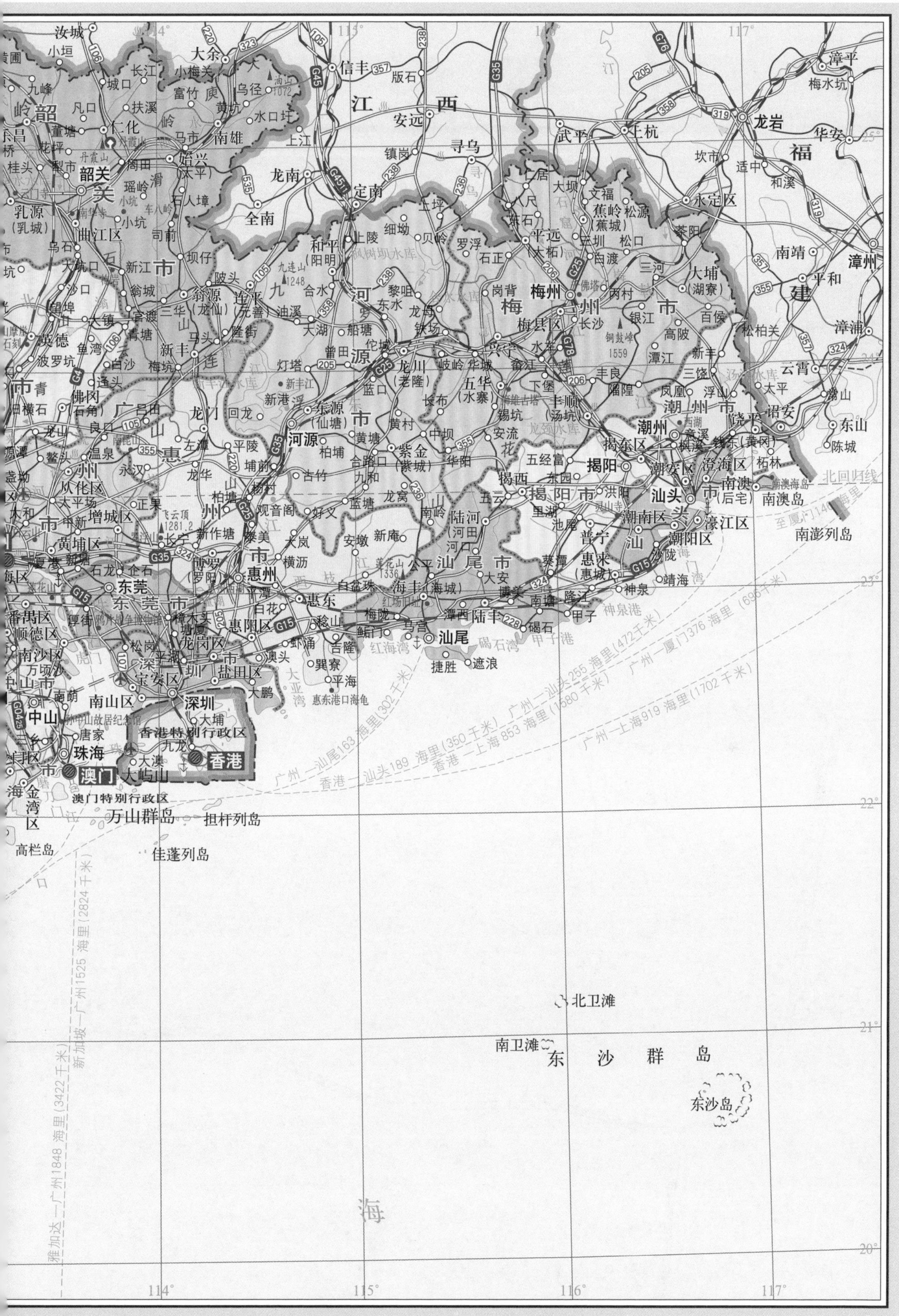
江西
福建
韶关
梅州市
河源市
惠州
汕尾市
揭阳市
潮州市
汕头
东莞市
深圳
中山
珠海
澳门
香港
香港特别行政区
澳门特别行政区
汝城
信丰
安远
寻乌
龙南
定南
全南
大余
南雄
始兴
仁化
乳源
曲江区
翁源
新丰
连平
和平
龙川
紫金
五华
兴宁
平远
蕉岭
大埔
丰顺
梅县区
揭西
普宁
惠来
陆河
陆丰
海丰
博罗
龙门
从化区
增城区
黄埔区
南山区
宝安区
龙岗区
盐田区
惠阳区
惠东
潮阳区
潮南区
澄海区
南澳
饶平
漳州
漳平
龙岩
上杭
武平
永定区
平和
云霄
诏安
东山
南澳岛
南澎列岛
万山群岛
担杆列岛
佳蓬列岛
高栏岛
北卫滩
南卫滩
东沙群岛
东沙岛
海
北回归线
红海湾
碣石湾
甲子港
神泉港
大亚湾
广州—汕尾163海里(302千米)
香港—汕头189海里(350千米)
广州—汕头255海里(472千米)
香港—上海853海里(1580千米)
广州—厦门376海里(696千米)
广州—上海919海里(1702千米)
至厦门140海里
新加坡—广州1525海里(2824千米)
雅加达—广州1848海里(3422千米)
114°
115°
116°
117°
25°
24°
23°
22°
21°
20°

广州

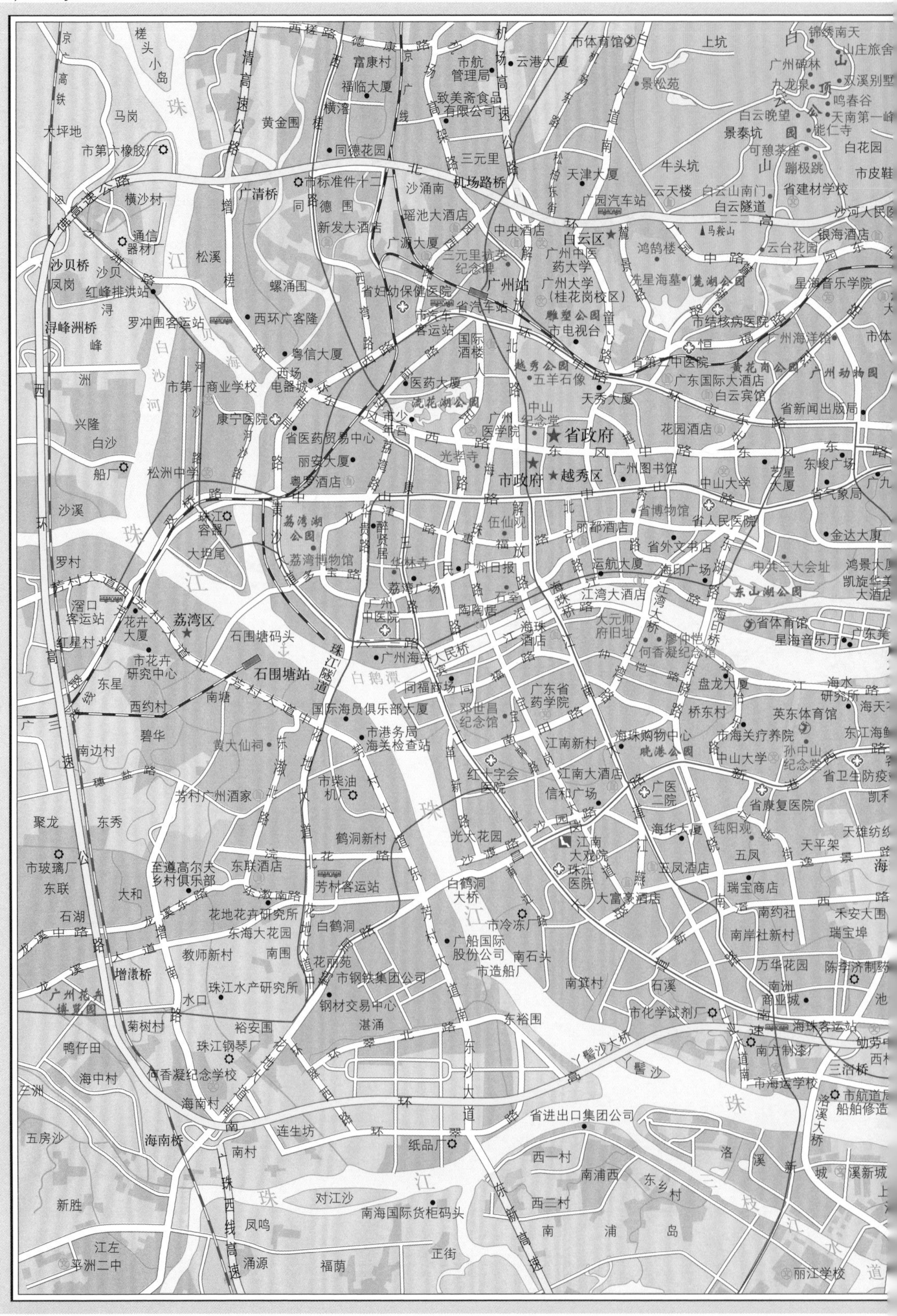
西槎路
德康路
富康村
福临大厦
横滘
黄金围
同德花园
市航管理局
云港大厦
市体育馆
上坑
景松苑
锦绣南天山庄旅舍
广州碑林
九龙泉
双溪别墅
鸣春谷
天南第一峰
能仁寺
白云晚望
景泰坑
可憩茶座
蹦极跳
白花园
市皮鞋
白云山
云台花园
致美斋食品有限公司
三元里
机场路桥
沙涌南
天津大厦
牛头岗
云天楼
白云山南门
白云隧道
省建材学校
沙河人民医院
马岗
大坪地
市第六橡胶厂
横沙村
广清桥
市标准件十二厂
同德围
瑶池大酒店
新发大酒店
广源大厦
中央酒店
广园汽车站
白云区
鸿鹄楼
银海酒店
通信器材厂
沙贝桥
沙贝
凤岗
红峰排洪站
松溪
螺涌围
三元里抗英纪念碑
广州站
广州中医药大学
广州大学（桂花岗校区）
先星海墓
麓湖公园
星海音乐学院
浔峰洲桥
罗冲围客运站
西环广客隆
省妇幼保健医院
市汽车客运站
省汽车站
雕塑公园
市电视台
市结核病医院
广州海洋馆
市体
粤信大厦
国际酒楼
越秀公园
省第一中医院
广东国际大酒店
黄花岗公园
广州动物园
兴隆
白沙
市第一商业学校
西场电器城
医药大厦
流花湖公园
五羊石像
天秀大厦
白云宾馆
省新闻出版局
康宁医院
省医药贸易中心
市少年宫
广州医学院
中山纪念堂
省政府
花园酒店
船厂
松洲中学
丽安大厦
光孝寺
东风中路
东峻广场
粤罗酒店
市政府
越秀区
广州图书馆
中山大学
艺星大厦
省气象局
沙溪
珠江容器厂
荔湾湖公园
伍仙观
省博物馆
丽都酒店
省人民医院
金达大厦
大坦尾
大荔湾博物馆
省外文书店
罗村
华林寺
广州日报
运航大厦
海印广场
中共三大会址
鸿景大厦
凯旋华美大酒店
滘口客运站
荔湾广场
江湾大酒店
东山湖公园
荔湾区
花卉大厦
广州中医院
陶陶居
海珠酒店
大元帅府旧址
廖仲恺何香凝纪念馆
省体育馆
广东星海音乐厅
红星村
石围塘码头
市花卉研究中心
广州海关人民桥
白鹅潭
石围塘站
东星
同福商场
广东省药学院
盘龙大厦
海水研究所
西约村
南塘
国际海员俱乐部大厦
邓世昌纪念馆
桥东村
英东体育馆
碧华
市港务局海关检查站
海珠购物中心
市海关疗养院
东江海鲜
南边村
黄大仙祠
江南新村
晓港公园
中山大学
孙中山纪念堂
省卫生防疫
穗盐路
红十字会医院
江南大酒店
芳村广州酒家
市柴油机厂
信和广场
广医二院
省康复医院
聚龙
东秀
鹤洞新村
光大花园
海华大厦
纯阳观
天雄纺织
市玻璃厂
东联
至遵高尔夫乡村俱乐部
东联酒店
芳村客运站
江南大戏院
珠江医院
五凤酒店
五凤
天平架
大和
东滘南路
白鹤洞大桥
大富豪酒店
瑞宝商店
南约社
禾安大围
石湖
龙溪中路
花地花卉研究所
白鹤洞
东海大花园
市冷冻厂
广船国际股份公司
南岸社新村
瑞宝埠
教师新村
南围
南石头
市造船厂
万华花园
陈李济制药
增滘桥
花丽苑
市钢铁集团公司
南箕村
石溪
南洲商业城
广州花卉博览园
珠江水产研究所
水口
钢材交易中心
市化学试剂厂
海珠客运站
菊树村
裕安围
湛涌
东裕围
南方制漆厂
鸭仔田
珠江钢琴厂
丫髻沙大桥
丫髻沙
三滘桥
海中村
何香凝纪念学校
市海运学校
市航道局船舶修造厂
三洲
海南村
省进出口集团公司
洛溪大桥
五房沙
海南桥
南村
连生坊
纸品厂
洛溪新城
西一村
南浦西
东乡村
新胜
对江沙
南海国际货柜码头
西二村
凤鸣
南浦岛
江左
平洲二中
涌源
福荫
正街
丽江学校
珠江
华南快速干线
广州环城高速公路
珠西线高速
东新高速
三枝江
京广高铁

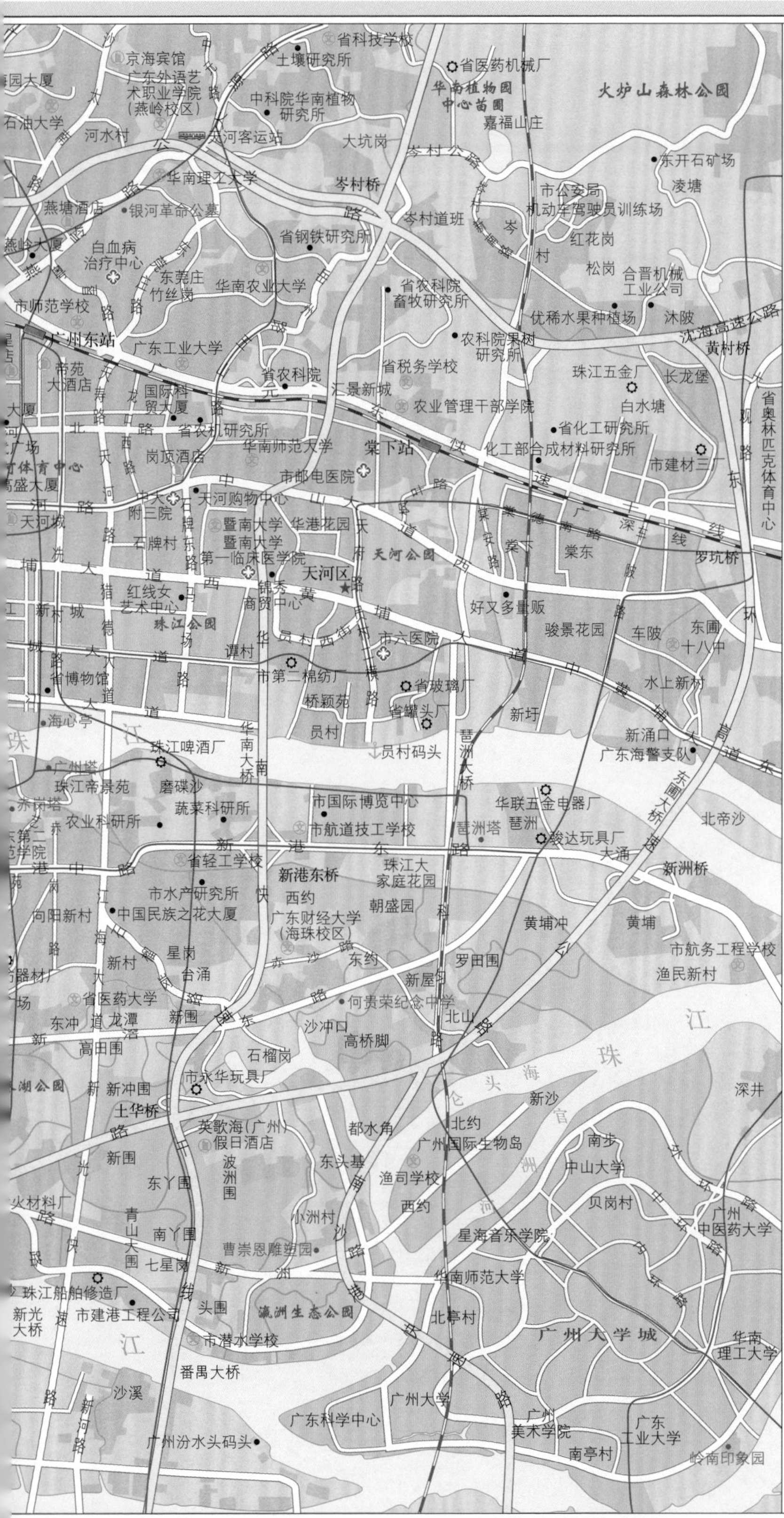

广州 ☎ 020 ✉ 510132

位于广东省南部，是广东省省会，全省政治、经济、文化中心，中国南方最大、历史最悠久的对外通商口岸，也是国家历史文化名城。简称“穗”，别称“羊城”。秦代为南海郡，三国吴时为广州治所，1925年设广州市。

广州是对外开放较早的城市，轻纺工业基础较雄厚，现已发展成为轻纺、食品、制药、服装、电子、造船、金属加工等工业发达的新兴工业城市。广州是华南最大的水陆交通枢纽，珠江、西江航运发达。京广、京九、漳龙、广茂等铁路在此交会，105、106、107等国道纵贯境内，京港澳、环城高速公路都已建成通车。白云机场是我国大型航空中心之一，有航班往返于国内各大城市及澳大利亚、东南亚地区。特产有荔枝、菠萝、广式香肠、西关鸡仔饼等。手工艺品有粤绣、端砚、木雕等。特色小吃有萝卜牛腩、云吞面、肠粉、及第粥、龟苓膏、双皮奶等。粤菜是我国著名的八大菜系之一，以口味清淡为特点，“食在广州”声誉驰名中外。

广州城区以珠江为界，以北为老城区，沿江呈条带状组团，以南为新城区。主要商业街区包括北京路、中山路中段、人民路、下九路、上九路等。作为华南地区的文化中心，广州有中山大学、华南理工大学、暨南大学、华南师范大学四所“211工程”高等院校。

广州名胜古迹众多，主要景点有越秀山、广州塔、鲁迅纪念馆、华南植物园、白云山、镇海楼、陈家祠、南湖乐园、番禺香江野生动物园等。广州还是中国近代和现代革命的策源地，有黄花岗烈士陵园、三元里抗英遗址、黄埔军校旧址、中山纪念堂、农民运动讲习所等遗迹。

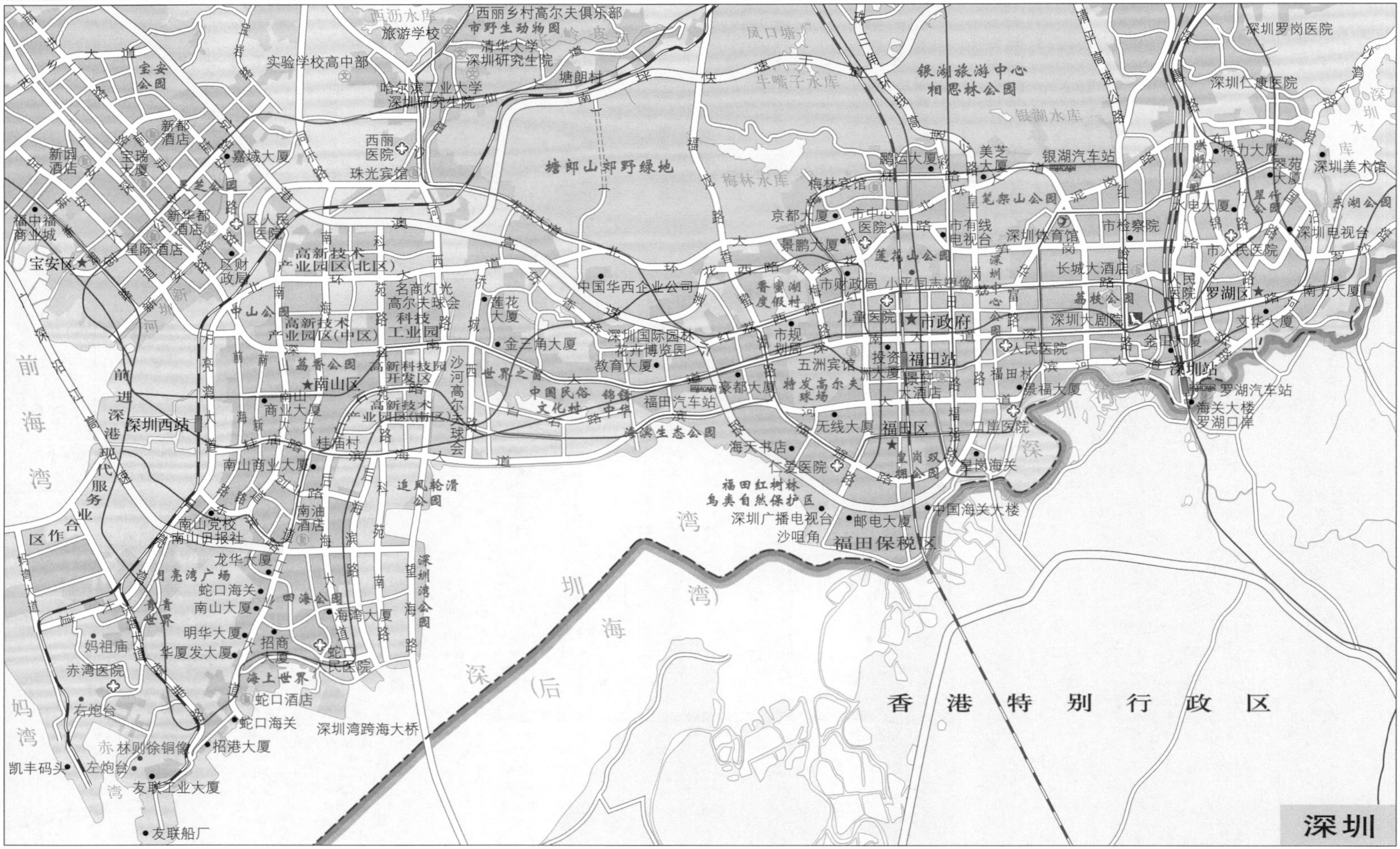

深圳 ☎ 0755 ✉ 518035

位于广东省南部，珠江口东岸，毗邻香港，是我国著名经济特区城市，国家经济与社会发展计划单列市之一。东晋置宝安县，清初名深圳，1979年设市，1980年设我国第一个经济特区。

深圳是以轻型出口加工业和旅游业为主、工贸结合的新兴城市，拥有电子、纺织、工艺服

中国高新技术产业基地和区域性金融中心、信息中心。深圳还是重要对外贸易口岸，外贸和国内贸易发达，市内有沙头角购物中心。交通便利，京九、广深铁路纵贯市区，长深、沈海、珠三角环线高速公路纵横交错，深圳宝安机场是我国繁忙航空港之一。特产有大鹏鲍鱼、牡蛎、荔枝等。深圳创办经济特区以来，国内、国际旅游业发展迅速，游览胜地有微缩景区锦绣中华、大型

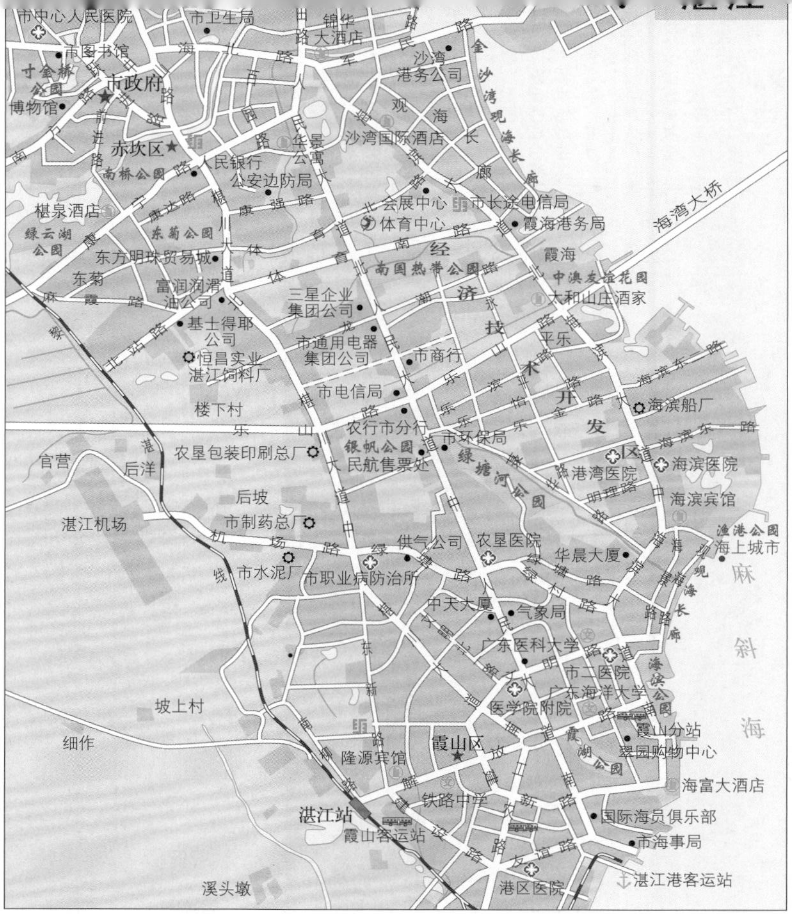

珠海　☎ 0756　✉ 519000

位于广东省南部，珠江口西岸，邻近澳门，是我国著名经济特区城市。1979年设市，1980年兴办经济特区。珠海是以发展出口加工工业和旅游业为主的新兴城市和我国对外贸易的重要口岸之一。水产业发达，盛产鲜蚝、石斑鱼等。交通便利，京港澳高速公路过境，广珠铁路已建成通车，珠海金湾机场与国内20多个大中城市通航。风景名胜有海滨公园、圆明新园、白莲洞公园及华夏五千年景区、珍珠乐园、九洲城、竹仙洞、金海滩、飞沙滩、斗门御温泉等。

湛江　☎ 0759　✉ 524047

位于雷州半岛东北部，南隔琼州海峡与海南省相望。旧称广州湾，1945年设市。湛江为我国对外贸易港口和渔业基地之一，工业以轻型结构为主，有食品、制糖、制盐、家电、纺织、建材、橡胶制品等产业。湛江还是我国三大热带作物生产基地之一。盛产橡胶、剑麻、胡椒、热带水果。海洋资源十分丰富，产量居全省第一。湛江位于海南岛通往大陆的必经之地，交通便利，已建成海、陆、空立体交通网。湛江风景优美，著名景点有湖光岩风景区、东海岛龙水岭等。

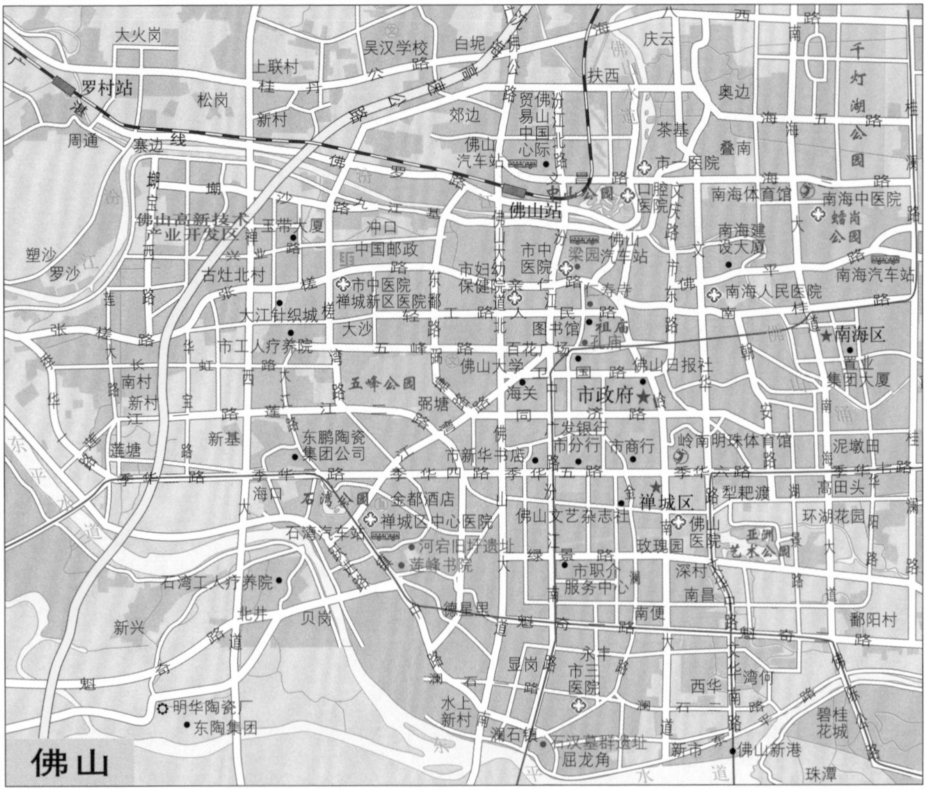

佛山 ☎ 0757 ✉ 528000

位于广东省珠
角洲中部，是我国
四大名镇之一，国
史文化名城。相传
因城中挖得佛像而
佛山。1949年设市
山是新兴的工业城
工业以陶瓷、丝绸、
子、制药等最有名
“南国陶都”“广
心”和“岭南药材
地”的美誉。交
利，广茂铁路、3
325国道及沈海高速
等穿境而过，并开
佛山至香港九龙的
车，广佛地铁为国
条城际地铁线。特
艺品石湾陶瓷、木
画、剪纸、粤绣等
山旅游资源丰富，
有西樵山国家级风
胜区、宋代祖庙
园、清晖园、孔庙
公祠、仁寿寺、康
故居等名胜古迹。

汕头 ☎ 0754 ✉ 515041

位于广东省东部，是我国首批经济特区之一，也是我国著名的侨乡和重要的港口城市，素有“岭东门户、华南要冲”的美称。1930年设市。工业起步较早，现感光材料、罐头食品、电子仪表、纺织、服装来料加工等产品具有一定实力。交通便利，畲汕铁路可连接全国铁路网，206、324国道纵横交错境内，沈海、汕昆高速公路已全面通车，汕头港是我国沿海枢纽港之一。特产有潮汕抽纱、潮绣、嵌瓷、金漆木雕、狮头鹅、长寿药酒等。著名景点有塔山风景区、莲花峰、北回归线标志塔、潮阳灵山寺、妈屿岛妈祖庙、南澳岛、南昌八一起义南下部队总指挥部旧址等。

肇庆 ☎ 0758

位于广东省中西
的“黄金之乡”“中
道、三茂铁路贯穿全
由七星岩、鼎湖山组
海、梅庵、披云楼、

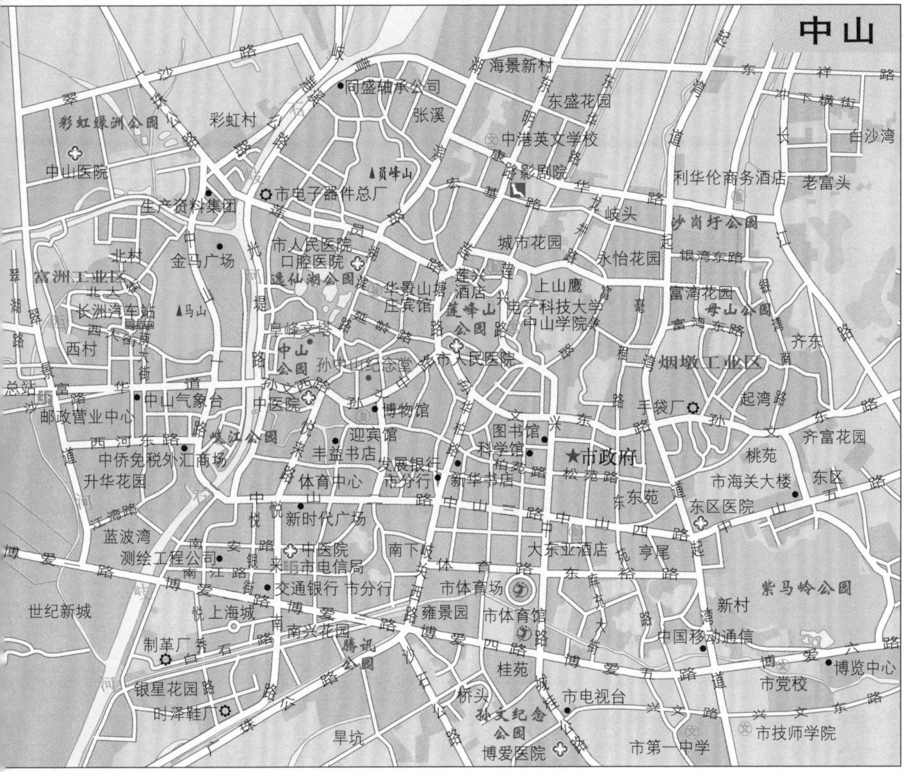

中山 ☎ 0760 ✉ 528403

位于广东省珠江三角洲南部，毗邻港澳，是广东经济发展“四小虎”之一，著名侨乡，国家历史文化名城。原名香山，1925年为纪念孙中山先生改名中山县，1983年建市。中山现已形成以高新技术产业为龙头，包括家电、机械、电子、纺织、食品等门类的工业体系。交通便利，广澳、珠三角环线高速公路和105国道贯通全境。特产有三月红荔枝、神湾菠萝、脆肉皖等。主要旅游景点有中山故居、孙中山纪念堂、孙文纪念公园、五桂山森林旅游庄园、紫马岭公园、墩山古塔、阜峰文塔、南山古香林等名胜。

526040

历史文化名城。1949年设市。肇庆矿产资源丰富，被誉为广东工业以仪表电子、轻纺、食品等为主。交通便捷，321和324国有端砚、花草席等，其中端砚居中国四大名砚之首。名胜古迹有家级风景名胜区，及西江小三峡、德庆盘龙峡、丽谯楼、广宁竹挺独立团团部旧址、砚州包公祠等。

西樵山 位于佛山南海区官山圩附近，是一座状若莲花复合的古火山，为国家级风景名胜区、国家森林公园和岭南四大名山之一，自古便有“南粤名山数二樵”的美誉。西樵山自然风光美仑美奂，山上有72峰、48洞、28瀑布和207泉之胜。山虽不高，以景色清幽秀丽、独特的地形地貌、丰富深厚的人文景观、古朴自然的民俗风情而闻名。山中有樵园、云泉仙馆等古建筑，及天湖、云路村、丹桂园等游览点。

广西壮族自治区 南宁附近

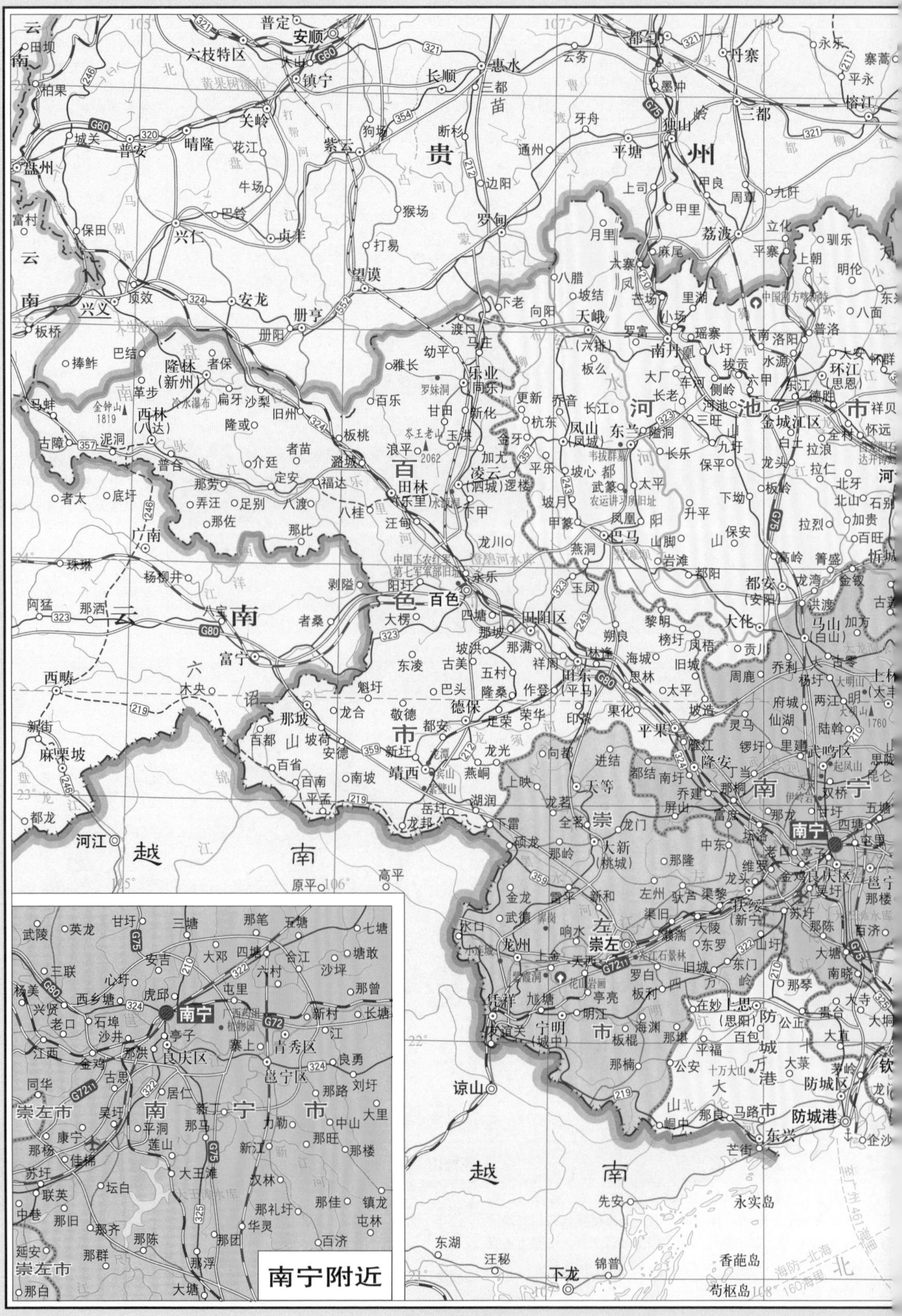

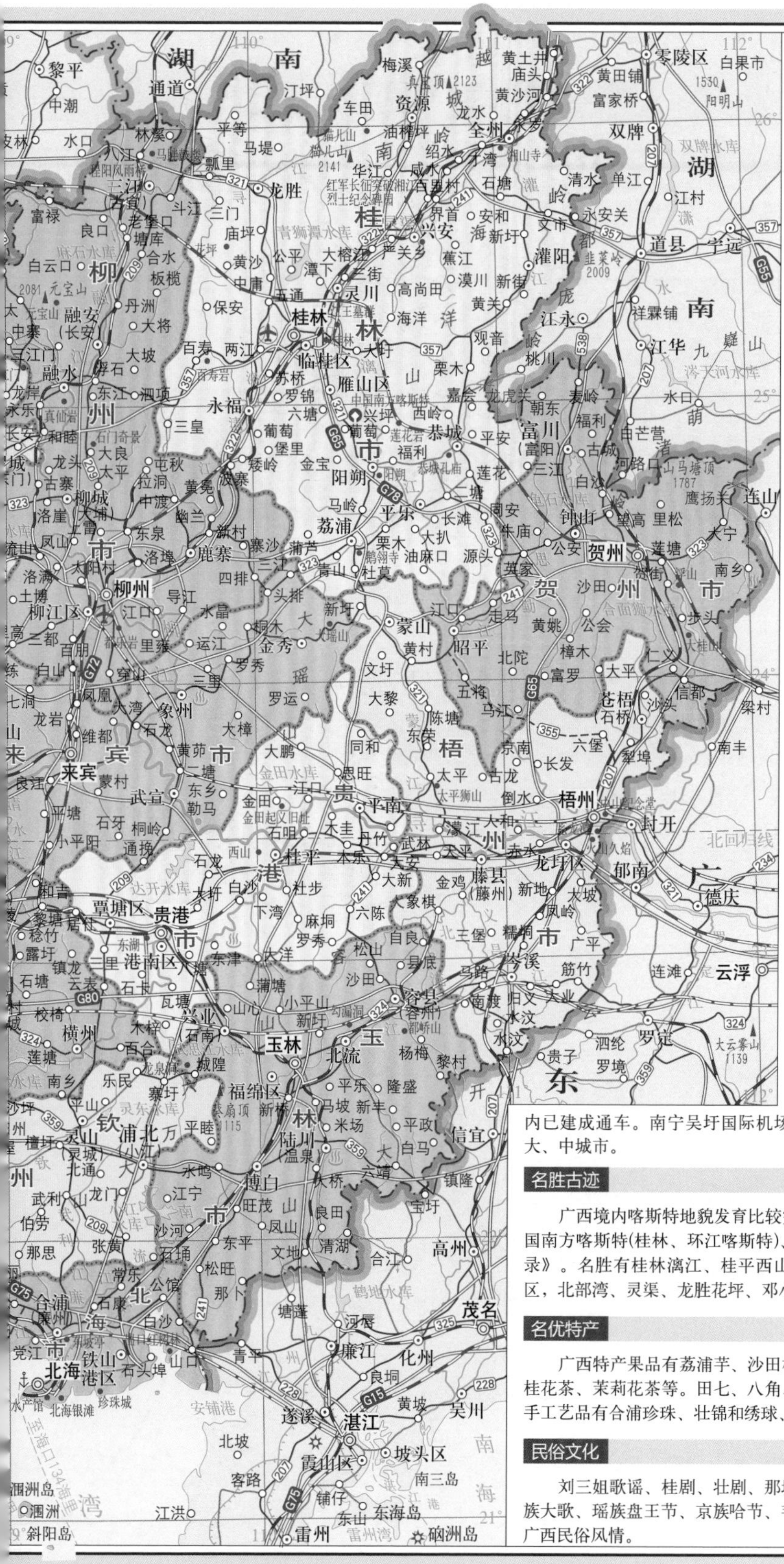

概　况

广西壮族自治区简称"桂"，首府南宁。地处祖国南疆。春秋战国时为百越（粤）地，宋为广南西路，清置广西省，1958年成立广西僮族自治区，1965年改为广西壮族自治区。现辖14地级市、10县级市、48县、12自治县及41市辖区。自治区面积约24万平方千米，人口5733万。

自然环境

地形　广西丘陵广布，周边山势高峻。主要山脉有越城岭、云开大山、六万大山、大瑶山等。猫儿山海拔2141米，为自治区最高峰。河流有西江、柳江、桂江等。沿海有涠洲岛、斜阳岛等岛屿。

气候　属亚热带湿润季风气候。一月平均气温6℃～16℃，七月平均气温25℃～29℃。年无霜期300天以上，年降水量1000毫米～2000毫米。

经　济

农业　广西农作物多样，主要粮食作物有水稻、玉米、大豆等，经济作物有甘蔗、花生、桑蚕、黄红麻等。北部湾盛产石斑鱼、红鱼、大虾、鱿鱼等。

工业　广西是我国主要制糖工业基地之一，工业以机械电子、铝锡冶炼、水电、水泥、制糖、罐头食品工业为主。

交　通

广西是西南地区出海门户，有湘桂、黔桂、南昆等铁路干线和新兴的北海、防城港、钦州等海港。广昆、南友、兰海、包茂等高速公路境内已建成通车。南宁吴圩国际机场和桂林两江机场可通往全国各大、中城市。

名胜古迹

广西境内喀斯特地貌发育比较完备，山清水秀，风光迤逦。中国南方喀斯特(桂林、环江喀斯特)、花山岩画被列入《世界遗产名录》。名胜有桂林漓江、桂平西山、宁明花山等国家级风景名胜区，北部湾、灵渠、龙胜花坪、邓小平百色起义旧址等游览胜地。

名优特产

广西特产果品有荔浦芋、沙田柚、菠萝蜜等。名茶有苦丁茶、桂花茶、茉莉花茶等。田七、八角、罗汉果等是著名中药材。传统手工艺品有合浦珍珠、壮锦和绣球、瑶绣、阳朔画扇等。

民俗文化

刘三姐歌谣、桂剧、壮剧、那坡壮族民歌、壮族歌圩、三江侗族大歌、瑶族盘王节、京族哈节、毛南族肥套都构成了多姿多彩的广西民俗风情。

比例尺：1∶2 880 000　0　28.8　57.6　86.4千米

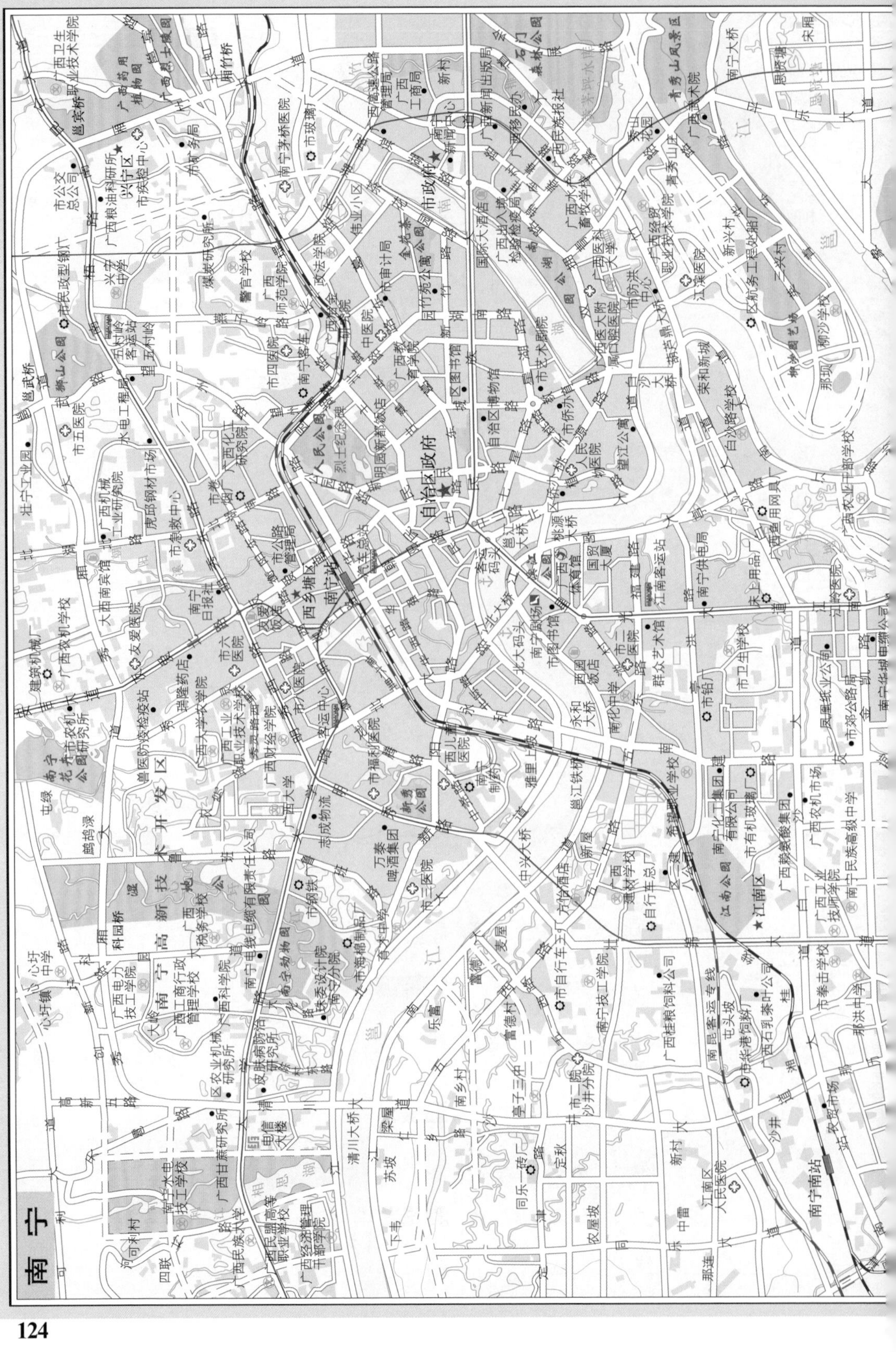
南宁
自治区政府
市政府
南宁站
人民公园
南宁南站
江南区
青秀山风景区
南湖公园
江南公园
邕江

位于广西壮族自治区南部偏西，地处邕江畔，故简称邕，别称凤凰城、五象城，又因植被丰富、四季常青，而享有“中国绿城”的美称。古属百越领地，元置南宁路，1946年设市，1958年起成为广西壮族自治区首府。

南宁轻纺、制糖、食品等轻工业发达，是工业门类较为齐全的新兴综合性工业城市。水陆交通便利，邕江航道四季通航，铁路有南昆、湘桂、南防等线，公路有210、322、324、325等国道，兰海、广昆、泉南等高速公路已全线贯通。市南有对外开放的吴圩机场。特产有罗汉果、荔分布于中心城区北侧。工业区多分布于中心城外围和近郊地区。主要商业街区有朝阳路、中山路、市政府一带和火车站一带。广西大学是自治区唯一的一所国家“211”工程重点建设大学。

南宁市容呈现一派南国风光，著名景点主要有南湖公园、人民公园古炮台和烈士碑、广西博物馆等，附近有伊岭岩、青秀山、扬美古镇、德天瀑布、宁明花山崖壁画等。

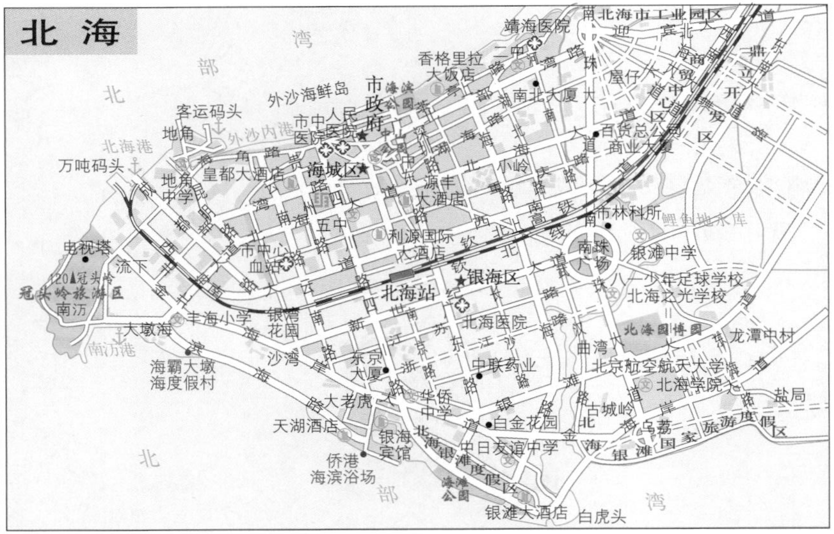

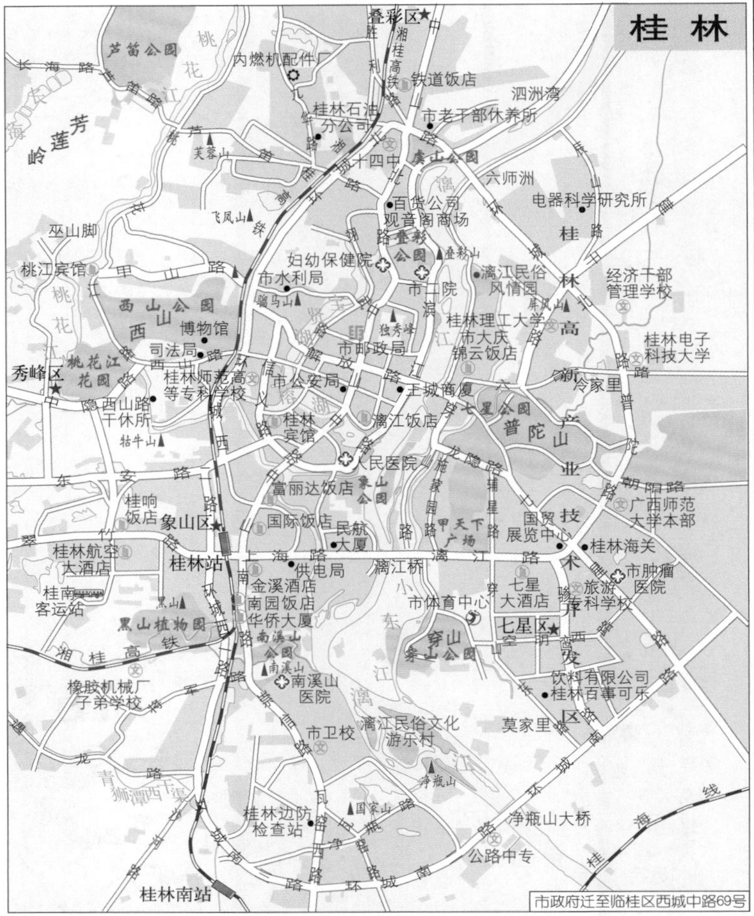

北海

☎ 0779 ✉ 536000

位于广西壮族自治区南部，是我国西南著名对外开放海港和渔港。1950年设市。北海是中国古代“海上丝绸之路”始发港，是中国西部唯一具备空港、海港、高速公路和铁路的城市；铁路有钦北线与钦防、南昆、黎湛铁路相接；公路有209、325国道及兰海高速公路过境。特产有海参、沙虫、鱿鱼及驰名中外的“南珠”。北海是一个美丽富饶、风景如画的海滨城市，北海银滩被称为“中国第一滩”，著名景点还有涠洲岛国家地质公园、冠头岭、草花岭、高墩古遗址、山口红树林等。

桂林

☎ 0773 ✉ 541100

位于广西壮族自治区东北部，是著名的旅游城市和国家历史文化名城。1940年设市。桂林是桂北交通枢纽，湘桂铁路穿城而过，321、322等国道穿境而过，泉南、包茂高速公路境内全线通车。工业以电子、医药、工艺美术等为主。特产桂林豆腐乳、辣椒酱、三花酒、罗汉果、沙田柚、白果等。桂林是驰名中外的旅游城市，以典型的喀斯特地貌闻名天下，山水奇特秀丽，尤其漓江两岸，风景如画，有“桂林山水甲天下”的美誉，是国家级风景名胜区。主要名胜有叠彩山、芦笛公园、七星岩桂海碑林、象鼻山、阳朔、灵渠、净瓶山、独秀峰等。

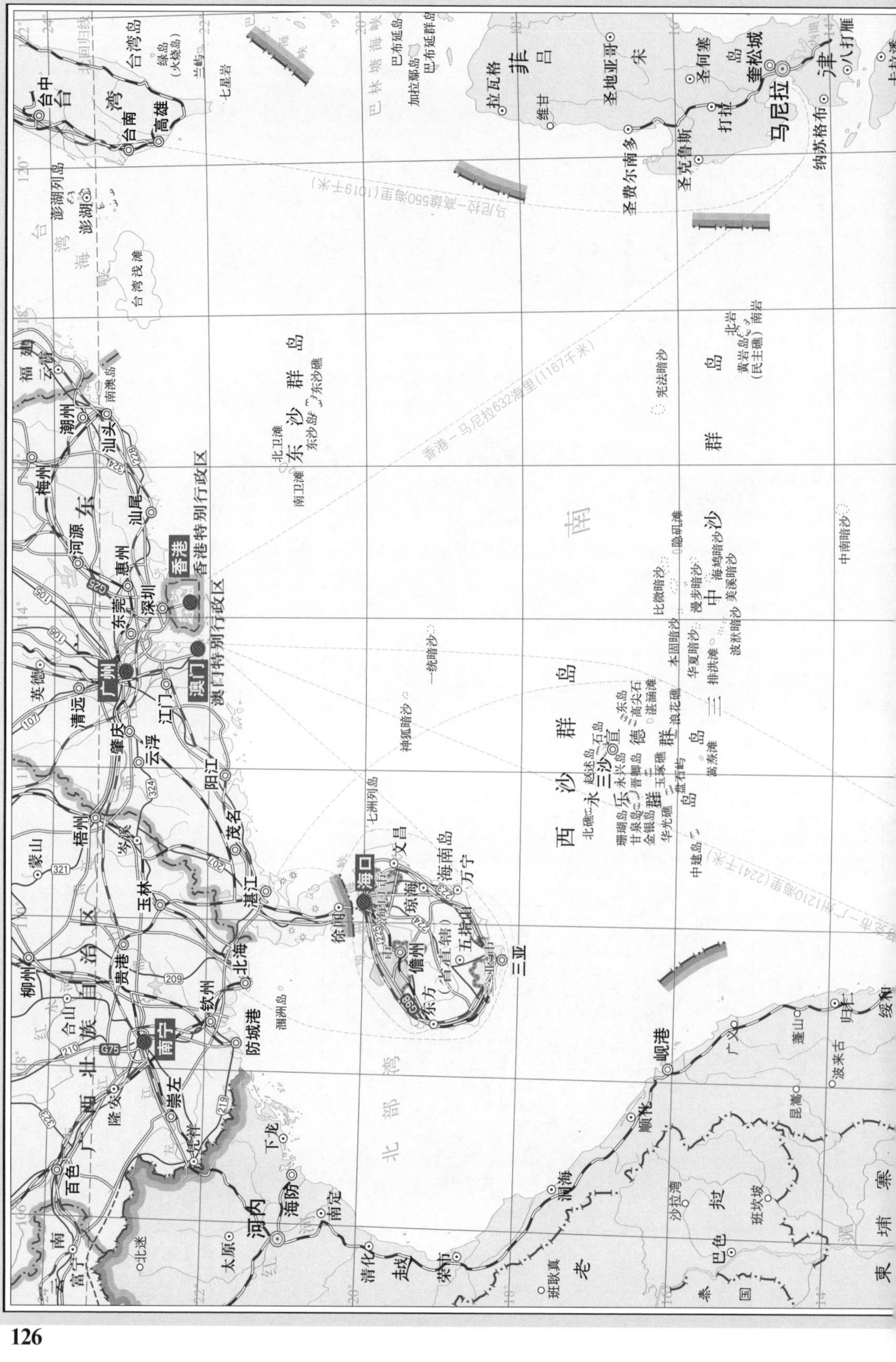
海口
海南岛
三亚
五指山
儋州
琼海
文昌
万宁
东方
广州
香港
澳门
深圳
东莞
惠州
汕尾
汕头
潮州
梅州
河源
清远
英德
肇庆
云浮
江门
阳江
茂名
湛江
北海
钦州
防城港
南宁
柳州
梧州
玉林
贵港
崇左
百色
河内
海防
下龙
南定
清化
荣市
岘港
顺化
洞海
台湾岛
台中
台南
高雄
澎湖列岛
台湾浅滩
东沙群岛
东沙岛
北卫滩
南卫滩
西沙群岛
永乐群岛
宣德群岛
永兴岛
赵述岛
中沙群岛
黄岩岛
（民主礁）
中建岛
马尼拉
菲律宾
吕宋
北部湾
香港特别行政区
澳门特别行政区
香港－马尼拉632海里(1167千米)
马尼拉－高雄550海里(1019千米)

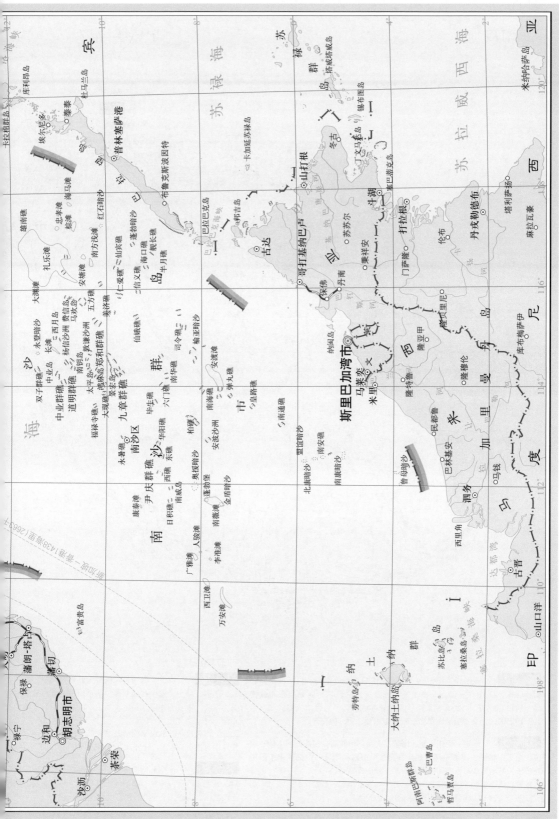

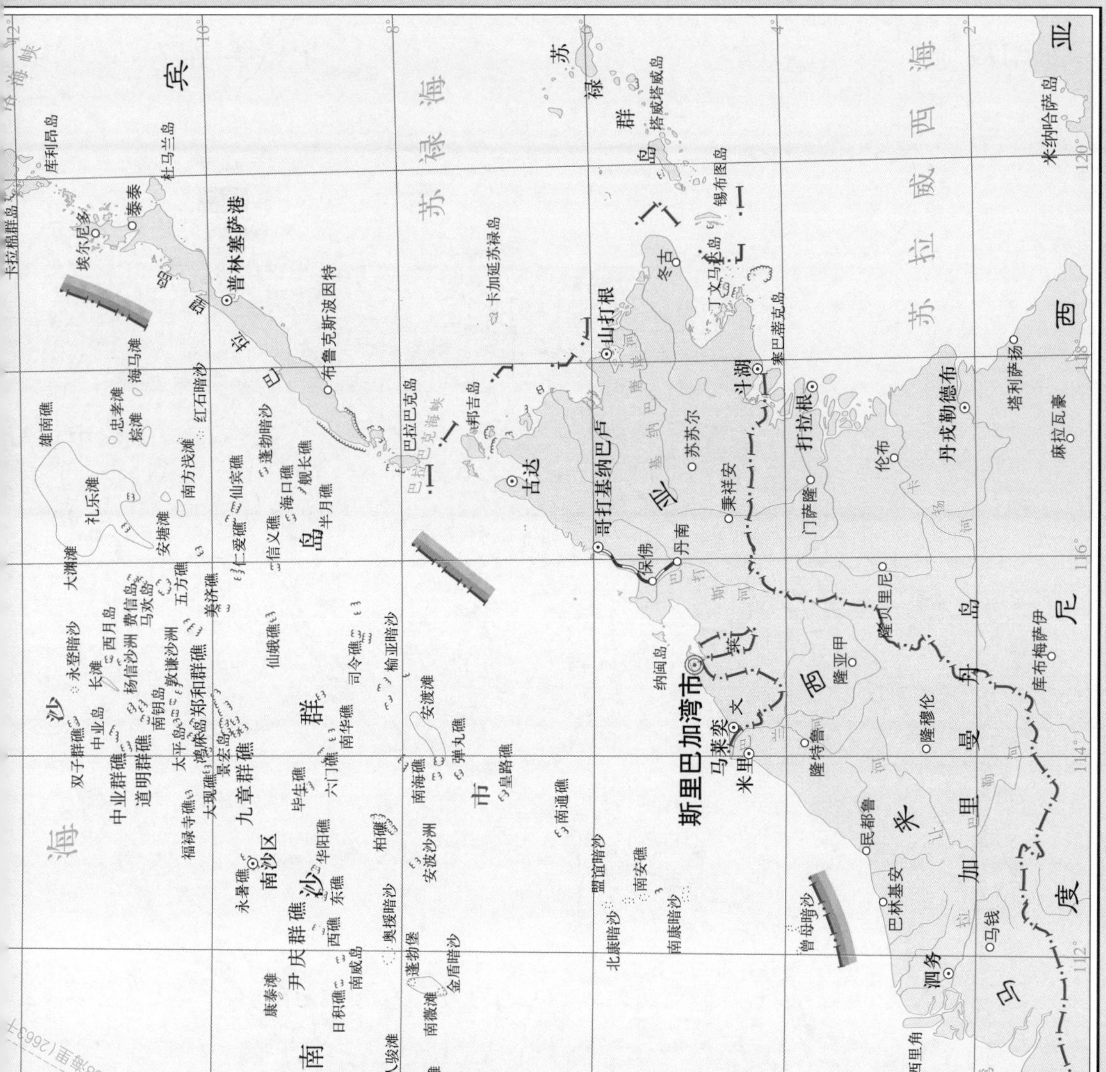

比例尺：1∶8 330 000　0　83.3　166.6　249.9千米

海南岛 三沙市在西沙群岛的地理位置 三沙

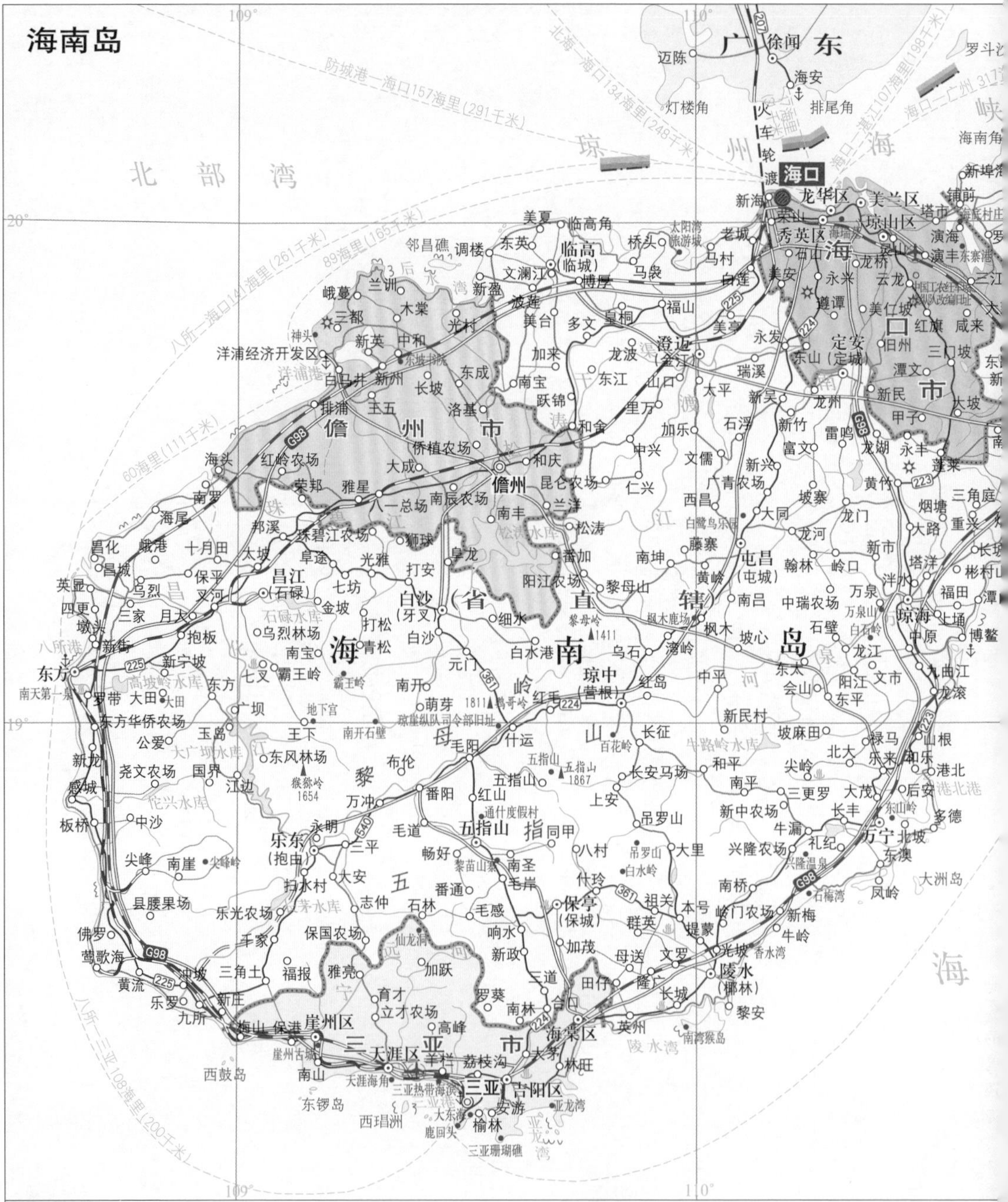

比例尺：1:1 540 000　　0　15.4　30.8　46.2千米

概　况　海南省简称“琼”，省会海口。地处南海，包括海南岛和西沙、南沙、中沙三群岛的岛礁及其领海。古称琼崖，明属广东布政使司，清设琼州府，1988年建海南省。现辖4地级市、5县级市、4县、6自治县、10市辖区。全省陆域面积约3.4万平方千米，人口973万。

自然环境　**地形**　海南岛是我国第二大岛，中间高，四周低。山地、丘陵、台地、阶地、平原呈环形层状分布，梯形结构明显。中部五指山海拔1867米，是本省最高峰。河流有南渡江、万泉河等。

气候　属热带湿润季风气候。一、二月平均气温16℃～21℃，七、八月平均气温25℃～29℃。年降水量为1500毫米～2000毫米。

经　济　**农业**　海南是我国最大的热带作物产地，盛胶、剑麻、咖啡、椰子、菠萝等。热带雨林中盛产珍贵木材类、南药。粮食作物以水稻生产为主。海域盛产石斑鱼、海龙虾。

工业　海南改革开放以来橡胶及其制品、电子、家用电器等快速发展，还有水泥、化纤、制糖制盐、罐头食品等工业。

交　通　海南海运空运发达，有海口、三亚国际机场口、三亚、八所、洋浦、清澜等海港口岸。环岛高速公路已连接昌江、东方、三亚港的铁路已全线通车。

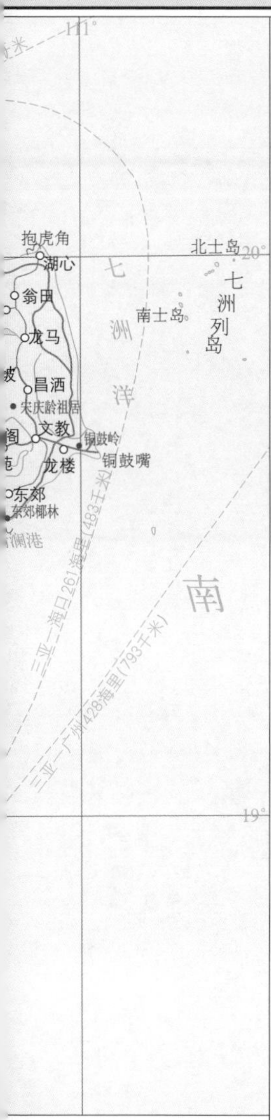

三沙市在西沙群岛的地理位置

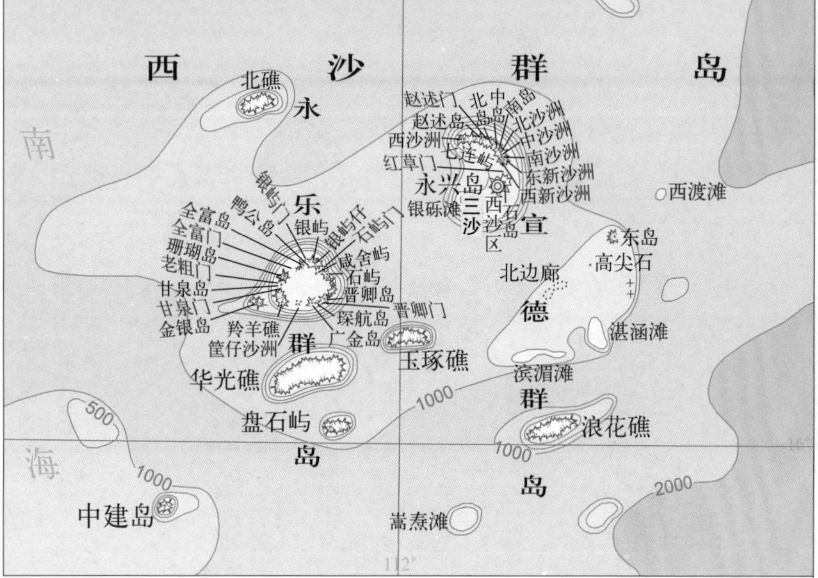

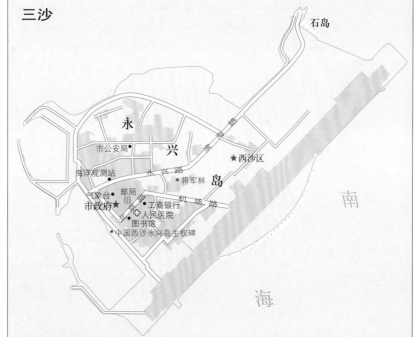

三沙

古迹　海南四季常青，具有的热带、亚热带景观和海岛风三亚热带海滨是国家级风景名胜还有海口五公祠、儋州东坡书亚龙湾、东寨港红树林风景区

特产　海南盛产椰子、杧菠萝、橡胶等热带作物。五指山绿茶、苦丁茶等则是茶中佳传统手工艺品有椰雕、根雕、珊、黎族鼻箫等。

文化　海南黎族的打柴舞和三节、琼剧、儋州山歌、临高人等都是海南省古朴独特的民俗风

三沙 ☎ 0898 ✉ 573199　我国是最早发现、命名并持续对西沙群岛、中沙群岛、南沙群岛的岛礁及其海域行使主动管辖的国家。国务院于2012年6月正式批准设立海南省地级三沙市，管辖西沙群岛、中沙群岛、南沙群岛的岛礁及其海域。2020年4月新设西沙区、南沙区。人民政府驻地位于永兴岛，它是整个南海诸岛中最大的岛屿。三沙市是中国目前地理纬度位置最南端的城市，也是中国陆地面积最小、总面积最大、人口最少的城市。三沙市的设立，是我国对西沙群岛、中沙群岛、南沙群岛的岛礁及其海域行政管理体制的进一步调整和完善，意味着中国在对南海各大群岛、岛礁有关领海的控制迈出了更重要一步，对开发南海资源、保护南海生态环境将起到巨大推动作用。

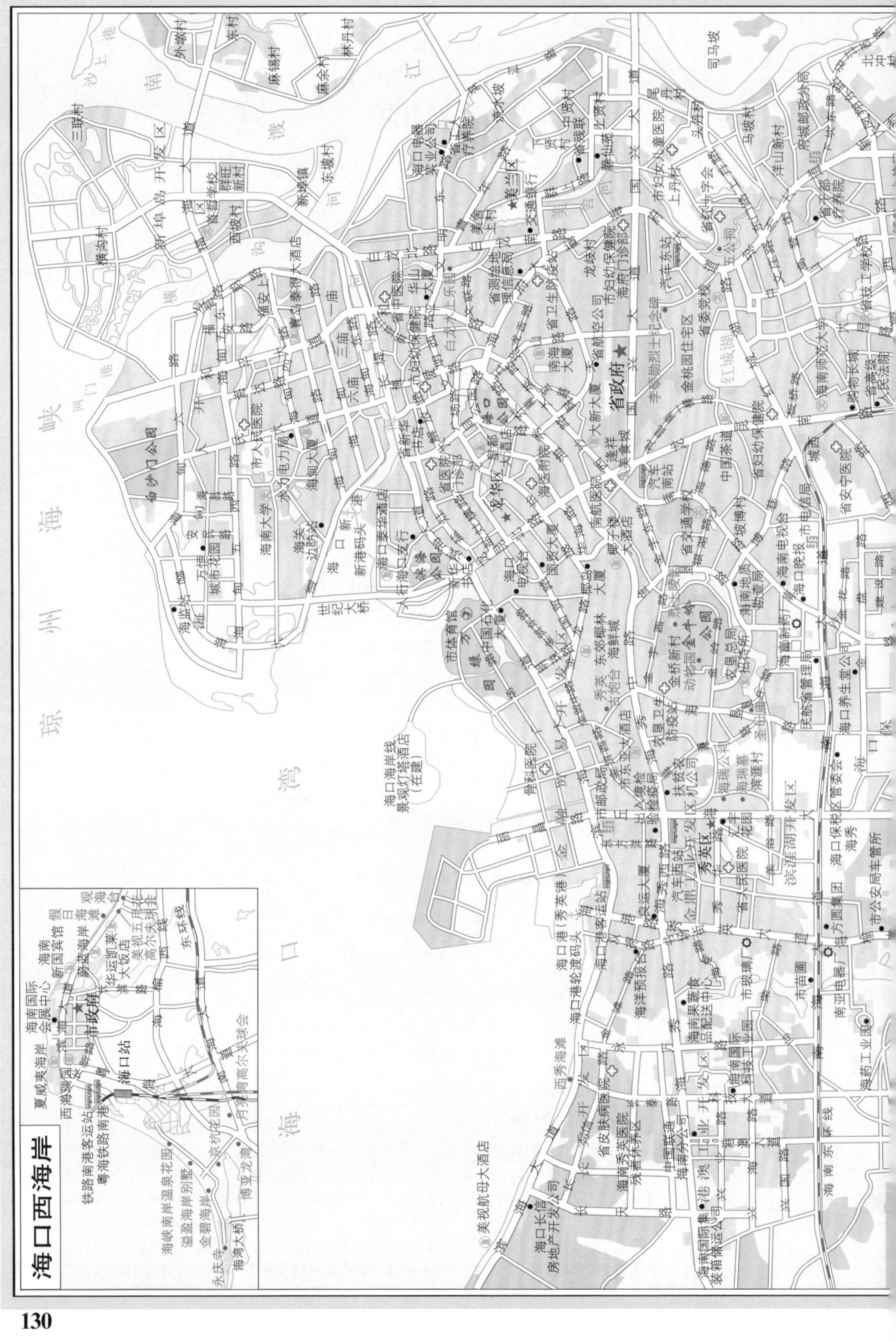
海口西海岸
琼州海峡
海口湾
南渡江
海甸岛
新埠岛
省政府
市政府
海口站
海秀
金盘工业开发区
海口保税区
红城湖
西秀海滩
海口港（秀英港）
海口港客运站
海口港轮渡码头
新港码头
海南大学
白沙门公园
万绿园
金牛岭公园
海口公园
海瑞墓
五公祠
东环线
海南东环线
东湖
西湖
假日海滩
海南国际会展中心
永庄

位于海南省北部，北隔琼州海峡与雷州半岛隔海相望，是海南省省会，全省政治、经济、文化中心。由于地处南渡江入海口故名。明始筑城，称海口所，1949年设市。

海南以热带经济作物为原料的加工工业发达，现已形成以食品、机械、电子、化工、橡胶、纺织为主体的综合工业体系，菠萝罐头、椰汁、咖啡等产品远销国内外。海口为海南交通要冲，有海、空和水陆联运线与大陆各地沟通，由本市至三亚的东、西、中三条干线公路和环岛高速公路连接岛内各地。海口港有万吨级泊位2个，可通达国内沿海主要港口和澳大利亚、新加坡等国

海口市城区呈团块状，中心城区由新华、振动、博爱三片组成。主要商业街区分布在博爱路、新华路、和平路一带。海南大学是国家“211工程”重点建设高校。

海口是一座富有热带风光的海滨城市，景色秀丽，名胜古迹众多，有五公祠、苏公祠、海瑞墓、李硕勋烈士纪念亭、秀英炮台、假日海滩、热带海洋世界、金牛岭烈士陵园、滨海公园、石山火山口、万绿园等。

三亚 ☎ 0898 ✉ 572000

位于海南省南部，古称崖州，1984年设市，1987年升为地级市。三亚是海南南部地区对外商贸中心，工业以制糖、食品、水产加工、木材加工等轻工业为主，旅游业和高新技术产业是发展重点。交通便利，三亚是海南岛东西环线铁路的连接点，三亚港是国家对外开放的一类口岸，三亚凤凰国际机场可通往国内外主要城市。特产有天然水晶、椰雕、珍珠等。著名景点有天涯海角、鹿回头、亚龙湾海滨、崖州古城、南山观音佛像、蜈蚑洲岛等。

五指山 ☎ 0898 ✉ 572200

位于海南岛中南部，五指山南麓，是海南省中部少数民族的聚居地。原名“通什”，黎语“山高水寒”之意，素有“天然别墅”和“翡翠山城”的美称。1986年设市。五指山市为海南岛中部地区的中心城市和交通枢纽，海榆中线公路自北向南贯穿，连通海口、三亚。特产有咖啡、沉香等。五指山市山青水秀，四季如春，美丽的山城景色和浓郁的民族风情是最主要的旅游内容，有“一山、一林、一情、一城、一路”之说。

概　况

重庆市简称“渝”。位于我国西南地区东北隅，长江上游。商周时为巴国首邑，隋唐时置渝州，元以后属四川省，1929年重庆正式设市，抗日战争时期为中华民国陪都，1949年改称直辖市，1954年改为四川省辖市，1997年3月重庆正式设为中央直辖市。现辖26市辖区、8县及4自治县。全市面积约8.2万平方千米，人口3415万。

自然环境

地形　本市在四川盆地东部，北、东、南三面分别有大巴山、巫山和大娄山。境内有方斗山、精华山等从东北向西南延伸，山间有梁平、秀山等坝子。阴条岭海拔2797米，为本市最高峰。长江干流斜贯境内，长约600千米，有嘉陵江、乌江等重要支流。

气候　属亚热带湿润季风气候，冬暖夏热。一月平均气温1℃～8℃，七月为21℃～29℃，是长江流域三大“火炉”之一。年无霜期210天～350天。年降水量1000毫米～1400毫米。

经　济

农业　重庆是我国重要的粮食产区和商品猪生产基地。农作物以水稻、小麦、玉米、红薯、油菜、花生、油桐、黄红麻、烤烟、茶叶、水果等为主。亦是我国桐油、生漆、生猪主要产区之一。

工业　重庆是长江上游西南区最大的经济中心、综合性工业基地。工业以机械、冶金、化工、轻纺、食品工业为支柱，兼有汽车、摩托车、电子、电力、建材、军工等工业。摩托车产量占全国的三分之一，现已成为全国十大机电产品出口基地之一。

交　通

重庆是长江上游水陆交通枢纽。成渝、襄渝、川黔、渝怀等铁路干线与其它铁路相连，通往全国各地。沪蓉、沪渝、包茂、渝昆等高速公路在境内贯通。江北国际机场开辟有50多条国际、国内航线。长江航线可终年通航直达武汉、上海等地。

名胜古迹

重庆旅游资源丰富，大足石刻和中国南方喀斯特(武隆、金佛山喀斯特)被列入《世界遗产名录》，长江三峡、金佛山、缙云山、四面山、芙蓉江、天坑地缝等为国家级风景名胜区。其他著名景点还有红岩村、歌乐山、万州太白岩、云阳张飞庙等。

名优特产

重庆火锅历史悠久，其他特产还有涪陵榨菜、老四川灯影牛肉、五香牛肉干、梁平柚子、合川桃片、奉节脐橙、永川豆豉、江津油酥米花糖等。手工艺品有蜀绣、巴缎、荣昌夏布及大足竹编、梁平竹帘等。

民俗文化

川江号子、宝顶香会、苗族踩山会、山城棒棒军、铜梁龙、秀山花灯等都体现了重庆独特的民俗风情。

缙云山　位于重庆市北碚区嘉陵江温塘峡畔，为国家级风景名胜区，素有“小峨眉”之称。山中有缙云寺、白云观等8大古刹和晚唐石照壁、明代石牌坊、宋代石刻等古迹，是观日出，览云海，夏避暑，冬赏雾，以及观赏常绿阔叶林自然景观的绝佳去处。

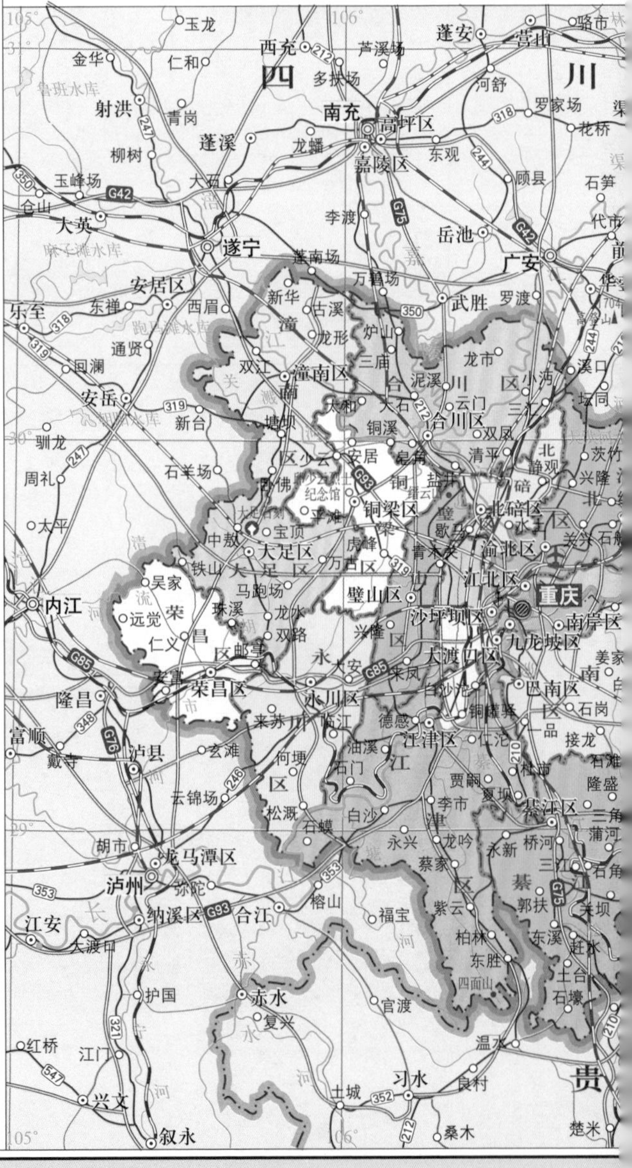

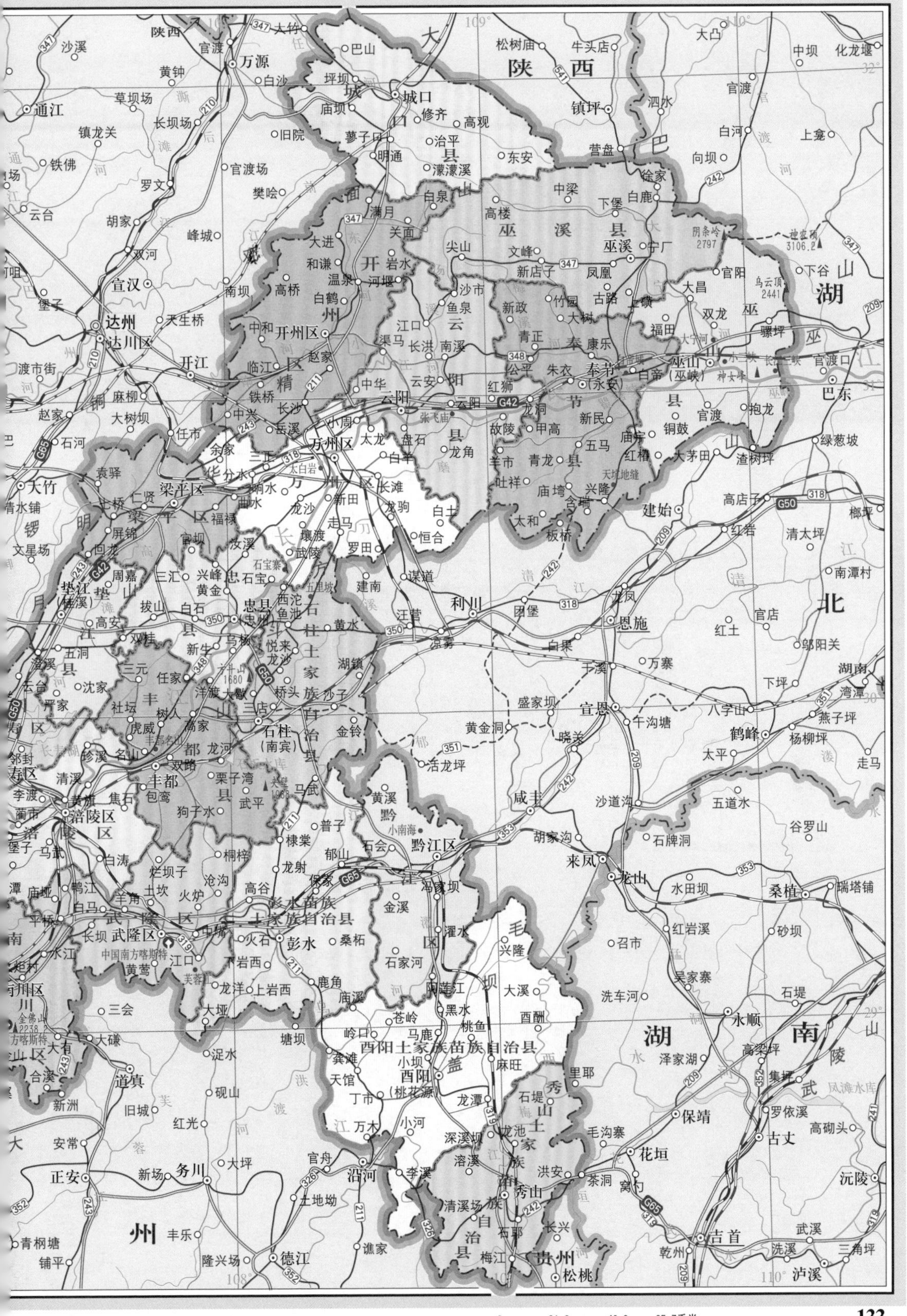

比例尺：1∶2 190 000

0 21.9 43.8 65.7千米

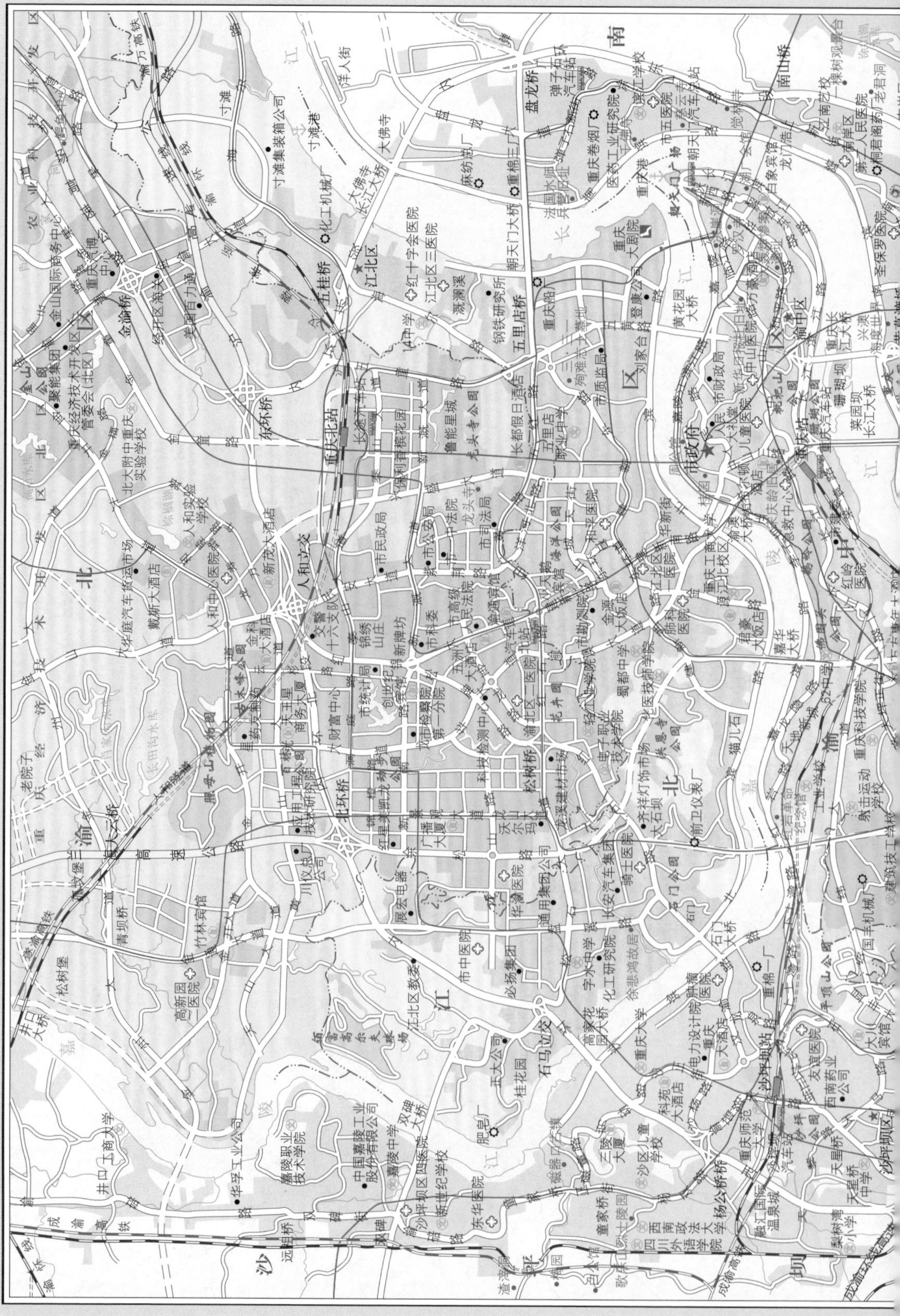

江北区
渝中区
沙坪坝区
重庆北站
沙坪坝站
重庆站
五里店
五桂桥
东环桥
金渝桥
人和立交
北环桥
松树桥
石马河立交
朝天门大桥
黄花园大桥
嘉华大桥
石门大桥
大佛寺长江大桥
菜园坝长江大桥
寸滩港
重庆港
市政府
重庆大学

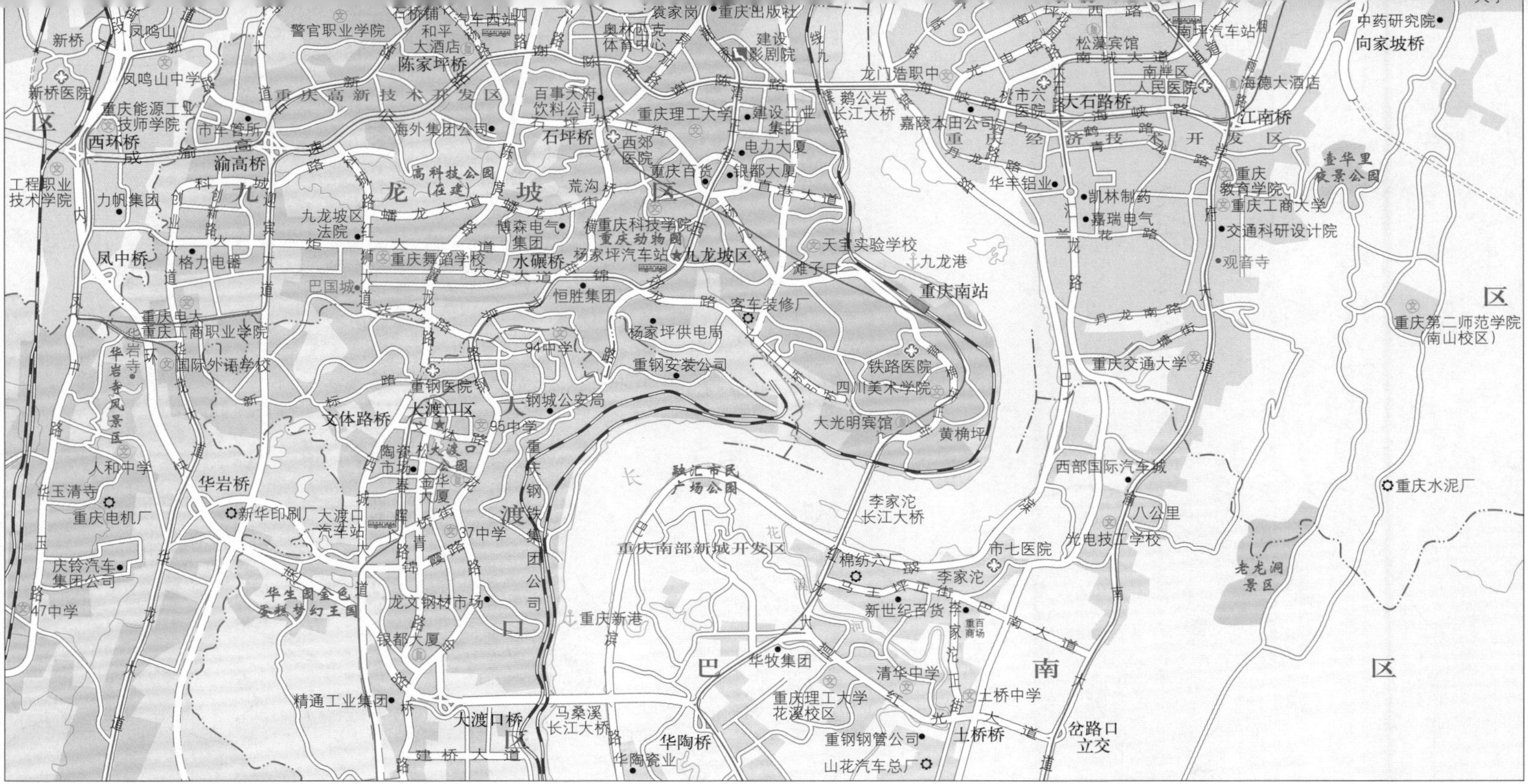

重庆 ☎ 023 ✉ 400010

重庆城区位于重庆市域西部，长江与嘉陵江汇合处，三面环江，依山建城，街区高下错落，有“山城”之称。冬春多浓雾，故又有“雾都”之称。我国西南地区最大的工业城市，国家历史文化名城。渝中区是重庆市的母城和中心城区，是巴渝文化的发源地。渝中区也是重庆的行政文化中心，重庆最大的商贸、金融、科技信息中心和水陆客运交通枢纽。区域内聚集了全市90%以上的市级金融机构和众多的知名商贸企业。区内的重庆火车站是成渝、川黔、襄渝3条干线的交会点，重庆汽车站是全市最大的公路客运中心，朝天门港是长江上游最大的客运港。区内留有抗日时期我党设立的新华日报社旧址、八路军办事处旧址及曾家岩、桂园、红岩村、解放碑等革命纪念地，枇杷山公园则是登高眺望山城夜景的绝佳处。南岸区是重庆主城区的重要组成部分，是以建材工业为主的老工业基地和规划建设中的以金融、经贸、电子信息、生物工程等为主的经济技术开发区。南岸区内拥有重庆众多高等院校和研究单位，重庆大学、西南大学是国家“211工程”重点建设大学。区内旅游资源众多，包括有“山城绿色屏障”之称的南山风景名胜区，始建于唐宋时期的慈云寺、净峙、老君洞等著名宗教寺庙、古刹及抗战“陪都”历史遗迹。沙坪坝区是重庆重要的工业基地、物资集散地和商贸聚集区。沙坪坝区科技教育发达，高等学府云集。沙坪坝区还是著名的旅游区，区内有重庆歌乐山烈士陵园、白公馆、渣滓洞纪念馆等参观点。大渡口区是重庆经济圈的重要组成部分，也是以冶金、建材工业为主的新兴工业基地，重钢、十八冶等大型企业驰名中外，西南建材中心批发市场已跨入国家级区域性大市场之列。

四川省

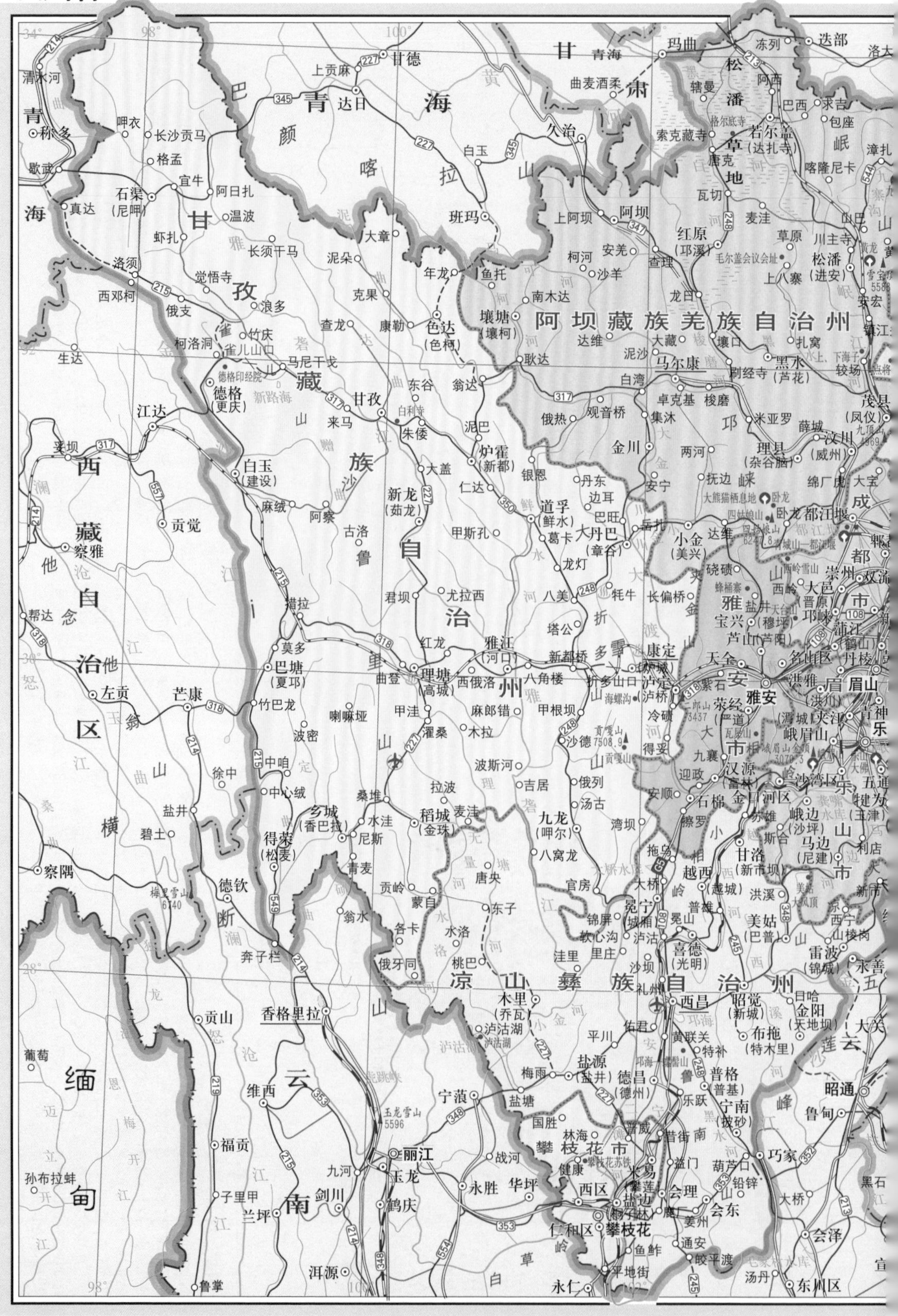
清水河
青
称多
歇武
海
真达
呷衣
长沙贡马
格孟
宜牛
石渠
(尼呷)
阿日扎
温波
巴
颜
喀
拉
上贡麻
甘德
达日
青
海
白玉
久治
班玛
甘
肃
玛曲
青海
曲麦酒柔
松
潘
草
地
辖曼
阿西
索克藏寺
若尔盖
(达扎寺)
唐克
瓦切
麦洼
红原
(邛溪)
毛尔盖会议会址
求吉
包座
岷
喀隆尼卡
漳扎
巴西
冻列
迭部
洛大
川主寺
松潘
(进安)
上八寨
草原
黄龙
雪宝顶
5588
安宏
镇江关
上阿坝
阿坝
安羌
查理
柯河
沙羊
龙日
甘
孜
虾扎
长须干马
大章
泥朵
年龙
鱼托
南木达
壤塘
(壤柯)
阿坝藏族羌族自治州
洛须
西邓柯
觉悟寺
浪多
俄支
克果
色达
(色柯)
康勒
查龙
柯洛洞
竹庆
雀儿山口
雀
生达
马尼干戈
德格印经院
德格
(更庆)
新路海
藏
东谷
翁达
耿达
达维
大藏
泥沙
马尔康
壤口
扎窝
黑水
(芦花)
刷经寺
较场
茂县
(凤仪)
江达
甘孜
来马
白利寺
朱倭
泥巴
白湾
卓克基
梭磨
集沐
俄热
观音桥
米亚罗
薛城
理县
(杂谷脑)
汶川
(威州)
九顶山
4969
妥坝
西
白玉
(建设)
族
炉霍
(新都)
金川
两河
大盖
银恩
丹东
安宁
抚边
绵厂虎
大宝
藏
贡觉
察雅
他
麻绒
阿察
新龙
(茹龙)
仁达
道孚
(鲜水)
边耳
巴旺
大熊猫栖息地
卧龙
成
古洛
鲁
自
甲斯孔
葛卡
大丹巴
(章谷)
小金
(美兴)
达维
四姑娘山
6250
卧龙
都江堰
四姑娘山
6247.8
青城山—都江堰
郫都
崇州
双流
自
帮达
念
治
君坝
尤拉西
龙灯
八美
牦牛
长偏桥
硗碛
蜂桶寨
西岭雪山
西岭
大邑
市
邛崃
蒲江
雅
盐井
宝兴
(穆坪)
芦山
(芦阳)
措拉
治
红龙
塔公
多雪
康定
天全
名山区
丹棱
(晋原)
区
怒
莫多
巴塘
(夏邛)
左贡
芒康
理塘
(高城)
雅江
(河口)
新都桥
折多山口
八角楼
(炉城)
泸定
(泸桥)
紫石
安
雅安
洪雅
眉山
竹巴龙
曲登
西俄洛
州
海螺沟
二郎山
3437
荥经
(严道)
(洪川)
青神
乐
甲洼
喇嘛垭
麻郎错
甲根坝
冷碛
(瀛城)
夹江
波密
灌桑
木拉
贡嘎山
7508.9
沙德
峨眉山金顶
3079.3
峨眉山
徐中
中咱
波斯河
得妥
九襄
大
汉源
(富林)
沙湾区
五通
犍为
(玉津)
盐井
中心绒
拉波
吉居
俄列
安顺
迎政
石棉
金口河区
横
碧土
乡城
(香巴拉)
桑堆
水洼
稻城
(金珠)
麦洼
九龙
(呷尔)
汤古
湾坝
擦罗
峨边
(沙坪)
马边
(尼建)
得荣
(松麦)
尼斯
八窝龙
拖乌
甘洛
(新市坝)
利店
察隅
梅里雪山
6740
德钦
青麦
唐央
越西
(越城)
洪溪
市
新市
贡岭
蒙自
官房
大桥水库
大桥
冕宁
(城厢)
普雄
美姑
(巴普)
西宁
翁水
东子
锦屏
冕山
山棱岗
断
各卡
水洛
软心沟
泸沽
喜德
(光明)
雷波
(锦城)
永善
奔子栏
俄牙同
桃巴
洼里
里庄
沙坝
凉山彝族自治州
礼州
西昌
昭觉
(新城)
日哈
金阳
(天地坝)
香格里拉
木里
(乔瓦)
佑君
贡山
泸沽湖
平川
黄联关
特补
布拖
(特木里)
大关
葡萄
缅
甸
盐源
(盐井)
梅雨
邛海—螺髻山
德昌
(德州)
普格
(普基)
维西
云
南
宁蒗
玉龙雪山
5596
盐塘
乐跃
宁南
(披砂)
昭通
鲁甸
国胜
林海
普威
昔街
攀枝花市
福贡
丽江
战河
巧家
孙布拉蚌
九河
玉龙
永胜
华坪
健康
攀枝花苏铁
米易
(攀莲)
益门
葫芦口
铅锌
黑石
子里甲
剑川
鹤庆
西区
盐边
(桐子林)
会理
鹿厂
会东
大桥
兰坪
姜州
仁和区
攀枝花
通安
会泽
鱼鲊
洱源
平地街
皎平渡
汤丹
永仁
东川区
鲁掌
白
草
宜

概　况

四川省简称“川”或“蜀”，省会成都。位于中国西南部。春秋、战国时为巴、蜀等国地，汉属益州，明设四川布政使司，清为四川省。现辖18地级市、3自治州、19县级市、105县、4自治县、55市辖区。全省面积约49万平方千米，人口9094万。

自然环境

地形 东部为四川盆地，内有成都平原。川西北高原主要有岷山、大雪山等山脉，其中大雪山主峰贡嘎山海拔7508.9米，是全省最高峰。四川河流主要有雅砻江、岷江、嘉陵江等。湖泊众多，以邛海和泸沽湖较为著名。

气候 东部盆地属于亚热带湿润季风气候，年平均气温为16℃～18℃，年无霜期在300天以上，年降水量为800毫米～1200毫米。西部高原属于温带亚热带高原气候，年平均气温6℃～12℃，年无霜期100天左右。

经　济

农业 四川是我国的农业大省。粮食作物主要以水稻、小麦、玉米、薯类为主，经济作物主要有油菜、棉花、甘蔗、茶叶等。是我国主要粮、油、猪生产基地之一。川西高原是重要的牧区和林区。

工业 四川现已形成了以机械、冶金、煤炭、钢铁等重工业为主，能源、建材等与之配套，食品、轻纺、制糖等轻工业并行发展的工业体系。攀枝花钢铁、自贡盐业、西昌航天卫星发射基地等全国闻名。

交　通

境内有宝成、成渝等铁路干线，遂成和成灌高速铁路也已通车。公路主要有京昆、包茂、沪蓉、渝昆、厦蓉、成渝环线等高速公路。成都双流国际机场可与国内外众多城市通航。水运以长江为主航线，还有岷江、嘉陵江等主要航道。

名胜古迹

四川名胜古迹众多，九寨沟、峨眉山—乐山大佛、黄龙、青城山—都江堰、大熊猫栖息地均被列入《世界遗产名录》。剑门蜀道、贡嘎山、蜀南竹海、西岭雪山等为国家级风景名胜区。

名优特产

四川名酒有五粮液、泸州老窖、剑南春等。风味小吃有夫妻肺片、赖汤元、担担面、灯影牛肉等。著名传统工艺品有蜀锦、蜀绣、竹编灯。

民俗文化

川剧是流行四川地区的一种地方戏剧，其“变脸”、“喷火”、“水袖”独树一帜。另外四川凉山彝族的火把节、康定转山会、黄龙庙会等都体现了四川独特而丰富的民族风情。

成都

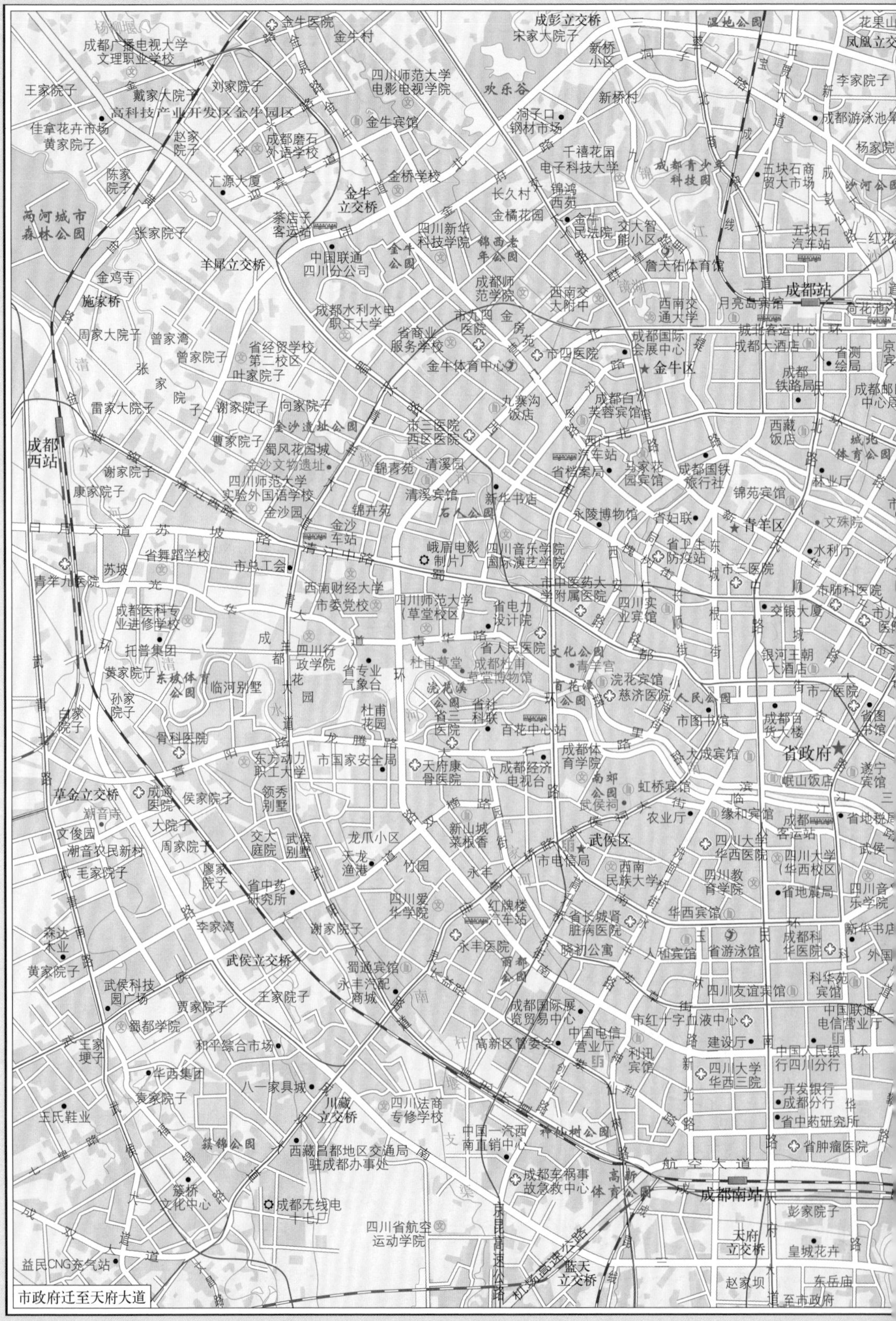

金牛医院
金牛村
成彭立交桥
宋家大院子
湿地公园
花果山
凤凰立交
成都广播电视大学
文理职业学校
四川师范大学
电影电视学院
欢乐谷
新桥小区
王家院子
戴家大院子
刘家院子
新桥村
李家院子
高科技产业开发区金牛园区
佳拿花卉市场
黄家院子
金牛宾馆
洞子口钢材市场
成都游泳池
赵家院子
成都磨石外语学校
千禧花园
电子科技大学
杨家院子
陈家院子
汇源大厦
金桥学校
成都青少年科技园
五块石商贸大市场
沙河公园
两河城市森林公园
金牛立交桥
长久村
锦鸿西苑
金橘花园
金牛人民法院
交大智能小区
五块石汽车站
红花
张家院子
茶店子客运站
四川新华科技学院
锦西老年公园
詹天佑体育馆
中国联通四川分公司
金牛公园
羊犀立交桥
成都师范学院
西南交大附中
西南交通大学
成都站
月亮岛宾馆
荷花池
金鸡寺
施家桥
成都水利水电职工大学
市九四医院
金房苑
城北客运中心
成都大酒店
周家大院子
曾家湾
省商业服务学校
成都国际会展中心
省测绘局
曾家院子
省经贸学校第二校区
市四医院
金牛区
叶家院子
金牛体育中心
成都铁路局
成都邮政中心局
雷家大院子
谢家院子
向家院子
九寨沟饭店
成都百货芙蓉宾馆
金沙遗址公园
市三医院西区医院
西藏饭店
城北体育公园
曹家院子
成都西站
蜀风花园城
西门汽车站
金沙文物遗址
省档案局
马家花园宾馆
成都国铁旅行社
林业厅
谢家院子
锦青苑
清溪园
四川师范大学实验外国语学校
锦苑宾馆
康家院子
清溪宾馆
新华书店
金沙园
锦卉苑
石人公园
永陵博物馆
省妇联
文殊院
青羊区
日月大道
苏坡路
金沙车站
清江西路
峨眉电影制片厂
四川音乐学院国际演艺学院
省卫生防疫站
水利厅
省舞蹈学校
市总工会
清江中路
市三医院
苏坡
青羊九医院
西南财经大学
市中医药大学附属医院
市肺科医院
四川师范大学(草堂校区)
四川实业宾馆
市委党校
交银大厦
省电力设计计院
成都医科专业进修学校
省人民医院
四川行政学院
文化公园
银河王朝大酒店
托普集团
杜甫草堂
成都杜甫草堂博物馆
省专业气象台
青羊宫
黄家院子
东坡体育公园
临河别墅
浣花溪公园
百花潭公园
浣花宾馆
慈济医院
人民公园
市一医院
孙家院子
省社科联
杜甫花园
省三医院
市图书馆
成都百货大楼
省图书馆
白家院子
骨科医院
百花中心站
龙腾路
成都体育学院
大成宾馆
东方动力职工大学
市国家安全局
省政府
天府康骨医院
成都经济电视台
遂宁宾馆
南郊公园
虹桥宾馆
草金立交桥
成通医院
侯家院子
领秀别墅
岷山饭店
武侯祠
农业厅
滨临缘和宾馆
潮音寺
大院子
新山城菜根香
文俊园
交大庭院
武侯别墅
龙爪小区
武侯区
成都客运站
省地税局
潮音农民新村
周家院子
市电信局
四川大学华西医院
四川大学(华西校区)
毛家院子
天龙渔港
竹园
西南民族大学
武侯
廖家院子
永丰
四川教育学院
省地震局
四川音乐学院
省中药研究所
四川爱华学院
红牌楼汽车站
省长城肾脏病医院
华西宾馆
李家湾
成都科华医院
新华书店
谢家院子
森达木业
永丰医院
晓初公寓
人和宾馆
省游泳馆
外国
武侯立交桥
蜀通宾馆
永丰汽配商城
科华苑宾馆
黄家院子
武侯科技园广场
四川友谊宾馆
市红十字血液中心
王家院子
成都国际展览贸易中心
中国联通电信营业厅
贾家院子
蜀都学院
中国电信营业厅
建设厅
王家埂子
和平综合市场
高新区管委会
利讯宾馆
中国人民银行四川分行
华西集团
八一家具城
四川大学华西三院
开发银行成都分行
袁家院子
川藏立交桥
四川法商专修学校
省中药研究所
王氏鞋业
锦锦公园
中国一汽西南直销中心
神仙树公园
省肿瘤医院
西藏昌都地区交通局驻成都办事处
航空大道
簇桥文化中心
成都车祸事故急救中心
高新体育公园
成都南站
彭家院子
成都无线电十七厂
四川省航空运动学院
天府立交桥
皇城花卉
益民CNG充气站
蓝天立交桥
成雅高速公路
机场高速公路
东岳庙
赵家坝
至市政府
市政府迁至天府大道

成都 ☎ 028 ✉ 610015

位于四川省中部，是四川省省会，全省政治、经济、文教中心，国家历史文化名城。古为蜀国地，秦并巴、蜀为蜀郡并建城，汉时成都有“锦官城”之称，五代蜀时遍植芙蓉，故成都别称“芙蓉城”，简称蓉。隋唐时与长安、敦煌、扬州并称全国四大名城。1930年设市。

成都地处四川盆地西部、富饶的成都平原，素有“天府之都”的美称，是中国西南地区商贸、金融、科技、交通、通信枢纽之一，也是中国重要的高新技术产业基地及现代制造业、现代服务业、现代农业基地，现已建成为新兴的工业城市。工业以航空、机电、冶金、化工、轻纺为主，是全国四大电子工业基地和三大无缝钢管生产中心之一，量具刃具的生产全国著名。成都交通发达，宝成、成渝、成昆、达成铁路在此交会，是西南地区最大的铁路客货运输枢纽。108、213、318等国道过境，成渝、成温邛、成灌、成南、成雅等高速公路均已建成通车。成都也是西南地区最大的航空港，成都双流国际机场已开辟60多条国际、国内航线。特产有蜀锦、蜀绣、竹编、漆器、金银首饰、茉莉花茶、全兴大曲酒、红橘等。成都小吃风味独特、品类繁多、誉满中外，著名小吃有陈麻婆豆腐、双流兔头、夫妻肺片、龙抄手、担担面等。

城区以四川省展览馆为中心，整个道路系统为棋盘式、放射式加环线。著名商业街在盐市口、春熙路、羊市街一带。高等院校和科研机构主要集中于南郊。成都是中国西南地区的教育中心，四川大学、电子科技大学、西南财经大学、西南交通大学、四川农业大学都是国家“211工程”重点建设高校。

成都名胜古迹蜚声中外，自然风光旖旎多姿，以杜甫草堂、武侯祠、青羊宫、望江楼、文殊院、宝光寺、二王庙、青城山等最为著名，观音寺的壁画、塑像和花置寺的摩崖造像等具有较高的艺术价值，举世闻名的都江堰水利工程则具有很高的科学研究价值。

绵阳 ☎ 0816 ✉ 621000

位于四川省北部，是四川省第二大城市，素有“蜀道明珠”的美誉。新中国成立后为专署、行署所在地，1976年设市。绵阳是四川省新兴的电子工业城市，素有“西部硅谷”的美誉。工业以电子为先导，现已形成以电子、冶金、机械、建材、化工、纺织、食品等为支柱产业的工业体系，家用电器、通讯设备、电子元件、特种钢材在国内居重要地位。绵阳是川北重要的交通枢纽，宝成铁路、108国道、京昆高速公路穿境而过，省道四通八达。特产有附子、川乌、麦冬等。著名景点有平阳府君阙、李杜祠、富乐山、翠云廊古蜀道国家森林公园等。

自贡 ☎ 0813 ✉ 643000

位于四川省东南部，是国家历史文化名城，有“千年盐都”、“恐龙之乡”、“南国灯城”之称。1942年设市。自贡以盛产井盐闻名，工业以制盐、化工、机械为主导，包括冶金、电力、机械建材等门类，拥有全国最完整的盐卤化工体系。交通便利，内六铁路纵贯市境，内河航运以釜溪河、威远河为主。特产有火边子牛肉、盐都香辣酱、天源井晒蜡等，龚扇、扎染、剪纸是工艺美术品“三绝”。自贡灯会以其工艺精湛，造型新颖，用色考究久享盛誉。名胜有西秦会馆、盐业博物馆、自贡恐龙博物馆、自贡彩灯博物馆、荣县大佛、富顺西湖、金花桫椤自然保护区等。

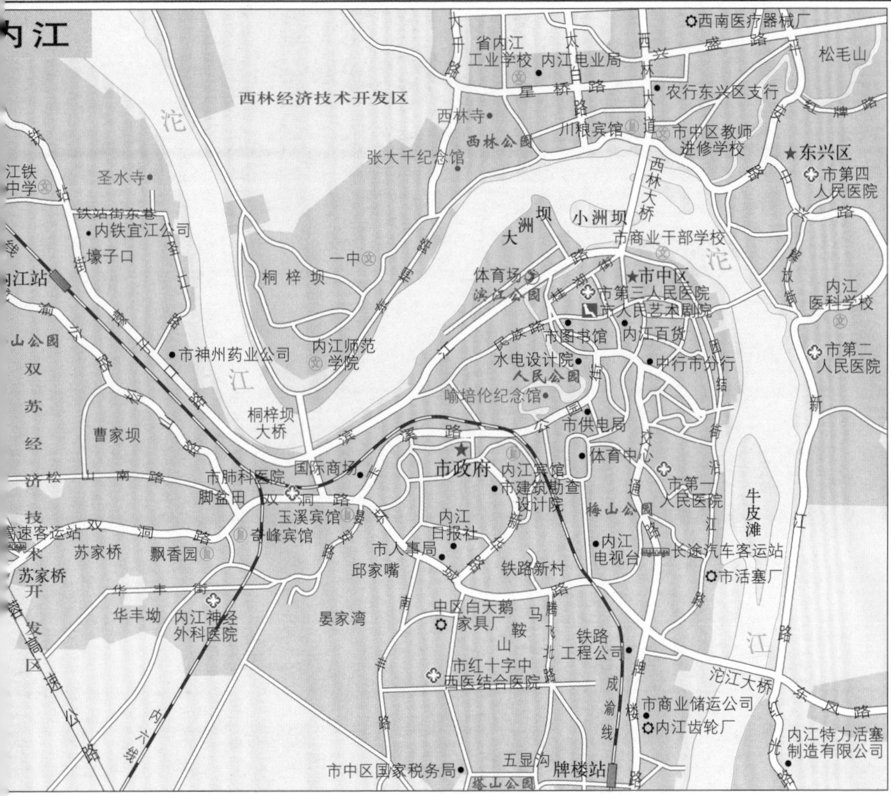

内江 ☎ 0832 ✉ 641000

位于四川省东部偏南，沱江中游，是本省著名的蔗糖工业中心，有“甜城”之称。1951年设市。工业以制糖、轻纺、冶金、机械、电子、建材、医药、化工等为主导产业。交通发达，是四川省第二大交通枢纽，素有“川中枢纽，川南咽喉”之称，有成渝、内六铁路，成渝高速公路、内遂公路等在此交会，沱江纵贯南北，可全年通航。特产有甜城蜜饯、七星椒、周萝卜等。著名小吃有内江牛肉面、牛肉干、油炸粑等。著名景点有佛教圣地西林古刹、川南第一禅林圣水寺、号称“巴蜀四大文庙”之首的资中文庙、重龙山摩崖石刻、隆昌古牌坊群、张大千纪念馆等。

宜宾 ☎ 0831 ✉ 644000

位于四川省南部，是长江上游重要港口，为国家历史文化名城，有“万里长江第一城之称”。北宋始称宜宾，1951年设市。工业以酿酒、电力、造纸、化工、食品为主。“五粮液”酒全国闻名。宜宾还是省内柑橘重要产地和优质烤烟基地，也是我国外贸樟油最大的生产基地。交通便利，内六、宜珙铁路在此交会，渝昆高速公路穿过市区，水运有长江航道与岷江、金沙江汇合，可常年通航。宜宾山川壮丽、风光秀美，名胜古迹有翠甲天下的蜀南竹海、石海洞乡、三江口、真武山道教庙群、旧州塔、珙县僰人悬棺、博望山、西部大峡谷、忘忧谷、筠连岩溶、七仙湖、赵一曼纪念馆等。

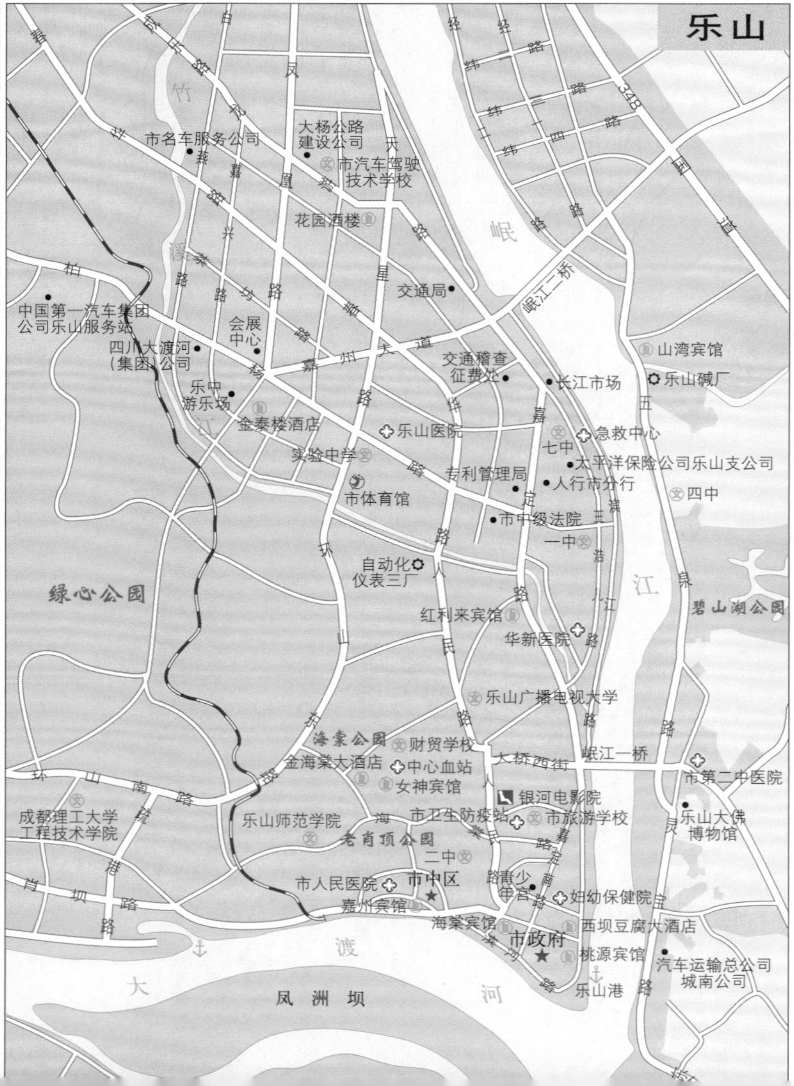

乐山 ☎ 0883 ✉ 614000

位于四川省中南部，岷江、青衣江、大渡河的汇合处，国家历史文化名城。1979年设市。工业以冶金、机械、电子、建材、化工、食品等产业为支柱，水能资源丰富，是西南主要电网枢纽。交通便利，成昆铁路、213国道纵贯境内，成乐环线高速公路全线通车。乐山港有通达宜宾、泸州、重庆的客轮。特产有嘉定绸、白蜡、江团鱼等。旅游资源丰富，乐山大佛、峨眉山为国家级风景名胜区，已被联合国列入《世界遗产名录》，另有白岩山汉代岩墓、凌云寺、五通桥、夹江千佛岩、峨边黑竹沟、马边大风顶自然保护区、大渡河金口大峡谷等名胜古迹。

峨眉山 位于峨眉山市区西南7千米处，是佛教四大名山之一和著名的旅游胜地，世界文化与自然双重遗产，素有“秀甲天下”之美誉。有大峨、二峨、三峨、四峨之分，今游览地即大峨。主峰金顶海拔3079.3米，山脉峰峦起伏，重岩叠翠，气势磅礴。在金顶可欣赏“日出”、“云海”、“佛光”和“圣灯”四大绝景。动植物种类达3000多种，山路沿途有较多猴群，为峨眉一大特色。寺庙创建于东汉，后历代续有增修。新中国成立后国家曾两次大规模修葺，寺庙和园林面貌一新，游人香火不断。景区有报国寺、万年寺、伏虎寺、清音阁、洗象池、华藏寺、金顶等。

都江堰 位于成都西北都江堰市城西，是中国古代秦蜀郡郡李冰父子主持修建并使用至今的大型水利工程，为国家重点文物保护单位和国家级风景名胜区，世界文化遗产，被誉为“世界水利文化的鼻祖”。整个水利工程包括鱼嘴、内江、外江、飞沙堰、宝瓶口等部分。其历史之悠久、规模

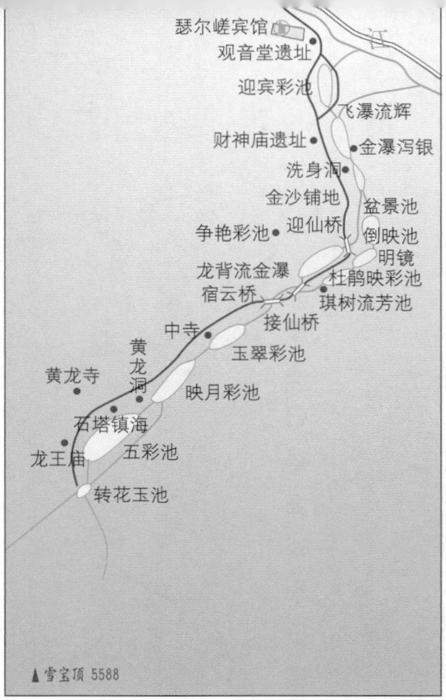

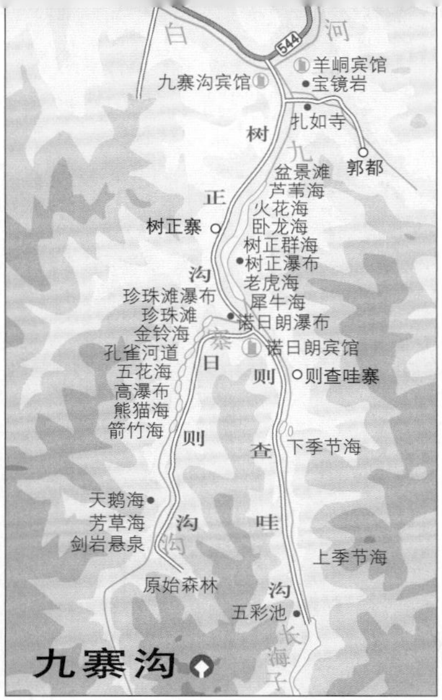

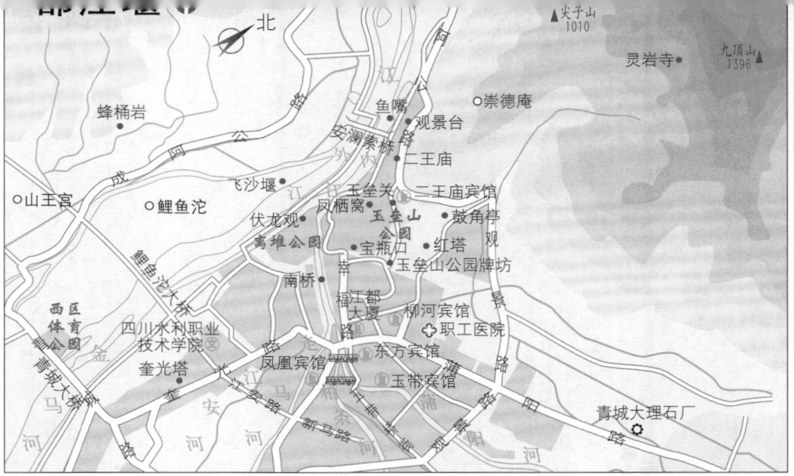

黄龙 位于四川省北部阿坝藏族羌族自治州松潘县城北约35千米处，与九寨沟毗邻，为国家级风景名胜区，世界自然遗产。古称雪山寺，传说夏禹治水，至茂州，黄龙为其负舟导江，后人立庙祭祀。寺建于明代，原有前、中、后三寺，现仅存后寺，寺庙周围林木繁茂，大小湖池数以千计，状若梯湖，通称五彩湖，景色蔚为奇特。黄龙以彩池、雪山、峡谷、森林“四绝”著称于世，享有“人间瑶池”之美誉。

九寨沟 位于四川省北部九寨沟县境内，因内有9个藏族村寨得名，是国家级自然保护区和国家级风景名胜区，世界自然遗产，其原始、梦幻般的山水风光和得天独厚的动植物资源被称为“人间仙境”“童话世界”。景区以高山湖泊群和瀑布群为特色，集湖、瀑、滩、流、雪峰为一体，翠海、叠瀑、彩林、雪峰、藏情被誉为九寨沟“五绝”。主要景点有宝镜岩、五彩池、珍珠滩、诺日朗瀑布、五花海等。

青城山 在都江堰市区西南约15千米，是中国著名的道教名山，为国家级风景名胜区，世界文化遗产。古称丈人山，因诸峰环峙，状若城廓得名。山形多姿，深壑纵横，清溪长流，植被茂盛，丹梯千级，曲径通幽，素有“青城天下幽”之称。这里是我国道教的发祥地之一，东汉末年，道教创始人张道陵曾来青城山设坛布道。晋唐以后山上宫观林立，极盛时多达100余座，被道教称为“第五洞天”。青城山景区分前、后山。前山景色优美，文物古迹众多，主要景观有建福宫、天师洞、上清宫、天然图画、朝阳洞等。后山则有金壁天仓、圣母洞、山泉雾潭等景观。

贵州省

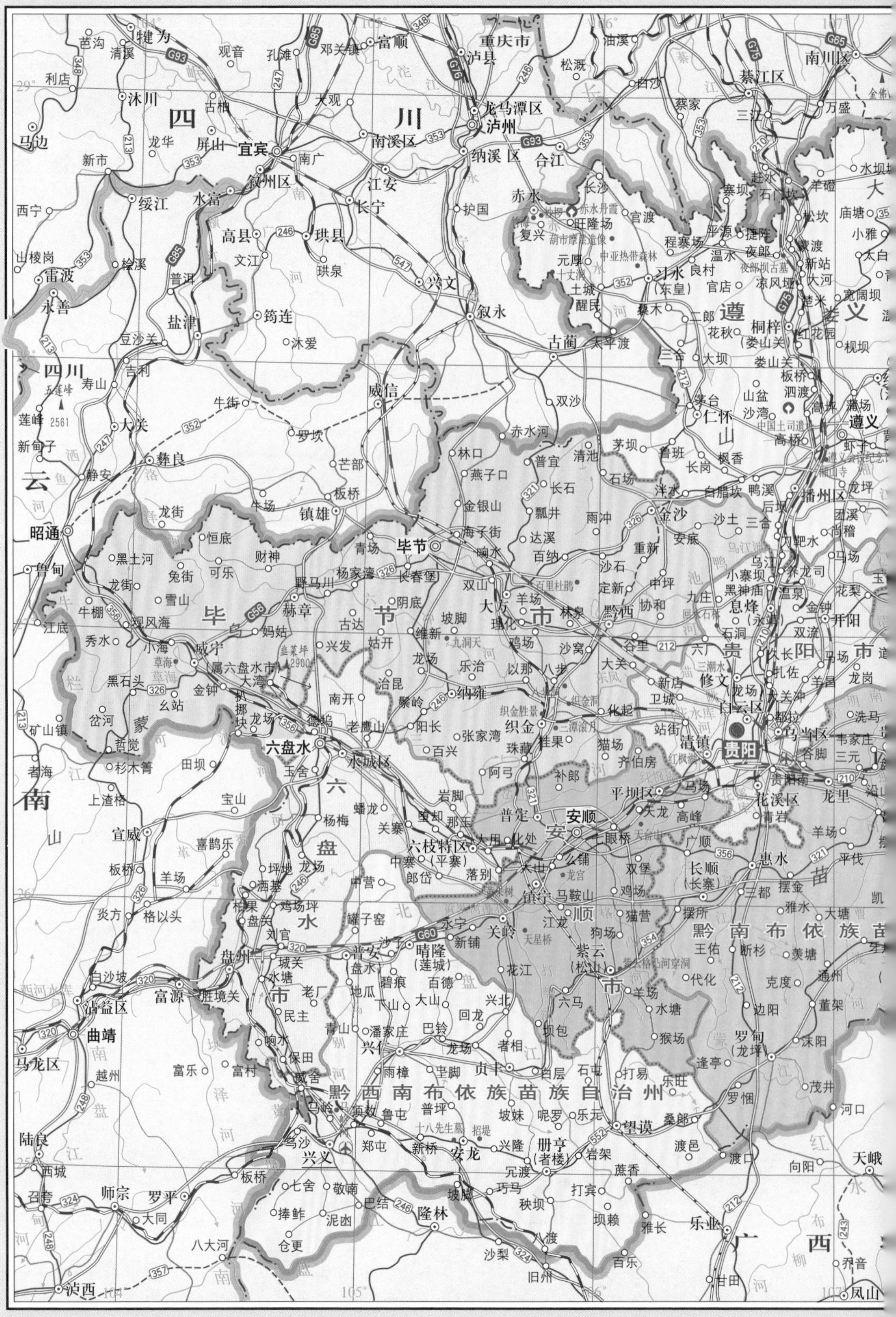
芭沟
犍为
清溪
观音
孔滩
邓关镇
富顺
重庆市
泸县
油溪
松溉
南川区
綦江区
利店
沐川
古柏
大观
龙马潭区
泸州
白沙
蔡家
三江
万盛
马边
四
川
龙华
屏山
宜宾
南溪区
纳溪区
合江
新市
南广
叙州区
江安
赤水
长沙
官渡
赶水
石门坎
羊磴
水坝坝
大
西宁
绥江
水富
长宁
护国
复兴
旺隆场
寨坝
松坎
庙塘
小雅
高县
珙县
程寨场
平源
温水
捷阵
夜郎
新站
太白
山棱岗
梓溪
文江
珙泉
元厚
习水
(东皇)
良村
官店
凉风垭
大河
雷波
普洱
兴文
土城
醒民
桑木
二郎
遵
桐梓
(娄山关)
宽阔坝
永善
盐津
筠连
叙永
花秋
红花园
娄
义
豆沙关
沐爱
古蔺
太平渡
三合
大坝
娄山关
枧坝
四川
吉利
寿山
五莲峰
2561
牛街
威信
双沙
茅台
山盆
板桥
泗渡
莲峰
大关
罗坎
仁怀
沙湾
高坪
蒲场
遵义
新甸子
彝良
芒部
林口
赤水河
茅坝
鲁班
高桥
虾子
云
静安
燕子口
普宜
清池
枫香
长岗
石场
长石
洋水
白腊坎
鸭溪
播州区
龙坪
板桥
牛场
镇雄
龙街
金银山
瓢井
雨冲
金沙
沙土
三合
后坝
团溪
昭通
恒底
海子街
达溪
尚稽
黑土河
财神
青场
毕节
响水
百纳
重新
安底
刀靶水
马场
鲁甸
兔街
可乐
杨家湾
长春堡
双山
沙石
中坪
乌江
养龙司
龙街
野马川
阴底
大方
羊场
林泉
黔西
协和
九庄
小寨坝
黑神庙
温泉
花梨
雪山
毕
赫章
节
坡脚
理化
市
息烽
(永靖)
金钟
开阳
牛棚
观风海
古达
维新
鸡场
沙窝
石洞
江底
秀水
小海
妈姑
兴发
姑开
乐治
以那
八步
谷里
六广
贵
阳
双流
威宁
属六盘水市
韭菜坪
2900
龙场
大关
修文
小长
马场
草海
黑石头
大湾
治昆
纳雍
新店
(龙场)
扎佐
羊昌
龙岗
金钟
幺站
猴场
卫城
白云区
大关冲
洗马
岔河
蒙
补那
南开
阳长
织金
化起
站街
都拉
矿山镇
哲觉
块
龙场
德坞
老鹰山
张家湾
三潭滚月
猫场
清镇
贵阳
乌当区
韦家庄
杉木箐
田坝
六盘水
水城区
百兴
珠藏
桂果
齐伯房
三元
者海
玉舍
阿弓
补郎
谷脚
南
上渣格
六
宝山
岩脚
平坝区
马场
贵阳南
龙里
蟒龙
普定
安顺
天龙
高峰
花溪区
青岩
宣威
杨梅
关寨
堕却
那玉
七眼桥
广顺
羊场
喜鹊乐
盘
六枝特区
大用
化处
么铺
惠水
平伐
板桥
坪地
龙场
中寨
(平寨)
大世
双堡
长顺
(长寨)
苗
羊场
郎岱
落别
龙宫
鸡场
三都
摆金
炎方
洒基
中营
镇宁
马鞍山
雅水
凯
格以头
柏果
鸡场坪
罐子窑
关岭
顺
猫营
摆所
大塘
盘关
水
永宁
江龙
狗场
黔
南
布
依
族
苗
刘官
沙子
晴隆
新铺
紫云
王佑
断杉
羡塘
盘州
普安
(莲城)
(松山)
城关
盘水
百德
花江
代化
克度
通州
自沙坡
水塘
碧痕
富源
胜境关
老厂
地瓜
大山
兴北
六马
羊场
边阳
董架
沾益区
民主
下山
回龙
市
水塘
曲靖
青山
潘家庄
巴铃
罗甸
沫阳
马龙区
响水
保田
兴仁
龙场
者相
坝包
猴场
(龙坪)
富乐
富村
雨樟
屯脚
贞丰
白层
石屯
打易
乐旺
逢亭
越州
威舍
黔西南布依族苗族自治州
茂井
马岭
顶效
鲁屯
普坪
坡妹
者相
呢罗
乐元
罗悃
陆良
乌沙
郑屯
十八先生墓
招堤
望谟
桑郎
河口
兴义
新桥
安龙
兴隆
册亨
(者楼)
岩架
渡邑
西城
板桥
七舍
敬南
冗渡
蔗香
渡口
向阳
天峨
师宗
罗平
捧鲊
巴结
隆林
坡脚
巧马
秧坝
打宾
坝赖
雅长
乐业
广
西
召夸
大同
泥凼
八渡
百乐
仓更
八大河
沙梨
旧州
乔音
甘田
泸西
凤山
红水河
G93
G85
G76
G75
G65
G56
G60
348
353
213
247
246
547
352
212
210
321
326
356
320
354
552
324
248
357
243
104°
105°
106°
107°
29°
25°

概　况

贵州省简称“黔”或“贵”，省会贵阳。地处我国西南地区，云贵高原东部。战国时为楚国黔中及且兰、夜郎地，唐置黔中道，宋属夔州路，明置贵州布政使司，清为贵州省。现辖6地级市、3自治州、10县级市、50县、11自治县、1特区及16市辖区。全省面积约18万平方千米，人口4637万。

自然环境

地形　贵州地面崎岖，绝大部分为山地和丘陵，是世界喀斯特地貌发育最典型的地区之一。西北部大娄山、乌蒙山高峻，中部苗岭秀丽，山间有贵阳、安顺、凯里、都匀等盆地。韭菜坪海拔2900米，是本省最高峰。主要河流有乌江、赤水河、清水江、南盘江、都柳江等，其中乌江为省内最大河流。湖泊不多，西部草海面积最大。

气候　属于亚热带高原湿润季风气候。一月平均气温3℃～6℃，七月平均气温22℃～26℃。年无霜期为210天～270天左右。年降水量为1100毫米～1400毫米。

经　济

农业　本省山多耕地少，号称“宜林山国”，农林特产丰富。主要粮食作物有水稻、玉米、小麦、薯类等，经济作物有烤烟、油菜、棉花、苎麻、甜菜等，其中水稻、油菜种植普遍。该省是我国重要烤烟和柞蚕产区，贵州烤烟与云烟齐名。

工业　贵州是西南地区能源、机械、原材料生产和国防工业（航空航天和电子）基地。能源工业是本省支柱产业之一，六盘水煤矿和乌江渡水电站全国有名。轻工业以酿酒、卷烟工业为两大优势产业。原煤、铝锭、卷烟、白酒等产品产量均居全国前列。

交　通

本省已建立以川黔、沪昆、黔桂等铁路干线为骨干的交通网。同时沪昆、兰海及贵阳绕城高速公路等在境内已建成通车。贵阳龙洞堡机场可通往北京、上海等国内30多个大、中城市。乌江、赤水河、清水江等可局部通航。

名胜古迹

贵州山川秀丽，赤水丹霞、中国南方喀斯特(荔波、施秉喀斯特)、中国土司遗址(海龙屯遗址)及梵净山被列入《世界遗产名录》。黄果树、龙宫、织金洞、红枫湖、马岭河、赤水、斗篷山—剑江、九洞天、九龙洞、黎平侗乡等为国家级风景名胜区。梵净山为国家级自然保护区，被联合国列入国际生物圈保护区。还有雷公山、赤水桫椤、草海内陆湿地、习水中亚热带森林等国家级自然保护区。

名优特产

贵州茅台，酒味香醇独特，是我国“国酒”，其他名酒还有董酒、杜仲酒、习水大曲等。都匀毛尖、贵定云雾茶、遵义毛峰、安顺竹叶青等茶叶驰名中外。风味名食有威宁火腿、绥阳空心面、独山泡菜、铜仁绿豆粉等。传统手工艺品还有玉屏箫笛、毕节大方漆器、黔西南苗绣等。

民俗文化

贵州少数民族众多，具有浓郁的民俗风情。侗族大歌、黔剧、安顺地戏、仡佬毛龙节、水族端节、苗族歌舞、彝族火把节、布依族“六月六”歌节、瑶族盘古王节等都是人们喜爱的民俗风情。

比例尺：1∶2 520 000　0　25.2　50.4　75.6千米

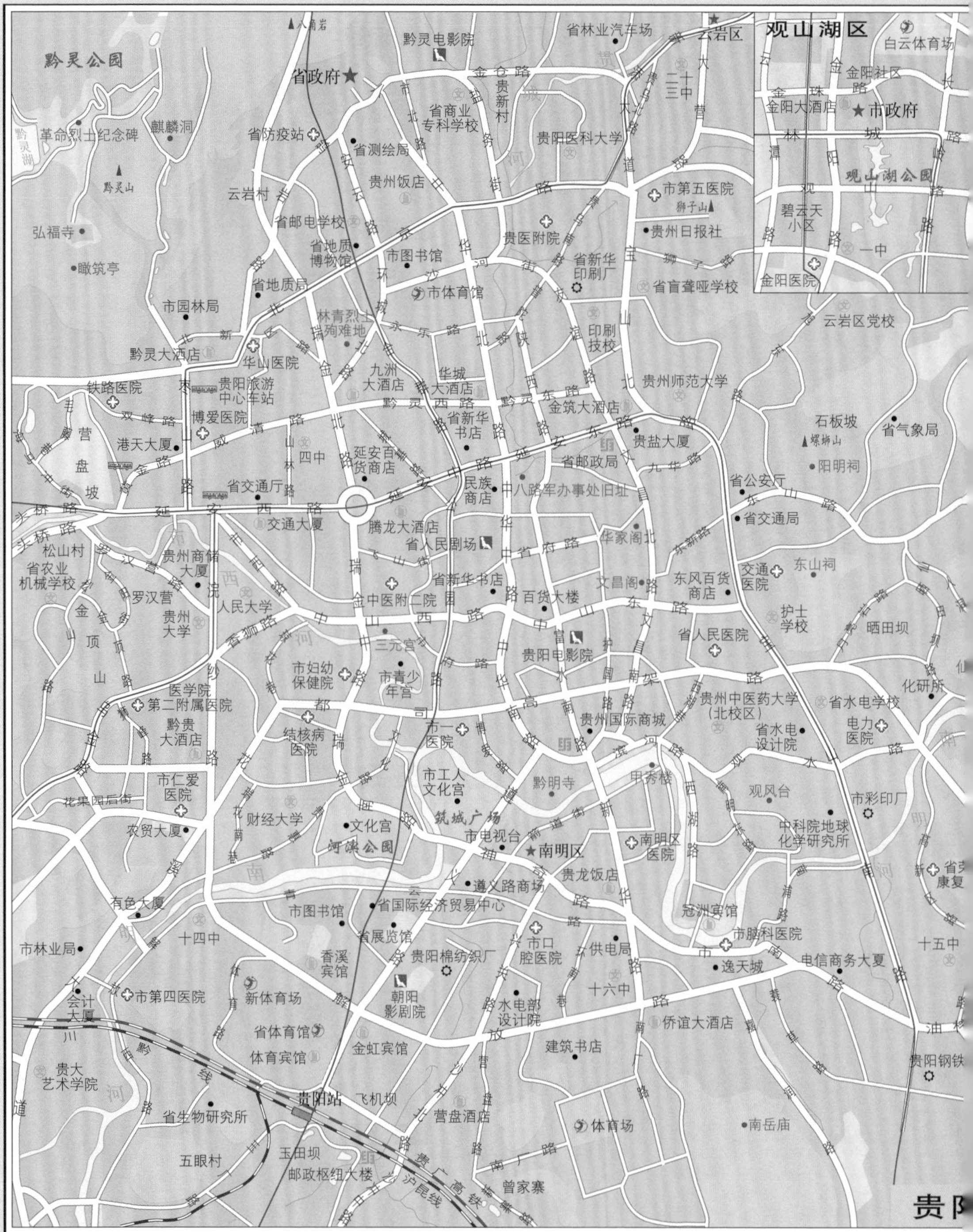

贵阳 ☎ 0851 ✉ 550001

位于贵州省中部，贵州省省会，全省政治、经济、文教中心，是西南地区的交通枢纽，简称“筑”。唐宋时称矩州，元时建城，明如阳，1930年设市。煤、铁、铝土等矿产资源丰富，已发展成为拥有以炼铝、特种钢为主的冶金及机械电子、水泥、卷烟、酿酒、国防等工业兴城市。交通便利，川黔、沪昆、黔桂等铁路交会于此，沪昆、兰海、厦蓉高速公路过境。贵阳龙洞堡国际机场是省内对外空运口岸。名特工艺品黄杨木雕、乌当草席、贵阳大曲等。特色小吃有丝娃娃、肠旺面等。主要商业街区分布在中华路、延安路、中山路等。贵州大学是“211工程”重点建设大学。名胜古迹有黔灵山、花溪、红枫湖、地下溶洞天河潭、石林石窗等喀斯特风光，还有弘福寺、甲秀楼、文昌阁、古城等景点。

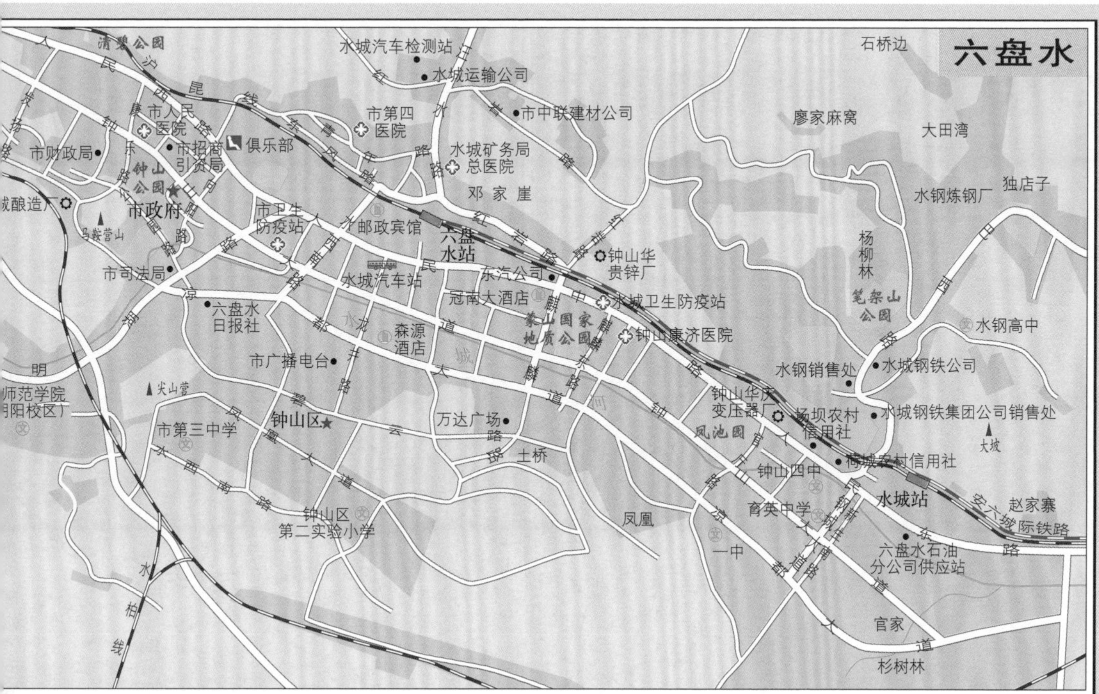

六盘水 ☎ 0858 ✉ 553400

位于贵州省西部，是黔西重要的能源原材料工业城，素有“西南煤都”“中国凉都”之称。1964年国家在六枝、盘县(现为盘州市)、水城境内煤炭基地，“六盘水”这个组合性的市名由此产生，1978年设市。六盘水煤炭资源丰富，工业以煤炭、电力、冶金、建材等为支柱产业，是十大煤炭基地之一。交通较便利，有沪昆电气化铁路和镇胜、水盘、瑞杭等高速公路穿越境内，南昆电气化铁路在红果交会。特产有窖酒九、银杏、杜仲等。六盘水山奇水秀，浓郁的民族风情和喀斯特地貌风光融为一体，著名景点有盘县大洞古文化遗址、丹霞山、北盘江峡谷、野钟黑叶猴自然保护区、长角苗国际生态民俗博物馆、盘县古银杏风景名胜区、天生桥、龙凤地宫、普济铁索桥等。

黄果树 位于贵州省安顺市南约60千米处，为国家级风景名胜区，以其雄奇壮阔的大瀑布、连环密布的瀑布群而闻名于海内外。景区内以黄果树大瀑布为中心，分布着雄、奇、险、秀风格各异的九级十八瀑的瀑布群。黄果树大瀑布宽约101米，高77.8米，下泻时发出轰然巨响，云垂烟接，万练倒悬，是瀑布群中最为壮观的瀑布，也是世界上唯一可以从上、下、前、后、左、右六个方位观赏，并且有水帘洞自然贯通且能从洞内外听、观、摸的瀑布，享有“中华第一瀑”之盛誉。

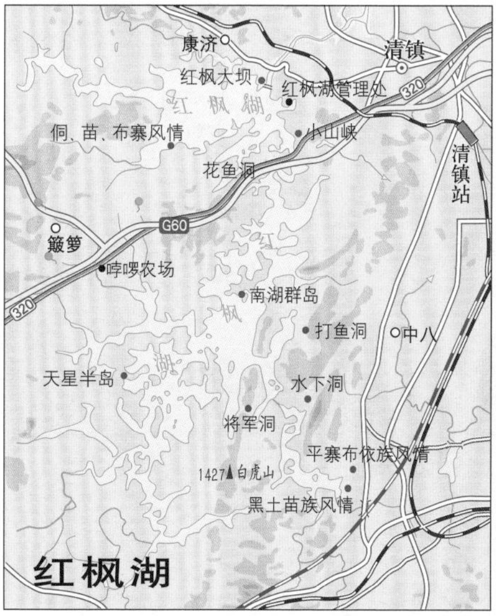

红枫湖 位于贵阳市西郊33千米处，为贵阳最大的人工湖，是一个融高原湖光山色、岩溶地质地貌、贵州民族风情为一体的国家级风景名胜区，素有“高原明珠”之称。因金秋时节，枫叶似火，红叶碧波，故名“红枫湖”。景区由北湖、南湖、中湖、后湖四部分组成。水域面积57平方千米，湖面碧波荡漾，四周青山隐隐。湖中有岛，岛中有洞，洞中有湖。近年来又新建苗寨、侗寨、布依石板屋等建筑，成为贵州风情旅游村。

云南省

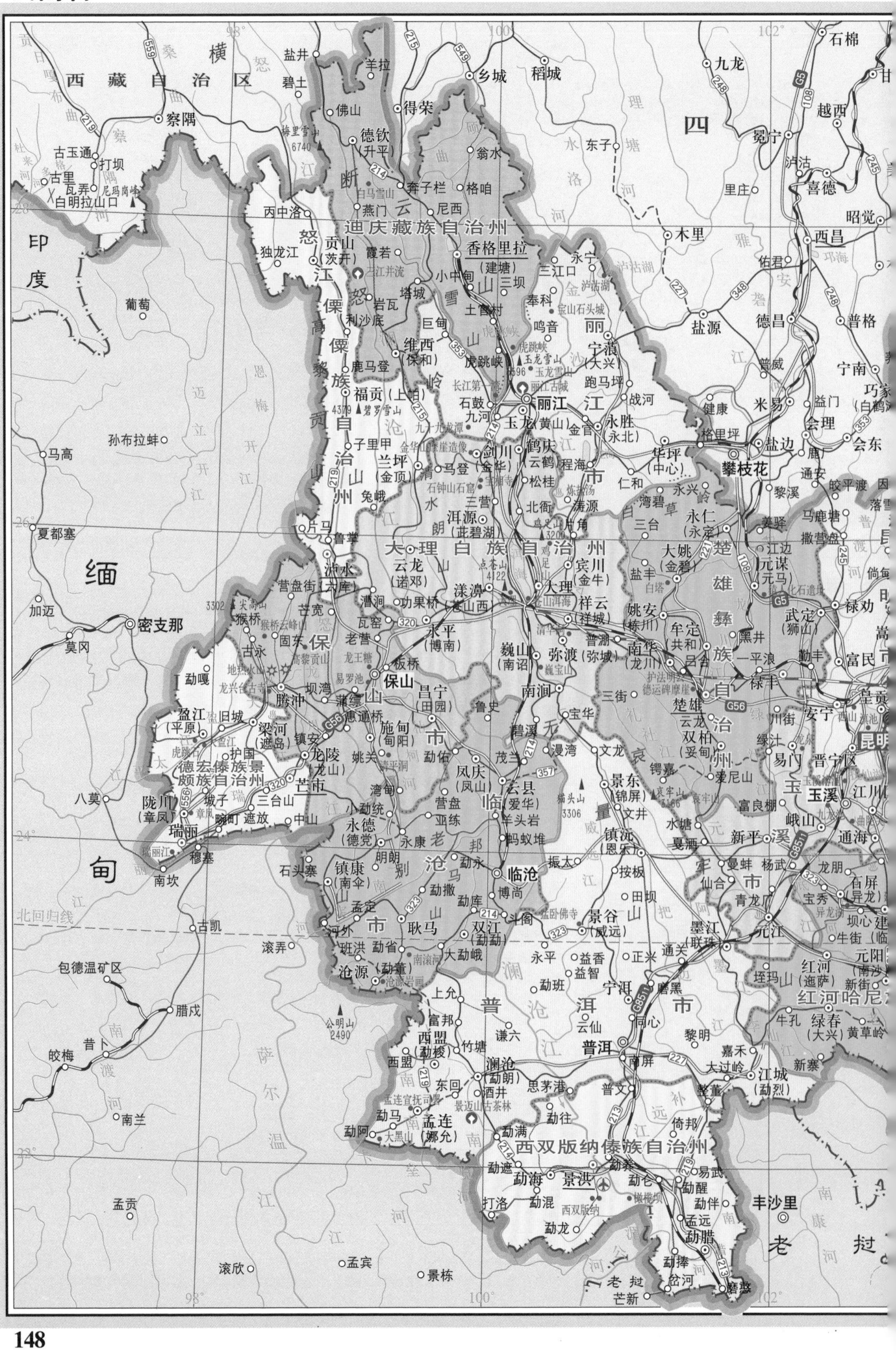
西藏自治区
横
印度
缅甸
四
老挝
察隅
古玉通
打坝
古里
瓦弄
白明拉山口
尼玛岗峰
丙中洛
独龙江
葡萄
孙布拉蚌
马高
夏都塞
加迈
密支那
莫冈
八莫
南坎
古凯
滚弄
包德温矿区
腊戌
昔卜
皎梅
南兰
孟贡
滚欣
孟宾
景栋
盐井
碧土
羊拉
佛山
得荣
德钦
(升平)
奔子栏
格咱
翁水
乡城
稻城
梅里雪山
6740
白马雪山
燕门
尼西
迪庆藏族自治州
香格里拉
(建塘)
小中甸
三坝
贡山
(茨开)
霞若
三江并流
塔城
岩瓦
利沙底
巨甸
维西
(保和)
虎跳峡
土官村
鹿马登
福贡
(上帕)
碧罗雪山
4379
石鼓
九河
长江第一湾
玉龙雪山
5596
丽江
丽江古城
玉龙(黄山)
鹤庆
(云鹤)
剑川
(金华)
兰坪
(金顶)
子里甲
马登
兔峨
洱源
(茈碧湖)
三营
松桂
北衙
永宁
泸沽湖
三江口
奉科
宝山石头城
鸣音
宁蒗
(大兴)
跑马坪
战河
永胜
(永北)
金官
程海
涛源
片角
怒江傈僳族自治州
片马
鲁掌
泸水
(六库)
营盘街
大理白族自治州
云龙
(诺邓)
漾濞
(苍山西)
点苍山
4122
大理
宾川
(金牛)
祥云
(祥城)
弥渡
(弥城)
巍山
(南诏)
南涧
功果桥
瓦窑
永平
(博南)
漕涧
芒宽
老营
3302
尖高山
猴桥
固东
古永
勐嘎
腾冲
坝湾
蒲缥
保山
板桥
昌宁
(田园)
施甸
(甸阳)
惠通桥
梁河
(遮岛)
盈江
(平原)
旧城
护国
龙陵
(龙山)
镇安
德宏傣族景颇族自治州
芒市
陇川
(章凤)
城子
三台山
遮放
畹町
瑞丽
姐告
瑞丽江
中山
永德
(德党)
小勐统
湾甸
姚关
永康
明朗
镇康
(南伞)
石头寨
孟定
河外
耿马
勐撒
勐永
临沧
博尚
勐库
双江
(勐勐)
沙河
大勐峨
班洪
勐省
沧源
(勐董)
沧源岩画
公明山
2490
凤庆
(凤山)
营盘
亚练
勐佑
鲁史
云县
(爱华)
羊头岩
蚂蚁堆
茂兰
碧溪
宝华
漫湾
文龙
景东
(锦屏)
文井
猫头山
3306
镇沅
(恩乐)
振太
按板
田坝
景谷
(威远)
正兴
益香
益智
勐班
永平
宁洱
磨黑
通关
普洱
云仙
同心
谦六
上允
富邦
西盟
(勐梭)
竹塘
澜沧
(勐朗)
思茅港
南屏
黎明
嘉禾
大过岭
江城
(勐烈)
整董
普文
勐往
倚邦
东回
酒井
景迈山古茶林
孟连宣抚司署
孟连
(娜允)
勐马
勐阿
大黑山
勐满
西双版纳傣族自治州
勐遮
勐海
景洪
勐养
勐仑
易武
勐醒
勐伴
孟远
勐腊
勐捧
尚勇
磨憨
打洛
勐混
勐龙
西双版纳
橄榄坝
芒新
老挝
丰沙里
九龙
石棉
越西
冕宁
泸沽
喜德
里庄
东子
木里
西昌
昭觉
佑君
盐源
德昌
普格
普威
宁南
巧家
(白鹤滩)
米易
益门
会理
会东
健康
格里坪
盐边
攀枝花
华坪
(中心)
仁和
永兴
湾碧
三台
永仁
(永定)
大姚
(金碧)
姚安
(栋川)
南华
(龙川)
牟定
(共和)
黑井
楚雄彝族自治州
吕合
一平浪
禄丰
三街
楚雄
云龙
双柏
(妥甸)
鄂嘉
爱尼山
盐丰
白塔
元谋
(元马)
江边
姜驿
黎溪
通安
皎平渡
马鹿塘
撒营盘
武定
(狮山)
禄劝
勤丰
富民
安宁
昆明
易门
晋宁区
玉溪
江川
峨山
富良棚
水塘
戛洒
新平
通海
曼蚌
杨武
仙合
青龙厂
龙朋
石屏
(异龙)
宝秀
坝心
元江
墨江
(联珠)
垤玛
红河
(迤萨)
红河哈尼
牛孔
绿春
(大兴)
黄草岭
新寨
元阳
新街
澜沧江
怒江
金沙江
高黎贡山
碧罗雪山
哀牢山
无量山
北回归线
G5
G56
G85
108
213
214
215
219
221
227
245
248
320
323
353
357
549
556
559
98°
100°
102°
26°
24°
22°
28°

概　况

云南省简称“滇”或“云”，省会昆明。地处我国西南边疆、云贵高原西南部。战国楚时为滇国地，元置云南行中书省，明设云南布政使司，清为云南省。现辖8地级市、8自治州、18县级市、65县、29自治县及17市辖区。全省面积约39万平方千米，人口4819万。

自然环境

地形　本省绝大部分为山地高原。滇西有高黎贡山、怒山、云岭等南北纵列，还有雪山、邦马山、老别山等，滇东北有五莲峰、乌蒙山等，其间有金沙江、澜沧江、元江和怒江等呈扫帚状排列，最后分别注入太平洋和印度洋。梅里雪山海拔6740米，是本省最高峰。湖泊众多，主要有滇池、抚仙湖、洱海、程海等，其中滇池是全省最大湖泊。

气候　属于亚热带、热带高原型湿润季风气候。一月平均气温8℃～12℃，七月平均气温18℃～24℃。年无霜期200天～250天。年降水量为1000毫米～1500毫米。

经　济

农业　该省农、林、牧、渔多种经营。主要粮食作物有水稻、玉米、小麦、豆类、马铃薯等。经济作物有油菜、烟草、甘蔗、茶叶、棉、麻等，云南烤烟产量全国第一。滇南是我国橡胶、咖啡等热带作物重要基地之一，同时盛产香蕉、杧果、梨、核桃等果品。

工业　工业主要有机械、冶金、煤炭、化工、轻工等，昆明光学机械、精密机床全国闻名，磷化产品远销国外。云南轻工业以卷烟、制茶、制糖最著名。云南还有“有色金属之乡”之称，东川铜、个旧锡、兰坪铅闻名全国。

交　通

云南交通以沪昆、昆河、成昆和南昆铁路干线为大动脉，有思茅、景洪等水运口岸。杭瑞、沪昆、汕昆、广昆、渝昆等高速公路过境。昆明长水机场有航线可通往北京、上海等国内60多个大、中城市和省内大理、普洱等地，以及曼谷、新加坡等国外城市。

名胜古迹

云南是我国少数民族最多的省份，名山胜水众多，民族风情多样。其中丽江古城、三江并流保护区、石林喀斯特、澄江化石地、云南哈尼梯田、普洱景迈山古茶林文化景观已被列入《世界遗产名录》。昆明滇池、石林、大理、瑞丽江—大盈江、九乡、腾冲地热火山、玉龙雪山、普者黑、西双版纳等为国家级风景名胜区。

名优特产

云南烤烟质地优良，称为“云烟”，著名的有红塔山、阿诗玛、石林、红山茶等。普洱茶、滇红茶以其清香味浓驰名中外。云南有山茶、杜鹃、报春三大名花，还盛产三七、云归、白药、天麻、虫草等名贵药材。风味名食有宣威火腿、路南腐乳、过桥米线、澄江藕粉等。传统手工艺品主要有大理石雕、版纳地毯和傣锦等。

民俗文化

云南是少数民族的聚居地，具有多姿多彩的民族风情。滇剧、傣剧、彝剧、云南“十八怪”、大理白族风情、摩梭人的走婚风俗、傣族泼水节和孔雀舞、彝族火把节、苗族花山节等活动极具特色。

昆明 ☎ 0871 ✉ 650500

位于云南省中部，云南省省会，全省政治、经济、文化中心和交通枢纽，国家历史文化名城。战国时为滇王国都，唐初为昆州治所，明清为云南府治，1935年设市。昆明是新兴工业城市，工业门类齐全，是全国精密机床、光学仪器、磷化工、天然香料加工、卷烟、有色金属冶炼工业基地之一。昆明也是省交通枢纽和我国面向东南亚的重要口岸。名特产有斑铜工艺品、云烟、云腿、滇红茶、白药等。市区以盘龙区和五华区为核心，近郊区包括西山区和官渡区。城区环绕有环城路和二环路。主要商业街区有东风路及南屏街、北京路中南段、环城南路中段等。云南大学是国家“211工程”重点建设高校。

昆明四季如春，花开不断，故有“春城”“花城”之称，是中外闻名的旅游城市。名胜众多，风景秀丽，民族风情多姿多彩，著名景点有滇池大观楼、西山龙门三清阁、翠湖、筇竹寺、云南民族村、黑龙潭、金刚塔金殿及附近石林国家级风景名胜区等。

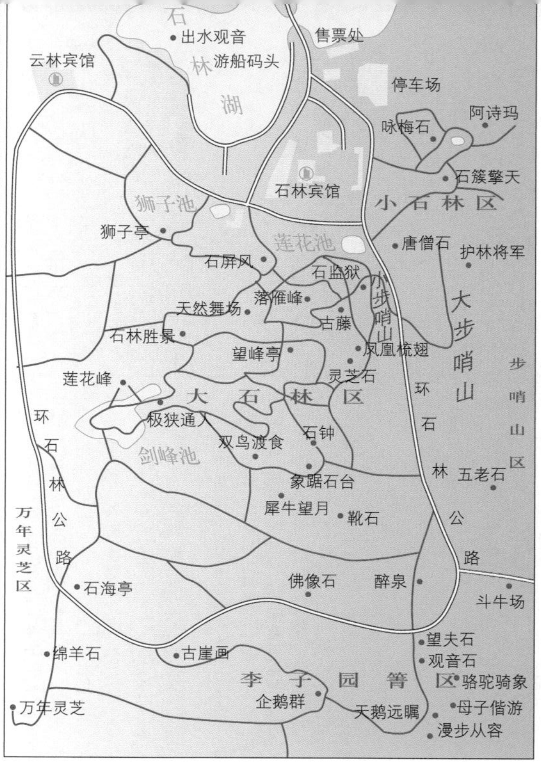

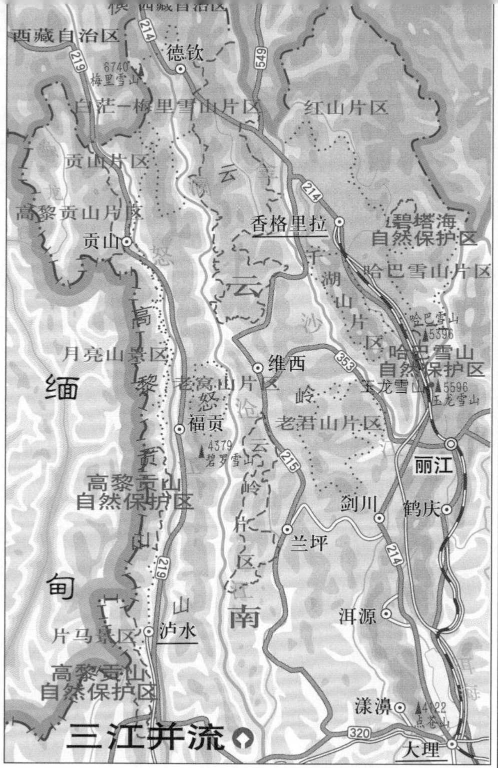

石林　位于昆明市石林彝族自治县内，俗称李子箐，是世界唯一位于亚热带高原地区的喀斯特地貌风景区，素有“天下第一奇观”“石林博物馆”的美誉，为国家级风景名胜区、世界地质公园，并作为“中国南方喀斯特”的一部分被列入《世界遗产名录》。景区由大石林、小石林、步哨山、李子园箐、万年灵芝五个片区组成。这里群峰壁立，奇峰危石，千姿百态，气势恢弘，剑状、蘑菇状、塔状、柱状、城堡状、石芽、原野等类型的石林栩栩如生。景区内还有湖泊、瀑布、溶洞等天造奇观，美不胜收，而李子园箐的石林崖画、石刻则反映着彝族撒尼人古老的祭祀烟火及舞蹈、狩猎、战斗等场面。

滇池　位于昆明城区西南，古称“滇南则”，是云南省面积最大的高原湖泊，国家级风景名胜区，素有“高原明珠”之称。滇池水由海口注入普渡河．汇入金沙江．属长江水系，为我国的第六大淡水湖。滇池为地震断层陷落型的湖泊，其外形似一弯新月，四面群山连绵，风光秀丽，碧波万顷，风帆点点，湖光山色，令人陶醉。周边分布有海埂湖滨公园、西山、大观楼、观音山、白鱼口、盘龙寺、官渡金刚塔等风景名胜及云南民族村、郑和故里等数处名胜古迹。

三江并流　位于青藏高原南延部分的横断山脉纵谷地区，是由发源于青藏高原的怒江、澜沧江、金沙江自北向南穿过云岭、怒山、高黎贡山山脉，并行奔流数百千米而不交汇所形成的世界奇观。三江并流是云南省面积最大，景色最丰富壮观的地区，也是世界罕见的高山地貌代表地区和世界上生物物种最丰富的地区之一。三江并流地区具有“雄、险、秀、奇、幽、奥、旷”等特点，其境内有晶莹璀璨的雪峰、险峻的峡谷高山、独特的民族风情、秀丽的高原湖泊，使它成为中外游客最为向往的旅游胜地。2003年7月，三江并流被联合国教科文组织列入《世界遗产名录》。

西藏自治区

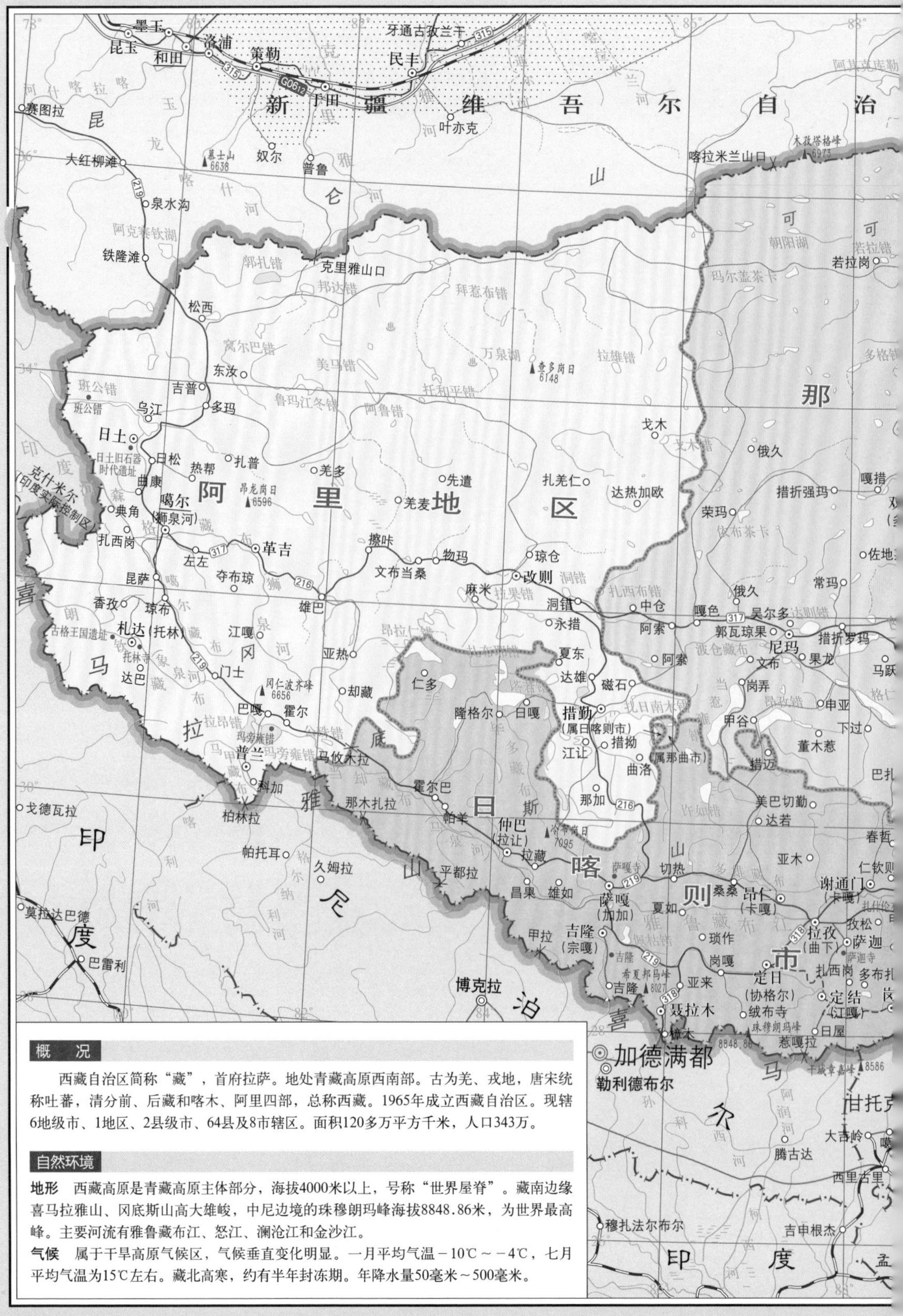

概况

西藏自治区简称“藏”，首府拉萨。地处青藏高原西南部。古为羌、戎地，唐宋统称吐蕃，清分前、后藏和喀木、阿里四部，总称西藏。1965年成立西藏自治区。现辖6地级市、1地区、2县级市、64县及8市辖区。面积120多万平方千米，人口343万。

自然环境

地形 西藏高原是青藏高原主体部分，海拔4000米以上，号称“世界屋脊”。藏南边缘喜马拉雅山、冈底斯山高大雄峻，中尼边境的珠穆朗玛峰海拔8848.86米，为世界最高峰。主要河流有雅鲁藏布江、怒江、澜沧江和金沙江。

气候 属于干旱高原气候区，气候垂直变化明显。一月平均气温－10℃～－4℃，七月平均气温为15℃左右。藏北高寒，约有半年封冻期。年降水量50毫米～500毫米。

经　济

农业　粮食作物有青稞、荞麦等。经济作物有油菜、甜菜等。西藏是我国重要的草原牧区，牲畜有牦牛、藏羊、犏牛等。藏东南是重要天然林区。药材有贝母、天麻、雪莲、虫草等上百种。

工业　西藏地热、太阳能、矿产资源丰富，已建立电力、采矿、 化工、水泥、毛纺、制药等工业。

交　通

西藏已建青藏、川藏、滇藏、新藏、拉普、中尼等公路干线。青藏铁路是目前世界上海拔最高的铁路，已全线通车。拉萨有航空线通北京、西安、成都等国内主要大、中城市和尼泊尔首都加德满都。

名胜古迹

西藏名山胜水众多，布达拉宫是规模浩大的宫堡式建筑群，布达拉宫历史区已被列入《世界遗产名录》。雅砻河、纳木错—念青唐古拉山、唐古拉山—怒江源为国家级风景名胜区。其他著名景点还有罗布林卡、雅鲁藏布江、八廓街等。

名优特产

风味名食有酥油茶、青稞糌粑、青稞酒、烧肝等。名贵植物药材有当归、灵芝、雪莲、冬虫夏草、藏红花、贝母等。动物药材有牦牛鞭、鹿茸角、麝香等。传统手工艺品有藏毯、藏装、拉萨陶器、普兰木碗等。

民俗文化

西藏主要分布着藏族、门巴族、珞巴族等古老的民族，藏族哈达、藏族唐卡、藏戏、门巴族习俗、珞巴族的树葬习俗都体现着独具雪域特色的民俗风情。

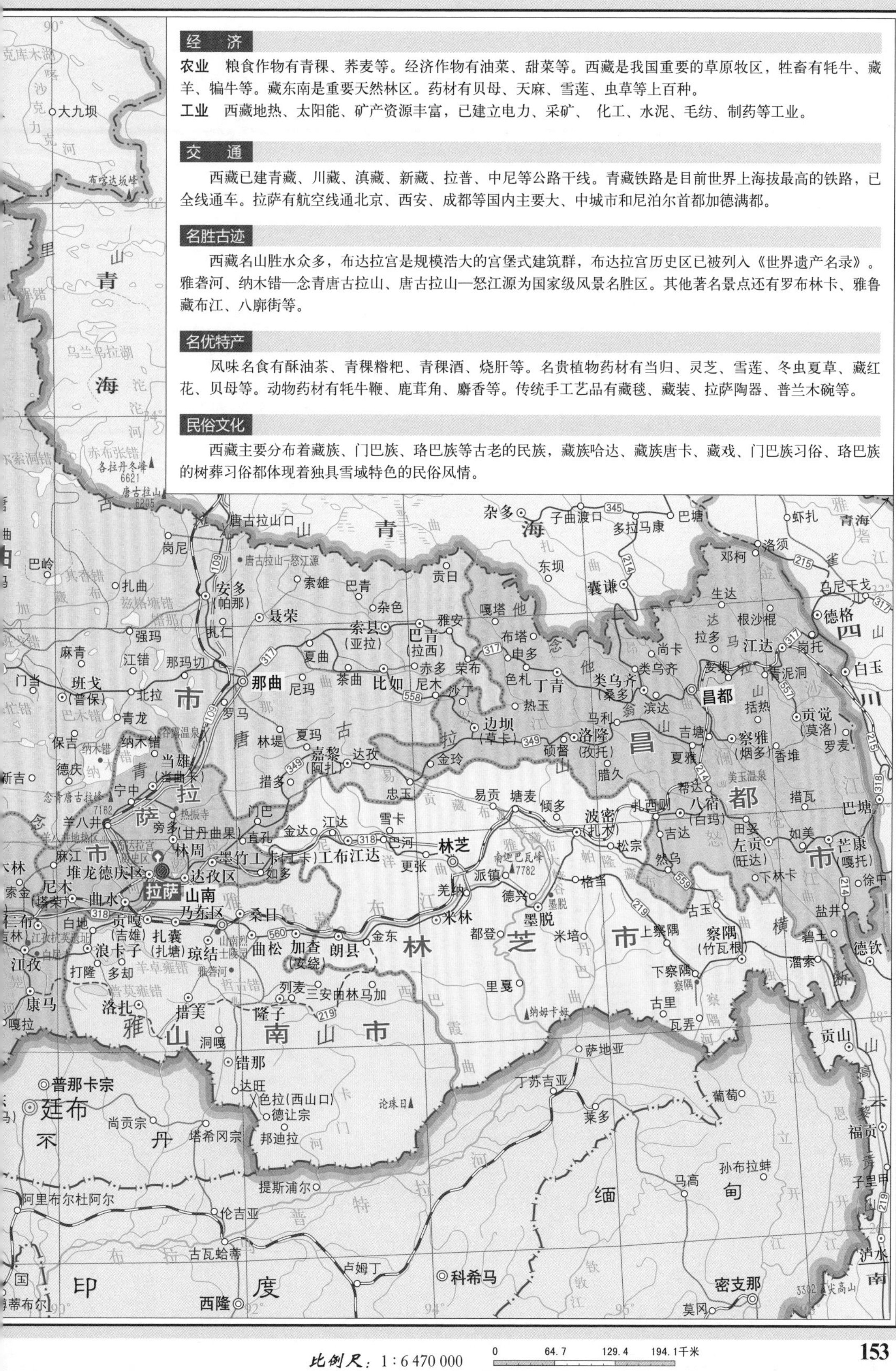

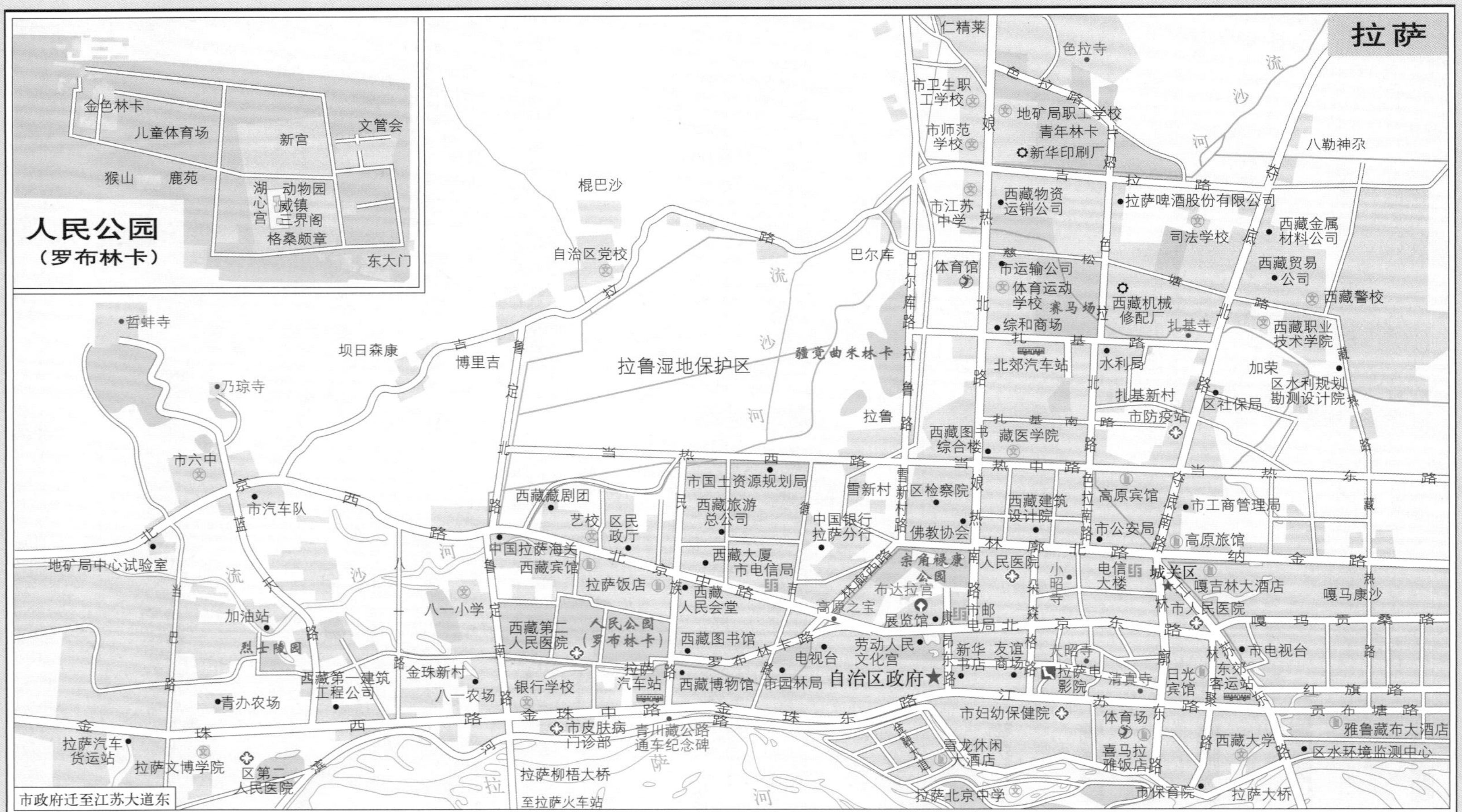

拉萨 ☎ 0891 ✉ 850000

位于西藏自治区中部，是西藏自治区首府，全区政治、经济、文化、宗教活动中心，国家历史文化名城。拉萨在藏语中为“圣地”或“佛地”之意，因日照充足，素有“日光城”之称。唐代开始建城，迄今已有1300多年的历史，1960年设市。

1959年西藏民主改革后，拉萨社会、经济快速发展，城市建设以老城区为中心，东西迅速延伸。在发展建材、能源、农畜产品加工、民族手工业的同时，重点加速旅游业的发展，成为一座发展中的旅游名城。作为全区的交通枢纽，青藏、川藏、滇藏、中尼等公路干线及其支线在此交辟有通往北京、成都、西安、格尔木等地的国内航线，以及至加德满都的国际航线。特产有酥油茶、青稞糌粑、青稞酒及当归、灵芝、雪莲等名贵的植物药材，拉萨的民族服饰、藏毯、藏刀等民族用品闻名遐迩。

城区位于拉萨河以北和流沙河东南。主要商业区有八廓街、宇拓路步行街、拉萨百货大楼等。西藏大学是国家“211工程”重点建设大学。

拉萨自然风光独特，名胜古迹众多且富有浓郁神秘的藏族民俗风情。金碧辉煌、雄伟壮丽的布达拉宫及大昭寺、罗布林卡已列入《世界遗产名录》，拉鲁湿地为世界上海拔最高的湿地。其他主要景点还有小昭寺、哲蚌寺、色拉寺、甘丹寺、罗布林卡、龙王潭、藏王陵、楚布寺、曲贡

位于西藏自治区南部，原为日喀则地区的行署驻地，西藏第二大城市，也是国家历史文化名城。1986年设县级市。2014年6月26日，撤销日喀则地区，设立地级日喀则市。工业以地毯、皮革、木器、金银加工业、民族工艺品加工业等门类为主，特产藏毯、银包木碗等。219国道与318国道过境。著名景点有扎什伦布寺、那当寺、夏鲁寺等。

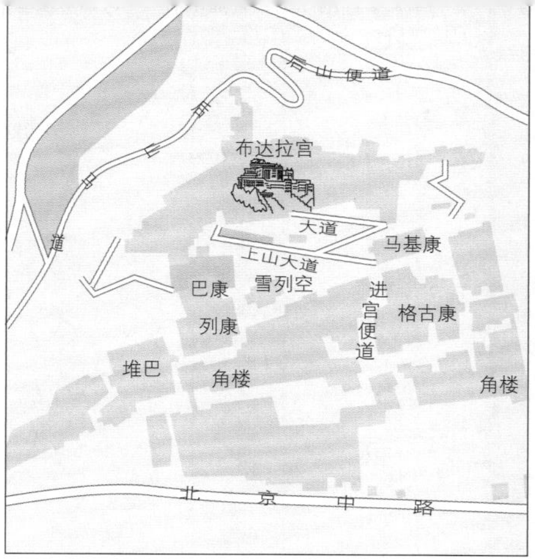

青藏铁路沿线景观

布达拉宫 位于拉萨市区西北的红山上，是集行政、宗教、政治事务于一体的综合性建筑。始建于公元7世纪松赞干布时期，依山而建，有13层，宽约3000米，规模宏大，巍峨壮观，是当今世界上海拔最高、规模最大的宫殿式建筑群，被誉为世界屋脊的明珠。内有几十万个大小佛像、各种壁画和大量文物。布达拉宫被列入《世界遗产名录》。

八廓街 又名八角街，位于拉萨市旧城区，是拉萨最古老的一条街道，也是著名的转经道和商业中心。八廓街集宗教、文化、旅游、商业为一体，街道由手工打磨的石块铺成，街道两旁保留有老式藏房建筑。街内遗存的名胜古迹众多，有下密院、印经院、席德寺废墟、仓姑尼庵、小清真寺、松赞干布行宫曲结颇章，以及黄教创始人宗喀巴的佛学辩论场松曲热遗址等。

青藏铁路沿线景观 青藏铁路是世界上海拔最高的铁路，由青海省西宁市至西藏自治区拉萨市，全长1956千米。沿途经过青海湖、昆仑山、可可西里、长江源、羌塘草原及那曲到拉萨等著名的景观带，是一条充满神秘色彩的旅游风景线。铁路将青藏高原一望无际的戈壁滩、白雪皑皑的雪山、辽阔无边的草原等景观连在一起，美不胜收，游客不仅能目睹成群的藏羚羊、藏野驴和黄羊等珍稀野生保护动物，还能欣赏到藏北牧区独特的民族风情和宗教文化，更能领略到人类建筑史上的奇迹。沿途可以看到青藏铁路第一高桥——三岔河特大桥，青藏铁路最长的清水河特大桥，世界上最长的高原多年冻土隧道——昆仑山隧道，世界上海拔最高的青藏铁路风火山隧道及羊八井隧道群等。

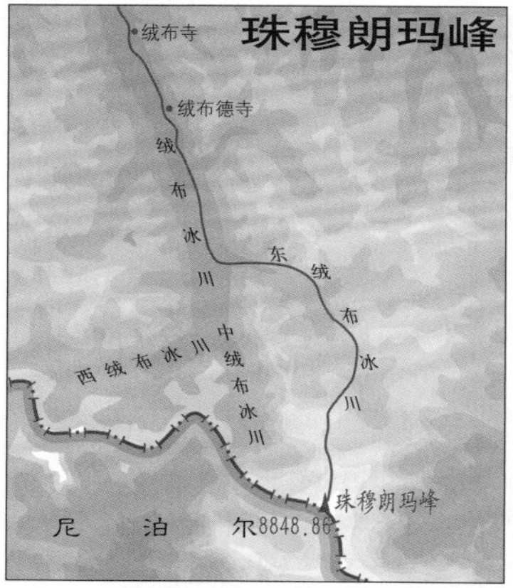

珠穆朗玛峰 简称珠峰，位于中国和尼泊尔交界的喜马拉雅山脉上。它的北坡在我国西藏境内，南坡在尼泊尔境内。海拔8848.86米，是世界上最高的山峰，有“世界第三极”之称。珠峰巍峨宏大，气势磅礴，山体呈巨型金字塔状，威武雄壮昂首天外，峰顶终年积雪，冰川、冰坡、冰塔林到处可见，一派圣洁景象。1960年，中国登山队首次完成了人类从北坡登上珠穆朗玛峰的夙愿。珠峰连同其他四座海拔8000米以上的山峰，构成了世界上最独特的生物地理区域—珠峰自然保护区。

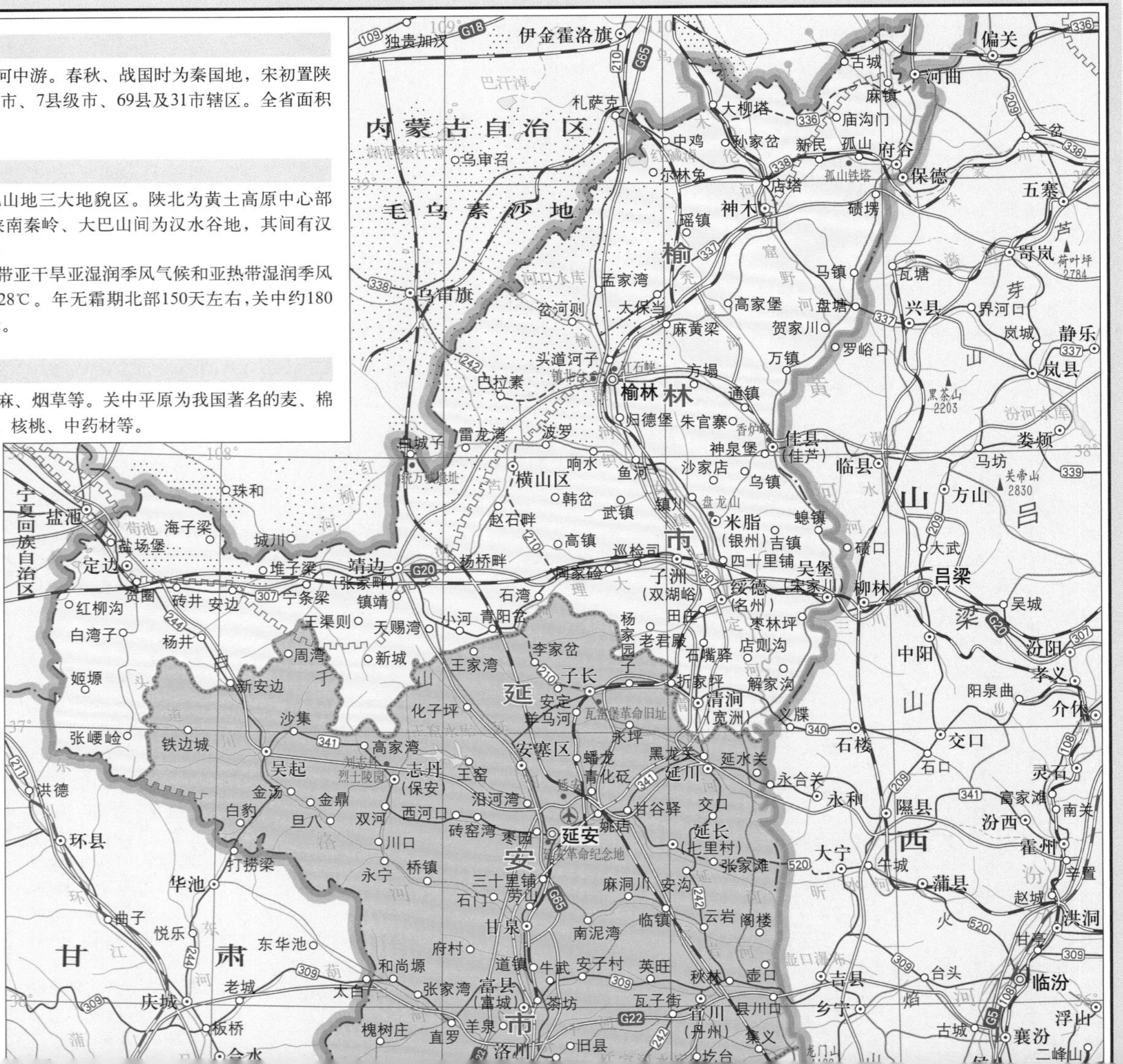

概　况

陕西省简称“陕”或“秦”，省会西安。地处黄河中游。春秋、战国时为秦国地，宋初置陕西路，元设陕西行中书省，清为陕西省。现辖10地级市、7县级市、69县及31市辖区。全省面积约21万平方千米，人口4081万人。

自然环境

地形　陕西从北到南分陕北高原、关中平原和秦巴山地三大地貌区。陕北为黄土高原中心部分，关中是渭河冲积平原，号称“八百里秦川”。陕南秦岭、大巴山间为汉水谷地，其间有汉中、安康等盆地。太白山海拔3767米，是全省最高峰。

气候　从北到南分别属于温带亚干旱季风气候、暖温带亚干旱亚湿润季风气候和亚热带湿润季风气候。一月平均气温－11℃～3.5℃，七月为21℃～28℃。年无霜期北部150天左右，关中约180天，南部210天～240天。年降水量500毫米～1000毫米。

经　济

农业　陕西农业历史悠久。陕北主产谷子、糜子及胡麻、烟草等。关中平原为我国著名的麦、棉产区。陕南为亚热带作物区，主产水稻、茶叶、桑蚕、核桃、中药材等。

工业　以机械、纺织为主，包括能源、冶金、化工、电力、建材、电子、航空、医药、食品等门类，飞机、高压输变电设备、工程机械、新型材料、家用电器、彩色显像管、计算机、通信设备、医药化工等产品在全国占有重要地位。

交　通

陇海铁路横贯东西，还有宝成、阳安等电气化铁路，郑西高铁建成通车。连霍、京昆、包茂高速公路在境内通过。咸阳国际机场是我国重要的航空港之一。为我国西部民航的枢纽站。

名胜古迹

陕西名胜古迹众多，秦始皇陵及兵马俑坑、丝绸之路：长安—天山廊道路网已被联合国列入《世界遗产名录》。有华山、宝鸡天台山、黄帝陵、合阳洽川等国家级风景名胜区。其他景点还有大明宫遗址、大雁塔、华清池、西安碑林、半坡遗址、杨贵妃墓等。

名优特产

风味名食有西安酿皮、羊肉泡馍等。临潼石榴、商洛核桃、秦岭中华猕猴桃等是著名果品。传统手工艺品有仿唐三彩、凤翔彩绘泥塑、扎染、青花瓷碗等。

民俗文化

秦腔、信天游、安塞腰鼓、窑洞、白羊肚毛巾、

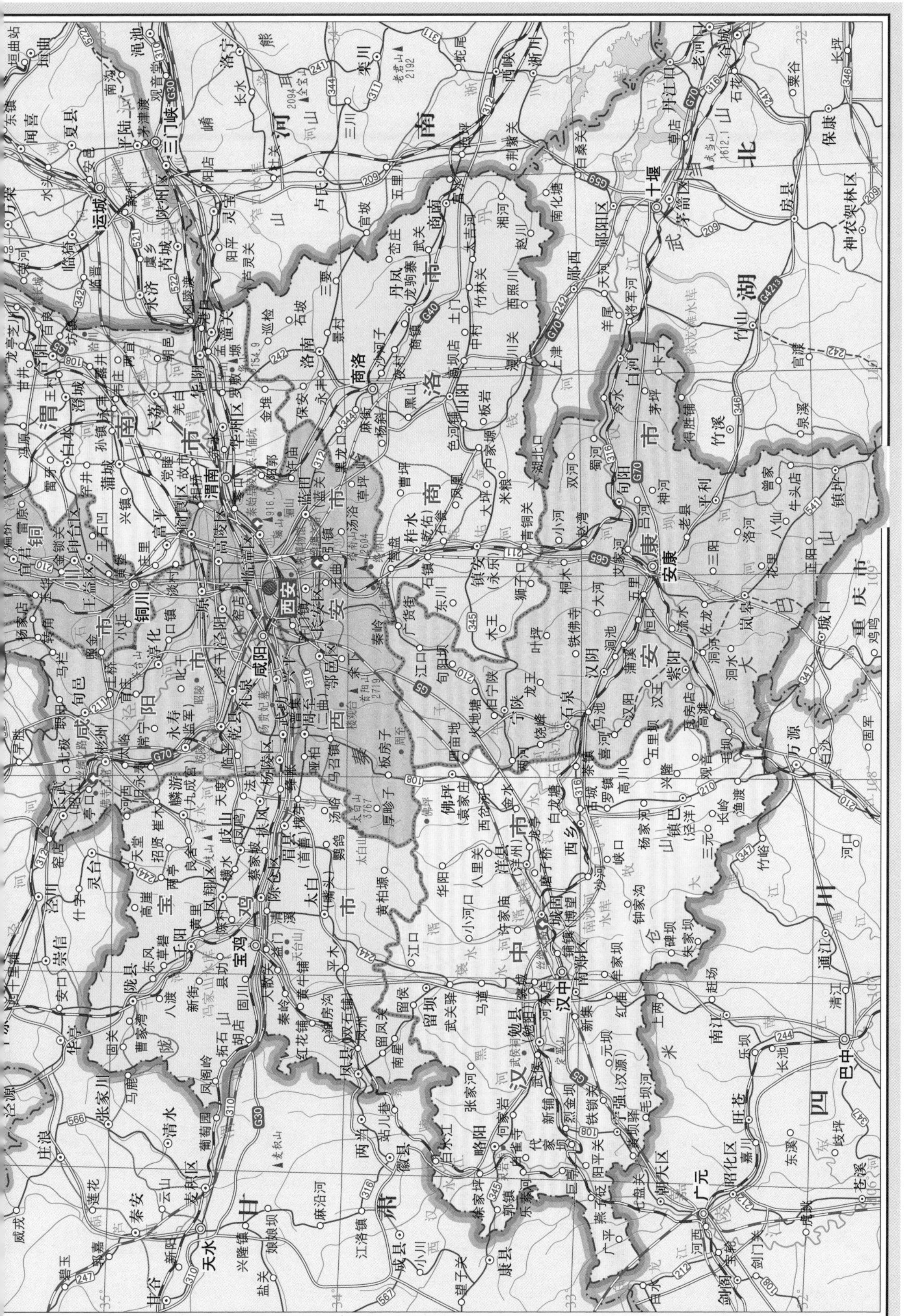

比例尺：1∶2 880 000　　0　28.8　57.6　86.4千米

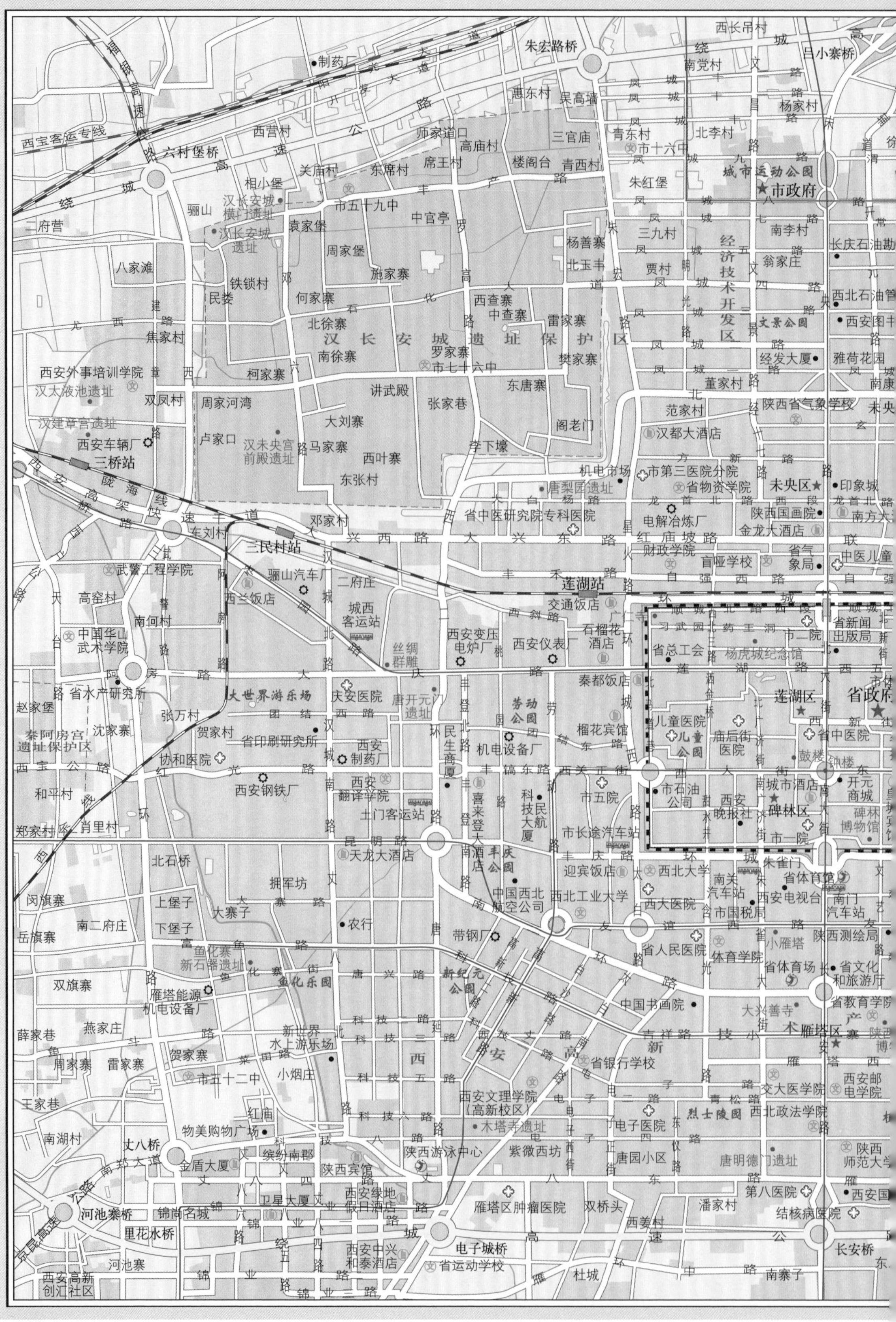
西长吊村
朱宏路桥
吕小寨桥
制药厂
南党村
惠东村
吴高墙
杨家村
西宝客运专线
西营村
师家道口
高庙村
三官庙
青东村
北李村
六村堡桥
席王村
楼阁台
青西村
市十六中
城市运动公园
相小堡
关庙村
东席村
朱红堡
市政府
骊山
汉长安城横门遗址
市五十九中
中官亭
二府营
袁家堡
汉长安城遗址
三九村
南李村
杨善寨
经济技术开发区
长庆石油勘
周家堡
北玉丰
翁家庄
八家滩
施家寨
贾村
铁锁村
民娄
何家寨
西查寨
中查寨
西北石油管
文景公园
西安图书
北徐寨
雷家寨
焦家村
汉长安城遗址保护区
南徐寨
罗家寨
经发大厦
雅荷花园
西安外事培训学院
柯家寨
市七十六中
樊家寨
汉太液池遗址
讲武殿
东唐寨
董家村
南康
双凤村
周家河湾
张家巷
范家村
陕西省气象学校
未央
大刘寨
汉建章宫遗址
阁老门
汉都大酒店
卢家口
汉未央宫前殿遗址
西安车辆厂
三桥站
马家寨
李下壕
西叶寨
机电市场
市第三医院分院
东张村
唐梨园遗址
省物资学院
未央区
印象城
省中医研究院专科医院
电解冶炼厂
陕西国画院
车刘村
邓家村
金龙大酒店
南方大
三民村站
大兴西路
大兴东路
红庙坡路
财政学院
省气象局
武警工程学院
骊山汽车厂
二府庄
盲哑学校
中医儿童
高窑村
西兰饭店
莲湖站
城西客运站
交通饭店
南何村
西安变压电炉厂
石榴花酒店
省新闻出版局
中国华山武术学院
西安仪表厂
丝绸群雕
习武园
北药王洞
市一院
省总工会
杨虎城纪念馆
大世界游乐场
庆安医院
秦都饭店
莲湖区
省政府
赵家堡
省水产研究所
劳动公园
唐开元门遗址
张万村
省中医院
沈家寨
儿童医院
儿童公园
秦阿房宫遗址保护区
贺家村
省印刷研究所
环民生商厦
榴花宾馆
庙后街医院
西安制药厂
鼓楼
协和医院
机电设备厂
钟楼
西安钢铁厂
西安翻译学院
丰镐东路
西关正街
开元商城
和平村
市石油公司
南城市酒店
喜来登大酒店
科技民航大厦
市五院
西安晚报社
碑林区
碑林博物馆
土门客运站
郑家村
肖里村
市长途汽车站
昆明路
市一院
北石桥
天龙大酒店
丰庆公园
迎宾饭店
西北大学
朱雀门
拥军坊
南关汽车站
省体育馆
闵旗寨
中国西北航空公司
西北工业大学
西安电视台
上堡子
西大医院
南门汽车站
市国税局
南二府庄
下堡子
大寨子
农行
小雁塔
陕西测绘局
岳旗寨
带钢厂
省人民医院
鱼化寨新石器遗址
体育学院
省体育场
省文化和旅游厅
鱼化乐园
新纪元公园
唐兴路
双旗寨
雁塔能源机电设备厂
中国书画院
省教育学院
大兴善寺
燕家庄
雁塔区
薛家巷
科技一路
新世界水上游乐场
吉祥路
科技二路
周家寨
雷家寨
贺家寨
省银行学校
市五十二中
小烟庄
西安邮电学院
王家巷
西安文理学院（高新校区）
交大医学院
烈士陵园
二红庙
西北政法学院
南湖村
物美购物广场
木塔寺遗址
电子医院
丈八桥
陕西游泳中心
紫微西坊
陕西师范大学
金盾大厦
缤纷南郡
陕西宾馆
唐园小区
唐明德门遗址
西安绿地假日酒店
第八医院
卫星大厦
西安国
河池寨桥
锦尚名城
雁塔区肿瘤医院
双桥头
潘家村
结核病医院
里花水桥
西姜村
西安中兴和泰酒店
电子城桥
长安桥
河池寨
省运动学校
西安高新创汇社区
杜城
南寨子
锦业二路

西北地区

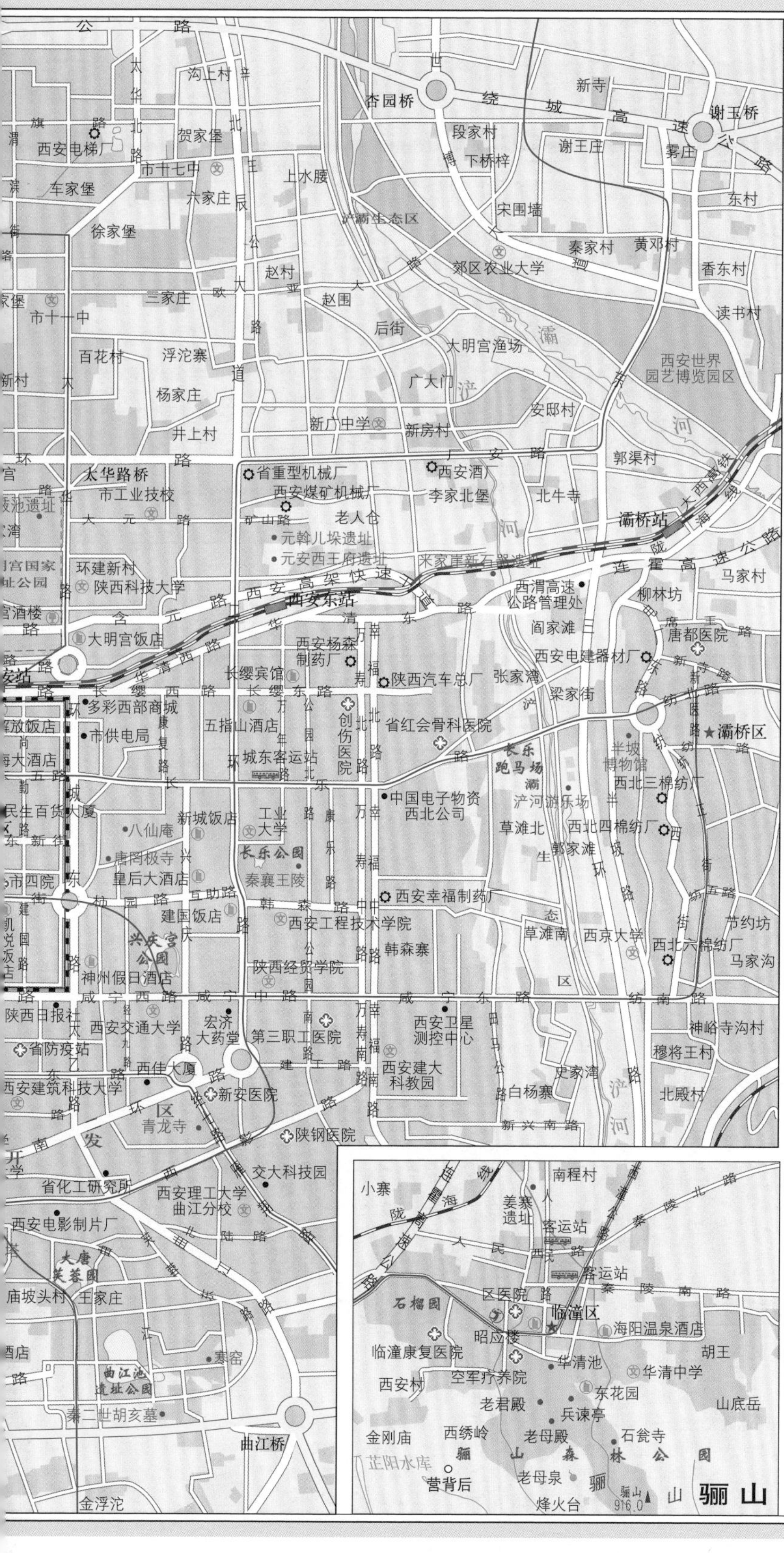

西安 ☎ 029 ✉ 710003

位于陕西省中部，是陕西省省会，全省政治、经济、文教中心，西北地区最大的工商业城市，国家历史文化名城和八大古都之一。古称长安，从公元前11世纪起，先后有西周、秦、西汉、隋、唐等13个朝代在此建都，历时千余年。汉唐时期长安城是世界著名的大都市，丝绸之路也以此为起点。1928年设市。

工业以机械、电子、电器、纺织和国防工业为主，是全国高压、超高压输变电设备生产基地和主要纺织基地，也是全国最大的航空科研生产基地和高新技术产业基地。西安还是西北地区重要交通枢纽，陇海铁路和宁西、侯西等铁路在此交会，郑西高铁建成通车，连霍、京昆、沪陕、福银等高速公路过境，西安咸阳国际机场是我国重要航空口岸。特产有仿古陶瓷秦俑、唐三彩等。特色小吃有羊肉泡馍、凉皮、肉夹馍、葫芦头等。

城区总体形态为不规则方形，主要街道呈棋盘格式。主要商业街区包括东大街、解放路、南大街等。西安教育资源丰富，是全国高校密度和受高等教育人数最多的城市。西安交通大学、西北工业大学、西安电子科技大学、长安大学、陕西师范大学、西北大学为国家“211工程”重点建设高校。

西安名胜古迹众多，有半坡博物馆、大雁塔、碑林博物馆、鼓楼、骊山风景区、秦始皇陵和秦俑博物馆，以及附近终南山老子讲学处楼观台，兴平汉武帝茂陵，乾县唐高宗与女皇武则天合葬墓乾陵，礼泉唐太宗昭陵等，其中秦始皇陵及兵马俑坑已被联合国列入《世界遗产名录》。

骊山 位于西安临潼区城南，又名“绣岭”，为国家级风景名胜区。因山上树木葱郁，景色翠秀，远望宛如一匹苍黛色的骏马而得名。山中温泉水长流，建筑宏伟壮丽。“骊山晚照”为关中八景之一。

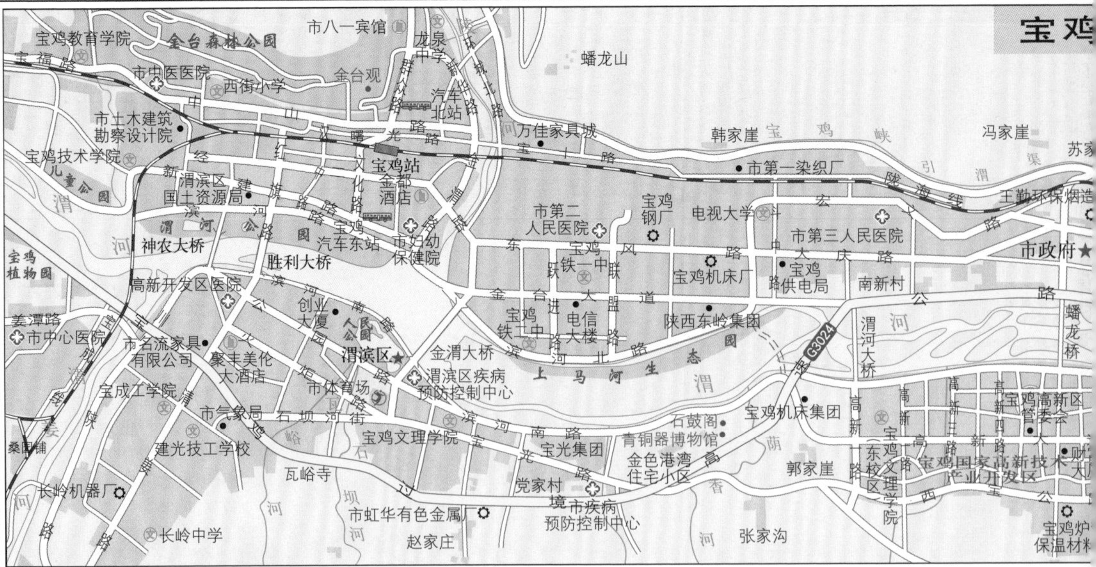

宝鸡 ☎ 0917 ✉ 721000

位于陕西省西部，是陕西第二大城市，素有“青铜器之乡”的美称。古称陈仓，为华夏始祖炎帝的诞生地，周秦王朝发祥地，1949年设宝鸡是西北重要的新兴工业城市，形成了机械、电子、化工、建材、纺织等优势产业，钛材、钢桥梁、铁路道岔、灯泡产量在全国名列前茅鸡是连接中原、西南、西北的交通枢纽，陇海、宝成、宝中三条铁路干线在此交会，310国道、连霍高速公路在境内贯通。特产有西凤酒、木画、泥塑、剪纸等。宝鸡自然风光绚丽多彩，名胜古迹众多，有姜太公钓鱼台、炎帝活动过的天台山、佛教圣地法门寺、张三丰修道院金台五丈塬诸葛亮庙、汉高祖刘邦“明修栈道，暗渡陈仓”的古陈仓城遗址、唐九成宫遗址、“铁马秋风”大散关等文化古迹，还有太白山国家公园、关山草原、嘉陵江源头等自然风光。

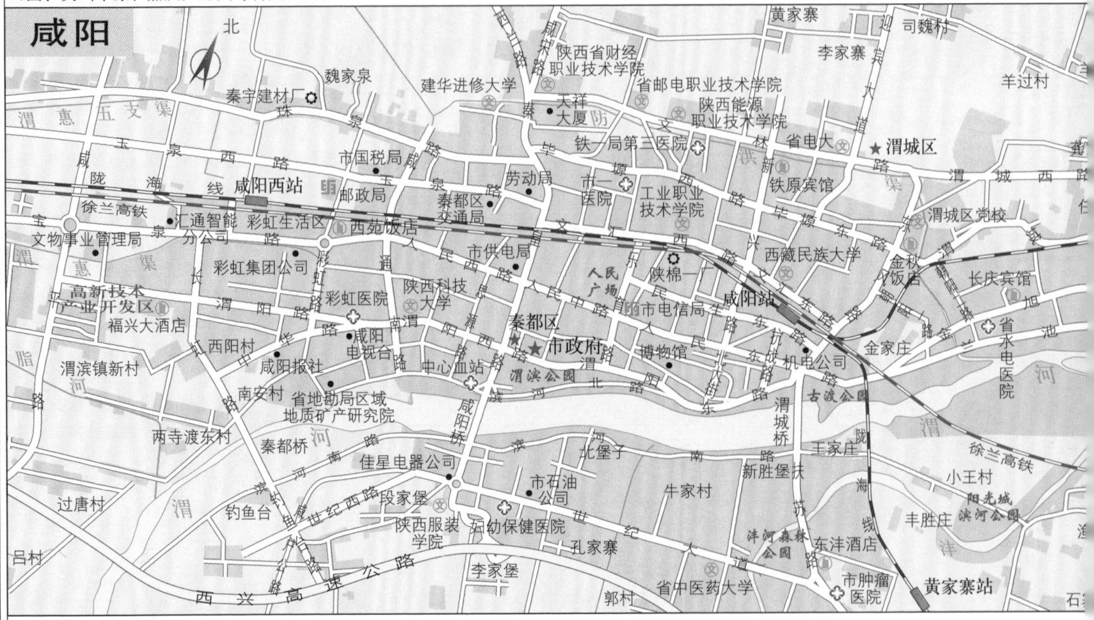

咸阳 ☎ 029 ✉ 712000

位于陕西省渭河平原中部，渭河北岸，国家历史文化名城，是中国历史上第一个统一中国的封建王朝——秦王朝建都之地，素有“中国帝都”之称。1952年设市。咸阳是西北最大的电子工业和重要的纺织工业基地，现形成了以能源化工、装备制造、电子、医药、纺织、食品材、航空物流、太阳能光伏等九大产业为主体的、比较完整的工业体系。交通便利，陇海、咸铜、侯西铁路在此接轨，211、310、312等国连霍、福银、包茂高速公路从境内通过，咸阳国际机场是我国大型航空港之一。特产有白吉饼、长武锅盔、咸阳民间草编等。名胜古迹有汉长陵、汉景帝阳陵、汉武帝茂陵、唐太宗昭陵、乾陵秦国都遗址、咸阳博物馆、千佛铁塔、郑国渠等。

汉中

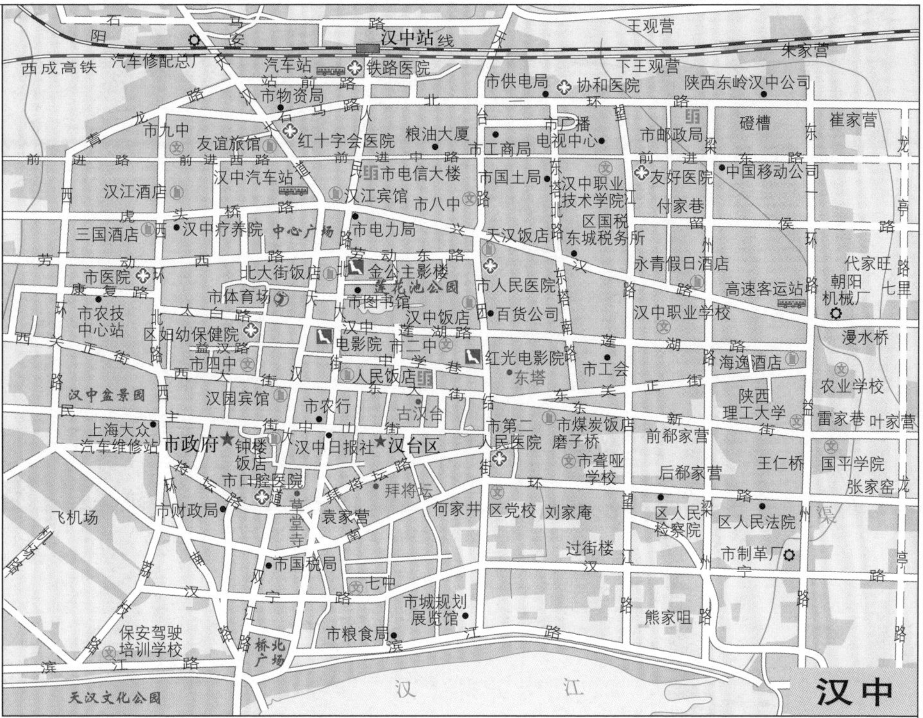

☎ 0916 ✉ 723000

位于陕西省西南部，兴的工业城市，国史文化名城，素有家发祥地，中华聚”的美誉。因地处盆地，故名“汉。1949年设市。汉业比较发达，以飞造、汽车制造、机床、建材建筑为交通便利，宝成、铁路过境，京昆高路、108、316等国横交错，汉中西关是陕西省重要的航。特产有棕箱、竹蜂蜜。汉中自然风特秀丽，文化底蕴，有“秦巴天府”，名胜古迹有褒斜石门及其摩崖石拜将坛、饮马池、庙、武侯祠、天台林公园、南湖、南、午子山等。

延安

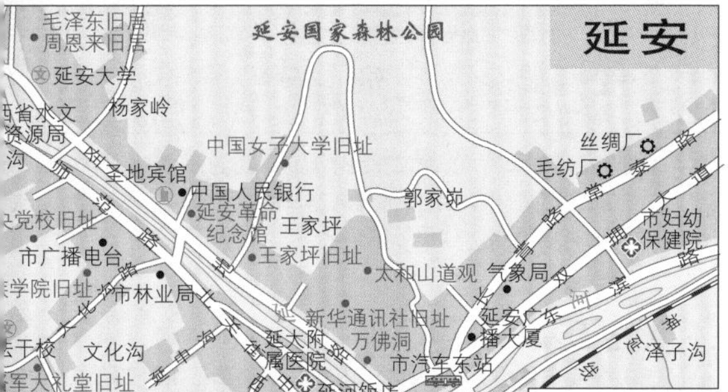

延安 ☎ 0911 ✉ 716000

位于陕西省北部，是我国著名的革命圣地，国家历史文化名城。1937年设市，曾为中共中央所在地。工业以石油、煤炭、化工、轻纺等为主。延安是陕北的交通枢纽。土特产有甘草、五加皮等。延安有枣园、王家坪、杨家岭等140多处革命纪念地，名胜古迹有宝塔山、轩辕黄帝陵等。

华山

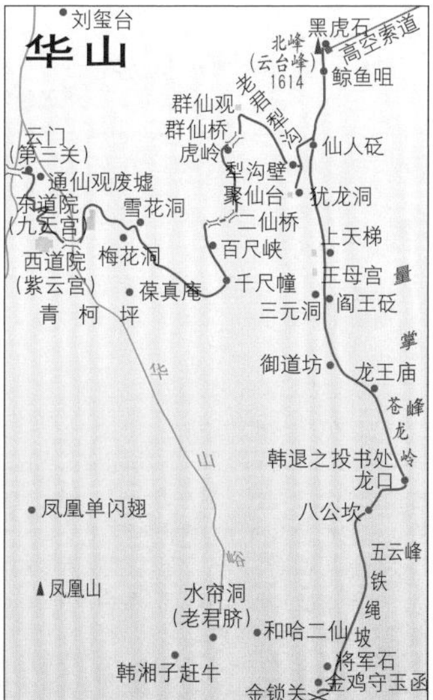

华山 位于陕西省华阴市境内，距西安约120千米，为国家级风景名胜区，道教名山，古称西岳，是我国著名的五岳之一，向以雄伟、奇险、峻秀、挺拔闻名天下，其之陡险位居五岳之首，素有“奇险天下第一山”之称。主峰南峰海拔2154.9米，东、南、西、北、中五峰环峙，状若一朵盛开的莲花。景区内名胜众多，自山麓至绝顶，庙宇古迹，天然奇景，处处可见，著名的有凌云架设的长空栈道、三面临空的鹞子翻身、悬碉镌刻的全真岩及在峭壁绝崖上凿出的千尺幢、百尺峡、老君犁沟、擦耳崖、上天梯、苍龙岭等绝险要道。其中华岳仙掌被列为关中八景之一。

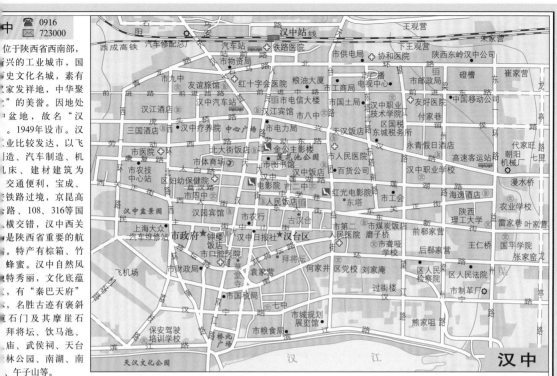

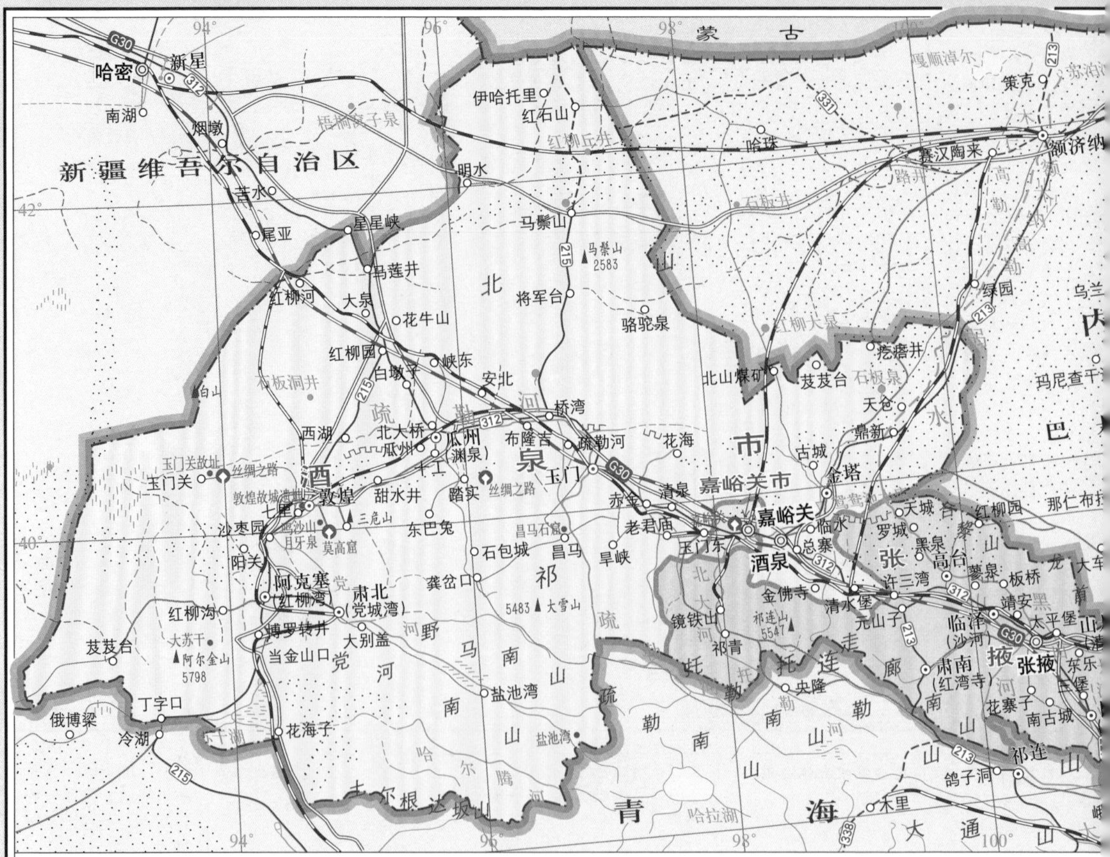

概　况

甘肃省简称“甘”或“陇”，省会兰州。位于我国西北地区，黄河上游。春秋时为秦、西戎地，汉为凉州，唐置陇右道，明属陕西布政使司，清置甘肃省。现辖12地级市、2自治州、5县级市、57县、7自治县及17市辖区。全省面积约43万平方千米，人口2781万。

自然环境

地形　本省地处蒙新、青藏、黄土高原交会地带，乌鞘岭以西，北山、祁连山间为长约1200千米的河西走廊。陇中、陇东为黄土高原的一部分。陇南山地为秦岭西延部分，西接青藏高原边缘。阿尔金山海拔5798米，为本省最高峰。主要河流有黄河、洮河和渭河等。

气候　属于明显的温带大陆性季风气候。一月平均气温为－14℃～3℃，七月为11℃～27℃。年无霜期河西为160天，陇中180天，陇南220天～280天。年降水量为30毫米～800毫米。

经　济

农业　本省农业以粮食生产为主。主要粮食作物有小麦、玉米、谷子、高粱、青稞、马铃薯等，经济作物有油料、甜菜、棉花、中药材、麻类、烟草、蔬菜、瓜果等。河西走廊绿洲是重要商品粮基地，甘南高原是重要牧区。

工业　本省工业以有色冶金、石油采炼、石油化工及其设备制造、毛纺织、医药、电力和核工业为支柱产业。玉门和长庆油田、皋兰铜矿、酒泉卫星发射中心为著名企业。

交　通

省会兰州是陇海、兰新、包兰、兰青等铁路和213、312、309等国道公路的交点，近年又建成了我国最大的伸长式铁路枢纽，已成京藏、连霍、福银、兰海等高速公路。民航以兰州为中心，航可通达省内酒泉、敦煌等地及北京、上海等国内30多个大、中市。

名胜古迹

嘉峪关作为长城组成部分和敦煌莫高窟、丝绸之路：长安—山廊道路网被联合国教科文组织列入《世界遗产名录》。麦积山崆峒山、鸣沙山—月牙泉等为国家级风景名胜区。此外还有拉卜寺、永靖炳灵寺、榆中兴隆山、武山水帘洞、张掖大佛寺、武威藏寺、伏羲庙、兰州白塔寺、红军会师楼等著名景点。

名优特产

著名土特产主要有兰州白兰瓜、冬果梨、天水花牛苹果、皋等地黑瓜子、康县黑木耳等。兰州牛肉拉面、高担酿皮、千层牛饼、陇西腊肉等是著名风味小吃。传统手工艺品有酒泉夜光杯、砚、兰州水烟等。

民俗文化

甘肃花儿会、陇东皮影、陇剧、裕固族民歌、临夏的穆斯林俗、天水市的伏羲庙会、史诗《格萨尔王传》演唱、裕固族民歌服饰等都体现了甘肃独具特色的民俗风情。

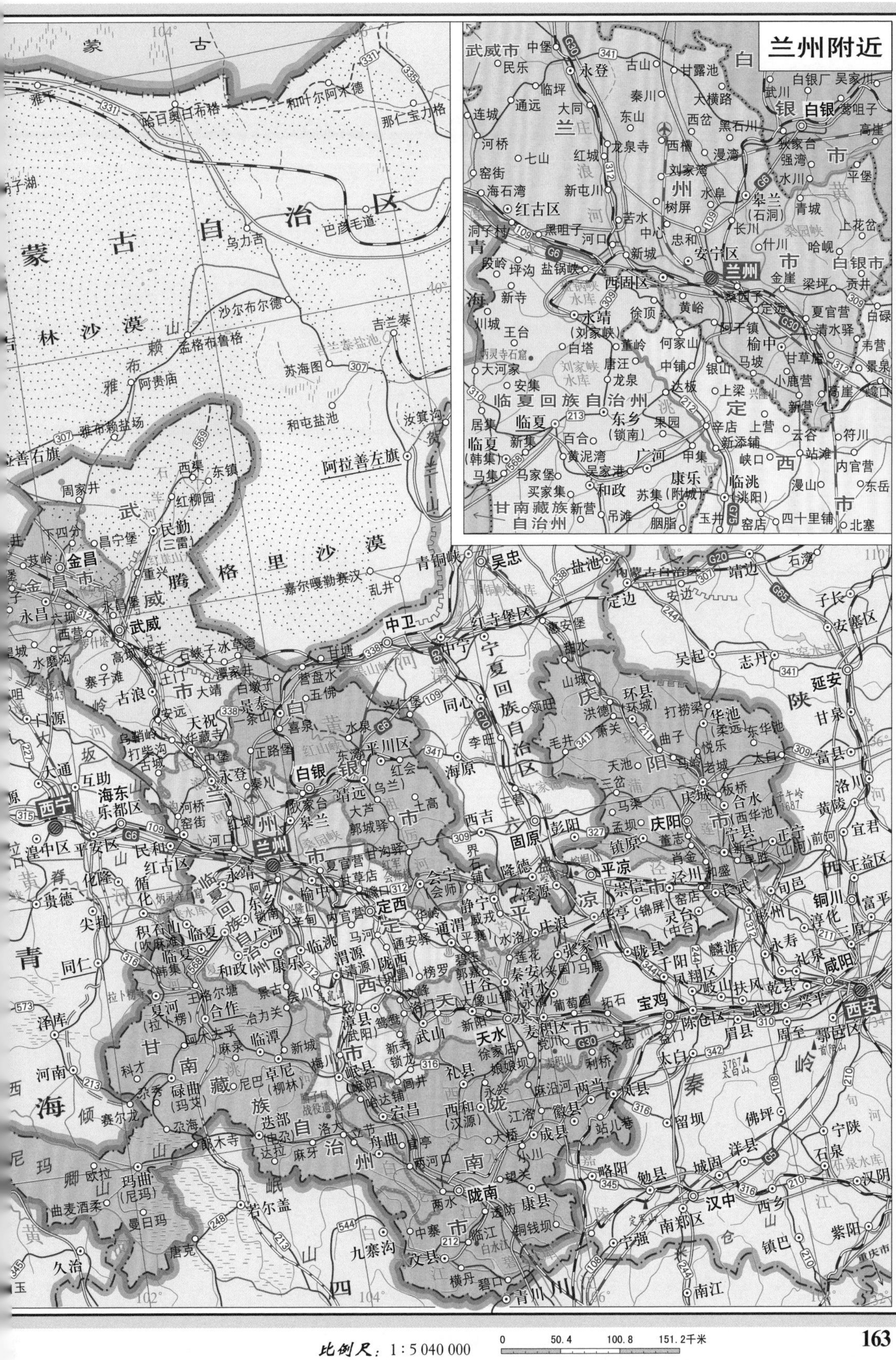

比例尺：1∶5 040 000

0 50.4 100.8 151.2千米

兰州 天水 敦煌 敦煌附近 莫高窟

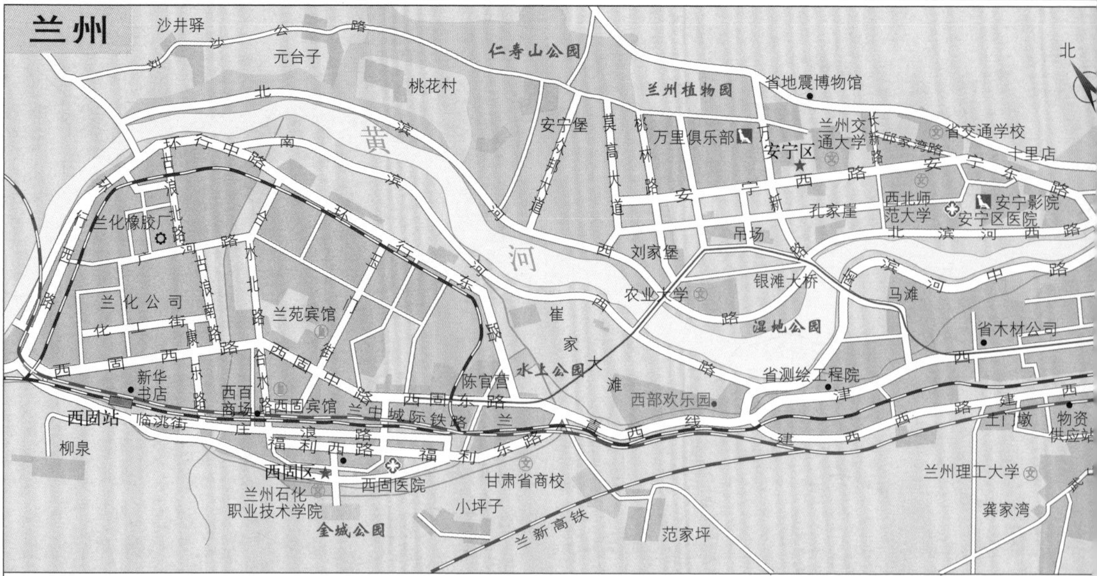

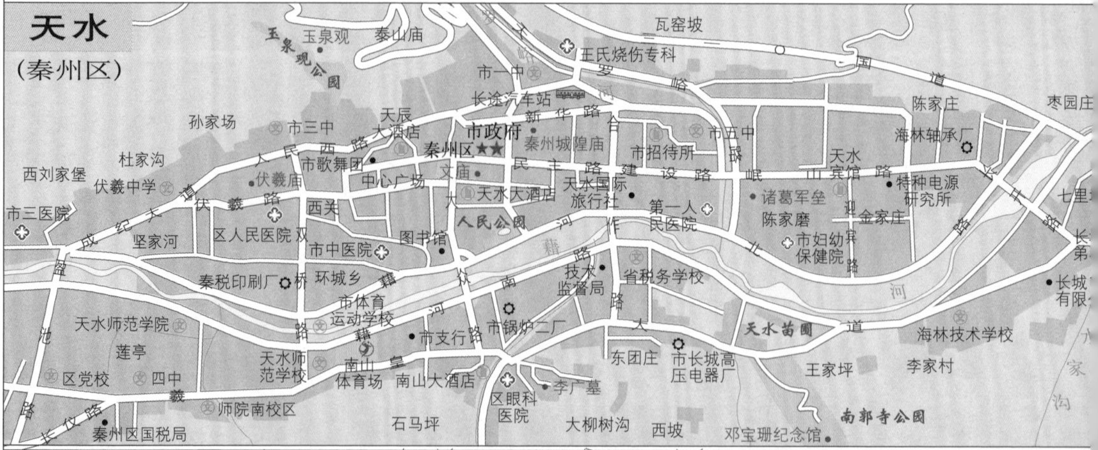

兰州 ☎ 0931 ✉ 730030

位于甘肃省中部，黄河上游，是甘肃省省会，全省政治、经济、文教中心，汉置金城县，故别称“金城”，西魏改称子城，隋设兰州总管府，1941年设市。

兰州是黄河上游最大的工业城市和西部重要的原材料工业基地，现已形成了以石油、化工、冶金、机械为主体，辅以煤炭、电力、电
建材等部门的工业体系。兰州交通便利，陇海、兰新、兰青、包兰四大铁路干线在此交会，连霍、兰海、京藏等高速公路穿过境内，兰
川国际机场可通往国内30多个大中城市及新加坡、韩国等地。兰州还是著名的瓜果城，白兰瓜、黄河密瓜、西瓜、籽瓜等瓜果久负盛
百合、玫瑰、黑瓜子、水烟等土特产品蜚声中外。特产还有百合、蕨麻、甘草杏、灰豆子、牛肉面等。工艺品有洮砚、地毯、料器、雕
芦等。

兰州是唯一黄河穿城而过的省会城市，城区呈东西沿黄河展开，依山傍水，山静水动，形成了独特而美丽的城市景观。主要商业街包括
路、南关什字等。兰州还是我国重要的科研基地，拥有以兰州大学、中科院兰州分院为主体的各类科研机构近1200多家，其中兰州大学
家“211工程”重点建设高校。

兰州是古“丝绸之路”重镇，名胜古迹众多，有徐家山、吐鲁沟、石佛沟、兴隆山等国家森林公园，市区有五泉山、白塔山、白云观、
寺、黄河铁桥、黄河雁滩公园等名胜古迹。

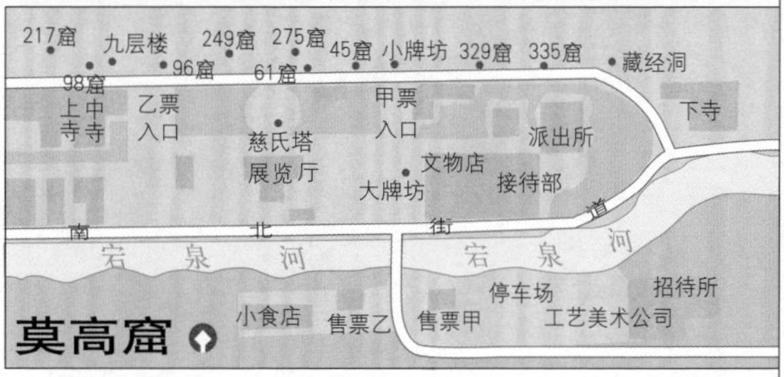

水 ☎ 0938 ✉ 741000

位于甘肃东南部，是陇东南经济、文化、商贸中心和交通枢
也是国家历史文化名城，有2600多年建城历史，1950年设市。
是全国电子工业城市之一，工业以机械制造、电子电器、轻工
为主。交通便利，陇海铁路、连霍高速公路、316国道横贯全
特产有雕漆、玉器、草编、丝毯等。名胜古迹有麦积山、大地
始部落遗址、伏羲庙、玉泉观等。

敦煌 ☎ 0937 ✉ 736200

位于甘肃省西部，是国家历史文化名城，1987年设市。工业以旅游工艺品生产、农副产品加工等为主。有敦煌铁路与兰新铁路相连，215国道贯穿全境。土特产有敦煌地毯、夜光杯、李广杏等。敦煌以莫高窟、鸣沙山与月牙泉等古迹名胜著称于世，莫高窟已被列为世界文化遗产，其他景点还有雅丹地质公园、敦煌古城遗址、西千佛洞等。

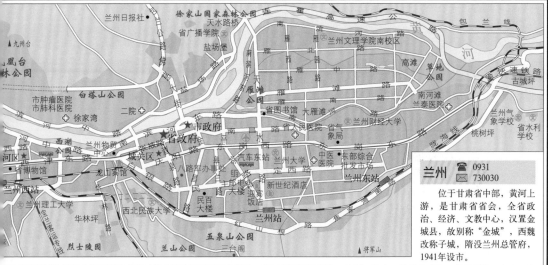

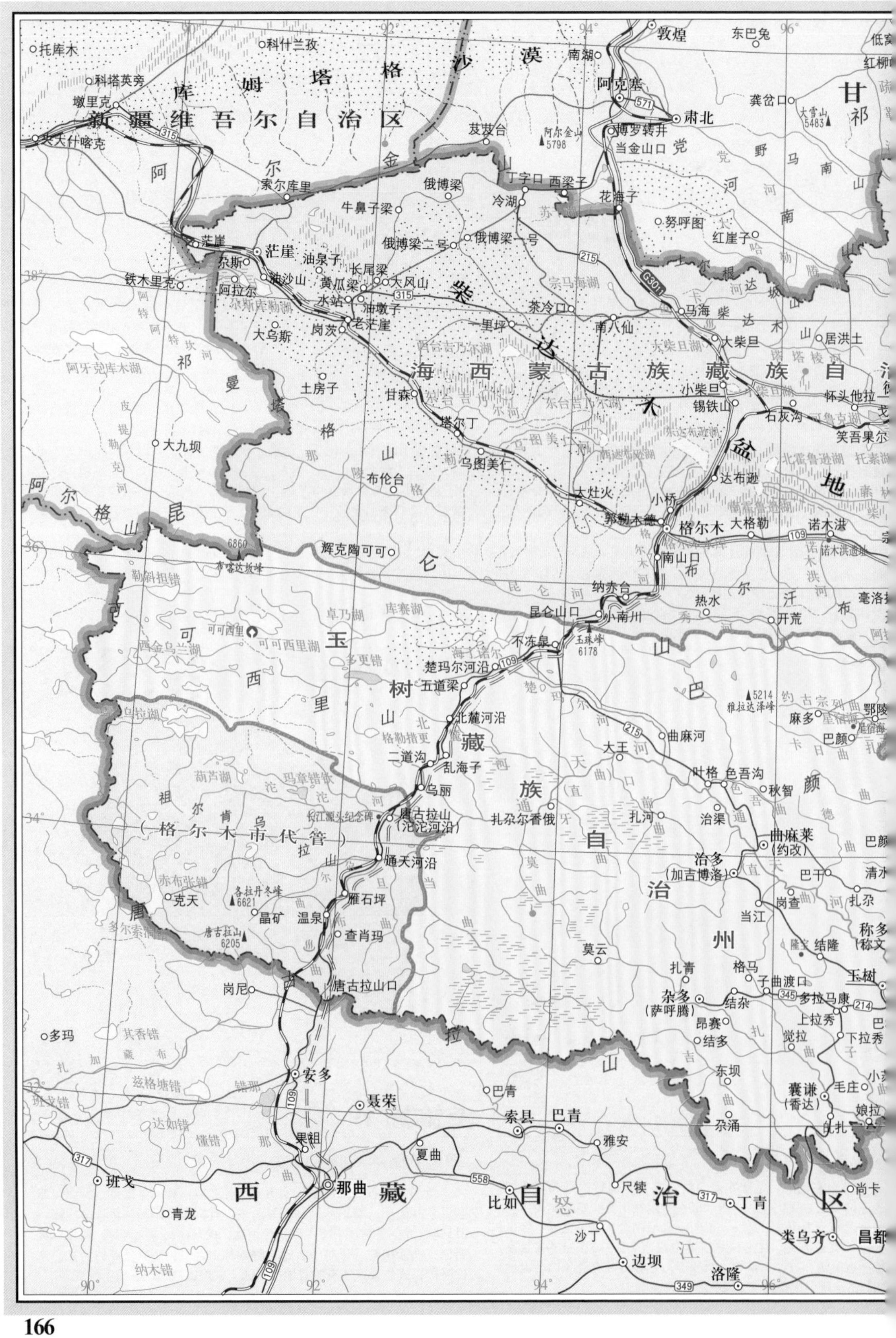

新疆维吾尔自治区
库姆塔格沙漠
甘
海西蒙古族藏族自治州
柴达木盆地
玉树藏族自治州
（格尔木市代管）
西藏自治区
阿尔金山
阿尔格山
祁曼塔格山
那陵格勒山
昆仑山
布尔汗布达山
可可西里山
巴颜喀拉山
唐古拉山
托库木
科什兰孜
科塔英旁
墩里克
央大什喀克
索尔库里
茫崖
尕斯
铁木里克
阿拉尔
油沙山
油泉子
黄瓜梁
长尾梁
大风山
水站
油墩子
老茫崖
岗次
大乌斯
土房子
甘森
塔尔丁
乌图美仁
布伦台
大灶火
郭勒木德
格尔木
大格勒
诺木洪
南山口
纳赤台
昆仑山口
小南川
不冻泉
玉珠峰
6178
楚玛尔河沿
五道梁
北麓河沿
二道沟
乱海子
乌丽
长江源头纪念碑
唐古拉山
（沱沱河沿）
通天河沿
雁石坪
温泉
查肖玛
唐古拉山口
各拉丹冬峰
6621
唐古拉山
6205
克天
晶矿
岗尼
敦煌
东巴兔
南湖
阿克塞
肃北
龚岔口
大雪山
5483
芨芨台
阿尔金山
5798
博罗转井
当金山口
丁字口
西梁子
冷湖
花海子
俄博梁
牛鼻子梁
俄博梁二号
俄博梁一号
努呼图
红崖子
宗马海湖
茶冷口
马海
南八仙
一里坪
大柴旦
居洪土
小柴旦
锡铁山
石灰沟
怀头他拉
笑吾果尔
达布逊
小桥
诺木洪
热水
开荒
辉克陶可可
布喀达坂峰
6860
勒斜担错
可可西里
可可西里湖
西金乌兰湖
卓乃湖
库赛湖
多更错
海丁诺尔
乌拉湖
葫芦湖
玛章错钦
赤布张错
多尔索洞错
阿牙克库木湖
大九坝
曲麻河
大王
叶格
色吾沟
秋智
扎河
治渠
扎尕尔香俄
曲麻莱
（约改）
治多
（加吉博洛）
巴干
岗查
当江
莫云
雅拉达泽峰
5214
麻多
巴颜
扎青
格马
子曲渡口
杂多
（萨呼腾）
结杂
多拉马康
昂赛
结多
上拉秀
觉拉
下拉秀
东坝
囊谦
（香达）
毛庄
杂涌
娘拉
吉尼
结隆
称多
（称文）
玉树
扎尕
清水
多玛
其香错
兹格塘错
班戈错
达如错
懂错
安多
聂荣
巴青
索县
果祖
夏曲
雅安
班戈
那曲
比如
尺犊
丁青
尚卡
青龙
沙丁
类乌齐
昌都
边坝
洛隆
纳木错
315
215
G3011
571
109
345
214
317
558
349
90°
92°
94°
96°
38°
36°
34°

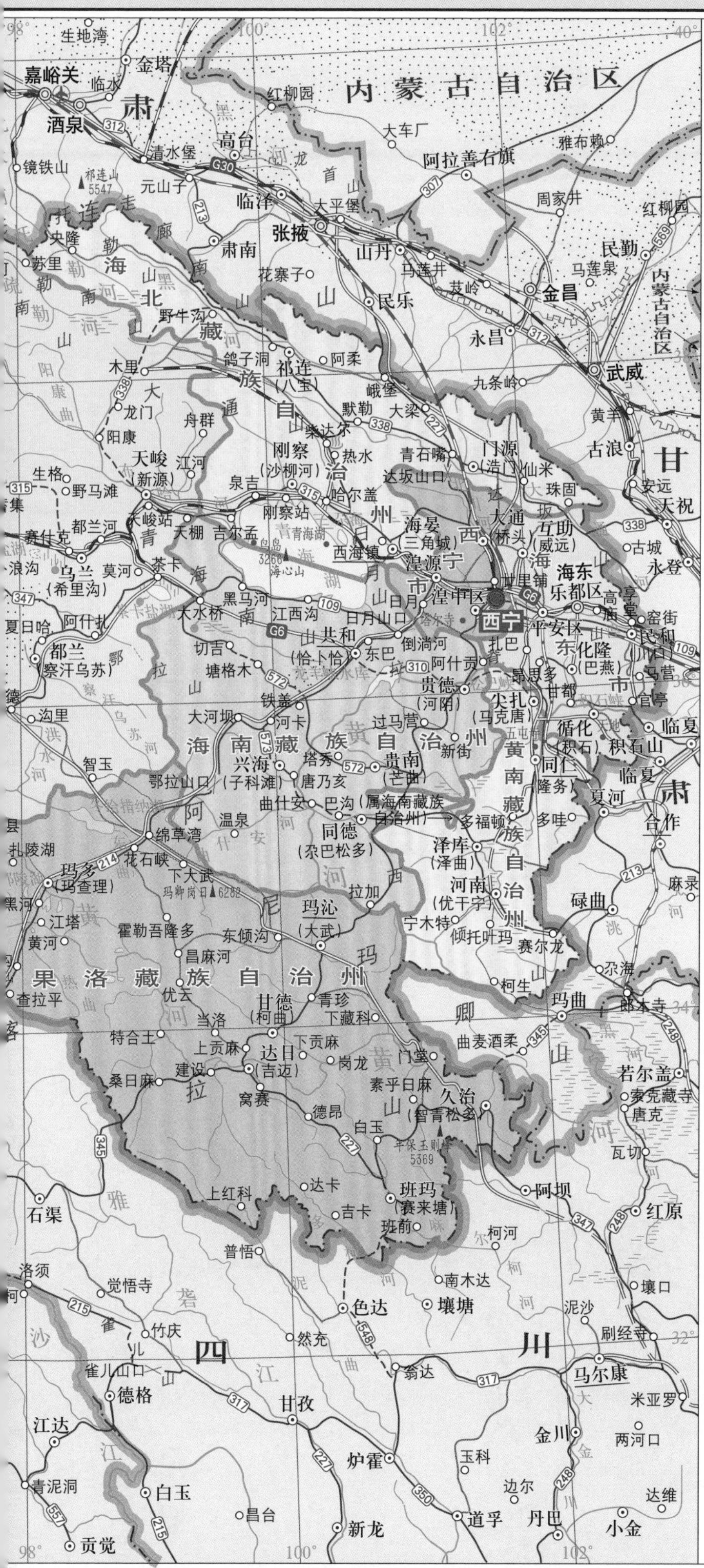

概　况

青海省简称“青”，省会西宁。位于我国西北部。古为西戎地，唐、宋时为吐蕃地，清时东北部设西宁府、北属青海蒙古额鲁特部、南为玉树等土司地，1928年建青海省。现辖2地级市、6自治州、5县级市、25县、7自治县及7市辖区。全省面积约72万平方千米，人口595万。

自然环境

地形　本省地处青藏高原东北部，一般海拔3000米以上，是长江、黄河、澜沧江等江河源区。北部有祁连山，中部有昆仑山，南部有唐古拉山，其间分布有柴达木盆地等。布喀达坂峰海拔6860米，为本省最高峰。日月山以西有我国最大的内陆咸水湖—青海湖。

气候　属于典型的高原大陆性气候。一月平均气温－18℃～－7℃，七月平均气温5℃～21℃。年无霜期30天～90天左右。年降水量50毫米～400毫米。

经　济

农业　耕地多集中在东北部河谷、柴达木盆地和海南藏族自治州，主要有春小麦、青稞、谷子及油菜、胡麻等。牧业中主产牦牛、犏牛、骆驼等。

工业　青海现已初步形成了机械、石油、电力、建材等重工业和纺织、食品、盐业等轻工业相互补充的工业体系。

交　通

公路是该省最主要的交通运输方式。铁路主要有兰青及青藏铁路。109、214等多条国道纵横全省。京藏高速公路已通至西宁。民航以西宁为中心可通往国内10多个大、中城市。

名胜古迹

青海自然风光雄奇壮美，游览胜地众多。可可西里已被联合国列入《世界遗产名录》。青海湖是我国最大的内陆咸水湖，也是国家级风景名胜区。其他名胜还有湟中塔尔寺、日月山等。

名优特产

青海特产以名贵毛皮及其制品最为著名，如西宁羊毛、黑紫羔皮、羊绒、旱獭皮等。风味名食有西宁涮羊肉、湟源陈醋等。彩绘天鹅蛋、湟源银器等是精美的传统手工艺品。

民俗文化

青海是多民族聚居的省份，长期以来各民族形成了自己独特的民俗风情，主要有青海花儿会、藏族的拉伊和藏戏、土族婚礼习俗和土族的纳顿节、回族的开斋节和古尔邦节等。

比例尺：1∶5 040 000　0　50.4　100.8　151.2千米

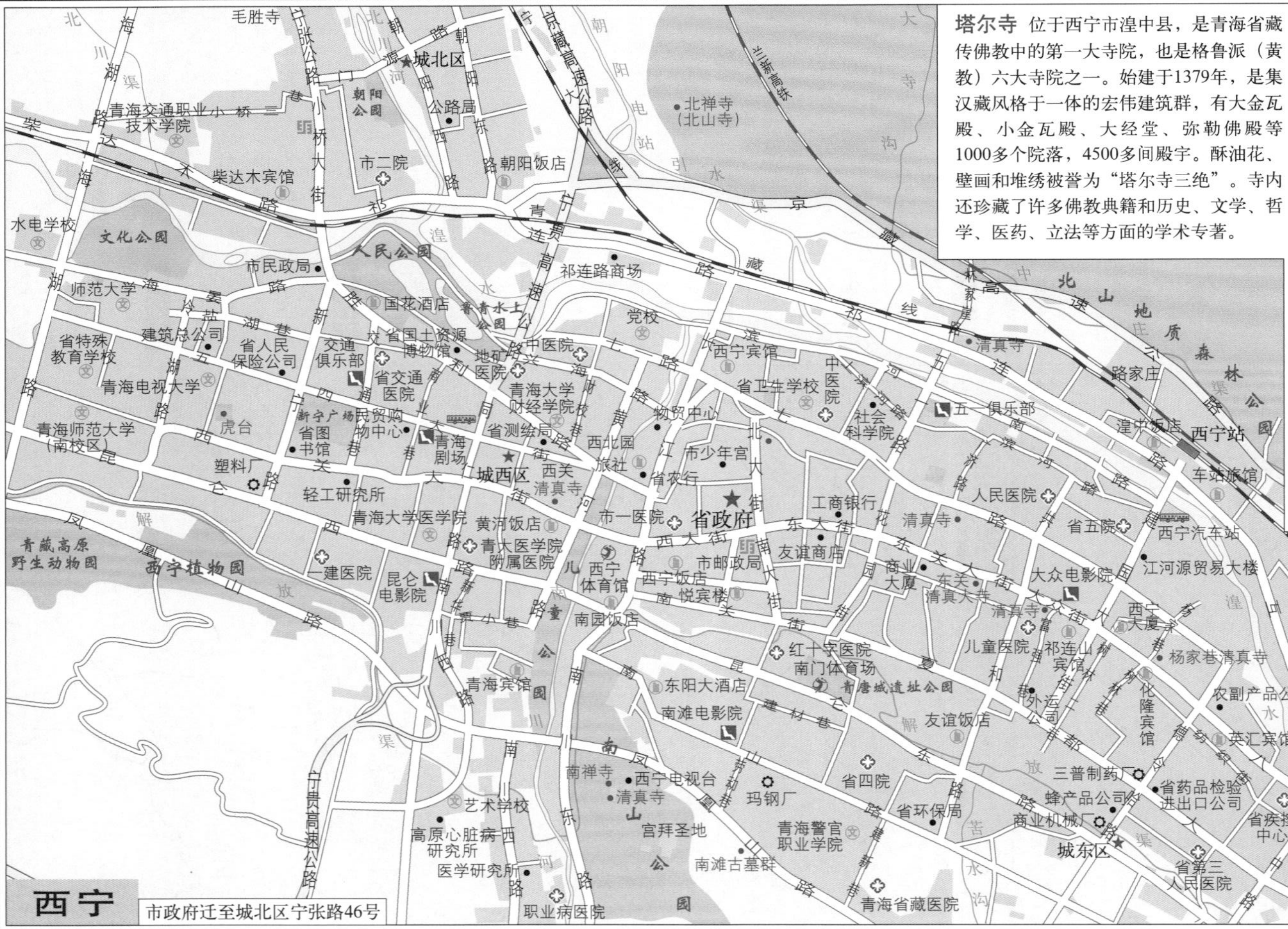

塔尔寺 位于西宁市湟中县，是青海省藏传佛教中的第一大寺院，也是格鲁派（黄教）六大寺院之一。始建于1379年，是集汉藏风格于一体的宏伟建筑群，有大金瓦殿、小金瓦殿、大经堂、弥勒佛殿等1000多个院落，4500多间殿宇。酥油花、壁画和堆绣被誉为“塔尔寺三绝”。寺内还珍藏了许多佛教典籍和历史、文学、哲学、医药、立法等方面的学术专著。

西宁 ☎ 0971 ✉ 810000

位于青海省东部，青藏高原东北部，是青海省省会，全省政治、经济、文化中心和交通枢纽，素有“青藏门户”“中国夏都”之称。古称湟中，西汉始建城，宋代始称西宁州，取“西陲安宁”之意，明设西宁卫，清为西宁县，1945年始设市。

新中国建立后，经济迅速发展，形成了以机械、煤炭、冶金、电力、化工、轻纺、皮革、皮为内地通往青海腹地和西藏的交通要冲。空中航线可通往北京、西安、兰州、格尔木等地。特产有“西宁毛”地毯、民族银器饰品等。市区呈东西向条带状，坐落在湟水及其三条支流的交汇处。主要商业街区包括大十字、东关大街、大众街和建国路。青海大学是国家“211工程”重点建设高校。西宁具有高原民族城市的独特风光，又是夏季避暑胜地。风景名胜有汉古迹虎台、北

格尔木 ☎ 0979 ✉ 816000

位于青海省西部，柴达木盆地中南部，是青海西部重要经济中心和交通枢纽。“格尔木”是蒙古语译音，意为“河流密集的地方”“荒漠明珠”。新中国建立之初，格尔木还是一片茫茫戈壁滩，随着柴达木资源开发和青藏交通的发展，成为青藏高原上的新兴城市，1960年始设市。

格尔木矿产资源丰富，盐类资源总储量为世界罕见，有世界最大的盐湖，著名的察尔汗盐湖，是我国西部资源开发的重点地区。工业有以盐湖资源、石油天然气资源开发为主体的盐化、石油化工部门，以水力资源、矿产资源为主体的电力、采矿、冶金部门，还有机械、建材、轻纺、医药、食品等门类。格尔木是西藏通往祖国内地的重要中转站和物资集散地，地处甘、青、新、藏四省区的交通枢纽地带，青藏、青新、敦格公路交会于此，青藏铁路已通车。特产有牦牛肉、昆仑玉、人参果、尕面片等。名胜有长江源头、昆仑雪景、一步天险、万丈盐桥、盐湖海市蜃楼、纳赤喷泉、昆仑山口、诺木洪遗址等景观。

德令哈 ☎ 0977 ✉ 817000

位于青海省北部，柴达木盆地东北边缘，是海西蒙古族藏族自治州首府，全州政治、经济、文化科技中心。“德令哈”是蒙语音译，意为广阔的原野。古为羌地，1988年设市。

德令哈矿产资源丰富，野生动植物资源有草豹、熊、麝、野牦牛、沙棘等。沿巴音河有大型机械化国营农场，可鲁克湖和黑石山水库主要发展淡水养殖业。工业有煤炭、电力、冶铁、建材、食品等门类。青海西部重要的交通枢纽和商品集散地，青藏铁路、315国道、青新公路横穿全境，德都公路与109国道相连。特产有鹿茸、麝香、枸杞等。旅游胜地有市北的柏树山和市西的可鲁克湖、托素湖等。其中可鲁克湖是柴达木盆地最大的淡水湖，而托素湖则是典型的内陆咸水湖，它们就像两面熠熠闪亮的巨大宝镜，镶嵌在浩瀚的戈壁、茫茫的草原之间。

宁夏回族自治区 西夏王陵 须弥山石窟

概　况

宁夏回族自治区简称“宁”，首府银川。位于我国西北部。春秋战国时为羌、戎和匈奴聚集地，明设宁夏府，后改宁夏卫，清复置甘肃省宁夏府，1928年成立宁夏省，1958年成立宁夏回族自治区。现辖5地级市、2县级市、11县及9市辖区。自治区面积约6.6万平方千米，人口696万。

自然环境

地形　自治区地势南高北低，南部为黄土高原、六盘山地，北部是宁夏平原、西北侧有贺兰山、牛首山等。敖包圪垯海拔3556米，为自治区最高峰。黄河斜贯中北部，主要支流有清水河、葫芦河等。

气候　属于温带亚干旱、亚湿润大陆性气候。一月平均气温－10℃～－7℃，七月平均气温17℃～24℃。年无霜期125天～195天。年降水量一般为200毫米～600毫米，是全国水资源最少的省区之一。

经　济

农业　宁夏平原是鱼米之乡，素有“天下黄河富宁夏”之称，也是我国商品粮基地之一。主要作物有水稻、小麦、玉米、高粱、油菜、枸杞、西瓜等。宁夏大米被誉为“珍珠米”。畜牧业以牧羊为主，是我国著名的裘皮羊产区，滩羊皮、中卫山羊皮享有盛誉。

工业　宁夏矿产资源丰富，以煤和非金属等沉积矿产为主。煤炭储量大，质量优，其中贺兰山汝箕沟矿区出产的太西煤是我国最好的无烟煤，被誉为“太西乌金”。现已形成以煤炭、电力、水力为能源基础，石油化工、冶金、机械、医药、建材和农副产品加工等为支柱产业的较完整的工业体系。

交　通

我国第一条通过沙漠的包兰铁路斜贯北部，还有宝中、兰新、兰青等铁路干线以及京藏、青银、福银等高速公路在境内贯通。银川河东机场可通往国内多个大、中城市。

名胜古迹

宁夏旅游特色以人文景观为主。西夏王陵，规模宏大，造型奇特，被

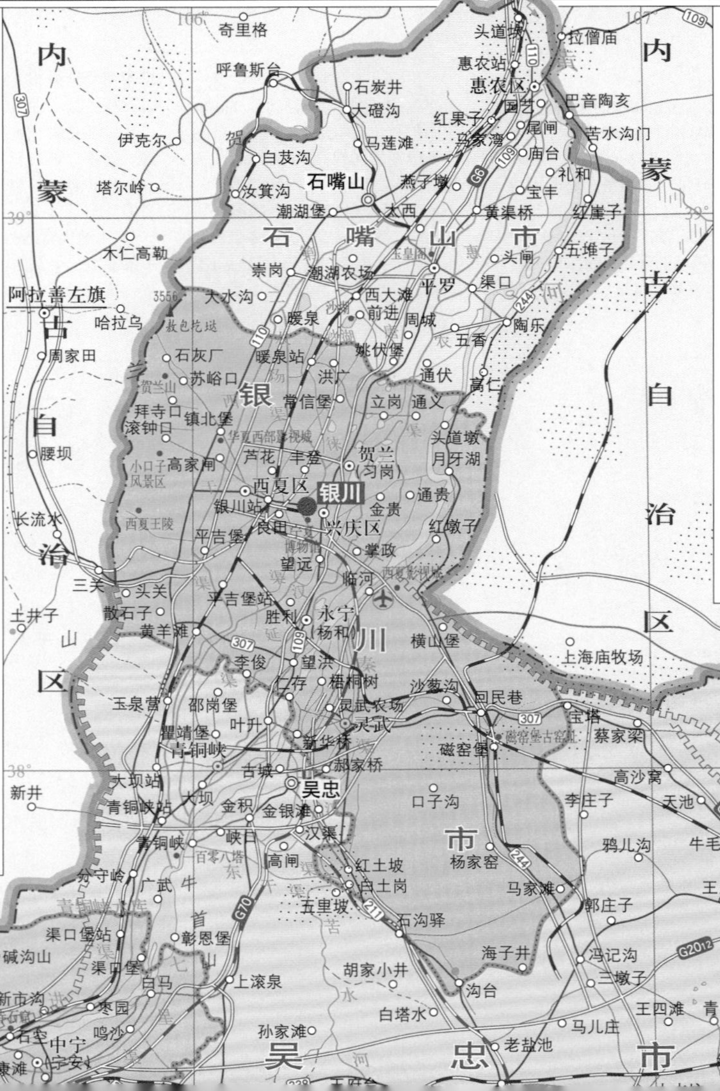

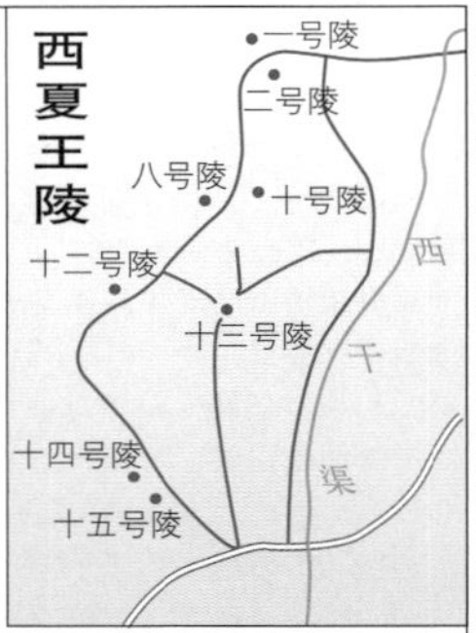

西夏王陵　位于银川市贺兰山东麓，是中国现存规模最大、地面遗址最完整的帝王陵寝之一，为国家级风景名胜区，被誉为“神秘的奇迹”“东方金字塔”。现存9座帝王陵墓和253座陪葬墓。

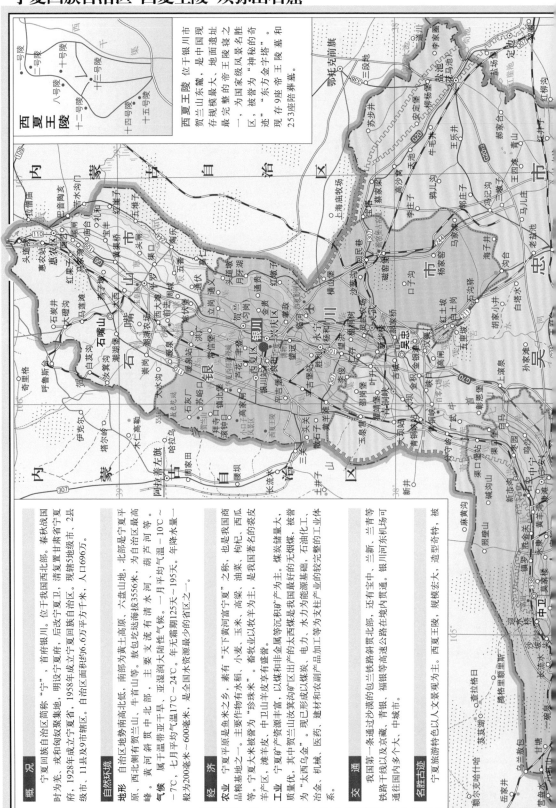

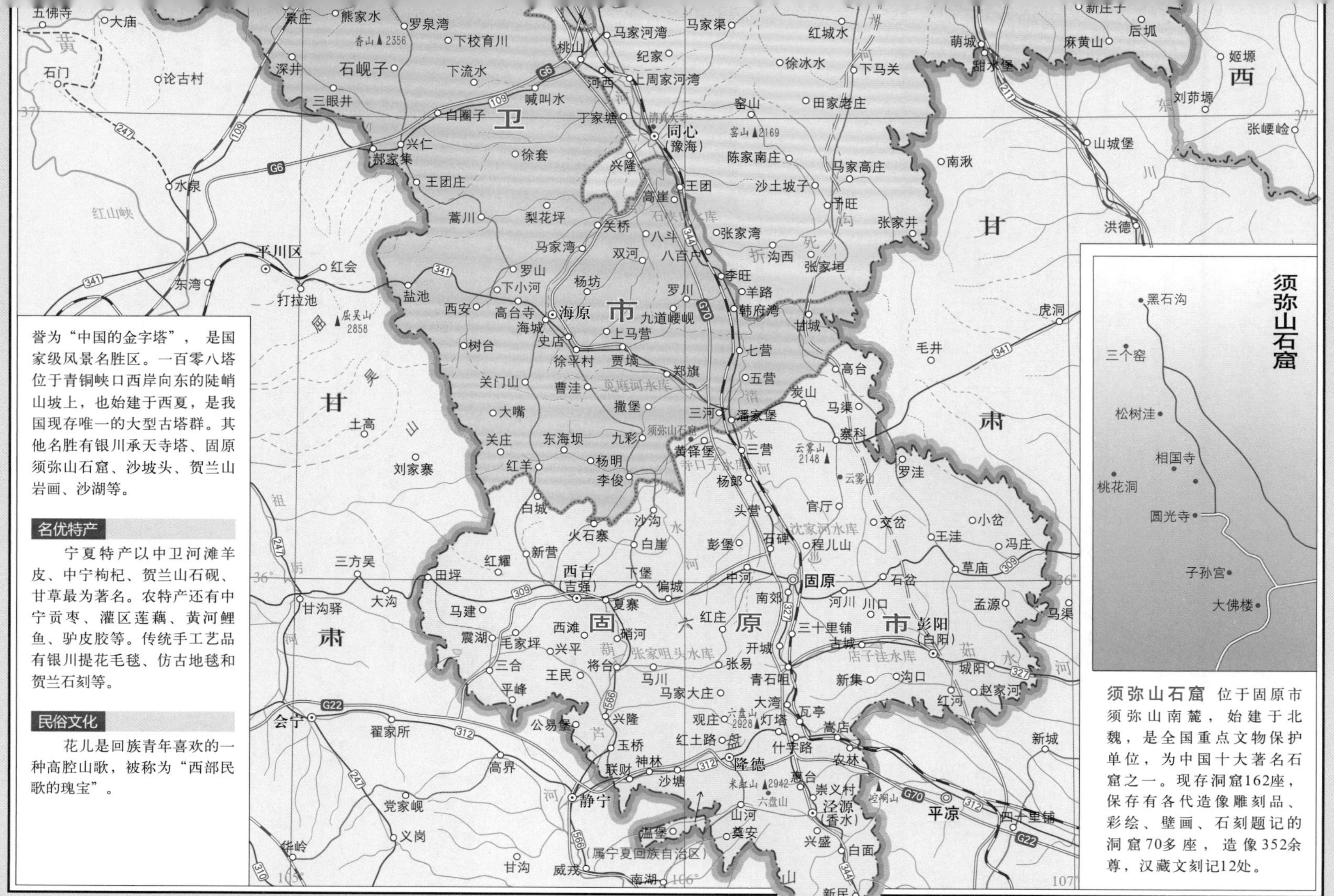

誉为“中国的金字塔”，是国家级风景名胜区。一百零八塔位于青铜峡口西岸向东的陡峭山坡上，也始建于西夏，是我国现存唯一的大型古塔群。其他名胜有银川承天寺塔、固原须弥山石窟、沙坡头、贺兰山岩画、沙湖等。

名优特产

宁夏特产以中卫河滩羊皮、中宁枸杞、贺兰山石砚、甘草最为著名。农特产还有中宁贡枣、灌区莲藕、黄河鲤鱼、驴皮胶等。传统手工艺品有银川提花毛毯、仿古地毯和贺兰石刻等。

民俗文化

花儿是回族青年喜欢的一种高腔山歌，被称为“西部民歌的瑰宝”。

须弥山石窟 位于固原市须弥山南麓，始建于北魏，是全国重点文物保护单位，为中国十大著名石窟之一。现存洞窟162座，保存有各代造像雕刻品、彩绘、壁画、石刻题记的洞窟70多座，造像352余尊，汉藏文刻记12处。

比例尺：1∶1 440 000

0 14.4 28.8 43.2千米

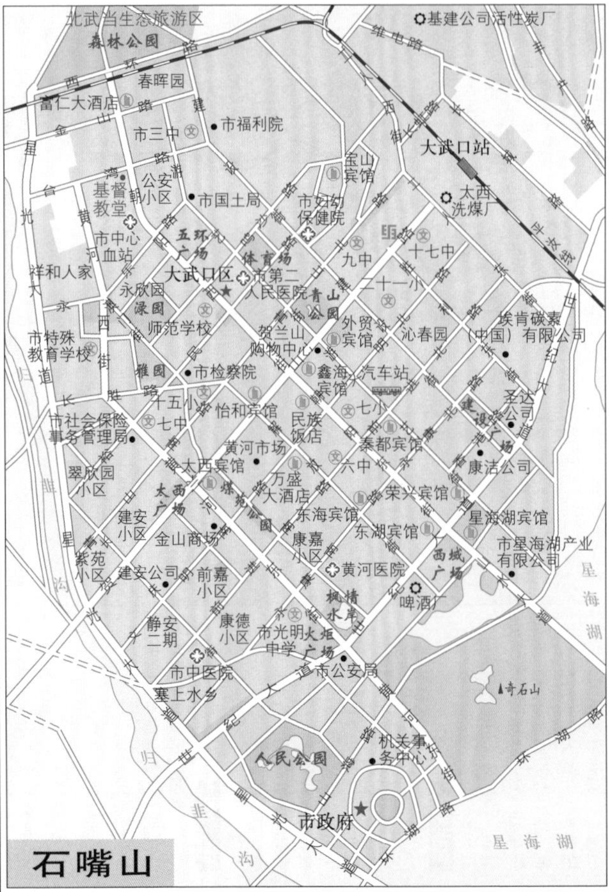

石嘴山 ☎ 0952 ✉ 753000

位于宁夏回族自治区北端，为宁夏第二大城市，是西北地区重要煤炭基地和新兴工业城市，1960年设市。

石嘴山市是宁夏重要的工矿城市，煤炭资源极为丰富，是我国优质无烟煤工业基地之一，现已形成了以能源开发利用为特征，以电力、冶炼、机械、化工、建材、陶瓷等为支柱的重型工业体系。交通便利，包兰铁路、平汝铁路、109、110国道及京藏高速公路纵贯全境。特产有红、黑瓜子、枸杞、麻黄、锁阳、枣仁。石嘴山湖泊湿地星罗棋布，呈现出塞上江南的秀丽风光。旅游资源丰富而独特，名胜古迹有兼备江南秀丽的水上景观和塞外豪放的沙漠风景于一体的沙湖，还有北武当庙、平罗玉皇阁、贺兰山岩画、古长城遗址、陶乐兵沟汉墓、兵沟大峡谷等。

银川 ☎ 0951 ✉ 750004

位于宁夏回族自治区北部，是自治区首府，全区政治、经济、文教中心和交通枢纽，也是国家历史文化名城，自古就有“塞上明珠”的美誉。宋时称兴庆府，作为西夏国都城长达190多年之久，1945年设银川市。银川现已发展为西北地区新兴工业城市，工业以机械、电子、化工、建材、轻工、食品、制糖等门类为主。银川作为西北地区重要商品集散地，交通便利，有包兰、太中银、宝中铁路与全国铁路网相连，京藏、福银、青银等高速公路境内已建成通车。银川河东机场开通了至北京、上海、香港等地的航线。黄河航运较发达。特产有纯毛提花毯、滩羊皮、贺兰砚、枸杞酒、甘草、清真糕点、牛羊肉酥等。银川市区分旧城和新城两大部分。旧城即西夏王国兴庆府故址，现为行政中心、商业中心和主要居住区。新城为工业区和高校、科研机构所在地。主要商业街区包括解放东西街、鼓楼南街、玉皇阁南街和新城东街等。宁夏大学是国家“211工程”建设高校。名胜古迹有国家级风景名胜区西夏王陵、海宝塔、承天寺塔、水洞沟遗址、南关清真大寺、玉皇阁、贺兰山岩画、拜寺口双塔、镇北堡西部影视城等。

吴忠 ☎ 0953 ✉ 751100

位于宁夏回族自治区中部，是中国的“回族之乡”，西北重要商埠，素有“塞上江南”的美誉。汉属北地郡，明初始建吴忠堡，1950年设市。吴忠是宁夏重要的工业基地，现已初步形成了以能源、电力、冶金、机械、新材料、造纸、乳制品、皮毛绒、卷烟、清真食品加工等产业为主的工业体系。交通便捷，包兰铁路穿境而过，109国道、包兰、银平、银榆、石营等公路在此交会，京藏、福银、武定高速公路过境。特产有滩羊二毛皮、枸杞、西夏贡米、吴忠瓜子等。吴忠山川秀丽，有黄河十里长堤牛首山寺庙群、水洞沟古人类文化遗址、古长城遗址、青铜峡一百零八塔、同心清真大寺、灵应山石窟寺等文化古迹，还有堪称中国水利博物馆的青铜峡水利枢纽工程、金沙湾、通湖草原、青铜峡鸟岛等景点。

新疆维吾尔自治区

概况

新疆维吾尔自治区简称“新”，首府乌鲁木齐。地处我国西北边疆。古称西域，汉属西域都护府，清置新疆省，1955年成立新疆维吾尔自治区。现辖4地级市、5地区、5自治州、29县级市、60县、6自治县及13市辖区。自治区面积约166万平方千米，人口2303万。

自然环境

地形 新疆西跨帕米尔高原，北有阿尔泰山、南有昆仑山、喀喇昆仑山和阿尔金山，天山横贯中部，其间为准噶尔盆地、塔里木盆地及我国最大的沙漠塔克拉玛干沙漠。乔戈里峰海拔8611米，为自治区最高峰。境内的塔里木河是我国最长的内陆河，艾丁湖是我国海拔最低的湖泊。

气候 属于典型的温带干旱大陆性气候。一月平均气温从北至南－22℃～－8℃，七月平均气温24℃左右。年无霜期南疆210天左右，北疆150天左右。年降水量50毫米～150毫米。

经济

农业 新疆农田主要靠引水灌溉，以绿洲农业为特色。农产以小麦、玉米、高粱、棉花、甜菜、瓜果、桑蚕为主。畜牧业发达，以养殖羊、马、牛为主。

工业 新疆已经形成一个包括煤炭、石油、机械、化工、冶金、建材、造纸、皮革、纺织、制糖、食品等门类比较齐全的工业体系。

交通

交通以乌鲁木齐为中心，有兰新、南疆、北疆铁路以及连霍、乌鲁木齐—库车等高速公路。乌鲁木齐地窝堡机场可通往北京、上海、广州等地，以及国外的伊斯兰堡、莫斯科等城市。

名胜古迹

新疆境内自然景观奇特，文物古迹丰富。天山天池、库木塔格沙漠、博斯腾湖、赛里木

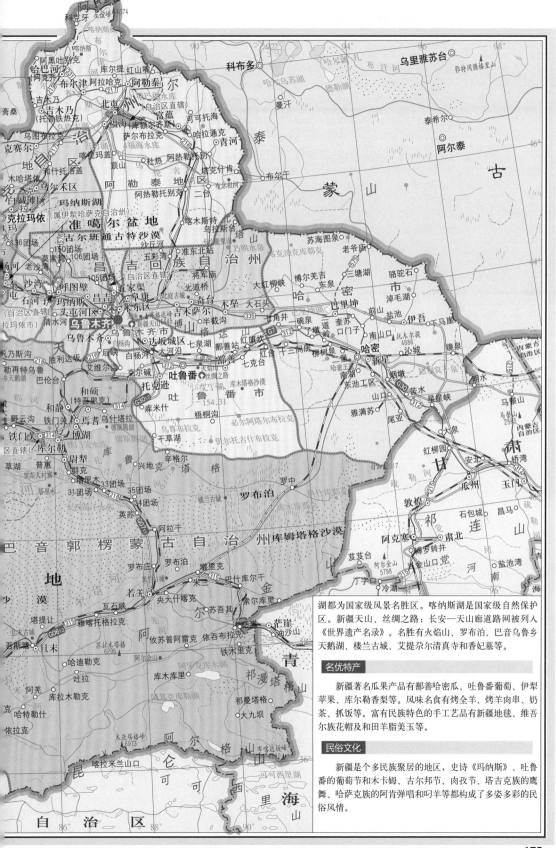

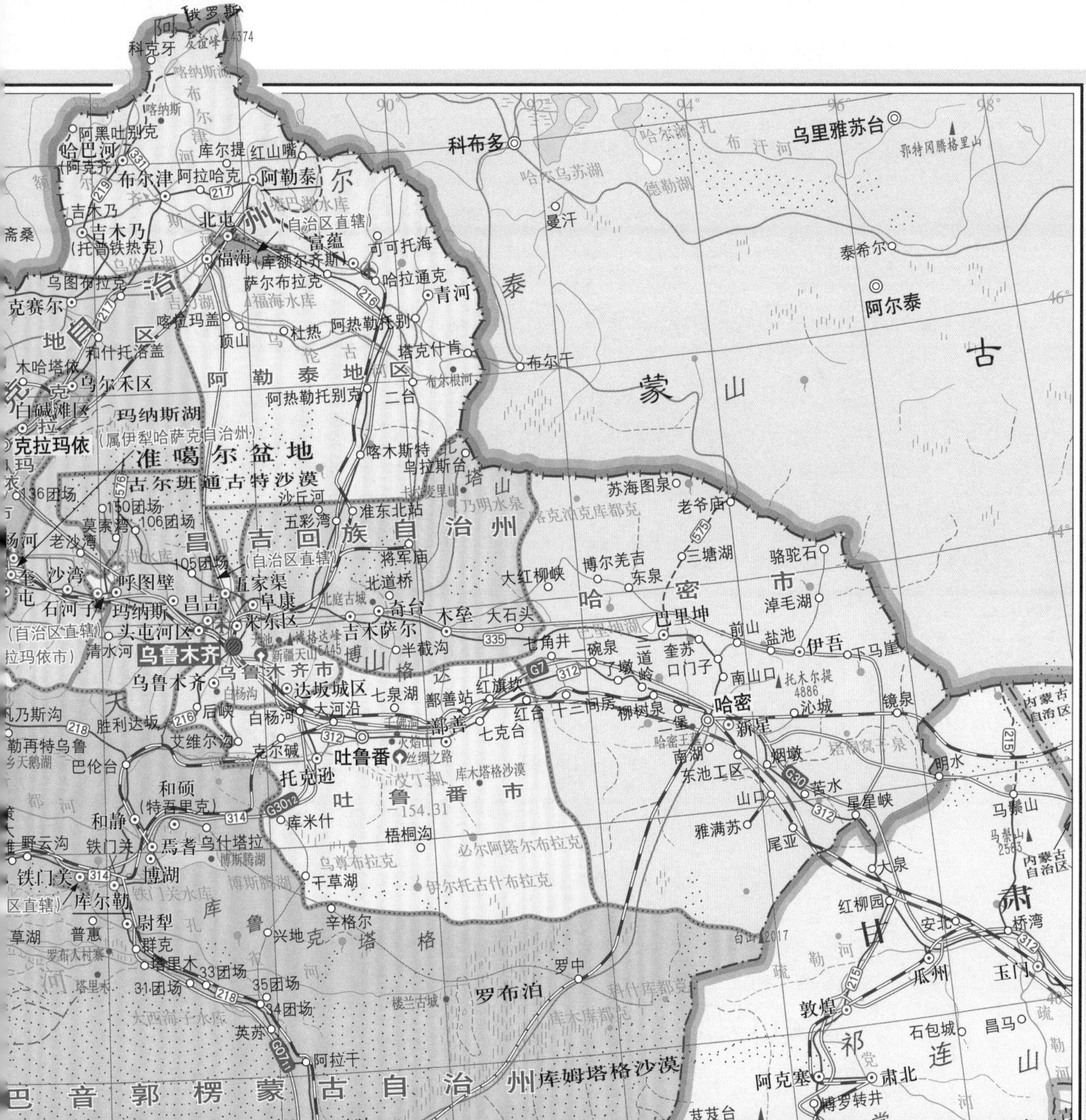

比例尺：1∶7 190 000　0　71.9　143.8　215.7千米

湖都为国家级风景名胜区。喀纳斯湖是国家级自然保护区。新疆天山、丝绸之路：长安—天山廊道路网被列入《世界遗产名录》。名胜有火焰山、罗布泊、巴音乌鲁乡天鹅湖、楼兰古城、艾提尕尔清真寺和香妃墓等。

名优特产

新疆著名瓜果产品有鄯善哈密瓜、吐鲁番葡萄、伊犁苹果、库尔勒香梨等。风味名食有烤全羊、烤羊肉串、奶茶、抓饭等。富有民族特色的手工艺品有新疆地毯、维吾尔族花帽及和田羊脂美玉等。

民俗文化

新疆是个多民族聚居的地区，史诗《玛纳斯》、吐鲁番的葡萄节和木卡姆、古尔邦节、肉孜节、塔吉克族的鹰舞、哈萨克族的阿肯弹唱和叼羊等都构成了多姿多彩的民俗风情。

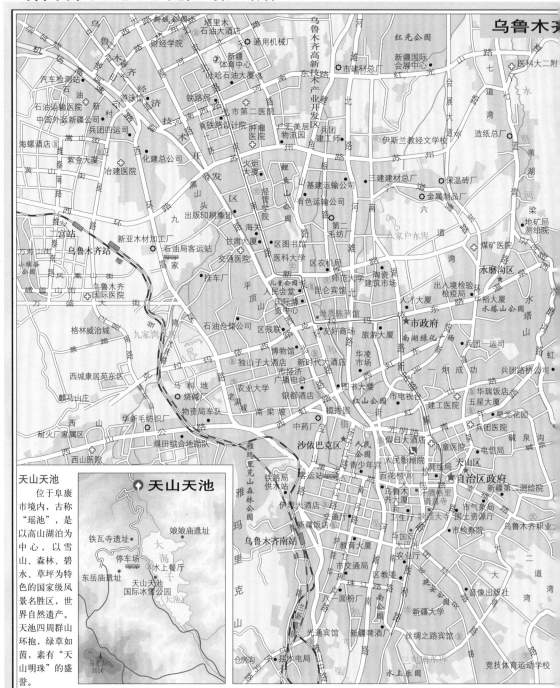

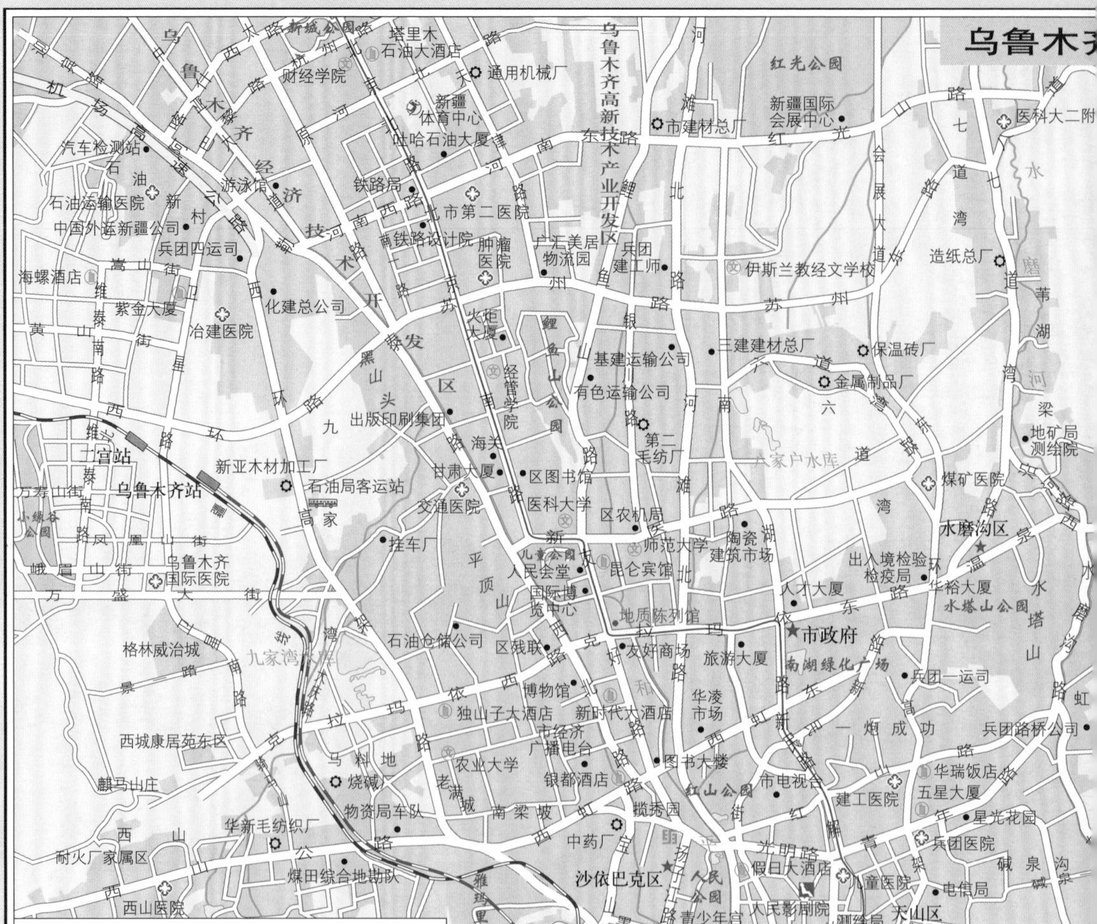

天山天池

位于阜康市境内，古称“瑶池”，是以高山湖泊为中心，以雪山、森林、碧水、草坪为特色的国家级风景名胜区，世界自然遗产。天池四周群山环抱，绿草如茵，素有“天山明珠”的盛誉。

乌鲁木齐 ☎ 0991 ✉ 830002

位于新疆维吾尔自治区中部偏北，天山北麓，是新疆维吾尔自治区首府，全区政治、经济、文教中心和交通枢纽。清初置乌鲁木齐
1955年起为新疆维吾尔自治区首府。乌鲁木齐是新疆重要的工业基地，现已形成了以石油加工、冶金、电力、煤炭、纺织为支柱的工业体系
鲁木齐是中国连接中亚地区乃至欧洲的陆路交通枢纽，汉唐丝绸之路经过此地，兰新铁路与哈萨克斯坦铁路接轨，乌鲁木齐成为“亚欧大陆
的要站。216、312、314国道及连霍高速公路贯穿境内。乌鲁木齐机场为中国五大门户机场，已开通国际、国内航线60多条。特产有地毯、
沙小刀、花帽、玉雕、葡萄干、哈密瓜等。城区呈长条形，以天山区和沙依巴克区为核心，大十字是全市商业最集中、最齐全的地段。新疆
是国家“211工程”重点建设高校。乌鲁木齐自然风光独特，名胜有红山鉴湖、天池、天山牧场、燕儿窝、陕西大寺、红山公园、汗腾格里
寺、国际大巴扎、白杨沟冰川瀑布、乌拉泊古城、柴窝堡大盐湖等。

克拉玛依 ☎ 0990 ✉ 834000

位于新疆维吾尔自治区西北部，准噶尔盆地西北缘，是北疆以石油工业为特色的新兴工矿业城市，全国石油工业的重要基地，素有“石油城”之称。“克拉玛依”是维吾尔语“黑油”之意，得名于市区附近的一座天然沥青丘——黑油山。1958年设市。

克拉玛依石油、天然气、沥青等资源丰富，形成了具有勘探、钻井、采油、输油、炼油、建筑、运输、机修、制造等门类比较齐全的石油工业体系，石油产品多达160多种。克拉玛依油田是新中国成立后勘探开发的第一个大油田，克拉玛依因此成为新中国第一座现代石油城。交通便利，217国道纵贯南北，乌伊公路途经独山子，阿独公路纵贯克拉玛依全境，独库公路穿越天山可通往南疆各地。克拉玛依至乌鲁木齐有航班。特产有夹竹桃麻、全球红葡萄、红密宝、白木纳格、石榴、无花果等。克拉玛依主要旅游景点有黑油山、魔鬼城、玛纳斯古城、风城、一号井，以及西北最大的野生胡杨、白杨林大峡谷、城东玛纳斯河牧区等。

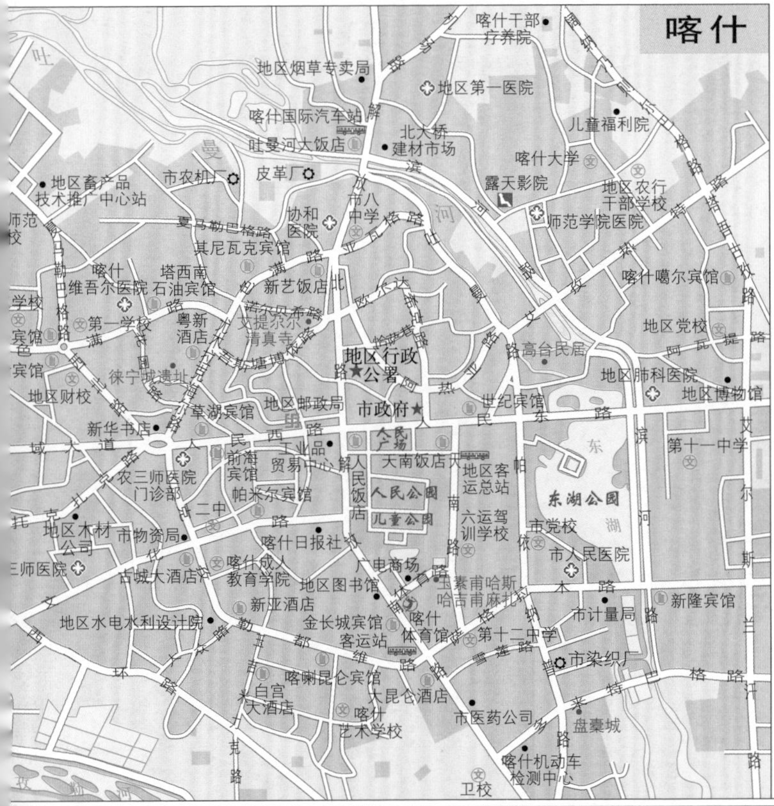

喀什 ☎ 0998 ✉ 844000

位于新疆维吾尔自治区的西南部，塔里木盆地西缘，是南疆第一大城市及经济、交通中心，多民族聚居的地区，也是国家历史文化名城。古称疏勒、任汝、疏附，是古“丝绸之路”的重镇，西域四大佛教中心之一。1952年设市。

喀什工业有浓郁的地方民族特色，拥有纺织、农机、水电等现代工业。喀什是自治区最大的商品棉、粮基地和有名的“瓜果之乡”，盛产杏、核桃、石榴、巴旦木、酸梅、开心果等优质干鲜果品。交通便利，是南疆铁路终点，314、315国道过境，有通往乌鲁木齐的航班。土特产有维族小花帽、地毯、小刀、金银首饰、民族乐器等。喀什具有独特的西域风情，旅游资源极其丰富，至今仍保存有众多的伊斯兰教和佛教的古墓葬、古建筑，包括阿帕克霍加墓（香妃墓）、艾提尕尔清真寺、班超纪念公园、叶尔羌汗国遗址、经教学院、唐王城、石头城、佛教石窟三仙洞、玉素甫陵墓、罕诺依城、喀什大巴扎、维吾尔族民俗博物馆等游览胜地。喀什还有世界第二高峰乔戈里峰和号称“冰山之父”的慕士塔格山及原始胡杨林等多种自然景观。

香港特别行政区 香港岛·九龙

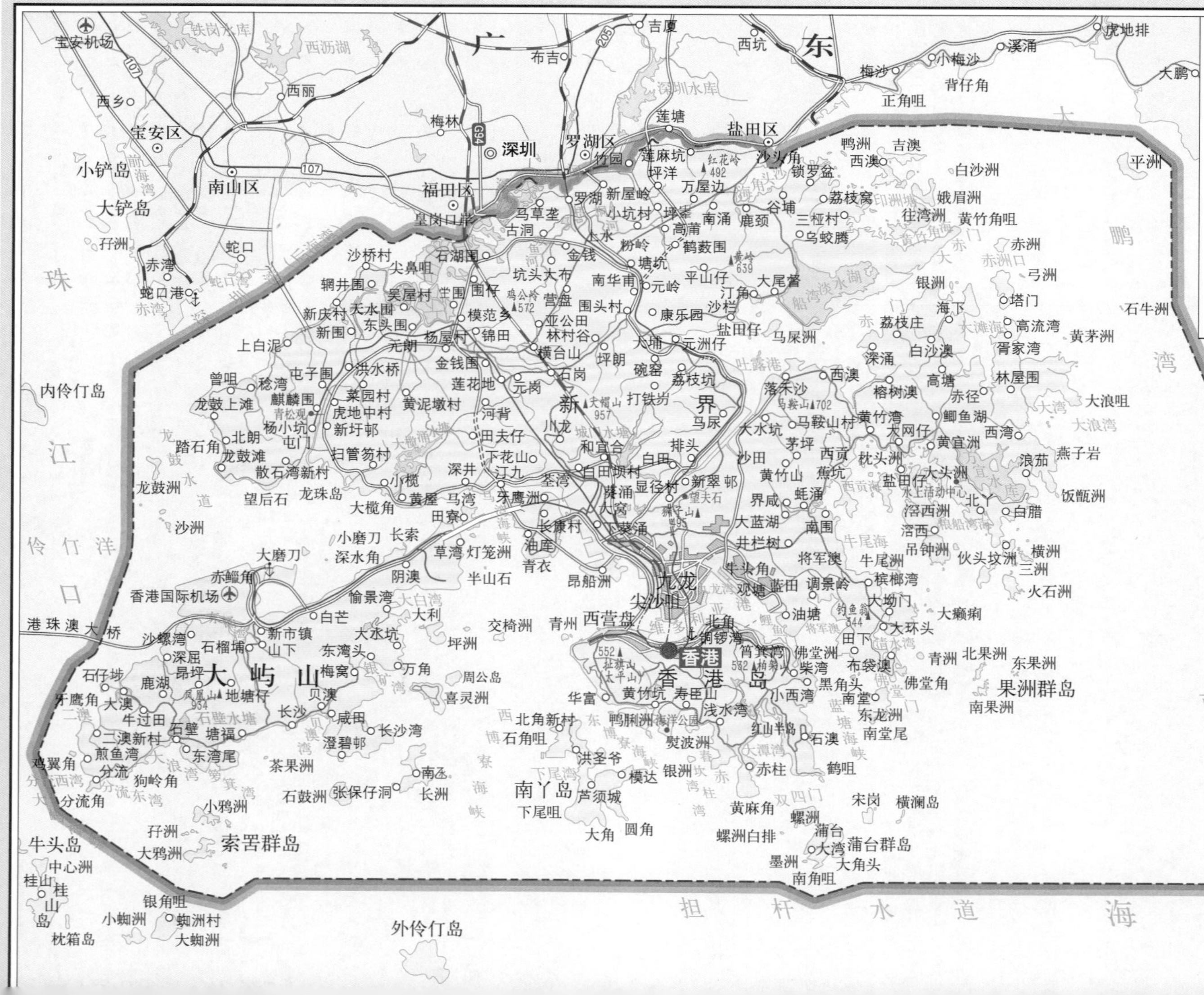

概　况

香港特别行政区简称“港”。地处南海之滨、北邻广东省。1842年鸦片战争后曾被英国侵占，1997年7月1日回归祖国，并设香港特别行政区。香港包括九龙半岛、新界山区、香港岛及大屿山等其他离岛，面积1114平方千米，人口741.3万。

自然环境

地形　大帽山海拔957米，为全区最高峰。

气候　属于南亚热带海洋性季风气候。一、二月平均气温15℃，七、八月平均气温28℃，年降水量2200多毫米。

经　济

香港是亚太地区商贸、金融发达之区，是联络东南亚、欧美、大洋洲的枢纽，有“东方之珠”“旅游购物天堂”“美食之都”之称。现以制衣、电子、玩具、造船等出口加工业与旅游、金融、房地产业为经济支柱。

交　通

香港是亚太地区海、空交通枢纽和自由贸易港，有

比例尺：1：390 000

0　3.9　7.8　11.7千米

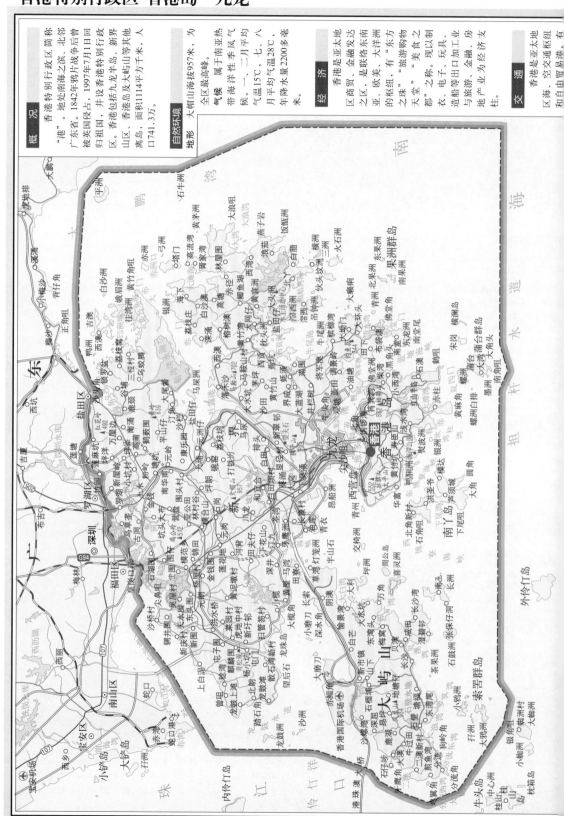

内外。

名胜古迹

风景名胜有扯旗山夜景、海洋公园、浅水湾、南丫岛、大屿山、天坛大佛等。

名优特产

特色小吃有荣华月饼、义顺的双皮奶、许留山甜品等。

民俗文化

香港本地的民俗文化别具特色，如太平清醮、抢包山、吃盆菜、舞火龙以及亚洲艺术节、香港国际电影节、香港食品节等活动。

香港岛·九龙

00852（地区代码）

香港的繁华地段，商业、金融及行政官署主要集中在香港岛北部和九龙半岛南部一带。香港岛，是香港特别行政区政府驻地和政治、经济、文化中心。九龙现指狮子山、大帽山、飞鹅岭以南，西至荃湾、东至鲤鱼门的地区，是香港最繁华的地区之一。

澳门特别行政区 澳门半岛

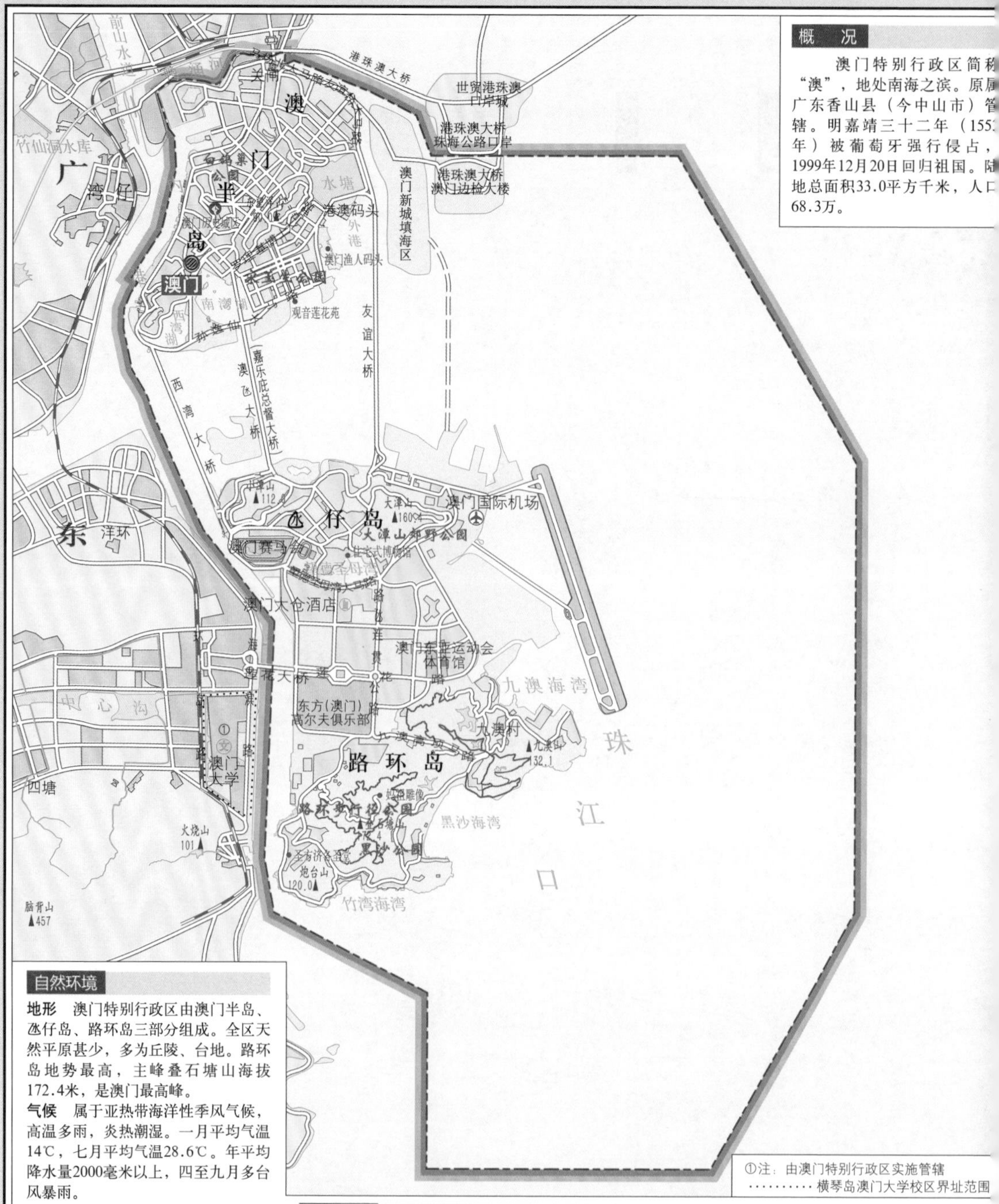

概　况

澳门特别行政区简称"澳"，地处南海之滨。原属广东香山县（今中山市）管辖。明嘉靖三十二年（1553年）被葡萄牙强行侵占，1999年12月20日回归祖国。陆地总面积33.0平方千米，人口68.3万。

自然环境

地形　澳门特别行政区由澳门半岛、氹仔岛、路环岛三部分组成。全区天然平原甚少，多为丘陵、台地。路环岛地势最高，主峰叠石塘山海拔172.4米，是澳门最高峰。

气候　属于亚热带海洋性季风气候，高温多雨，炎热潮湿。一月平均气温14℃，七月平均气温28.6℃。年平均降水量2000毫米以上，四至九月多台风暴雨。

经　济

澳门以博彩业著称于世，有"博彩天堂"、"东方蒙地卡洛"之称。现在，澳门的经济已发展成为一个对外贸易、制造业、旅游业、房地产建筑业、金融业等都具一定规模的多元化经济体系，并在此基础上形成了轮廓分明的四大支柱产业，即旅游博彩业、出口加工业、银行保险业、房地产建筑业。

交　通

澳门九澳湾是世界大港，可停泊3000吨的轮船。澳门国际机场可通往国内外多个大、中城市，大大缩短了澳门同世界各国的距离。莲花大桥的建成通车更加方便了澳门同内陆的联系。

名胜古迹

澳门旅游资源得天独厚，融合了东西文化的特点。澳门历史城区已被列入《世界遗产名录》。此外还有妈阁庙、西望洋圣堂及渔人码头等景点。

名优特产

澳门著名小吃主要有葡式蛋塔、礼记杏仁饼、甜老婆饼、咸老公饼、凤凰卷、猪油糕、蛋卷仔、光酥饼、咸切酥等。

民俗文化

妈祖崇拜是澳门重要的民间信仰之一。其他如舞醉龙、土地诞、观音开库、浴佛节、谭公宝诞等体现了澳门浓厚的民俗风情。

比例尺：1∶100 000　0　1.0　2.0　3.0千米

澳门半岛 ☎ 00853

是澳门的市区，澳门政治、经济、文化中心。全澳绝大部分人口和工商业均集中于此。澳门半岛原是海岛，后因西江上游带来的泥沙冲积成一道南北方向的沙堤，澳门岛才开始与大陆一体相连，加上多年的填海，才形成今日的澳门半岛。

澳门的中心商业区位于南湾大马路、殷皇子大马路和新马路（亚美打利庇卢大马路）东端一带，大部分商厦、银行和一些政府机关也集于此。新马路（亚美打利庇卢大马路）一带被称为城市的心脏，这里集中了澳门有名的银行、教堂、中药铺、时装店和市政厅等特色建筑。近年来，随着新填海区的发展，中心商业区也沿着友谊大马路和罗理基博士大马路向东发展。这里人口稠密，商业发达。西望洋山和妈阁山上是高级住宅区；东望洋山西北麓、高士德大马路和美副将大马路一带是新发展起来的住宅区；半岛南部和中部是比较旧的住宅区。工业区位于半岛北部的黑沙环，是新兴出口加工工业区，全澳40%以上的工业场所都集中在这里。澳门半岛形似一双靴子，呈东北—西南走向。半岛上有两个港口，分别为西面的内港和东面的外港。外港的外港码头是现时来往香港与澳门的主要途径。特产有肉松卷、杏仁饼、猪肉包、葡式蛋塔、葡萄酒等。

澳门最著名的古迹、公园、庙宇、教堂、博物馆、旅游博彩场也都集中在半岛。有“镜海长虹”、“妈阁紫烟”、“三巴圣迹”、“普济寻幽”、“灯塔松涛”、“卢园探胜”等名景。澳门历史城区已被列入《世界遗产名录》。

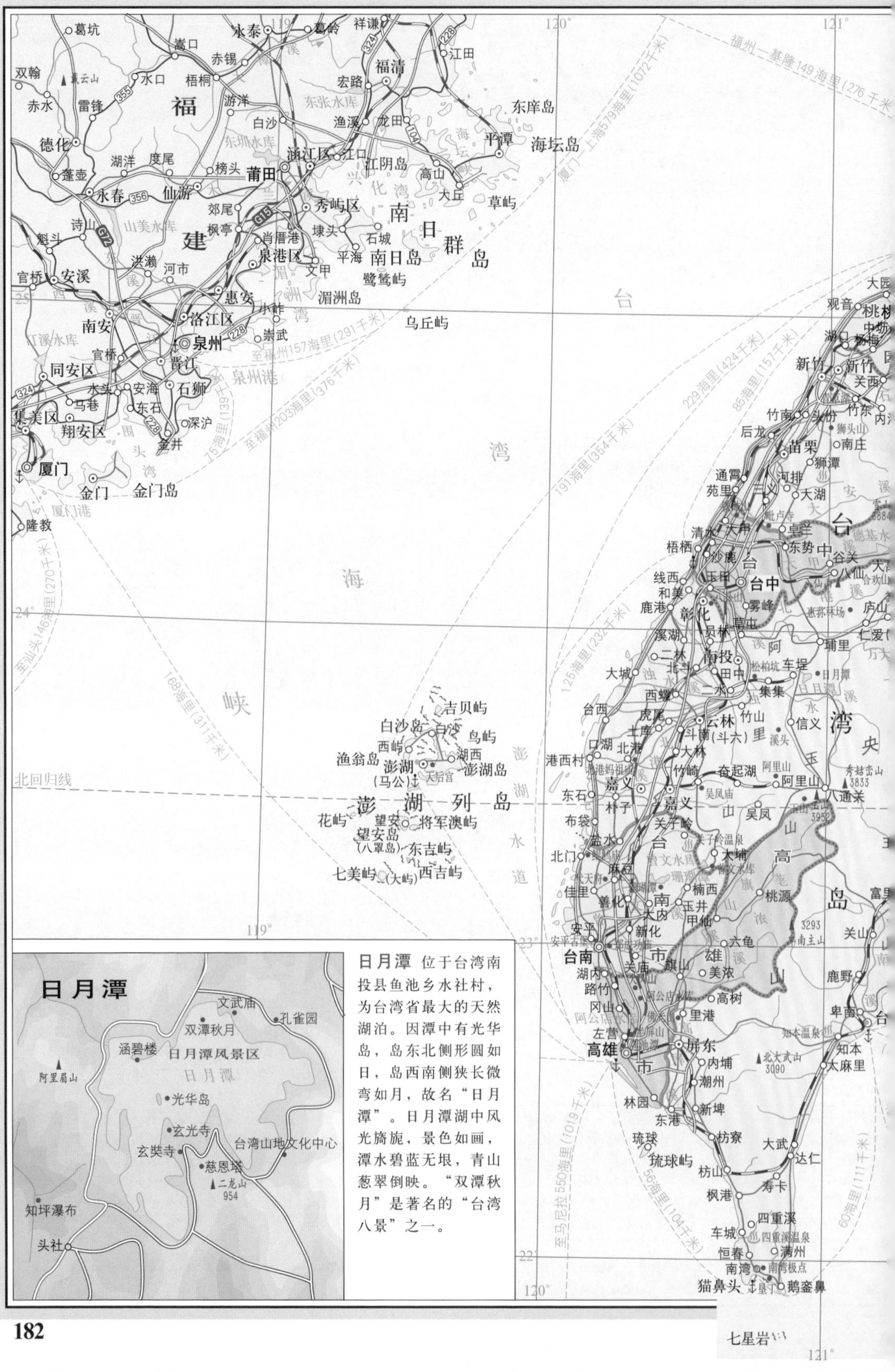

日月潭 位于台湾南投县鱼池乡水社村，为台湾省最大的天然湖泊。因潭中有光华岛，岛东北侧形圆如日，岛西南侧狭长微弯如月，故名“日月潭”。日月潭湖中风光旖旎，景色如画，潭水碧蓝无垠，青山葱翠倒映。“双潭秋月”是著名的“台湾八景”之一。

港澳台地区

阿里山 位于台湾嘉义市，属于玉山山脉的支脉，是台湾省著名的风景旅游区，以日出、云海、铁路、森林与晚霞“五奇”胜景著称。阿里山由大武峦山、尖山、祝山、塔山等18座大山组成，最高峰大塔山海拔2663米。阿里山铁路有70多年历史，是世界上仅存的三条高山铁路之一。

概　况

台湾省简称“台”，省会台北市。位于我国东南海域。台湾自古为中国领土的一部分，南宋时澎湖已属福建路，元、明设巡检司于澎湖，明万历年时始称台湾。清初置台湾府，属福建省，1885年台湾建省。1895年被日本侵占，1945年抗战胜利后归还中国。全省面积3.6万平方千米，其中台湾岛面积3.58万平方千米，人口2337.5万（含福建省的金门、马祖等岛屿）。

自然环境

地形 台湾省包括台湾岛及澎湖列岛、钓鱼岛、赤尾屿等大小80多个岛屿，其中台湾岛是我国第一大岛。境内多高山丘陵。玉山海拔3952米，为台湾最高峰。岛上多火山。湖泊较少，中部日月潭为省内最大天然湖泊。

气候 属于亚热带湿润季风气候。一月平均气温13℃～20℃，七月约为24℃～29℃。一般地区终年不见霜雪。年降水量多在2000毫米以上。

经　济

农业 台湾盛产水稻、小麦、甘蔗、茶叶及热带水果等。近海和远洋渔业发达。

工业 工业以轻纺、制造业、食品工业为主体，出口加工业发展迅速。

交　通

台湾北起基隆，南至高雄建有电气化铁路和高速公路。台北桃园机场、高雄国际机场和海上航线可达世界五大洲。港口主要有高雄、基隆、花莲等。

名胜古迹

台湾地处太平洋火山地震带上，多喀斯特地貌与海蚀地貌，风景秀丽，名胜有日月潭、阿里山、阳明山、台南赤嵌楼、北港妈祖庙、台北故宫博物院等。

名优特产

台湾特产以宜兰樟脑、台东香茅油、澎湖珊瑚最为有名。风味名食有台中凤梨酥、宜兰金枣糕等。传统手工艺品还有澎湖文石、花莲翠玉、台北士林名刀等。

民俗文化

歌仔戏、布袋戏以及盐水蜂炮、高山族的托球舞、阿美族的无半音五声音阶等都为台湾民俗文化加注了不同的生命力。

比例尺：1∶2 150 000　0　21.5　43.0　64.5千米

钓鱼岛及其附属岛屿

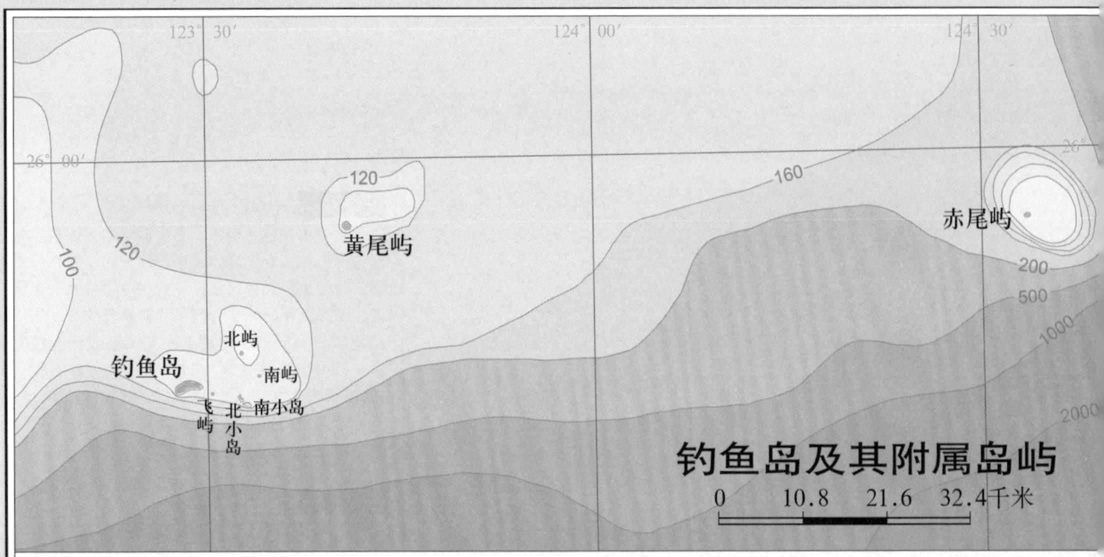
123° 30′
124° 00′
124° 30′
26° 00′
26°
120
100
160
200
500
1000
2000
黄尾屿
赤尾屿
北屿
钓鱼岛
南屿
南小岛
飞屿
北小岛
钓鱼岛及其附属岛屿
0 10.8 21.6 32.4千米

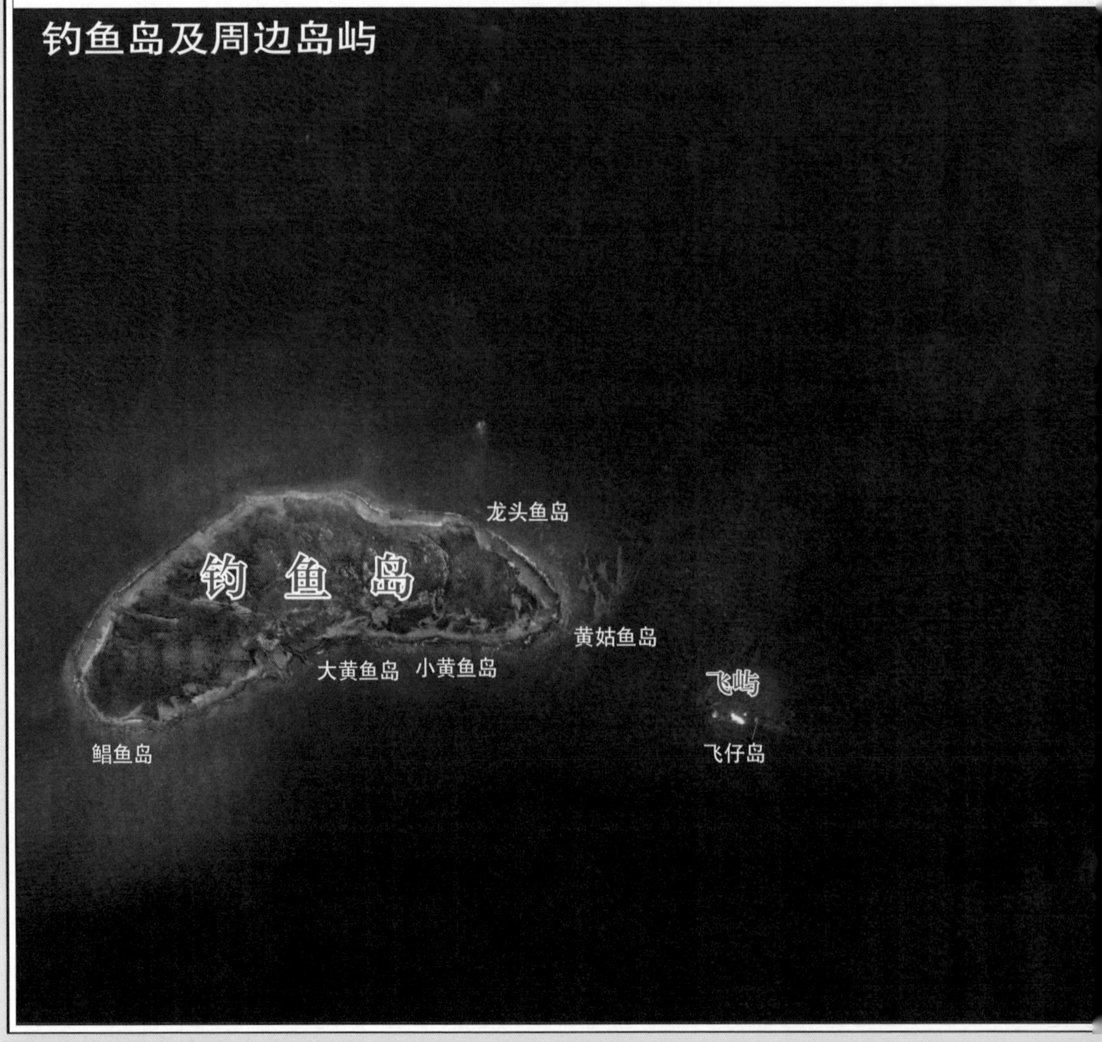
钓鱼岛及周边岛屿
龙头鱼岛
钓鱼岛
黄姑鱼岛
大黄鱼岛
小黄鱼岛
飞屿
鲳鱼岛
飞仔岛

理环境

钓鱼岛及其附属岛屿位于中国台湾岛的东北部，是台
的附属岛屿，分布在东经123° 20′ ～124° 40′，北纬
40′ ～26° 00′之间的海域，距离福建省福州市约385千
台湾省基隆市约190千米。由钓鱼岛、黄尾屿、赤尾屿、
小岛、北小岛、南屿、北屿、飞屿等岛礁组成，总面积约
59平方千米。钓鱼岛位于该海域的最西端，面积约3.91平
千米，是该海域面积最大的岛屿，主峰海拔362米，地势北
较平坦，东南侧山岩陡峭，呈鱼叉状，东侧岩礁颇似尖塔，
央山脉横贯东西。黄尾屿位于钓鱼岛东北约27千米，面积约
91平方千米，是该海域的第二大岛，最高海拔117米。赤尾
位于钓鱼岛东北约110千米，是该海域最东端的岛屿，面积
.065平方千米，最高海拔75米。

然资源

钓鱼岛盛产山茶、棕榈、仙人掌及海芙蓉等珍贵中药材，
栖息着大批海鸟，有“花鸟岛”的美称。钓鱼岛附近海域鱼类资源众多，盛产鲭鱼、鲣鱼和龙虾，是中国渔民的传统渔场，此外还拥有丰富的石油和天然气资源。

钓鱼岛是中国的固有领土

中国最先发现、命名和利用钓鱼岛。中国古代先民在经营海洋和从事海上渔业的实践中，最早发现钓鱼岛并予以命名。在中国古代文献中，钓鱼岛又称钓鱼屿、钓鱼台。目前所见最早记载钓鱼岛、赤尾屿等地名的史籍，是成书于1403年（明永乐元年）的《顺风相送》。这表明，早在十四、十五世纪中国就已经发现并命名了钓鱼岛。明朝初期，钓鱼岛被列入防御东南沿海倭寇的防区。清朝进一步明确将其置于台湾地方政府的行政管辖之下。钓鱼岛作为航海标志，在历史上被中国东南沿海民众广泛利用。明清以来的中外地图，都将钓鱼岛列入中国版图。作为国家固有领土不可分割的一部分，中国对钓鱼岛及其附属岛屿拥有无可争辩的主权。

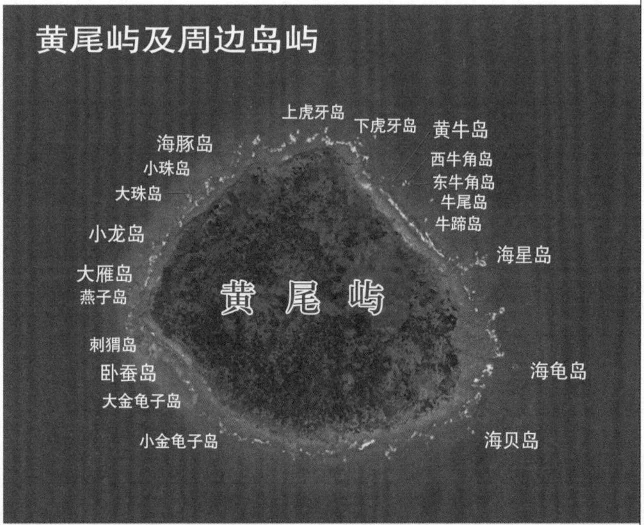

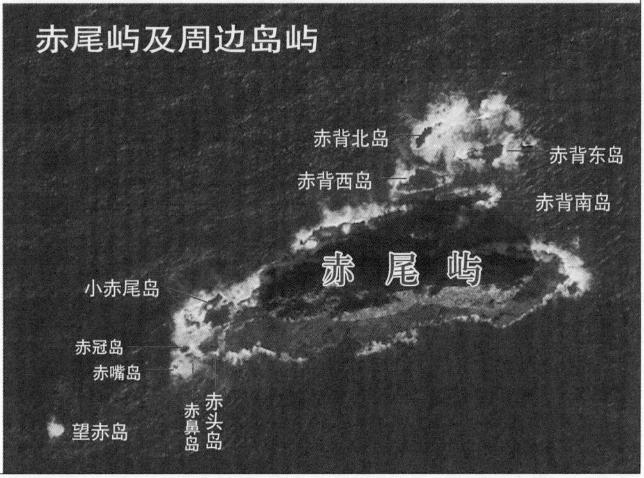

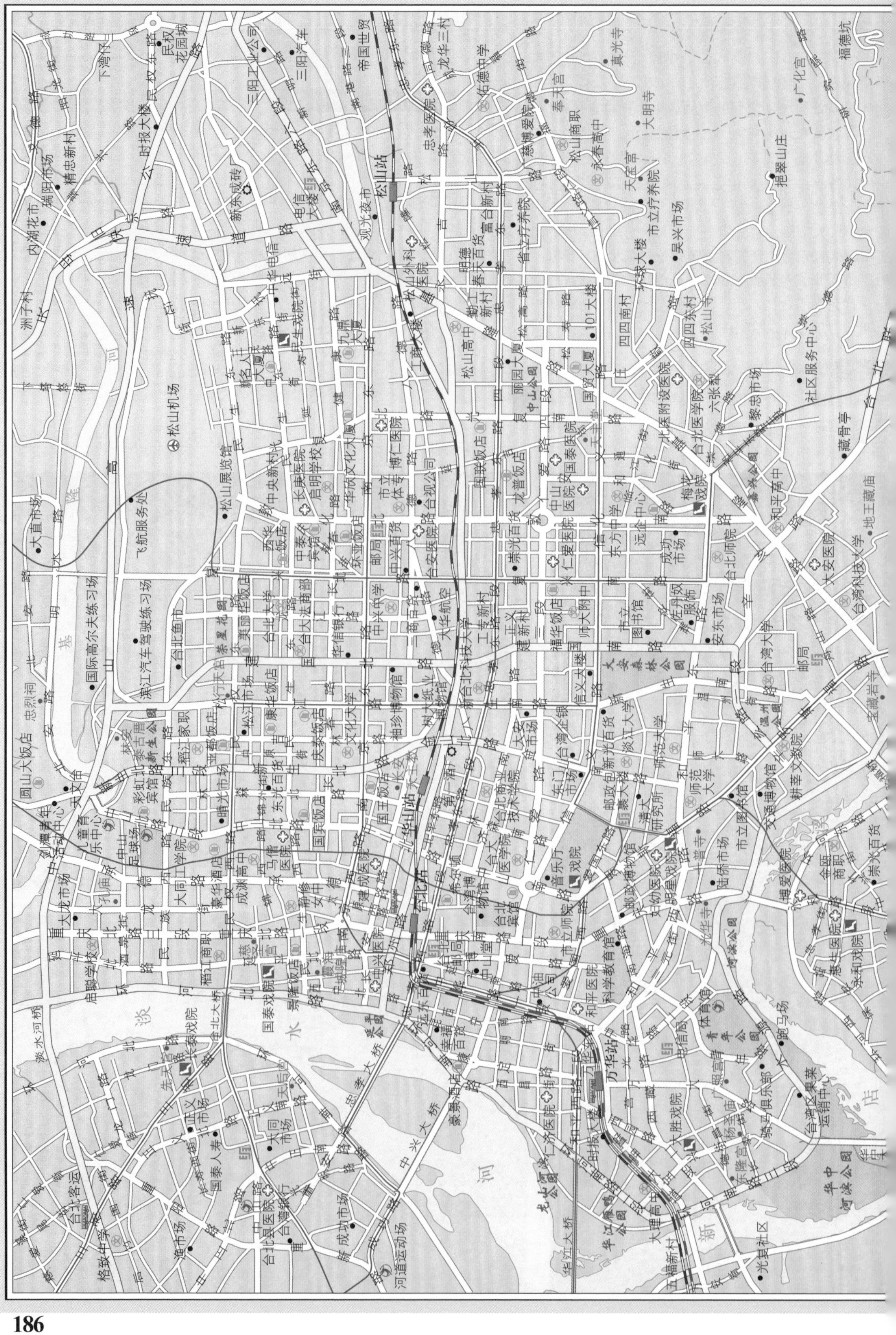
松山机场
松山站
台北站
万华站
淡水河
新店
101大楼
台湾大学
大安森林公园
中山公园
青年公园
华中河滨公园
圆山大饭店
国际高尔夫练习场
飞航服务处
松山高中
台北医学院
台湾科技大学
师范大学
淡江大学
台北大桥
忠孝大桥
中兴大桥
华江大桥
河道运动场
国泰人寿
格致中学
光复社区
五福新村
大理高中
时报大楼
和平医院
科学教育馆
台北师院
和平高中
大安医院
松山寺
吴兴市场
福德坑
广化宫
真光寺
大明寺
社区服务中心
三阳工业公司
帝国世贸
中山高中
台北商专
台北县医院

位于台湾省北部，台北盆地中心，是台湾省省会，台湾最大的城市和政治、经济、文化、交通中心。原名大佳腊，旧名艋舺，清光绪元年（1875年）为台北府治，1945年抗日战争胜利后设市。

台北工商业发达，是台湾省最大的工业生产区，有电机、电器、机械、化工、印刷、纺织等工业。交通方便，铁路纵贯，市区内设有4个火车站，南北高速公路横穿境内，台北市近郊的桃园机场是台湾最大对外空运中心，市区的松山机场专营省内空运，海运以基隆港、台北港为主要据点。

台北市是台湾学术文化研究重镇，市内有台湾大学、台湾师范大学、台北医学院等高等学校，以及台湾博物馆、中山博物馆等机构。夜市是台北最出名的一大“特色”，集中了全岛的特色美食。台北十大夜市中名气最响、规模最大的要数士林夜市。每当华灯初上，士林夜市即步入繁华，蚵仔煎、郭葱油饼、吉利红烧鳗、铁板烧等都是知名的美味。

台北名胜古迹众多，游览胜地有以火山地质地形景观而闻名的阳明山、台北故宫博物院、台北城门、龙山寺、保安宫、圆山文化遗址、古月禅寺、沽水岩、孔子庙等。

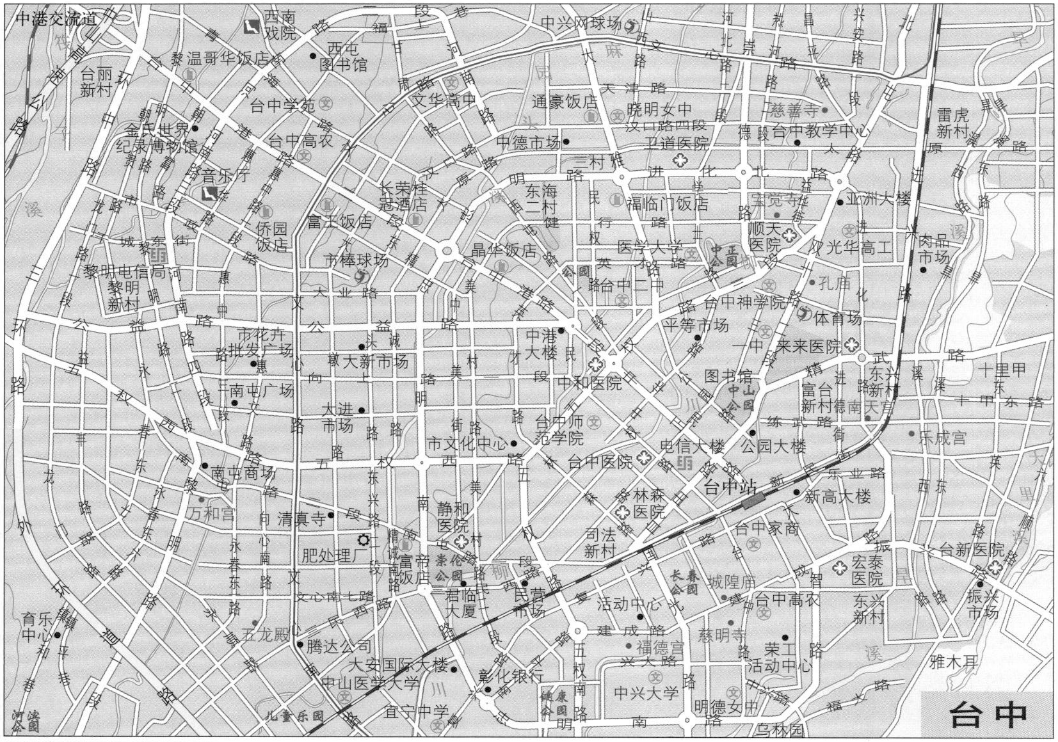

台中 0886（地区代码）

位于台湾省西中部，居台中盆地中心，是台湾中西部经济、文化、交通中心。原称大墩，是台湾最早兴建的城市之一，清光绪十三年（1887年）设台湾县，为台湾府治，后改台中县，1945年设市。

台中工商业发达，以制糖、食品、机械修配、化学工业等为主。交通便捷，纵贯铁路“山线”通过境内南部，在彰化县与“海线”相合，南北高速公路通过西郊，台中港是台中出海门户。台中有岛内“文化城”之称，高等院校数仅次于台北，有中兴大学、东海大学、逢甲大学、中山医学院等。特产有太阳饼、柠檬饼、凤梨酥、豆腐干等。

市区环境优美，街道整洁，有“宁静之都”的美称，主要名胜古迹有中山公园、宝觉寺、孔庙、南天宫等。

高雄 0886（地区代码）

位于台湾省西南海岸，是台湾最大的海港城市，台湾第二大城市。旧港原名打狗，1920年改称高雄，1945年设市。高雄是台湾南部最大的重工业中心，有炼钢、炼铝、造船、机械制造、炼油、重化工、水泥等工业门类。交通发达，有环市铁路和高速公路，海运与空运分别以高雄港与高雄国际机场为主要据点。名胜古迹有万寿山、佛光山、三凤宫、春秋阁、半屏山、西子湾浴场、莲池潭等。

主　　编：张武冰　晋淑兰
责任编辑：鹿　宇
编　　辑：张　红　邸香平　杜怀静　张敏敏
文字撰写：边丽华　丘富科　徐建春　王　玮
制　　图：张延敏　蔡春辉　刘艳玲　王洪波　张晓莉　刘俊苹
审　　定：刘文杰
封面设计：北　方